甘肃省文化资源名录

（第二十五卷）

建筑、自然景观文化

建筑文化、自然景观文化

总 主 编：陈 青 王福生
副总主编：马廷旭
总 校 对：刘玉顺
本卷主编：买小英 金 蓉

中国书籍出版社

图书在版编目（CIP）数据

甘肃省文化资源名录. 第二十五卷 / 陈青, 王福生总主编; 甘肃省社会科学院编. — 北京：中国书籍出版社, 2017.9
　　ISBN 978-7-5068-6483-1

　　Ⅰ. ①甘… Ⅱ. ①陈… ②王… ③甘… Ⅲ. ①文化遗产—甘肃—名录 Ⅳ. ①K294.2-62

中国版本图书馆CIP数据核字（2017）第228876号

甘肃省文化资源名录　第二十五卷
陈　青　王福生　总主编
甘肃省社会科学院　编

责任编辑	李立云
责任印制	孙马飞　马　芝
封面设计	楠竹文化
出版发行	中国书籍出版社
地　　址	北京市丰台区三路居路97号（邮编：100073）
电　　话	（010）52257143（总编室）　　（010）52257140（发行部）
电子邮箱	eo@chinabp.com.cn
经　　销	全国新华书店
印　　刷	三河市顺兴印务有限公司
开　　本	787毫米×1092毫米　1/16
字　　数	686千字
印　　张	30.75
版　　次	2017年10月第1版　2017年10月第1次印刷
书　　号	ISBN 978-7-5068-6483-1
定　　价	276.00元

版权所有　翻印必究

甘肃省文化资源普查和分类分级评估工作领导小组

组　长　　连　辑

副组长　　张广智

成　员　　俞建宁　张建昌　范　鹏　武来银　伏晓春　赵海林
　　　　　　王智平　周继尧　史志明　李宗锋　阿　布　李　埘
　　　　　　曹玉龙　陈　汉　梁文钊　陈德兴　妥建福　樊　辉
　　　　　　肖立群　王兰玲　肖学智　宋金圣　拜真忠　卢旺存
　　　　　　石生泰　柳　民　吴国生　火玉龙　车安宁　马少青
　　　　　　王福生　张智若

甘肃省文化资源普查
和分类分级评估工作领导小组办公室及下设机构

主　　任　　范　鹏

常务副主任　　王福生

副　主　任　　李　堋　　王兰玲　　柳　民

执行副主任　　侯拓野　　马廷旭　　陈月芳　　廖士俊

成　　员　　杨文福　　丁　禄　　田锡如　　李含荣　　路晓峰　　刘效明
　　　　　　　张建胜　　徐麟辉　　马志强　　张春锋　　梁朝阳　　方剑平
　　　　　　　黄国明　　王银军　　刘志忠　　李拾良　　王登渤　　赵艳超
　　　　　　　席浩林　　王　钢　　刘　晋　　李军林　　王景辉　　邵　斌
　　　　　　　杨彦斌　　李素芬　　李才仁加　王　旭　　王治纲

综合协调组

　　组　长　　王灵凤

　　成　员　　庞　巍　　马争朝　　吴绍珍　　巨　虹　　王彦翔　　唐莉萍
　　　　　　　段翠清

普查业务组

　　组　长　　谢增虎

　　成　员　　马东平　　侯宗辉　　马亚萍　　戚晓萍　　魏学宏　　李　骅
　　　　　　　买小英　　梁仲靖　　王　屹　　海　敬

技术保障组

　　组　长　　刘玉顺

　　成　员　　胡圣方　　王　荟　　谢宏斌　　张博文　　宋晓琴

专家联络组

　　组　长　　郝树声　　马步升

　　成　员　　金　蓉　　赵　敏

甘肃省文化资源名录
编纂委员会

主　　任　　陈　青　郝　远

副 主 任　　范　鹏　彭鸿嘉　俞建宁　王福生

委　　员　　朱智文　安文华　刘进军　马廷旭
　　　　　　　王俊莲　王　琦　陈双梅

总 主 编　　陈　青　王福生

副总主编　　马廷旭

总 校 对　　刘玉顺

成　　员　　谢增虎　马东平　侯宗辉　马亚萍　戚晓萍
　　　　　　　魏学宏　谢　羽　金　蓉　买小英　巨　虹
　　　　　　　吴绍珍　胡圣方　李　骅　鲁雪峰　梁仲靖
　　　　　　　王　荟　王　屹　海　敬　段翠清　李志鹏
　　　　　　　尹小娟　姜　江

前　言

丝绸之路三千里，华夏文明八千年。甘肃是华夏文明的重要发祥地之一，是中华民族重要的文化资源宝库，是国务院认定的"华夏文明传承创新区"。为了保护和传承甘肃恢宏的历史与当代文化资源，使之能够汇总展示给世界，并永久流传，甘肃省从2013年4月启动了全省文化资源普查工作。在甘肃省文化资源普查和分类分级评估工作领导小组组织下，动员全省各市（州）县（区）、31个厅局及省直单位的专业人员，数十位专家学者，历时两年，完成了普查和数据录入工作。对于全省文化资源普查成果，甘肃省社会科学院又经过两年时间整理完善、分类编辑、拾遗补阙、校对编排，现在终于有了《甘肃省文化资源名录》的付梓出版。

《甘肃省文化资源名录》集中展现了甘肃历史悠久、丰富多样的文化资源。甘肃历史文化遗存位列全国前茅，民族民俗文化特色鲜明，现代文化颇具实力。伏羲文化、大地湾文化、马家窑文化、齐家文化、寺洼文化、彩陶文化、周秦早期文化、长城文化、汉简文化、三国文化、五凉文化、敦煌文化、石窟文化、黄河文化等历史文化资源积淀深厚；道教文化、西夏文化、伊斯兰文化、藏传佛教文化等民族宗教文化资源星罗棋布；大革命文化、根据地文化、长征文化、抗日文化、解放区文化等红色文化资源耀眼夺目；工业文化、科技文化、歌舞文化、大众文化等现代文化资源特色鲜明。可以说，文化资源是历代生活在甘肃的华夏儿女留给这块大地的永不磨灭的最辉煌印记。

就甘肃省文化资源的精华而言，截至2017年初，全省馆藏可移动文物为195.84万件，各类不可移动文物16895处。有世界文化遗产7处，全国重点文物保护单位131处，省级文物保护单位556处，国家级非物质文化遗产代表性项目68项。有国家级历史文化名城4座，国家级历史文化名镇7座，中国历史文化名村2座，中国传统村落36个。莫高窟、嘉峪关、伏羲庙、麦积山、炳灵寺、阳关、玉门关、锁阳城、崆峒山、拉卜楞寺、中山桥……，都是甘肃文化的历史见证；敦煌汉简、悬泉汉简、铜奔马、牛肉面、剪纸、花儿、皮影、羊皮筏子、黄河水车……，都是甘肃永恒的文化名片；腊子口、哈达铺、会师楼、南梁……，都是甘肃代表性红色文化遗产；酒泉卫星发射中心、刘家峡水电站、玉门油田、《读者》《丝路花雨》《大梦敦煌》……，都是甘肃之所以为甘肃的鲜明标志；祁连山、雪山冰川、河西走廊、大漠戈壁、高原草原、天池梅园……，都是如意甘肃的生动写照。众多的历史、自然和现代文化资源犹如满天繁星，镶嵌在广袤的甘肃大地上熠熠生辉。

《甘肃省文化资源名录》汇总甘肃省文化资源的精华，完成了打造华夏文明传承创新区的基础工作。《名录》将文化资源分为二十大类，分别是：文物；红色文化；重要历史事件与人物；重要历史文献；民族语言文字；非物质文化遗产；自然景观文化；宗教文化；文学艺术；饮食文化；建筑文化；节庆、赛事文化；文化之乡；地名文化；文化传媒；社科研究；文化类高等教育；文化艺术机构团体；文化产业；文化人才。每类文化资源按属性又分若干子分类，每个子分类都有严格的界定。同时，将文化资源级别分为省级和市州级。省级文化资源是指国务院、国家有关部委、甘肃省政府和省直部门已经明确命名、认定、管理（或委托管理）的国家级和省级文化资源，以及甘肃省文化资源普查办公室评估认定并核定公布、报送备案的文化资源。市州级文化资源是指甘肃省各市州、县级政府及其管理部门已经明确命名、认定、管理的市县文化资源，以及甘肃省文化资源普查办公室评估认定并核定公布、报送备案的市县文化资源。甘肃省内世界级文化资源（遗产）纳入省级文化资源管理范围，暂未认定级别和不需认定级别的文化资源统一纳入市州级文化资源范围。

推出《甘肃省文化资源名录》，对于推进华夏文明传承创新区建设、甘肃文化大省建设、丝绸之路黄金段建设意义深远。《名录》不仅仅记录了甘肃文化资源的种类和数量，也使甘肃文化资源的资源类别、品相级别、蕴藏情况、流布地域、传承范围和衍变情况得以准确和清晰化。通过编辑出版《甘肃省文化资源名录》，形成一个科学完整的文化资源数据库、文化资源研究的学术平台、文化资源传承保护和开发利用的指南，有助于更好地挖掘那些具有世界影响、国家价值、显著特点、唯一仅存、开发潜力巨大的代表性文化资源，为文化资源的有效保护提供科学依据，为重点文化资源找到开发的机遇并重塑生长的价值，为文化产业项目的开发利用提供可靠的参考。所以，《名录》的推出，是甘肃省文化资源普查成果面向世界迈出的第一步，是文化实力助推甘肃转型发展的坚实步伐，它为甘肃省今后对文化资源进行保护传承、专题研究、数字展示、市场开发奠定了基础。

甘肃省社会科学院

2017 年 7 月

目 录

前　言 　　　　　　　　　　　　　　　　　001

建筑文化 　　　　　　　　　　　　　　　　001

古建筑

（一）兰州 　　　　　　　　　　　　　　002
（二）酒泉 　　　　　　　　　　　　　　030
（三）嘉峪关 　　　　　　　　　　　　　037
（四）金昌 　　　　　　　　　　　　　　038
（五）天水 　　　　　　　　　　　　　　043
（六）武威 　　　　　　　　　　　　　　065
（七）张掖 　　　　　　　　　　　　　　079
（八）白银 　　　　　　　　　　　　　　089
（九）平凉 　　　　　　　　　　　　　　093
（十）庆阳 　　　　　　　　　　　　　　099
（十一）定西 　　　　　　　　　　　　　113
（十二）陇南 　　　　　　　　　　　　　118
（十三）临夏 　　　　　　　　　　　　　122
（十四）甘南 　　　　　　　　　　　　　125

现代标志性建筑

　（一）兰州市　　　　　　　　　　136
　（二）酒泉市　　　　　　　　　　157
　（三）嘉峪关市　　　　　　　　　164
　（四）金昌市　　　　　　　　　　167
　（五）天水市　　　　　　　　　　170
　（六）武威市　　　　　　　　　　184
　（七）张掖市　　　　　　　　　　186
　（八）白银市　　　　　　　　　　197
　（九）平凉市　　　　　　　　　　203
　（十）庆阳市　　　　　　　　　　205
　（十一）定西市　　　　　　　　　209
　（十二）陇南市　　　　　　　　　212
　（十三）临夏州　　　　　　　　　215
　（十四）甘南州　　　　　　　　　224

自然景观文化　　　　　　　　　　237

　（一）森林景观　　　　　　　　　238
　（二）草原景观　　　　　　　　　280
　（三）沙漠景观　　　　　　　　　289
　（四）湖泊景观　　　　　　　　　295
　（五）河流景观　　　　　　　　　326
　（六）泉水景观　　　　　　　　　350
　（七）地质景观　　　　　　　　　363
　（八）冰雪景观　　　　　　　　　393
　（九）山地景观　　　　　　　　　396
　（十）湿地景观　　　　　　　　　419
　（十一）其他　　　　　　　　　　430

后　记　　　　　　　　　　　　　　476

甘肃省文化资源名录

第二十五卷 建筑、自然景观文化

建筑文化

古建筑
（一）兰州
（二）酒泉
（三）嘉峪关
（四）金昌
（五）天水
（六）武威
（七）张掖
（八）白银
（九）平凉
（十）庆阳
（十一）定西
（十二）陇南
（十三）临夏
（十四）甘南

现代标志性建筑
（一）兰州市
（二）酒泉市
（三）嘉峪关市
（四）金昌市
（五）天水市
（六）武威市
（七）张掖市
（八）白银市
（九）平凉市
（十）庆阳市
（十一）定西市
（十二）陇南市
（十三）临夏州
（十四）甘南州

古建筑

（一）兰州

0001 中山桥（兰州黄河铁桥）

地　　点：兰州市城关区白塔山下
管理单位：兰州市文物局
当前用途：公共建筑
保护级别：国家级
建造时间：1909 年
简　　介：清光绪三十四年至宣统元年（1908-1909 年）投资 30.6 余万两白银，由美国桥梁公司设计，德国咯佑斯承修。中山桥是兰州历史最悠久的古桥，也是 5464 千米黄河上第一座真正意义上的桥梁，因而有"天下黄河第一桥"之称。桥长 234 米，宽 7.5 米，是 6 墩 5 孔的铁桥，桥上飞架 5 座弧形钢架拱梁。初名"兰州黄河铁桥"，民国三十一年（1942 年）改名"中山桥"，建筑面积 2330.5 平方米。1993 年被公布为省级文物保护单位，2006 年被公布为全国重点文物保护单位。

0002 五泉山建筑群

地　　点：兰州市城关区五泉山公园景区内
管理单位：兰州市文物局
当前用途：公共建筑
保护级别：国家级
建造时间：元代
简　　介：五泉山建筑群主要包括庄严寺、浚源寺、二郎庙、文昌宫、大悲殿、武侯祠、地藏寺、嘛呢寺、酒仙祠、千佛阁、三教洞、清虚府、万源阁、青云梯、木牌坊、山门、半月亭、企桥、秦公庙、太昊宫、澄碧滴翠水榭和漪澜亭，共 22 组，建筑面积 1 万平方米。古建筑群经历代整修，迁移隋、唐、明、清建筑，形成现在的格局。五泉山建筑群依山而建，以中麓牌坊至文昌宫为主轴，并有东西两翼，两条山脚至半山的爬山廊使整个中轴线及其两侧的建筑环拱，形成闭合空间，使各组建筑遥相呼应。建筑群汇聚寺庙、景园、民居、桥梁、娱乐等不同功用的建筑群组，展现了歇山、悬山、硬山、卷棚、攒尖等不同形式的建筑单体，对研究西北地区古代建筑史、建筑技艺、建筑文化、建筑美学等有重要价值。

0003 五泉山木牌坊

地　　点：兰州市城关区五泉街道兰山村社区五泉南路103号

管理单位：兰州市文物局

当前用途：公共建筑

建造时间：民国八年（1919年）

简　　介：位于五泉山公园中轴线北端一台北缘，南北朝向，现为公园入口大门。建筑面积106平方米。牌坊4柱3楼，歇山顶。两侧施戗杆，次间中柱及戗杆被砖墩围砌。明间檐下施平身科9踩斗拱2攒、柱头科斗拱各1攒，走马板正面镌刻刘尔炘隶书"五泉山"，背面篆书"仁静智流"。次间檐下施平身科7踩斗拱2攒、柱头科斗拱1攒半。建筑面积48.7平方米。1984年被公布为市级文物保护单位。

0004 千佛阁

地　　点：兰州市城关区五泉街道兰山村社区五泉南路103号

管理单位：兰州市文物局

当前用途：公共建筑

建造时间：明英宗天顺六年（1462年）

简　　介：千佛阁位于兰州市城关区五泉山公园东南端悬岩之上，西北临卧佛殿。始建于明英宗天顺六年（1462年），嘉靖十四年（1535年）重修，光绪初年重建，1955年重修。该阁依山临崖而建，由西侧无名殿、东端千佛阁及之间的"先登桥"三部分组成。建筑面积约430平方米，占地面积约426平方米。靠山体一侧开凿3个龛，龛内现有《五泉千佛阁重修碑记》《先登桥记》《重修千佛阁记》三通明代石碑。1984年被公布为市级文物保护单位。

0005 浚源寺（含铜接引佛）

地　　点：兰州市城关区五泉街道兰山村社区五泉南路103号

管理单位：兰州市文物局

当前用途：公共建筑

建造时间：元代

简　　介：位于兰州市城关区五泉山公园中轴线中段的一、二台之间，称皇庆寺，明洪武初改为五泉寺，永乐七年（1409年）重修，改为崇庆寺，民国八年（1919年）刘尔炘重葺后改名浚源寺。该寺一进两院，坐南向北。由前院山门、金刚殿、东西厢房和后院的大雄宝殿、前方东西两侧的钟、鼓楼及观音殿（西侧）和地藏殿（东侧）等组成。文物建筑面积1085平方米，占地面积约3326平方米。1984年被公布为市级文物保护单位。

0006 文昌宫

地　　点：兰州市城关区五泉街道兰山村社区五泉南路103号

管理单位：兰州市文物局

当前用途：公共建筑

建造时间：明初

简　　介：位于兰州市城关区五泉山公园中轴线南段。始建于明初，清光绪十二年（1886年）重修，民国年间曾改作五泉书院。坐南向北，文昌帝君殿、乡贤祠、文昌宫、连廊四座文物建筑因山就势，分别建于上、下两块台地上，建筑面积775平方米，占地面积约1370平方米。1984年被公布为市级文物保护单位。

0007 五泉山子午亭

地　　点：兰州市城关区五泉街道兰山村社区五泉南路103号

管理单位：兰州市文物局

当前用途：公共建筑

建造时间：民国九年（1920年）

简　　介：位于五泉山公园中轴线南段东侧的东龙洞内，亭北为蒙泉。因其为正南正北朝向，故名子午亭。该亭1955年维修时改为敞亭。面宽3楹，进深1间，块石台基，方砖墁地，卷棚硬山顶。明间留作通道，次间柱下装置坐凳式栏杆。两山砖墙封砌，中间各开1冰裂纹透窗。建筑面积48.5平方米。

0008 五泉山青云梯牌坊

地　　点：兰州市城关区五泉街道兰山村社区五泉南路103号

管理单位：兰州市文物局

当前用途：公共建筑

建造时间：清光绪初年（1875年）

简　　介：位于五泉山公园中轴线南段二、三台之间，南北朝向。该梯由一4柱罩廊式垂花门和两侧各1楹透空式游廊组成。建筑面积36平方米。垂花门高于两侧游廊，歇山布瓦顶。檐口呈曲线，翼角翘起。檐下各面平身科施重翘2攒，走马板正面有刘尔炘题写的"若登天然"横额，背面书"高处何如低处好"；两侧游廊歇山布瓦顶，檐下柱施平身科单翘2攒。背立面柱间砌磨缝青砖墙并开门洞，上方作仿木栏额、垂柱、八宝等砖雕。1984年被公布为市级文物保护单位。

0009 惠泉

地　　点：兰州市城关区五泉街道兰山村社区五泉南路103号

管理单位：兰州市文物局

当前用途：公共建筑

建造时间：不详

简　　介：位于五泉山公园中轴线西侧，西龙洞内企桥南侧。清乾隆三十五年（1770年），岩石崩落，雍塞惠泉。泉眼直径4.5米，水深0.6米，泉眼南侧立天然巨石，石上镌刻"惠泉"两字。此泉在五眼泉中出水最旺，泉水经企桥与西涧溪汇合，流出山外，可灌溉菜园、果园十多顷，惠及农桑，故名惠泉。

0010 五泉山半月亭

地　　点：兰州市城关区五泉街道兰山村社区五泉南路103号

管理单位：兰州市文物局

当前用途：公共建筑

建造时间：民国八年（1919年）

简　　介：位于五泉山公园中轴线中段的二台西端。坐东向西，平面略成半月形，前为敞廊5楹，后砌半月形砖墙。墙体正中嵌有刘尔炘所书《兰州五泉山太昊宫修建记》碑8块，墙体南北两端各开葫芦、宝瓶形门，北端宝瓶形门连接20世纪50年代新建的游廊。建筑面积180平方米。1984年被公布为市级文物保护单位。

0011 酒仙祠

地　　点：兰州市城关区五泉街道兰山村社区五泉南路103号

管理单位：兰州市文物局

当前用途：公共建筑

建造时间：明惠帝建文元年（1399年）

简　　介：位于兰州市城关区五泉山公园中轴线中南段的一台南端。清光绪年间重修。酒仙祠海拔1566.8米，建筑面积636.79平方米，主体建筑面积187.06平方米，附属建筑面积449.73平方米。建筑为砖木结构古建院落，院内中间建配殿3间，将一院隔为东西两进。东院为酒仙祠，南面为正殿3间，北为5间悬楼，西为3间配殿，1955年拆西配殿西墙，改为敞廊。西院为三圣殿，南面正殿3间，北为悬楼3间。

0012 五泉山漪澜亭

地　　点：兰州市城关区五泉街道兰山村社区五泉南路103号

管理单位：兰州市文物局

当前用途：公共建筑

建造时间：民国十五年（1926年）

简　　介：漪澜亭1956年迁至五泉山公园南北轴线西南侧翠幽新圃映月池西岸。该亭8角攒尖布瓦顶，宝顶下方作仰莲，上置三层宝珠。檐下施雀替、额枋、荷叶墩、平板枋，枋上各面施单翘1攒，柱下方隔柱装置坐凳式栏杆。建筑面积12.8平方米。1984年被公布为市级文物保护单位。

0013 中山纪念堂

地　　点：兰州市城关区五泉街道兰山村社区五泉南路103号

管理单位：兰州市文物局

当前用途：公共建筑

建造时间：清光绪元年（1875年）

简　　介：位于兰州市城关区五泉山公园中轴线中段的二台中部、万源阁东侧。为纪念秦琼而建，名为秦公庙，1956年改名为中山纪念堂。坐南向北，面阔3间，进深2间，前出廊，悬山布瓦顶。檐下明、次间各施平身科重翘2攒。金柱明、次间均装6抹4扇隔扇门，心屉被改为玻璃窗，山面及背面砖墙围护。建筑面积98平方米。1984年被公布为市级文物保护单位。

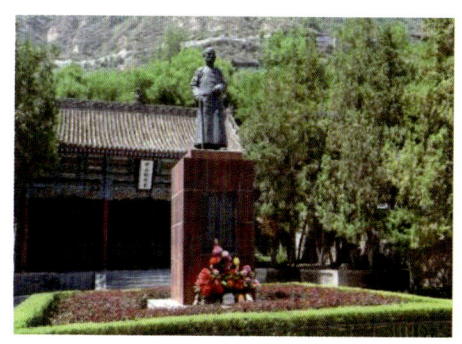

0014 嘛呢寺

地　　点：兰州市城关区五泉街道兰山村社区五泉南路103号

管理单位：兰州市文物局

当前用途：公共建筑

建造时间：明惠帝建文元年（1399年）

简　　介：位于兰州市城关区五泉山公园中轴线西、西龙涧西侧的"小蓬莱"山上。清道光、咸丰年间重修。同治十三年（1874年）重建，1921年重修。坐南向北，由山门、门厅、"瞰霞楼"、"延月楼"、观音殿、三圣殿、西配殿、及20世纪50年代新建的西厢房、六角亭、山门东侧屋舍等组成。文物建筑面积311平方米，占地面积约2150平方米。1984年被公布为市级文物保护单位。

0015 大悲殿

地　　点：兰州市城关区五泉街道兰山村社区五泉南路103号

管理单位：兰州市文物局

当前用途：公共建筑

建造时间：明惠帝建文元年（1399年）

简　　介：位于兰州市城关区五泉山公园南北轴线南段西侧，西接武候祠。清光绪年间重修，祀千眼千手佛。坐南向北，面阔3间，进深2间，前出廊，悬山顶。檐下明、次间各施平身科重2翘攒。金柱装明间4扇门，次间下砌槛墙，上装槛窗。门、窗心屉已换为现代玻璃门窗，其余三面墙体围合。建筑面积117平方米。1984年被公布为市级文物保护单位。

0016 五泉山无名殿

地　　点：兰州市城关区五泉街道兰山村社区五泉南路103号

管理单位：兰州市文物局

当前用途：公共建筑

建造时间：1958年

简　　介：位于兰州市动物园东北部。坐西向东，面阔3间，进深1间。前后出廊，悬山布瓦顶。建筑面积144平方米。明、次间各装2扇现代玻璃门，门侧余塞板部位装现代玻璃窗，山面墙体围护。因吊顶遮挡，梁架结构不详。该殿建于1958年，其建筑式样、风格与五泉山公园内早期建筑基本一致，可视为兰州地区明、清代建筑的延续。

0017 五泉山蒙泉

地　　点：兰州市城关区五泉街道兰山村社区五泉南路103号

管理单位：兰州市文物局

当前用途：公共建筑

建造时间：不详

简　　介：位于五泉山中轴线东侧东龙涧内子午亭北侧。泉眼方形，边长1.8米，深入地表1.4米，水深0.4米，北侧地面新建有四角攒尖顶井亭。明代李文的"咏五泉"诗中言："上人邀我烹新茗，水汲山中第五泉"，清人刘文机亦有诗"偶来倚树听琴响，怜煮蒙山顶上茶"，即指蒙泉泉水。四川著名的蒙山茶，以此泉水沏饮味最甘美，因名"蒙泉"。又有云："此泉水质甘冽，饮之聪明，可以启蒙"，故得名"蒙泉"。

0018 清虚府（灵佑祠）

地　　点：兰州市城关区五泉街道兰山村社区五泉南路103号

管理单位：兰州市文物局

当前用途：公共建筑

建造时间：清顺治十一年(1654年)

简　　介：清虚府紧邻文昌宫西侧，清乾隆、同治年间两次被毁，光绪十二年(1886年)重建。灵佑祠，原供奉泉神、雹神。刘尔炘重修五泉山时，改"灵佑祠"为"清虚府"，供宋代岳飞、明代杨忠愍和清代左宗棠塑像。清虚府庭院四合，悬山顶的南祠和歇山顶圆脊的北殿相呼应，东西厢与廊庑回环相接。清虚府内东侧有泉水自岩缝流出，即"甘露泉"。

0019 五泉山掬月泉

地　　点：兰州市城关区五泉街道兰山村社区五泉南路103号

管理单位：兰州市文物局

当前用途：公共建筑

建造时间：不详

简　　介：位于五泉山公园中轴线中南段文昌宫东侧墙角下。泉眼直径0.8米，深约1.6米，块石壁，地面新建有仿古砼扇形井亭。明月升东山时，此泉最早得月，特别中秋赏月时节，月影直投泉心，似掬月盘中，故名"掬月泉"。

0020 碧水滴翠水榭

地　　点：兰州市城关区五泉街道兰山村社区五泉南路103号

管理单位：兰州市文物局

当前用途：公共建筑

建造时间：民国八年（1919年）

简　　介：位于五泉公园南北轴线西南侧翠幽新圃映月池北岸，南北朝向。由9楹透空卷棚顶游廊和中三间悬挑入水面的平台组成，平面略呈"凸"字形，建筑面积130平方米。游廊两端砌花瓶门。檐下施雀替、花墩、额枋、檐檩承檐，柱下方装置栏杆。平台下砌墩台承重梁及地板等，边缘装置与游廊等高的栏杆。1984年被公布为市级文物保护单位。

0021 五泉山山门

地　　点：兰州市城关区五泉街道兰山村社区五泉南路103号

管理单位：兰州市文物局

当前用途：公共建筑

建造时间：清光绪十四年（1888年）

简　　介：位于兰州市城关区五泉山公园中

轴线中南段的一台南端。南北朝向，由一殿一卷式大门、门前一对石狮子、两侧L形转角廊庑及南端的蝴蝶亭组成，文物建筑面积699平方米，占地面积约2400平方米。大门面阔5间，前出4间卷棚歇山顶抱厦，明、次间檐下施平身科单翘2攒，明间上方悬挂有舒同补写的"乐到名山"四字匾额。殿身悬山布瓦顶，金柱明间、次间装横9竖7路门钉双扇门，狮头铺首。梢间下做槛墙，上装龟背锦透窗。后檐柱间明、次间各施平身科单翘2攒，梢间1攒；山门两侧续修L形拐角悬山顶廊庑各5楹，形成对山门里侧院落的围合。围廊各间檐下施平身科重翘2攒，门窗已改为现代玻璃门窗；蝴蝶亭位于山门院内南端高台之上，5楹为敞廊，正面檐柱内凹，平面略呈梯形。明间留有门道，次、梢装栏杆。背面及两侧墙体围合，侧墙开有门洞。1984年被公布为市级文物保护单位。

0022 卧佛殿

地　　点：兰州市城关区五泉街道兰山村社区五泉南路103号

管理单位：兰州市文物局

当前用途：公共建筑

建造时间：明惠帝建文元年（1399年）

简　　介：位于兰州市城关区五泉山公园中轴线南端东侧，千佛阁西北侧下方。清光绪年间重修，民国十二年（1923年）刘尔炘重葺。坐南向北，由正殿和东、西侧殿以及环东、西、北三面新建的山门、厅、廊组成。建筑面积313平方米，占地面积约1250平方米，1984年被公布为市级文物保护单位。东、西侧殿结构形制相同，均面阔3间，进深1间，前出廊，悬山布瓦顶。檐下明、次间各施平身科单翘2攒。明间隔扇已改为现代门窗，次间金柱下砌槛墙上装槛窗。正殿面阔3间，进深1间，前出廊，悬山布瓦顶。檐下明、次间各施平身科3踩斗拱2攒。

0023 五泉山企桥

地　　点：兰州市城关区五泉街道兰山村社区五泉南路103号

管理单位：兰州市文物局

当前用途：公共建筑

建造时间：民国八年（1919年）

简　　介：位于五泉山公园中轴线北段西侧的西龙涧内。为单拱券廊桥。下用块石砌筑桥基、拱券桥洞，上建三楹透空式卷棚顶游廊桥身，檐下施雀替，次间装置栏杆，两端砌硬山砖墙并开券门，门两侧镌刻刘尔炘撰写砖雕楹联"想过去么，过去便能通碧落；休下来了，下来难免入红尘"；"问来来往往人，今日之游，水意山情都乐否？到活活泼泼地，任天而动，花光草色亦欣然"。上方题砖雕"企桥"横额。1984年被公布为市级文物保护单位。

0024 武侯祠

地　　点：兰州市城关区五泉街道兰山村社区五泉南路103号

管理单位：兰州市文物局

当前用途：公共建筑

建造时间：明惠帝建文元年（1399年）

简　　介：位于兰州市城关区五泉山公园南北轴线南段西侧，东接大悲殿。清光绪初年重建，民国八年（1919年）刘尔炘重修，祀武候诸葛亮。坐南向北，面阔3间，进深3间，前出廊，悬山布瓦顶。檐下明、次间各施平身科重翘2攒。金柱明、次间各装6抹4扇门，心屉改为现代玻璃窗，其余三面墙体围合。建筑面积102平方米，占地面积约940平方米。1984年被公布为市级文物保护单位。

0025 地藏寺

地　　点：兰州市城关区五泉街道兰山村社区五泉南路 103 号

管理单位：兰州市文物局

当前用途：公共建筑

建造时间：明惠帝建文元年（1399 年）

简　　介：位于兰州市城关区五泉山公园中轴线南段东侧、卧佛寺北侧下方。清光绪十一年（1885 年）重修。坐南向北，由正殿、东西侧殿及 20 世纪 50 年代环西、北两侧新建的门楼、旷观楼、游廊及西侧游廊下方的摸子泉等组成。文物建筑面积 217 平方米，占地面积约 700 平方米。1984 年被公布为市级文物保护单位。

0026 太昊宫

地　　点：兰州市城关区五泉街道兰山村社区五泉南路 103 号

管理单位：兰州市文物局

当前用途：公共建筑

建造时间：民国八年（1919 年）旧址重建

简　　介：位于兰州市城关区五泉山公园中轴线中段的二台西部，东为万源阁。民国八年（1919 年）刘尔炘在原"燃灯寺"旧址上所建。坐南向北。山门、秦子祠、石作子祠、壤驷子祠、伏羲主庙 5 座建筑依山就势建于四块台地之上，建筑面积 455.66 平方米，占地面积 2150 平方米。1984 年被公布为市级文物保护单位。

0027 五泉山二郎庙

地　　点：兰州市城关区五泉街道兰山村社区五泉南路 103 号

管理单位：兰州市文物局

当前用途：公共建筑

建造时间：元代

简　　介：位于兰州市动物园东北部，明朝洪武元年（1368 年）重修，原为霍去病庙，明天顺年间讹传为二郎庙至今。二郎庙坐东向西，面阔 3 间，进深 1 间。前后出廊，悬山布瓦顶。建筑面积 118 平方米。檐下明、次间各施单翘 2 攒。前金柱明间开 2 扇改装的玻璃门，两侧装玻璃窗。次间槛墙之上装 4 扇改装的玻璃窗，山面及背面墙体围护。1984 年被公布为市级文物保护单位。

0028 三教洞

地　　点：兰州市城关区五泉街道兰山村社区五泉南路 103 号

管理单位：兰州市文物局

当前用途：公共建筑

建造时间：明代

简　　介：位于五泉山公园中轴线最顶（南）端。清光绪年间重修。坐南向北，由正殿、侧殿和殿前东、西各 3 槛游廊组成，建筑面积 245 平方米，占地面积 595 平方米。正殿依山而建，面阔 3 间，进深 1 间，前出廊，悬山布瓦顶。檐下明、次间各施平身科单翘 2 攒。金柱明、次间金柱各装 6 抹 4 扇步步锦心屉门。后金柱上方饰挂落，下方向依山体开凿 3 洞，供奉儒、释、道三尊。侧殿建于正殿西侧，面阔 3 间，进深 2 间，前出廊，悬山布瓦顶。檐下明、次间各施平身科重翘 2 攒。金柱明、次间金柱各装 6 抹 4 扇斜方格心屉门。1984 年被公布为市级文物保护单位。

0029 万源阁

地　　点：兰州市城关区五泉街道兰山村社区五泉南路103号
管理单位：兰州市文物局
当前用途：公共建筑
建造时间：清光绪元年（1875年）
简　　介：位于兰州市城关区五泉山公园中轴线中段的二台中西部。原为甘肃举院（今萃英门兰大二院内）主体建筑之一"明远楼"。民国八年（1919年），刘尔炘迁该楼至此，并更名为"万源阁"。万源阁坐南向北，砖木构3层单檐4角攒尖顶楼阁，建筑面积451平方米。一层面阔3间，进深3间，周围廊，檐柱四角间装坐凳栏杆。金柱间砖墙围护，正面开券顶门，两侧各开2个券顶窗，山面及背面各开7窗。门侧及上方题刘尔炘撰写的砖雕楹联及匾额。二层较一层回收一个步架。面阔3间，进深3间，周围廊并装置栏杆。檐卜明、次间各施半身科旱翘2攒。金柱装隔扇，北面6抹6扇步步锦心屉门，其余3面做槛墙灯笼锦支摘窗。三层较二层回收两个步架。面阔1间，进深1间。檐下明间施平身科3踩斗拱2攒，次间1攒。檐柱装置栏杆、金柱装修与二层同。1984年被公布为市级文物保护单位。

0030 兰州府城隍庙

地　　点：兰州市城关区张掖路街道大众巷社区张掖路224号
管理单位：兰州市文物局
当前用途：公共建筑
保护级别：国家级
建造时间：北宋
简　　介：位于兰州市张掖路中段北侧。各代屡有维修，现存古建筑均为失火被毁后于清乾隆三十二年（1767年）新建。1956年市政府筹资对隍庙进行整体维修，将其交由市总工会管理使用，并更名兰州市第一工人俱乐部。隍庙建筑群坐北朝南，一进三院。中轴线由南向北依次排列着牌坊、戏楼、享殿、正殿、寝殿等主体建筑。主体建筑牌坊、戏楼东西两侧建有二层看台。环享殿、正殿及寝殿建有钟楼、鼓楼、廊庑及错置于廊庑之间的"六属城隍""光眼""痘诊"诸祠；正殿两侧建有垂花门，寝殿耳房背面建有六角碑亭。文物建筑面积7000平方米，占地7992平方米。1984年被公布为市级文物保护单位。1993年被公布为省级文物保护单位。

0031 八路军兰州办事处旧址

地　　点：兰州市城关区酒泉路街道中街子社区甘南路700号；城关区酒泉路街道南稍门社区酒泉路314号
管理单位：兰州市文物局
当前用途：公共建筑
保护级别：国家级
建造时间：1937年
简　　介：八路军兰州办事处纪念馆是依据旧址建立起来的兰州市唯一的革命纪念馆，占地面积1260平方米，总建筑面积为1776平方米，其中原状陈列面积为381平方米。1981年被公布为省级重点文物保护单位。1999年对酒泉路旧址进行全面维修，新增展厅344平方米。先后被命名为全国青少年教育基地、全国爱国主义教育示范基地，并入选全国百家"红色旅游经典景区"名录和三十条"红色旅游精品线路"。

0032 金天观

地　　点：兰州市七里河区西园街道文化宫社区西津东路 1 号
管理单位：兰州市文物局
当前用途：公共建筑
保护级别：国家级
建造时间：明惠帝建文二年（1400 年）
简　　介：金天观又称雷坛，明惠帝建文二年（1400 年）肃庄王朱楧始建。明永乐四年及嘉靖三十一年重修扩建，清乾隆四十六年（1781 年）毁于兵燹。乾隆五十九年甘肃巡抚许容在原址重建，之后屡经拓建重葺，形成现在的布局及规模。金天观集建筑园林于一体，总占地面积约 26 014 平方米。原坐北向南，以中北部九阳山为界，将该观分为建筑、园林两个区。南部建筑群分中、东、西三路。中路由南向北依次为元坛祠、真武祠、九天门、雷祖殿和三清殿，四周围以画廊，法祖堂、天师殿夹建于雷祖殿前东西两侧的画廊之间。西路由南向北建有三公祠、慈母宫；东路由南向北依次为云水堂、望河楼、文昌宫、魁星阁、过厅等。1958 年维修时将大门改在东北侧，改名为兰州市第一工人文化宫。1993 年被公布为省级文物保护单位。

0033 青城民居群

地　　点：兰州市榆中县青城镇青城、城河、新民、瓦窑村
管理单位：兰州市文物局
当前用途：公共建筑、宗教建筑和民居建筑
保护级别：国家级
建造时间：明代
简　　介：占地面积约 29 000 平方米，均为砖木结构。公共建筑包括青城书院和东滩戏楼。宗教建筑包括高家祠堂和青城隍庙。民居建筑包括 45 处，其中明代 1 处、清代 33 处、民国 11 处。民居院落避风向阳、背山面水，以院落式布局为主，多为三堂三厦、三堂五厦、三堂七厦等形式。采用单面坡或人字梁架形式、单檐硬山顶前出廊结构等建筑工艺。门楼有砖雕门楼、六柱门楼、垂花门楼，有的还建有木制大车门。此外，石雕、砖雕、木雕独具地方特色。

0034 鲁土司衙门旧址

地　　点：兰州市永登县连城镇连城村
管理单位：永登县文物局
当前用途：公共建筑
保护级别：国家级
建造时间：明洪武十一年（1378 年）
简　　介：位于永登县连城镇连城村内，为大通河东岸台地。明宣德、嘉靖年间增修，至清嘉庆六年（1801 年）至二十三年（1818 年）进行重建。鲁土司衙门旧址保存完整，木质精良，结构稳定，是研究中国土司制度以及西北民族史较完备的实物资料之一。1996 年被公布为全国重点文物保护单位。

0035 雷坛

地　　点：兰州市永登县连城镇连城村内
管理单位：永登县文物局
当前用途：公共建筑
保护级别：国家级
建造时间：明嘉靖三十四年（1555年）
简　　介：位于永登县连城镇鲁土司衙门建筑群西北侧，距衙门建筑群后墙约80米，为大通河东岸台地。于明嘉靖三十四年（1555年）为六世土司誉经及其子鲁尔祀道教龙门派雷部尊神而建。原有山门、过殿、大殿、厢房等，坐北向南，占地面积1617平方米。现存过殿和大殿两座建筑。1958年大殿内塑像遭到破坏。雷坛建筑木构件保存较好，过殿木装修已无，殿顶瓦件残缺。大殿顶正脊、垂脊及戗脊构件残缺，檐端瓦片脱落严重。殿内塑像仅剩7尊，殿内墙体底部、壁画因受潮致使酥软、剥落。1985年被公布为县级文物保护单位。2006年被公布为全国重点文物保护单位，并入鲁土司衙门旧址。

0036 红城感恩寺

地　　点：兰州市永登县红城镇永安村
管理单位：永登县文物局
当前用途：公共建筑
保护级别：国家级
建造时间：明弘治五年（1492年）
简　　介：据寺内明嘉靖四年《敕赐感恩寺碑记》载，该寺始建于明弘治五年（1492年），弘治八年（1495年）竣工，清咸丰年间修缮。寺院坐北向南，主要建筑物有：寺前屹立一座4柱3间3层的木质结构牌楼，寺内有碑亭，亭内的石碑高4.19米，碑身黑色，石质良好，正面刻有楷书汉文，背面为藏文，刻《感恩寺碑记》。碑亭之后为护法殿、菩萨殿和大佛殿，东西两旁为力士殿和天王殿。全寺共有塑像128尊，其中大佛殿有塑像99尊，天王殿塑有四大天王，力士殿塑有哼哈二将。塑像在"文革"中被砸，壁画也已大部分脱落。但外墙殿檐下面的壁画基本保存完整。1981年被公布为省级文物保护单位。2006年被公布为全国重点文物保护单位。

0037 显教寺

地　　点：兰州市永登县连城镇连城村内
管理单位：永登县文物局
当前用途：公共建筑
保护级别：国家级
建造时间：明洪武年间（1368-1398年）
简　　介：位于永登县连城镇连城村内，为大通河东岸台地。显教寺大殿结构稳定，保存较为完整，天花绘画保存完好。现有山门、金刚殿为新修建筑。1985年被公布为县级文物保护单位。1996年被公布为省级文物保护单位。2003年被公布为全国重点文物保护单位，并入鲁土司衙门旧址。

0038 兰州文殊院（兰州禅院）

地　　点：兰州市城关区山字石街12号
管理单位：兰州市宗教局
当前用途：宗教建筑
保护级别：省级
建造时间：清乾隆年间
简　　介：俗称左营庙。清道光二十六年（1846年）重建。初为左营庙，后改为禅院，民国五年（1916年）改为皖江会馆。1949年前后，街道办事处将其用作工厂及幼儿园使用，2004年交省佛协使用至今。2006年更名为"文殊院"。1984年被公布为省级文物保护单位。

0039 白塔寺

地　　点：兰州市城关区靖远路街道白塔山
　　　　　社区白塔路1号
管理单位：兰州市文物局
当前用途：公共建筑
保护级别：省级
建造时间：明正统十三年（1448年）
简　　介：白塔寺在清康熙五十四年（1715年）由甘肃巡抚绰奇扩建，并更名为慈恩寺。该寺坐北向南，中轴线由南向北依次建有望河楼、白塔、准提菩萨殿。塔、殿之间东西两侧建厢房、厢房南侧续出廊亭，分别存放青铜钟和象皮鼓（已不存），白塔东西两侧分别立《重修白塔寺记》碑和《修建慈恩寺》碑。白塔为实心密檐砖塔，通高17米。8角塔基上砌双层须弥座，上依次砌"宝瓶"、须弥座、7层8角密檐及塔刹；准提菩萨殿"勾连搭"结构。面阔3间，进深3间。殿屋歇山布瓦顶，檐下明、次间各施平身科三踩斗拱1攒，山面2攒。前后续出3间卷棚抱厦；东西厢房面阔3间，进深1间，悬山布瓦顶。建筑面积350平方米，占地面积1500平方米。建筑群保存较好。1984年寺内白塔被公布为省级文物保护单位。

0040 白塔山古建筑群

地　　点：兰州市城关区靖远路街道白塔山
　　　　　社区白塔路1号
管理单位：兰州市文物局
当前用途：公共建筑
保护级别：省级
建造时间：1958年
简　　介：白塔山古建筑沿中轴线依次建有一、二、三台。南北朝向，建筑面积2320平方米。由建于一台的1厅、2庑、2重檐错角亭和建于二台的2八角亭、1牌楼以及串联上述建筑的游廊组成。白塔为该建筑群中的标志性建筑，系明景泰年间（1450-1456

年）镇守甘肃内监刘永成重建。白塔七级八面，高约17米，下筑园基，上着绿顶，各面雕有佛像，檐角系有铁马铃。塔外通涂白浆，如白玉砌成。白塔山高1700米，建筑群占地300多万平方米，1958年被辟为公园，总建筑面积8000多平方米。

0041 白塔山六角亭
地　　点：兰州市城关区靖远路街道白塔山社区白塔路1号
管理单位：兰州市文物局
当前用途：公共建筑
建造时间：1958年
简　　介：位于三官殿下方，由三台西上，便可经六角亭达三官殿。该亭为六角攒尖顶，青瓦铺顶。六根圆柱立于亭台之上，额枋上有云墩、栏额、栏杆、栏板。六条戗脊交于顶端，上压宝瓶，曲线流畅。结构稳定，保存基本完好。该亭虽建于1958年，但与兰州地区晚清同类建筑风格式样以及建筑工艺基本一致。

0042 三官殿
地　　点：兰州市城关区靖远路街道白塔山社区白塔路1号
管理单位：兰州市文物局
当前用途：公共建筑
建造时间：清康熙年间
简　　介：位于兰州市城关区白塔山公园中轴线中段西侧。供奉药王、财神、灵官三圣。清嘉庆二十四年（1819年）补修墙垣及药王殿、财神殿地砖。道光六年（1826年）整修正殿，新建槛墙。民国十一年（1922年）复修葺，20世纪50年代整修后曾改作文化宫，60年代改为少年宫。1984年被公布为市级文物保护单位。

0043 白塔山东风亭
地　　点：兰州市城关区靖远路街道白塔山社区白塔路1号
管理单位：兰州市文物局
当前用途：公共建筑
建造时间：1958年
简　　介：位于白塔山东面的"三角亭"，又称"东风亭"，与喜雨亭相呼应。三角形亭台，台高约1米，七级台阶，台上立三根立柱，并用额枋条枋将三根立柱连接在一起，三组九踩斗拱托起亭顶，出檐深远。

0044 白塔山三台大厅
地　　点：兰州市城关区靖远路街道白塔山社区白塔路1号
管理单位：兰州市文物局
当前用途：公共建筑
建造时间：1958年
简　　介：位于白塔山中轴线中段三台中央，

坐北向南，由大厅及两侧异型侧厅组成，建筑面积492.66平方米，占地面积1376平方米。大厅面阔5间，进深1间，前后出廊，歇山顶。檐下明、次、梢间各施平身科5踩斗拱2攒，正面（南）金柱间及前后廊端砌墙，各间装现代双扇玻璃门，廊墙开拱券门，门楣上方做仿木垂花柱、花枋等砖雕。背面除明、次间装现代玻璃窗外，其余与正面相同；山墙两侧续建侧厅，侧厅东西两端分别向东南和西南45度角突出，背面向北突出。各间墙体围合。

0045 百花亭

地　　点：兰州市城关区靖远路街道白塔山社区白塔路1号

管理单位：兰州市文物局

当前用途：公共建筑

建造时间：1958年

简　　介：位于白塔山东南麓。建筑面积107平方米。双层歇山顶，南北朝向，平面略呈方形，一层柱网三层，中间四柱用通柱。檐柱南北明间做门道，其余各间栏杆围合，檐下各间施平升科单拱2攒。金柱次间砌墙，北侧开门，内置通往二层的楼梯；二层出平座，平座下端砌花墙与一层屋面相接。上方栏杆围合。四通柱周围加檐柱，檐柱间置座登式栏杆，檐下各面施平升科单拱6攒。

0046 三星殿

地　　点：兰州市城关区靖远路街道白塔山社区白塔路1号

管理单位：兰州市文物局

当前用途：公共建筑

建造时间：明景泰初年

简　　介：位于兰州市城关区白塔山公园中轴线北端东侧凸起的山岗上。清乾隆十八年（1753年）重建。民国九年（1920年）毁于地震。次年重建。殿内供福、禄、寿三星。院落坐北向南，由牌楼、正殿、东西配殿、门前石狮子及围合院落的花墙组成。建筑面积160米，占地面积361.8米。

0047 云月寺

地　　点：兰州市城关区靖远路街道白塔山社区白塔路1号

管理单位：兰州市文物局

当前用途：公共建筑

建造时间：清乾隆—道光年间（1735—1850年）

简　　介：位于兰州市城关区白塔山白塔寺东侧。坐北朝南，由山门、石桥、院门及两侧续建的倒座、大殿和东、西配殿组成。建筑面积284.97平方米，占地面积1061.93平方米。1984年被公布为市级文物保护单位。

0048 白云观

地　　点：兰州市城关区临夏路街道雷坛河社区滨河东路987号

管理单位：兰州市文物局

当前用途：公共建筑

保护级别：省级

建造时间：清道光十七年（1837年）

简　　介：白云观为奉祀吕洞宾而建。坐南向北，一进三院，西侧连有跨院。中轴线由北向南依次建有山门、戏楼、前殿、中殿和后殿。前殿前东西两侧建有东西厢房和钟、鼓楼，前、中殿间两侧建有配殿，院内西南角建有焚纸炉，西侧跨院内新建观委会办公、住宅三层仿古砖混楼等。文物建筑面积3240平方米，占地面积约6495平方米。

0049 兰州府文庙大成殿

地　　点：兰州市城关区张掖路街道曹家巷武都路185号

管理单位：兰州市文物局

当前用途：公共建筑

保护级别：省级

建造时间：元至正五年（1345年）

简　　介：位于城关区武都路中段南侧兰州市第二中学院内。明洪武八年（1369年）—清乾隆四年（1738年）间屡经重修、补葺。大成殿坐北向南，单檐歇山顶，面阔7间，进深4间，五架梁前后出廊，单檐歇山顶，正脊中部置三组宝瓶装饰。前檐柱明、次、梢间装六抹槅扇门，尽间下砌槛墙，上装槛窗，其余三面墙体围合。檐下明、次、梢、尽间各施平身科三踩单下昂斗拱3攒，山面明间3攒，次间1攒。建筑面积448.8平方米。殿内保存有9块清康熙—光绪"御书"匾额。1984年被公布为省级文物保护单位。

0050 甘肃举院

地　　点：兰州市城关区临夏路街道静安门社区翠英门2号

管理单位：兰州市文物局

当前用途：公共建筑

保护级别：省级

建造时间：清光绪元年（1875年）

简　　介：位于兰州大学第二医院院内。清光绪二十八年（1902年）停止科举，甘肃举院改设农矿堂、巡警学堂、劝工厂等，民国年间为兰州大学。原坐东向西，规模宏大，中轴线自西朝东分别建有龙门、明远楼、致公堂、观成堂、衡鉴堂、雍门、录榜所等。现仅存至公堂和观成堂两座大殿。至公堂面阔7间，进深3间，五花山墙，悬山布瓦顶，檐下各间均施平身科异形单拱2攒。明间开拱券双扇玻璃门，次间、梢间装现代玻璃窗。门上方悬挂左宗棠书写的"至公堂"匾额。明、次间檐柱外侧悬挂有左宗棠撰写的楹联。观成堂建于至公堂东50米，面阔5间，进深3间，悬山布瓦顶，檐下各间均施平身科异形单拱2攒。明间开拱券双扇玻璃门，次间、梢间各开2个现代玻璃窗，其余3面墙体维护。两座大殿建筑面积共940平方米。1981年被公布为省级文物保护单位。

0051 白衣寺

地　　点：兰州市城关区广武门街道民勤街社区庆阳路 240 号

管理单位：兰州市文物局

当前用途：公共建筑

保护级别：省级

建造时间：明代

简　　介：白衣寺坐北向南，之后屡有维修。原规模宏大，现仅存铁柱宫享殿（1992 年从金塔巷铁柱宫迁来）、白衣菩萨殿和多子塔三座遗存，建筑面积 3898 平方米，总占地面积 4700 平方米。寺内多子塔与白衣菩萨殿之间保留有《重修白衣寺塔院碑记》和《重修白衣寺多子塔暨大殿前后墙垣台阶院后娘娘殿金妆神像补塑山子一切匠工物料使用账目开列碑记》各一通。1987 年对多子塔进行维修时，在塔刹内发现大批珍贵文物。

0052 光月山天王寺

地　　点：兰州市西固乡南光月山顶

管理单位：兰州市文物局

当前用途：公共建筑

保护级别：省级

建造时间：清宣统年间

简　　介：光月山海拔约 2500 米，北距黄河 15 千米。该寺清宣统时建，民国时补修。天王庙前为山门，拾阶而上，一进三院，前院坐南朝北是天王殿；中院正南为玉皇大殿，北为菩萨殿，西侧配殿为无量祖师，东侧为关圣帝君；后院坐北向南为西王母大殿，东西配殿为八大菩萨。三院东西两侧均有厢房，占地 4000 平方米。

0053 下川水车

地　　点：兰州市西固区新城镇下川村北 200 米黄河边

管理单位：兰州市文物局

当前用途：公共建筑

保护级别：省级

建造时间：清乾隆年间

简　　介：下川水车相传由西固人刘功及弟子建造于清乾隆年间。水车由拦水坝、基座、水车车体和引渡槽四部分组成。拦水坝长 150 米，尾端链接伸入河道的基座，前端逆流引向河心，将河水拦入水槽。基座用块石砌筑，中部为水槽，宽 2 米。水车车体架于基座之上，由马口、主轴、水车轮、水斗等部分组成，直径约 20 米。车体约 1/3 伸入水槽，借助于水槽内的水流冲击力带动车轮转动，将车轮上水斗内的水提升至一定高度时借水斗向下翻转时，将水倒入引流槽并经该引流槽导入水渠，引入田间。据统计，该水车转动时，每日灌田二百余亩。为兰州境内仅存的清代水车。2003 年被公布为省级文物保护单位。2006 年水车的制作技艺被列为首批国家非物质文化遗产保护项目。

0054 仁寿山古建筑群

地　　点：兰州市安宁区安宁堡

管理单位：安宁区仁寿山管委会

当前用途：公共建筑

保护级别：省级

建造时间：明代

简　　介：明弘治年间，兰州守备指挥孙隆、百户张政、袁佐合力修建仁寿山神庙，用来供奉真武帝君，清嘉靖年间重修拓建其他庙宇。20 世纪 60 年代大多被拆毁，现仅有牌坊、祖师殿、安宁堡大明神庙记碑3处历史遗存，其他均系1986年后在原址修复的建筑物。

0055 金崖古民居群

地　　点：兰州市榆中县金崖镇
管理单位：榆中县文物局
当前用途：公共建筑
保护级别：省级
建造时间：清代
简　　介：金崖民居共计49院，均为四合院布局，分布于岳家巷、永丰、齐家坪、邴家湾、寺隆沟等村。民居形式多样、布局合理、用料考究、木刻细腻、砖雕精美，建筑各具特色。或砖雕院门，或六柱大门；或一门一院，或两门一院；或进深一间，或进深2间；或院门有砖雕照壁，或房屋两侧有砖雕影壁；或堂屋与厢房拱形门相连，或堂屋与厢房独立建造，或堂屋之上建阁楼。总占地面积14 574.8平方米，总建筑面积4962.9平方米。

0056 兴隆山握桥

地　　点：兰州市榆中县兴隆山
管理单位：兴隆山管理局
当前用途：公共建筑
保护级别：省级
建造时间：清乾隆年间
简　　介：现存"兴隆握桥"桥长24米，桥身18米，其建筑风格集唐、宋、清为一体，桥型设计精美独特，又名"云龙桥""友谊桥"。1980年被公布为省级文物保护单位。

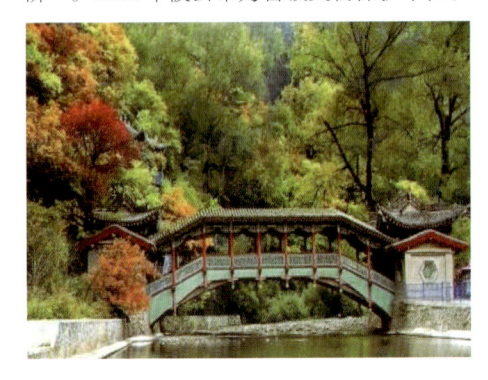

0057 高家祠堂

地　　点：兰州市榆中县青城镇
管理单位：青城旅游管理公司
当前用途：公共建筑
保护级别：省级
建造时间：清乾隆五十年（1785年）
简　　介：榆中高家祠堂为山东高姓移民为祭祀祖先而修建，为典型明清建筑。占地面积2000平方米，建筑面积400平方米。其中殿堂、廊坊共计20多间，过厅悬有咸丰皇帝赐予进士高鸿儒的匾额。内悬挂清道光帝御赐高喊桂"才兼文武"和咸丰帝御赐高鸿儒"进士"匾额。是兰州市多家宗族祠堂中保留相对完整的祠堂。2003年被公布为省级文物保护单位。

0058 海德寺

地　　点：兰州市永登县城关镇东北新仓巷
管理单位：永登县文物局
当前用途：公共建筑
保护级别：省级
建造时间：明正统十二年（1447年）
简　　介：该寺是县城内唯一残存的明代建筑。寺内原有大殿、南斗、北斗宫、马祖、山神、护法诸殿。现存大殿面宽14.20米，进深9.60米，歇山顶，飞檐下施双昂五铺斗拱。殿内正背题记曰："大明正统拾贰年岁次丁卯陆月拾伍日辰时建。"大殿内东西北三壁一周施底坛基，其上有彩塑。大佛殿屋顶于1982年进行维修，1986年修复门窗，1989年后修复天花板。大佛殿梁架结构基本稳定，保存较为完整。1993年缅甸华裔信女傅凤英捐赠玉佛一尊置于殿内。1981年被公布为省级文物保护单位。

0059 天齐庙

地　　点：兰州市城关区盐场堡街道盐场堡社区徐家山国家森林公园内
管理单位：兰州市文物局
当前用途：公共建筑
保护级别：市级
建造时间：明洪武五年（1372年）
简　　介：天齐庙也称东岳庙，原位于张掖路山字石，1988年迁至徐家山森林公园内。清嘉靖十二年（1533年）肃藩淳化王重修。原规模宏大，迁建时仅存山门、前殿、后殿及两间厢房。迁建后的天齐庙坐北向南，由山门、前殿、后殿三座建筑组成。建筑面积237.98平方米，占地面积1200平方米。1984年被公布为市级文物保护单位。

0060 白衣庵（玉佛寺）

地　　点：兰州市城关区庆阳路132号
管理单位：兰州市文物局
当前用途：公共建筑
保护级别：市级
建造时间：清道光二十七年（1847年）
简　　介：位于兰州市城关区静宁南路与中街子十字西北侧。清光绪年间重修。原位于畅家巷口，坐东向西，有大殿、配殿各一座，厢房四间，占地600余平方米。1959年白衣庵改作区办工厂。1985年归还白衣庵寺管会。1993年因道路拓建迁至现址，朝向改作坐西向东。该庵由过殿（原侧殿）、正殿和新建的山门及两侧围合院落的仿古二层楼组成。建筑面积289.07平方米，占地面积666平方米。过殿面阔3间，进深1间，悬山顶，檐柱装置槅扇，其余三面墙体围合；正殿面阔3间，进深1间，前出廊，歇山顶，金柱装置槅扇，其余三面墙体围合。1984年被公布为市级文物保护单位。

0061 邓家花园

地　　点：兰州市城关区广武门街道广后街社区广后街20号
管理单位：兰州市文物局
当前用途：公共建筑
保护级别：市级
建造时间：1922年
简　　介：1922年甘肃督军署副官韩仰鲁购先农坛辟为花园，人称仰园（韩家花园）。1933年西安绥靖公署驻甘行署主任邓宝珊为其夫人崔锦琴购置，称邓家花园。1985年重建后辟为公园。花园中西部新建有邓世后人二层私宅；东北部为邓宝珊夫人张玉燕、崔锦琴2座墓地。墓地封土略呈馒头形，四周砌有矮墙，其中崔锦琴墓底经6.6米，通高1.6米。张玉燕墓底经4.2米，通高1.6米。后院由新建的上房5间、东西厢房各3间和影壁组成。上房厢房现辟为邓宝珊故居纪念馆。前院由南端新建的悬山顶砖雕门楼、东西厢房各3间及北侧的月洞门隔墙组成。邓园坐北朝南，一进两院，院落周边为花园。建筑面积464.67平方米，占地面积19553.43平方米。

0062 兴远寺

地　　点：兰州市七里河区孙家台174号
管理单位：兰州市文物局
当前用途：公共建筑
保护级别：市级
建造时间：明万历年间
简　　介：位于雷坛河西岸台地上。寺院坐西向东，山门朝南，传统四合院形式。占地面积400平方米。由主殿、南北厢房、倒座及倒座外侧临河续建的悬楼组成。主殿坐西向东，由二层歇山顶主楼和南北单坡顶配楼组成，平面略呈"凹"字形。面阔三间，进深三间，前出廊。配楼南北各两间，进深一间，南楼北边间设有楼梯。南北厢房各三间，进深一间，前出廊，单坡顶。倒座卷棚顶，面阔三间，进深一间，外侧续建面阔三间，进深一间的单坡顶悬楼。山门内西墙上嵌有嘉庆十年（1805年）兰州府儒学庠员彭成章撰、皋兰县儒学庠员朱庆元书《重修兴远寺碑记》1通。1984年被公布为市级文物保护单位。

0063 河口张公祠

地　　点：兰州市西固区河口村河口南街43号
管理单位：河口乡政府
当前用途：公共建筑
保护级别：县级
建造时间：清代
简　　介：位于西固区河口乡河口村西南部，现为张家祠堂。占地面积为186平方米，东西长12米，南北15.5米，坐南朝北，现存门楼、东西厢房及新建的大殿、门楼建于院落正前方，青砖砌筑，开三拱券门，中门较大，墙体向南突出，拱券门顶上方刻张公祠横额，之上做仿木结构砖雕、垂花柱、花坊、及六攒五彩双下昂斗拱等，上承挑檐，两侧门稍小，门侧作砖雕海棠池。东西厢房各三间，明间开门，次间作槛窗，大殿为1985年新建，面阔三间，进深一间，歇山顶，前出檐，檐下明间异彩斗拱二攒，次间各是一攒，大殿前东西两侧砌筑，卷门外估计原有东西院落。1999年被公布为区级文物保护单位。

0064 河口街 42 号

地　　点：兰州市西固区河口乡河口村
管理单位：河口乡政府
当前用途：公共建筑
保护级别：县级
建造时间：清代
简　　介：前院呈长方形，东西 17 米，南北 14 米，占地面积 238 平方米。大门坐西朝东，北房面阔三间，平顶四柱出檐，中间和右侧开门，左侧为窗。后院呈长方形，东西 12 米，南北 15 米，占地面积 180 平方米，北房为家庙，面阔三间，进深一间，平顶四柱出檐，明间开双扇门，次间做槛墙，支摘窗，长方形花纹镂空，梁架之间有木雕、兽纹花纹，廊墙两侧做海棠池，占地面积 418 平方米。2008 年被公布为区级文物保护单位。

0065 河口南街 9 号

地　　点：兰州市西固区河口乡河口村
管理单位：河口乡政府
当前用途：公共建筑
保护级别：县级
建造时间：清代
简　　介：原为四合院建筑，现仅存西房。形状呈长方形，东西 17 米，南北 14 米，占地面积 238 平方米。大门坐西朝东，西房建筑面积 60 平方米。面阔三间，进深一间，平顶四柱出檐，明间开双扇门，底为木质结构，上为方格菱形纹门棂，次间做槛墙，支摘窗，方格纹窗棂，梁上有花纹、兽纹木雕图案。东房为新建，内有八仙桌、太师椅、炕柜、箱子等。2008 年被公布为区级文物保护单位。

0066 河口街 27 号

地　　点：兰州市西固区河口乡河口村
管理单位：河口乡政府
当前用途：公共建筑
保护级别：县级
建造时间：清代
简　　介：为四合院建筑。院落平面呈长方形，保留有上房，东西厢房，倒座和门楼。南北 23 米，东西 12 米，占地面积为 278 平方米，建筑面积约 180 平方米，上房面阔三间，进深一间，前上廊，单坡顶，明间开单扇门，门侧加窗，次间下砌槛墙，上装支摘窗，山面砌墙，北外侧作铺面，明次间各装双扇门；西厢房形制相同，面阔三间，进深一间，单坡顶，北端两间相连，明间开双扇门，北次间槛墙支摘窗，北端次间南侧开单扇门，北作槛墙支摘窗；倒座形制与上房相同，西南侧留为门道。2008 年被公布为区级文物保护单位。

0067 河口南街 11 号

地　　点：兰州市西固区河口乡河口村
管理单位：河口乡政府
当前用途：公共建筑

保护级别：县级

建造时间：清代

简　　介：民宅呈长方形，东西17米，南北13米，占地面积221平方米，大门坐南朝北，西房面阔三间，进深一间，平顶出檐，明间开门，次间做槛墙，支摘窗，长方形方格镂空，西房三间，平顶出檐，进深一间，明间开门，左侧支摘窗，长方形方格镂空，右侧开门，有一支摘窗。2008年被公布为区级文物保护单位。

0068 河口东门外72号

地　　点：兰州市西固区河口村

管理单位：河口乡政府

当前用途：公共建筑

保护级别：县级

建造时间：清代

简　　介：基本呈长方形，东西19米，南北25米，占地面积475平方米，大门坐南朝北，宽2.5米，长7米。北房三间平顶，四柱出檐，已重修，南房面阔三间，进深一间，平顶，四柱出檐，明间开双扇木门，次间做槛墙，左窗木条窗，右窗方格窗棂，西房五间，进深一间，平顶，四柱出檐，明间开双扇木门，次间做槛墙，玻璃窗，枯间开门，两侧玻璃窗，东房五间，左侧三间重修，平顶出檐，明间开双扇木门，次间支摘窗，民宅南房原为当铺，保存账桌、柜台等。2008年被公布为区级文物保护单位。

0069 河口北街50号

地　　点：兰州市西固区河口乡河口村

管理单位：河口乡政府

当前用途：公共建筑

保护级别：县级

建造时间：清代

简　　介：基本呈长方形，东西20米，南北16米，占地面积320平方米。北房七间，经深一间，平顶前出檐，明间开门，次间开单扇门，支摘窗菱形方格窗，东房三间，进深一间，平顶前出廊，开双扇门，左右各一支摘窗，方格窗棂、廊墙两侧做海棠池，上有家神庙。建筑大门坐西朝东。2008年被公布为区级文物保护单位。

0070 河口北街刘家祠堂

地　　点：兰州市西固区河口乡河口村

管理单位：河口乡政府

当前用途：公共建筑

保护级别：县级

建造时间：清代

简　　介：建筑呈长方形，东西长16米，南北宽13米，占地面积208平方米。大门坐北朝南，院内北部为祠堂，东西长9米，南北宽6米，建筑面积54平方米。砖木结构，双波水硬山顶，面阔三间，进深两间，四柱出檐，明间开双扇木门，次间做槛墙，竖道木窗。在20世纪90年代重修，祠堂内有一匾额，为光绪十三年史部侯贡生张玉麟撰写"螽斯衍庆"，内有神主龛，供刘家家谱，另外有供桌2张，纱灯50多个，上绘三国故事等。2008年被公布为区级文物保护单位。

0071 河口街 47 号

地　　点：兰州市西固区河口乡河口村
管理单位：河口乡政府
当前用途：公共建筑
保护级别：县级
建造时间：清代
简　　介：呈长方形，东西15米，南北22米，占地面积330平方米，大门坐东朝西，北房面阔3间，进深一间，平顶4柱出檐，明间开双扇玻璃木门，次间做槛墙，支摘窗，长方形花纹镂空，廊墙两侧做海棠池，南房3间，进深一间，建筑面积54平方米，平顶四柱出檐，中间是玻璃木门，两面是玻璃方格木窗，于20世纪90年代修缮加固。其余为新建，民宅内有八仙桌、太师椅等。2008年被公布为区级文物保护单位。

0072 河口北街 36 号

地　　点：兰州市西固区河口乡河口村
管理单位：河口乡政府
当前用途：公共建筑
保护级别：县级
建造时间：清代
简　　介：呈长方形，东西24米，南北14米，占地面积336平方米，北房3间，进深1间，东西长9米，南北宽5米，建筑面积54平方米，平顶四柱出檐，明间开双扇木门，次间做槛墙，支摘窗，长方形方格镂空，顶上有3米见方的家神庙，其他为新建筑。2008年被公布为区级文物保护单位。

0073 河口街昌荣商店

地　　点：兰州市西固区河口乡河口村
管理单位：河口乡政府
当前用途：公共建筑
保护级别：县级
建造时间：清代
简　　介：基本呈长方形，东西18米，南北12米，占地面积为216平方米。店铺四间，进深两间，硬山顶出檐，店面由四个双扇玻璃组成，店铺内中间由五柱隔为前后两间，前为店面，后为住宅，东房在商店内，面阔两间，进深一间，大门为木质结构双扇门，支摘窗，长方形方格镂空，平顶出檐，西房两间，平顶出檐，木条窗，保存较好。2008年被公布为区级文物保护单位。

0074 河口北街54号

地　　点：兰州市西固区河口乡河口村
管理单位：河口乡政府
当前用途：公共建筑
保护级别：县级
建造时间：清代
简　　介：结构基本呈长方形。大门坐南朝北，东西25米，南北17米，占地面积425平方米。东房南北长9米，东西宽5米，建筑面积45平方米。土木结构，平顶四柱出檐，支摘窗，方格棂，古民宅内有太师椅两把、炕柜1个、灰陶罐1个等。2008年被公布为区级文物保护单位。

0075 河口街12号

地　　点：兰州市西固区河口乡河口村
管理单位：河口乡政府
当前用途：公共建筑
保护级别：县级
建造时间：清代
简　　介：院落基本呈长方形。东西22米，南北16米，占地面积352平方米。大门坐北朝南，土木结构，南房面阔四间，进深一间，四柱平顶前出廊，左中右开三个门，开单扇门，西房五间前出廊，开单扇木门，两侧木条窗，两侧边门与东西房相临。内有古家具壁柜1套。2008年被公布为区级文物保护单位。

0076 河口街13号

地　　点：兰州市西固区河口乡河口村
管理单位：河口乡政府
当前用途：公共建筑
保护级别：县级
建造时间：清代
简　　介：建筑呈长方形，南北24米，东西12米，占地面积288平方米，前铺后院临街，大门坐南朝北，店铺五间，土木结构，进深一间，平顶，六柱出檐，店铺前面木质结构，开四扇门，东房三间，进深一间，平顶四柱出檐，明间开门，次间做槛墙，支摘窗，长方形木条窗，北房四间，进深一间，平顶出檐，土木结构，中间和两侧各开一扇门，中间和左侧各开一扇窗，内有钱柜、香案等。2008年被公布为区级文物保护单位。

0077 河口北街48号

地　　点：兰州市西固区河口乡河口村
管理单位：河口乡政府
当前用途：公共建筑
保护级别：县级
建造时间：清代
简　　介：基本呈长方形，东西22米，南北18米，占地面积396平方米。大门坐西朝东，砖土木结构，双扇木门，宽2米，长4米，北房七间，进深一间，平顶八柱出檐，明间开双扇门，次间做槛墙，支摘窗，方格菱形窗棂，梢间同次间，尽间开双扇门，末间做槛墙，支摘窗，方格窗棂，东房面阔3间，进深一间，平顶四柱出檐，明间开门，次间做槛墙，支摘窗，方格窗棂，内有古家具。2008年被公布为区级文物保护单位。

0078 河口南街5号

地　　点：兰州市西固区河口乡河口村
管理单位：河口乡政府

当前用途：公共建筑

保护级别：县级

建造时间：清代

简　　介：呈长方形，东西 35 米，南北 21 米，占地面积 735 平方米，大门坐东朝西，硬山顶出檐，双扇木门宽 2.5 米，进深一间 4 米，北房四间，土木结构、平顶出檐，从左到右依次是单开木门，联接支摘窗为一间，支摘窗联接双扇木门为两间，右侧为单开门，玻璃木窗，此民宅面积较大，西房和南房重建。2008 年被公布为区级文物保护单位。

0079 河口南街 65 号

地　　点：兰州市西固区河口乡河口村

管理单位：河口乡政府

当前用途：公共建筑

保护级别：县级

建造时间：清代

简　　介：形状呈长方形，东西 20 米，南北 15 米，占地面积 300 平方米。大门坐北朝南，东房面阔四间，进深一间，平顶四柱出檐，明间开单扇门，次间做槛墙，支摘窗，有圆形问窗棂，右侧伸到南房的为厨房，西房面阔三间，进深一间，平顶四柱出檐，明间开单扇门，次间做槛墙、木条窗，南房面阔五间，进深一间，平顶出檐，三个门，支摘窗、木条窗等。2008 年被公布为区级文物保护单位。

0080 河口北街 10 号

地　　点：兰州市西固区河口乡河口村

管理单位：河口乡政府

当前用途：公共建筑

保护级别：县级

建造时间：清代

简　　介：形状呈长方形，东西 16 米，南北 14 米，占地面积 224 平方米，建筑面积 60 平方米。大门坐西朝东，北房面阔三间，进深一间，平顶四柱出檐，明间开单扇门，为木质结构，次间做槛墙，支摘窗，长方形方格花纹镂空，两侧为廊墙。有八仙桌 1 个。2008 年被公布为区级文物保护单位。

0081 河口街 152 号

地　　点：兰州市西固区河口乡河口村

管理单位：河口乡政府

当前用途：公共建筑

保护级别：县级

建造时间：清代

简　　介：原为四合院建筑，现仅存北房和东房。形状呈长方形，东西 21 米，南北 18 米，占地面积 378 平方米。大门坐西朝东，北房面阔三间，进深一间，建筑面积约 110 平方米，平顶四柱出檐，明间开双扇门，次间做槛墙，支摘窗，方格花纹镂空；东房面阔三间，进深一间，平顶四柱出檐，左右两扇门，中间支摘窗，方格花纹镂空。2008 年被公布为区级文物保护单位。

0082 河口南街 19 号

地　　点：兰州市西固区河口乡河口村

管理单位：河口乡政府

当前用途：公共建筑

保护级别：县级

建造时间：清代

简　　介：结构基本呈长方形。东西 15 米，南北 10 米，占地面积 150 平方米，门楼宽 2.5 米，高 4 米，2001 年修缮过，硬山顶，前出廊，梁架上有祥云图案，是现存较好、较典型的门楼之一。2008年被公布为区级文物保护单位。

0083 河口北街52号
地　　点：兰州市西固区河口乡河口村
管理单位：河口乡政府
当前用途：公共建筑
保护级别：县级
建造时间：清代
简　　介：四合院建筑，形状呈长方形，东西23米，南北18米，占地面积414平方米。大门坐西朝东，西房三间，平顶四柱出檐，东房三间，进深一间，四柱出檐，明间开门，次间做槛墙，支摘窗，长方形的花纹镂空，梁架之间有木雕花纹；北房五间开三组单扇门、三组支摘窗，长方形方格镂空；南房六间，四柱出檐，明间开单扇门，次间做槛墙，枯间开单扇门，木条窗。民宅内有炕柜、八仙桌、彩灯架了等。2008年被公布为区级文物保护单位。

0084 河口北街49号
地　　点：兰州市西固区河口乡河口村
管理单位：河口乡政府
当前用途：公共建筑
保护级别：县级
建造时间：清代
简　　介：原为四合院建筑，现仅存北房。形状呈长方形，东西25米，南北17米，占地面积425平方米。大门坐西朝东，北房面阔七间，进深一间，平顶七柱出檐，明间开双扇门，次间做槛窗，玻璃木窗，枯间开双扇门，尽间做槛窗，玻璃木窗；东房为现代建筑，其余是院墙。民宅内有八仙桌、炕桌、衣箱、面柜等。2008年被公布为区级文物保护单位。

0085 河口北街40号
地　　点：兰州市西固区河口乡河口村
管理单位：河口乡政府
当前用途：公共建筑
保护级别：县级
建造时间：清代
简　　介：原为四合院建筑形状，呈长方形，东西21米，南北17米，占地面积357平方米，建筑面积160平方米。大门坐东朝西，木质双扇门，北房四间，平顶五柱出檐，开双扇门，窗为木条窗；西房三间，平顶四柱出檐，开双扇门，支摘窗，长方形花纹镂空。2008年被公布为区级文物保护单位。

0086 王氏家祠
地　　点：兰州市西固区金沟乡马家山下大金沟
管理单位：金沟乡政府
当前用途：公共建筑
保护级别：县级
建造时间：清光绪初年
简　　介：王氏家祠（王家家庙）正堂始建于清光绪二年，山门建于光绪二十二年，是金沟现存家祠中年代最为久远且有原始风貌的一座家祠。为区级文物保护单位。

0087 泉神庙遗址
地　　点：兰州市西固区南部关山林场何家岘
管理单位：兰州市文物局
当前用途：公共建筑

保护级别：县级

建造时间：清乾隆五十一年（1786年）

简　　介：北距西古城15千米，西距永靖县关山乡，东南距金沟乡上大金沟4千米。泉神庙地处一山凹，东南山岭对峙，被称为龙虎燕子山。清乾隆五十一年建，次年，敕封泉神为广润候，并赐御书"昭灵绥佑"。解放后，泉神庙被拆除，仅留存石碑数通。神泉位于山凹南侧，旁有石碑两通，一为"神泉"碑，一为"灵湫"碑。在山侧有一小股泉眼和小石碑4通。

0088 连搭文昌阁

地　　点：兰州市榆中县连搭乡连搭村小学院内

管理单位：连搭乡连搭村小学

当前用途：公共建筑

保护级别：县级

建造时间：清康熙年间

简　　介：建筑面积50平方米，属白子宫整体建筑的山门，坐西朝东，为两层阁楼，上层为歇山式楼阁，下层为硬山顶悬山式建筑，分两层，檐柱为宋代流传下来的木柱。楼檐铺设古式青瓦，顶边为吉祥飞鸟。

0089 三圣庙

地　　点：兰州市榆中县金崖镇

管理单位：金崖镇文化站

当前用途：公共建筑

保护级别：县级

建造时间：清光绪二年（1876年）

简　　介：三圣庙占地面积1064平方米，建筑面积411平方米。坐北朝南，砖木结构。沿中轴线自南而北依次为戏楼、厢房、中殿、后殿。后殿建于清光绪二年（1876年），属悬山式，院中心位置的中殿建于光绪三十一年（1907年），属歇山式。临街的古戏楼建于光绪十二年（1886年），为歇山式，戏台正对大殿和献殿，下部为人行通道，戏台后有化妆室，并与临街的阳台相连。戏楼两侧修建一坡水式东西厢房各5间，整体结构呈"山"字形。

0090 水烟手工作坊

地　　点：兰州市榆中县金崖镇古城村

管理单位：永丰村水烟厂

当前用途：公共建筑

保护级别：县级

建造时间：清代

简　　介：又名福元泰烟坊，为沈秀峰私家烟坊，曾是地下党联络站。四合院式建筑，保存较完整。占地面积3814.2平方米，建筑面积1512.2平方米。厢房40间，其中手工车间15间，配料车间1间，压捆车间8间，库房16间。过厅连南北厢房，系前五后四土木结构建筑。院西北侧厢房前有一地洞，弯曲通向厢房，洞口长3米，宽1.5米，距地表2.5米，曾为地下党秘密开会点。水烟制作工艺在2007年被列入国家非物质文化遗产，烟坊为县级文物保护单位。

0091 二龙山戏楼

地　　点：兰州市榆中县青城镇
管理单位：青城旅游管理公司
当前用途：公共建筑
保护级别：县级
建造时间：清乾隆十六年（1751年）
简　　介：位于二龙山玉皇殿对面。戏楼台口宽敞，无梁无柱，顶部是穹窿形结构。用于春节和农历七月十五日中元节民间社火演出。此建筑年久失修，墙体下陷，木构糟朽。2004年被公布为县级文物保护单位。

0092 罗家大院

地　　点：兰州市榆中县青城镇
管理单位：青城旅游管理公司
当前用途：公共建筑
保护级别：县级
建造时间：民国十六年（1927年）
简　　介：罗家大院是青城四大水烟坊之一。整座院落坐北向南，占地面积406平方米。罗家大院是由罗希周采用阴阳八卦的方法联合设计而成。属三堂五厦结构，即上、下堂屋各三间，东、西厦房各五间，上堂屋和下堂屋有耳房。西厦房后面是花园，上堂屋后面是后道，用于停放马车和堆放杂物，东厦房后面是走道，与后道相通，走道东边是水烟作坊。罗家大院由四道门组成，第一道门是车门，与走道相连，第二道门是通往四合院的砖雕门楼，西门和东门分别是通往花园和水烟作坊的通道。2003年被公布为县级文物保护单位。

0093 周家祠堂

地　　点：兰州市榆中县金崖镇
管理单位：金崖镇文化站
当前用途：公共建筑
保护级别：县级
建造时间：1887年
简　　介：周家祠堂是进士周士俊出资修建的家祠，占地面积1440平方米，建筑面积403平方米。共有大小房屋46间。建筑坐北朝南，总体为前后两进式布局，其中前院正门一座，边门两座，前院正房为3间悬山式砖木结构廊庭，东西两侧各有一面坡式厢房3间，廊庭两侧修短墙将前后院隔开，两侧隔墙有对称的月亮门通后院，过廊庭穿堂亦可到后院。后院布局与前院相同，北面三间大殿是供奉、祭拜周氏列祖列宗的地方，东西两侧为厢房。祠院呈长方形，东西宽30米，南北长48米，坐北朝南。自南向北依次为山门、前院厢房、过殿及厢房、后院厢房、后殿。建筑群以过庭为界分前后两院，由拱形门连接。

0094 山陕会馆

地　　点：兰州市永登县红城镇宁朔村
管理单位：永登县文物局
当前用途：公共建筑
保护级别：县级
建造时间：清乾隆二十一年（1756年）
简　　介：山陕会馆是永登县内仅存的一处会馆建筑，清咸丰七年（1857年）增修。会馆坐东朝西，占地面积约 480 平米，有戏楼、过厅、大殿，建筑面积约 262 平米。戏楼为硬山式建筑，上为戏楼，面阔五间，进深三间。过厅为硬山式抱厦，面阔三间，进深三间。大殿为硬山式，面阔三间，进深三间，大殿内南墙有壁画，面积约 7.9 平米。过厅有水井一口，戏楼与过厅之间南墙有碑刻 3 块，北墙有碑刻 2 块，碑刻长 1.4 米，高 0.75 米。山陕会馆建筑结构基本稳定，保存较为完整，现为红城镇文化站。1988 年被公布为县级文物保护单位。

0095 文昌殿

地　　点：兰州市永登县红城镇永安村红城镇中心小学院内

管理单位：永登县文物局

当前用途：公共建筑

保护级别：县级

建造时间：明崇祯六年（1633 年）

简　　介：文昌殿坐北朝南，歇山顶建筑，内外施斗拱，台基东西长 14.3 米，南北长 13.55 米，面积约 194 平米。面阔 3 间 11 米，明间 3.9 米，两次间 3.55 米，进深 10.5 米。建筑结构基本稳定，保存较为完整，门窗原状被破坏，顶部瓦件脱落、破损严重，外墙被粉刷施朱红涂料。殿内北部有隔墙，隔墙与北墙之间宽 1.78 米，正中有残龛，高 1.67 米，隔墙内东、北、西墙体均有壁画，保存较好，面积约 22.4 平米。1993 年被公布为县级文物保护单位。

0096 钟鼓楼

地　　点：兰州市永登县城关镇五渠村西南约 1500 米，仁寿山公园内

管理单位：永登县文物局

当前用途：公共建筑

保护级别：县级

建造时间：不详

简　　介：钟鼓楼原址为关帝庙，现位于永登县大什字西街，为永登县文化馆旧办公场所。2005 年搬迁至仁寿山公园内。关帝庙原有大殿、戏楼等建筑，均毁于"文革"前，仅存钟、鼓二楼。钟鼓楼为两层歇山顶式楼亭建筑，上层内外施斗拱，楼顶为攒尖式悬梁结构，小巧紧凑，内为砖墙，三面开拱形门，长、宽均为 4.7 米。单体建筑面积 22 平方米。保存完整。1988 年被公布为县级文物保护单位。

（二）酒泉

0097 酒泉鼓楼

地　　点：酒泉市肃州区老城区四大街中心
管理单位：酒泉市文物局
当前用途：公共建筑
保护级别：国家级
建造时间：东晋穆帝永和年间（346-353年）
简　　介：据《西凉旧事》记载，鼓楼原为东晋时酒泉郡福禄县城东门楼，系前凉永乐元年（346年）酒泉太守谢艾主持重修的福禄城的东门楼，时称"谯楼"。清同治四年（1865年）遭兵变焚毁，清光绪三十一年（1905年）重修三层木楼。鼓楼分台基与木楼两部分，通高24.3米。台基呈正方形，内部夯土版筑，外包青砖，高7.4米，底边长26.33米。十字形相交的四个砖券洞门从台基四面正中穿过，十字中心为穿窿顶，倒悬伏羲八卦板。四面门楣上部皆嵌有突出壁面的砖雕仿木斗拱彩建门楼，其下各有一幅砖刻神瑞图。台基上建三层四角攒尖顶木楼，抬梁结构。一楼每面三开间，内阔9.6至9.6米，边柱12根（皆砌入墙内），上通二楼，构成楼的基架，四角砌墙，四面开门，楼内有4根粗壮的通天柱直贯三楼，楼外围又有20檐柱（每面有6柱）。二楼12柱，略同一楼，每面有12个雕花窗扇（周围共48扇），嵌于柱间构成楼身。其外有回廊栏杆，无檐柱。三楼为单间，单檐四出，四角高挑，四面开窗，窗外有中回廊护栏。楼内四角放置抹角梁，中间有雷公柱，雷公柱周边抹角梁下为八角形藻井。顶部四戗脊会于攒顶，在戗脊两侧做垂脊，脊前施兽。脊上无小兽。瓦面上涂绿色。宝瓶为陶制，两层，上下均为圆形，在宝瓶上安装有避雷针。酒泉鼓楼使用"花板代栱"的檐下做法和"吊花引龙"的翼角做法，这是河西建筑的典型特征。

0098 长城

地　　点：酒泉市肃州区长城西起边湾农场，东至三墩镇鸳鸯山
管理单位：酒泉市文物局
当前用途：公共建筑
保护级别：国家级
建造时间：汉代
简　　介：肃州区长城西起边湾农场，东至三墩镇鸳鸯山。现存墙体十几处，长36 346.65米，其中消失3629.06米，实存

32 717.59 米；城障 5 处，烽火台 24 处，壕堑 13 处，长度 28 440.25 米。2006 年被公布为全国重点文物保护单位。

0099 莫高窟

地　　点：酒泉市敦煌市区东五墩乡新墩村南 15 千米

管理单位：敦煌研究院

当前用途：公共建筑

保护级别：国家级

建造时间：北凉

简　　介：莫高窟俗称千佛洞，是一座距今 2000 余年、内容丰富、规模宏伟的石窟群，是我国乃至世界上现存规模最宏大、历史最长久、内容最丰富、保存最完好的佛教和石窟艺术宝库，为我国四大石窟之一。南北全长 1680 米，分布于高 15-30 多米高的断崖上，上下分布 1-4 层不等。分为南、北两区，其中南区是礼佛活动的场所，现存有北凉、北魏、西魏、北周、隋、唐、五代、北宋、回鹘、西夏、元各个朝代壁画和彩塑的洞窟 492 个，彩塑 2400 多身，壁画 4.5 万多平方米，唐宋时代木构窟檐五座，还有民国初重修的作为莫高窟标志的九层楼等。莫高窟各窟均是集建筑、彩塑、绘画为一体的综合性艺术。

0100 莫高窟中寺古建筑

地　　点：酒泉市敦煌市区东五墩乡新墩村南 15 千米，莫高窟九层楼东南 60 米处

管理单位：敦煌研究院

当前用途：公共建筑

简　　介：莫高窟中寺又名"皇庆寺"，坐东向西，门西开，东西长 52 米，南北宽 29 米，平面呈长方形，总面积 1508 平方米，大门宽 2.7 米。由 2 个大殿、2 个配殿、2 个厢房、2 个配房、2 个倒座房、1 个磨房等组成，共有殿阁房舍十五间。为两进院式，南有甬道与上寺相连，北侧在北厢房和北后配房之间另有一侧门道供出入。中寺前、后大殿歇山顶，四梁八柱，前墙与山墙有彩绘。中寺与上寺之间过道还有磨坊一处和东侧门。现编 20 号房屋为常书鸿故居。

0101 莫高窟上寺

地　　点：酒泉市敦煌市区东五墩乡新墩村南 15 千米，莫高窟九层楼南 60 米处

管理单位：敦煌研究院

当前用途：公共建筑

简　　介：寺门西开，东西长 47 米，南北宽 24 米，门宽 3 米。全寺由 2 个大殿、2 个配殿、2 个厢房、2 个配房、2 个耳房、2 个倒座房组成，共有殿阁房舍十二间，总面积 1128 平方米。上寺分前、后院，北有甬道与中寺相连。后院东南角另有一门供出入。上寺前、后两大殿，歇山顶，四梁八柱。

0102 慈氏塔

地　　点：酒泉市敦煌市区五墩乡五墩村东南 15 千米，莫高窟东 100 米处

管理单位：敦煌研究院

当前用途：公共建筑

简　　介：慈氏塔古建筑原建于莫高窟东三危山老君堂庙宇院内北山坡上。塔通高 6 米，

每间面阔1.12米，通径2.69米。慈氏塔中部用土坯砌塔室，外绕柱廊，有八柱，柱断面为小八角，每面五根圆椽，平面成放射状，面积15平方米。塔壁八面，壁体有收分。西面开房门，门口两边浮雕双龙，门上墨书"慈氏之塔"四字。门内为方形小室，穹窿顶。塔壁与檐柱之间各面砌小台，台壁以龙、凤纹花砖贴砌，四斜面小台上各泥塑天王一尊，三正面绘壁画天王像。塔刹为八角形，须弥座上承覆钵及七重相轮以及华盖、宝珠，皆木制刷土色。

0103 成城湾华塔

地　　点：酒泉市敦煌市区五墩乡五墩村莫高窟南2千米处的大泉河南岸成城湾西

管理单位：敦煌研究院

当前用途：公共建筑

简　　介：成城湾华塔古建筑由土坯砌成，外表抹泥及浮塑各细部，塔平面呈八角形。塔身每面宽1.65米，直径3.98米，通高9米，面积15.84平方米，塔下部是基台，上叠用两层须弥座，须弥座下部有复莲，上有一层复莲座，塔身上有阑额，再上叠莲瓣七层，在每个高瓣上各立小方塔一座，最高处为木刹柱。塔西正面开圆券门，其余三面砌同大的假券门，全塑有束莲木柱、火焰形门楣，左右升龙棒宝珠等，塔内有一方室，圆穹窿顶。

0104 酒泉古城门

地　　点：酒泉市肃州区西文化街军分区大门南侧100米处

管理单位：酒泉市文物局

当前用途：公共建筑

保护级别：省级

建造时间：汉代

简　　介：又称福禄城南门。现存城门东西长9.35米，南北宽4米，高8米，券门宽4.15米，高4.8米，面积37.2平方米。2003年被公布为省级文物保护单位。

0105 药王宫

地　　点：酒泉市肃州区西大街酒泉中学校园内

管理单位：酒泉市文物局

当前用途：公共建筑

保护级别：省级

简　　介：药王宫由六座单体建筑组成，以南北中轴线为界，路东为药王宫前、后殿、三义殿。路西为五圣宫、关帝庙。路北端为玉皇阁。2011年被公布为省级文物保护单位。

0106 敦煌南仓

地　　点：酒泉市敦煌市区沙州镇小南街仓门巷南50米处

管理单位：酒泉市文物局

当前用途：公共建筑

保护级别：省级

建造时间：清代

简　　介：敦煌南仓古建筑东临市粮食局家属楼，南近城建局家属楼，西北为居民区。占地面积东西长145米，南北宽80米，分布面积11 378.88平方米，现存粮仓8座，建筑面积1384平方米，8座粮仓大小均相等，平面呈长方形。每座粮仓均长17.30米，宽10米，通高5.80米，墙体黄土夯筑，基础宽1米，上宽0.60米。夯层厚0.10–0.12米。房顶双面起脊，前后出檐，顶用当地胡杨木做梁、檩、椽、红柳芭铺设。仓门为木板闸式，青砖铺地。现为国家粮食储备仓库。1989年被公布为市级文物保护单位。2003年被公布为省级文物保护单位。

0107 白马塔

地　　点：酒泉市敦煌市西南1千米七里镇白马塔村一组
管理单位：酒泉市文物局
当前用途：公共建筑
保护级别：省级
建造时间：386年
简　　介：白马塔古建筑为9层，高12.4米，建筑面积30平方米。塔土坯垒砌，中立柱，外涂草泥、石灰。最低一层呈八角形，每角面长3.2米，直径为7米；第二层第四层为折角重迭形；第五层下有突出乳钉，环绕一周，上为昂莲花瓣；第六层为覆钵形塔身；第七层为相轮形；最上为六角形的玻刹盘，每角挂风铎一口。塔身第二层东侧刻"道光乙巳桐月白文采等重修"，南侧木刻"民国二十二年八月拔贡朱永镇、吕钟再修"。1981年被公布为省级文物保护单位。

0108 塔院寺金塔

地　　点：酒泉市金塔县金塔镇塔院村东南300米处
管理单位：酒泉市文物局
当前用途：公共建筑
保护级别：省级
建造时间：明代
简　　介：塔院寺金塔占地面积225平方米。据《金塔县志》记载，清康熙、乾隆、道光和民国曾有四次维修，1986年又进行了维修。原名"筋塔"。塔体建筑形制为覆钵式喇嘛塔，土木结构，基座平面呈方形，边长15米，须弥座八角四层，中为覆钵形塔身，上置九层相轮，刹顶为木构八角攒尖顶。1986年维修时从塔顶内采集到泥塑佛像、经书、维修宝塔牌等珍贵文物。2003年被公布为省级文物保护单位。

0109 酒泉公园

地　　点：酒泉市肃州区汉唐街北社区酒泉胜迹内
管理单位：酒泉市建设局
当前用途：公共建筑
保护级别：市级
建造时间：清代
简　　介：该建筑坐北朝南，东侧文昌阁，原称仓颉楼；西侧佛祖庙，又称纸祖楼。月洞门居中，东西宽300米，南北长100米，分布面积30 000平方米，建筑面积1250平方米。文昌阁、佛祖庙建筑形制基本相同，为三开间前廊卷棚后殿硬山顶，均建于东西长20.9米、南北宽21.8米、高5.2米的砖包夯土台基之上。文昌阁廊下东壁嵌砖雕对联

"文登天府凭司命，笔如心花借牖灵"，西壁"云岳孤山推笔力，江水荡处见文心"。月洞门为陕甘总督左宗棠捐资所建。1984年被公布为市级文物保护单位。

0110 酒泉清真寺

地　　点：酒泉市肃州区城关镇汉唐街北社区区委党校南侧

管理单位：肃州区民族宗教局

当前用途：宗教建筑

保护级别：市级

建造时间：明嘉靖年间

简　　介：原位于肃州城内东北隅（今市二中内），清代迁建于东关北后街（即现址）。寺院东西长67.5米，南北宽21米，占地面积1417.6平方米，民国五年（1916年）建大殿、唤醒楼、帮克楼。民国八年建左右配殿。"文革"中大部分建筑被拆除，仅剩大殿。1980年先后建浴室、会客厅、阿訇房、主持房、寺门及望月楼。大殿由前殿与后殿组成，前殿歇山顶，南北长17.9米，东西宽14.63米，前廊进深5.1米，建筑面积1000平方米。后殿与前殿相接，南北长8.67米，东西宽7.9米，建筑面积600平方米。1984年被公布为市级文物保护单位。

0111 玉皇阁建筑群

地　　点：酒泉市肃州区西大街酒泉中学院内

管理单位：酒泉市教育局

当前用途：公共建筑

保护级别：市级

建造时间：明代

简　　介：玉皇阁坐北向南，东西宽75米，南北长115米，占地面积8625平方米，总建筑面积2042平方米。以南北中轴线为界，路东为药王宫前、后殿，三义殿，路西为五圣宫、关帝庙，路北端为玉皇阁。清光绪五年重修药王宫，面阔三间四椽，硬山顶砖土木结构。宣统三年重修药王宫后殿，建筑形制与前殿同。光绪年建三义殿，原址在酒泉中学东南角，2005年迁建于现址。光绪二十六年建五圣宫，面阔五间六椽，硬山顶砖土木结构。光绪二十二年建关帝庙，平面呈方形，五开间六椽悬山顶砖土木结构。民国二十九年建玉皇阁，平面呈方形，三层木楼，攒尖顶，四面坡，高 13 米，建于高 1.35 米的夯土砖包台基之上。1984 年被公布为市级文物保护单位。

0112 宣统塔

地　　点：酒泉市玉门市赤金镇金峡村五组西北塔儿梁隔壁约 1 千米处

管理单位：玉门市赤金镇政府

当前用途：公共建筑

保护级别：县级

建造时间：清宣统年间

简　　介：又名天津卫塔，海拔 1411 米。塔为土坯砌筑，外裹白灰。整个塔体高 14 米。塔下有高 0.5 米、直径 8 米的圆形底座，上为折叠型须弥座，再上为圆堆状塔身。塔顶为覆钵形，顶立一木桩。1990 年被公布为市（县）级文物保护单位，1991 年立保护碑一块。

0113 红山白塔

地　　点：玉门市赤金镇光明村一组红山南山坡

管理单位：玉门市赤金镇政府

当前用途：公共建筑

保护级别：县级

建造时间：清雍正年间

简　　介：红山白塔海拔 1671 米，东距红山寺正殿约 500 米。白塔为土木结构，是覆钵式喇嘛塔，总高 11.25 米，由塔基、塔身、塔刹三部分组成。塔基高 3.1 米，为佛教须弥座六角基础。塔身高 3 米，为覆钵形。四面开圆拱佛龛 4 个，内有座佛 4 身。塔刹高 4.5 米，置相轮五重，占整个塔刹比例较大。1990 年被公布为市（县）级文物保护单位。

0114 玉皇阁

地　　点：玉门市第二中学院内

管理单位：玉门市第二中学

当前用途：公共建筑

保护级别：县级

建造时间：清同治初年（1862 年）

简　　介：玉皇阁是现玉门境内保存最为完好的清代砖木结构建筑。阁基座占地面积 207.11 平米，阁体占地面积 84 平米。阁南、北墙长 12 米，东西墙墙宽 7 米，阁高（不含基座）10 米。该阁上下二层，二层有回廊，四面有十八根通体红色立柱，顶部为斗拱式飞廉，向四方延伸成飞翔状。翔角曾挂有铜铃四只。顶楼西面中间有一木门，四面有长方形木窗，墙体外部剥蚀脱落。底层南墙中间开门，为八瓶花雕格子门，六角形圆窗分裂四面。墙面均为青砖雕花，门阶呈八级，为青石台阶。1995年被公布为市（县）级文物保护单位。

0115 道德楼

地　　点：酒泉市瓜州县锁阳城镇堡子村村委会院内

管理单位：锁阳城镇堡子村村委会

当前用途：公共建筑

保护级别：县级

建造时间：清代

简　　介：道德楼全木结构歇山顶单飞檐式方形木楼，共两层，底基平面呈长方形，南北长7.25米，东西宽5.68米，高8.45米。楼顶脊贯雕龙砖构件，四角飞檐脊贯雕龙、走兽，平脊顶贯筒瓦，兽头瓦当封檐。楼顶由8根通柱支撑，下置花岗岩金瓜柱石，西檐下悬有黑地金字行书"道德楼"匾额（复制）。楼内北侧安装木梯，可通二楼，二楼用厚木板铺成，木板下用三根方木做南北横梁，二楼东、西两面开棱花格扇窗门，门外四周铺木板做过道，边沿安装扶手栏杆。一楼东、西两侧安装板壁，南、北两侧用青条砖砌墙，楼内方砖铺地，楼四周用花岗石条铺台沿，开西门，楼梯口向东，门额板楷书"安民"。道德楼为清代堡子城的附属建筑物，四周原建有火神庙、龙王庙、娘娘庙等古建筑，1958年全部被拆除，仅存此楼，是瓜州唯一幸存的木楼。1989年被公布为县级文物保护单位。

0116 蘑菇台王母宫

地　　点：酒泉市瓜州县锁阳城镇中渠村南24千米

管理单位：蘑菇台文管站

当前用途：公共建筑

保护级别：县级

建造时间：清代

简　　介：蘑菇台王母宫位于蘑菇台文管站南侧300米处的榆林河北岸。分布面积101.46平方米。坐北朝南，平面长方形，南北长11.4米，东西宽8.9米。土木构筑，面阔三间，歇山顶勾连搭套复檐式建筑，四周墙体土坯垒筑，内外抹泥，墙高3.5米，宽0.4米，土坯长25厘米，宽15厘米，厚10厘米。南侧开庙门，门宽2米。门外立有门柱，筑有廊檐，前廊牙板上雕刻二龙戏珠，东西两侧彩绘壁画。庙内四壁壁画、彩塑于1957年被毁。1985年被公布为县级文物保护单位。

（三）嘉峪关

0117 嘉峪关

地　　　点：嘉峪关市市辖区峪泉镇嘉峪关村
　　　　　　一组西 800 米
管理单位：嘉峪关市文物局
当前用途：公共建筑
保护级别：国家级
建造时间：明洪武五年（1372 年）
简　　介：嘉峪关南依祁连山，北接黑山，因建于嘉峪山与黑山之间的峡谷高地嘉峪塬上而得名。嘉峪关是明代万里长城的西段起点，明洪武五年（1372 年），宋国公冯胜选址建关；明弘治八年（1495 年），肃州兵备道李端澄主持修建嘉峪关楼；明正德元年（1506 年），李端澄又监修东西二楼及夷厂、仓库等；明嘉靖十八年（1539 年），尚书翟銮与兵备道李涵监筑加固城墙，修建关城两翼长城，关城整体建成，占地面积 84554 平方米。嘉峪关是明长城保存最完整的古代军事城堡，由月城、城壕、外城、罗城、内城、瓮城及游击将军府、官井、文昌阁、关帝庙、戏台等建筑组成。游击将军府为 1992 年原址重建。外城内早年建有街道、店铺、驿站等，现仅存关帝庙、文昌阁、戏台三座建筑，均在东瓮城东侧。关帝庙牌坊为原始遗存，庙宇为 1998 年原址重建。1961 年被公布为全国重点文物保护单位。1987 年被列入世界文化遗产名录。

0118 二分沟庙

地　　　点：嘉峪关市市辖区文殊镇河口村七
　　　　　　组，东与河口小学相邻
管理单位：嘉峪关市文物局
当前用途：宗教建筑
保护级别：市级
建造时间：清光绪十七年（1891 年）
简　　介：二分沟庙为抬梁式土木结构建筑。庙坐北向南，分布面积约 300 平方米，主体面阔三间，长 11 米；进深 2 间半，长 9 米。庙内有南北向隔墙，将庙分割为东西两室，西室为主间，立两明柱，东、西两室有回廊相通。庙屋脊为倒卧虎式，前低后高。屋顶前为卷棚顶接两面坡硬山顶，屋面用板瓦和筒瓦覆盖。庙四面外墙为土坯砌筑，东西墙坍塌无存，仅存前南墙，高 4.18 米。北墙存有帮夯外墙，高约 2.5 米。庙檐墙为砖砌，饰雕砖，檐下斗拱饰木雕。1989 年被公布为市级文物保护单位。

（四）金昌

0119 圣容寺
地　　点：金昌市永昌县城北10千米处的御山峡西段
管理单位：永昌县文物管理所
当前用途：公共建筑
保护级别：国家级
建造时间：北周
简　　介：据史料记载，圣容寺始建于北周武帝保定元年（561年），建成后命名"瑞像寺"；隋大业五年（609年），炀帝西巡张掖时，"躬往礼，敬厚施，御笔改额'感通寺'"；中唐、吐蕃统治河西时，改名圣容寺至今。该寺是河西地区著名的汉传佛教寺院之一。该寺遗址背靠古长城，南北两山逶迤蜿蜒，山形奇特，被誉为"白象托塔"。现存遗迹有盛唐时期的土基佛塔两座，形制同西安小雁塔。至民国末期圣容寺只剩山门数间，1953年被拆除。1984年加固维修。2003年恢复重建，主要建筑物有石佛殿、大雄宝殿、东方三圣殿、西方三圣殿、地藏殿、祖师殿、护法殿、天王殿、藏经楼、念佛堂、斋堂、钟鼓楼、回廊、僧寮、山门等。现寺院占地15 000平方米，东西长150米，南北长100米，建筑面积4981平方米。2001年被公布为全国重点文物保护单位。

0120 圣容寺塔
地　　点：金昌市永昌县城关镇金川西村御容山峡谷
管理单位：永昌县文物管理所
当前用途：公共建筑
保护级别：国家级
建造时间：唐代
简　　介：圣容寺塔东临金川西村四社，南依大山，西侧是千佛阁遗址，北侧是明长城。大、小二塔隔山相望，相距约400米，均为方形七级密檐砖塔。大塔建于北御容山顶方形台基上，坐北向南，塔基高16.4米，塔体呈方形，单层中空，外壁素面无饰，南面辟拱形门，二层以上，每层南北二面辟拱形门一座，各层塔檐以砖叠涩挑出，塔身轮廓呈曲线，塔刹用砖向上敷叠收顶，塔身内有木梯可直达塔顶。小塔建于圣容寺遗址南侧的砂砾岩山顶上，坐南向北，通高4.9米，造型同大塔。圣容寺塔是甘肃境内仅存的两座唐至五代时期楼阁式砖塔。2001年被公布为全国重点文物保护单位。

最上层为盝顶塔式宝顶。2006年被公布为全国重点文物保护单位。

0121 永昌钟鼓楼

地　　点：金昌市永昌县城关镇县城中心
管理单位：永昌县文物管理所
当前用途：公共建筑
保护级别：国家级
建造时间：明万历十四年（1586年）
简　　介：又名声教楼，清顺治十八年（1661年）重修，规制仿西安钟楼，砖木结构，方形，分台基与阁楼两部分，通高24.5米，被誉为"河西中天一柱"。台基以夯土板筑，四周青砖包砌，平面呈正方形，东西宽22米，南北长23米，高7.2米，占地面积506平方米，四面开拱门，门宽5.1米，门上镌字，东门"大观"，南门"迎熏"，西门"宁远"，北门"镇朔"，背面设有砖砌踏步可登临。阁楼为重檐盝顶，二层三檐，下层面宽三间，进深三间，四面置格扇门，左右置槛窗，上、下檐均施斗拱，明间三攒，次间二攒，廊间一攒，斗拱为三踩单昂。上层屋檐及檐柱向内收缩，檐下置望台，形制同下层。楼台上置大铁钟一口，楼内置大鼓一面、碑记2通。

0122 北海子塔

地　　点：金昌市永昌县城北侧北海子公园内
管理单位：永昌县文物管理所
当前用途：公共建筑
保护级别：省级
建造时间：明代
简　　介：又名观河楼塔，七级八角实心砖塔，通高33米，由塔基、塔身、塔刹三部分组成，塔基南北长25米，东西宽15米，高3.06米，占地面积375平方米，东西两壁原镶嵌有"光东阙""定西戎"的砖制阳刻浮雕匾额。塔身高29.96米，八角形，塔刹为圆柱形倒置瓶状，绿釉、瓷制，顶冠圆锥形铁刹。1981年被公布为省级文物保护单位。

0123 陈家沟关帝庙大殿

地　　点：金昌市金川区双湾镇陈家沟村三组
管理单位：双湾镇人民政府
当前用途：公共建筑
保护级别：市级
建造时间：清乾隆二年（1737年）
简　　介：陈家沟关帝庙大殿东临下双公路和陈金公路交汇处，原供销社院内。是金川区仅存的一处古代建筑，为一殿一卷硬山式。大殿坐北向南，平面呈方形。面阔三间，宽11.10米，进深9.30米，建筑面积122.40平方米，前檐高4.10米，后檐高3.50米，大殿山面脊高5.60米，卷棚外部高4.40米，屋顶前后两坡平铺方砖，脊部和檐部竖向平排施4块筒瓦，垂脊嵌有雕花砖；大殿地面铺青方砖，卷棚地面铺长条青砖；正墙及两面山墙内侧绘有彩色壁画，内容以三国人物故事为主。2012年被公布为市级文物保护单位。

0124 阁老府（甘陕会馆）

地　　点：金昌市永昌县城东大街
管理单位：永昌县文物管理所
当前用途：公共建筑
保护级别：市级
建造时间：明万历年间
简　　介：阁老府（甘陕会馆）原为明代进士胡执礼府第，清嘉庆十一年（1806年）被其后代拆卖，陕甘商贾买其地，营建陕甘会馆，于道光二十九年（1849年）建成，作为商务活动场所。阁老府现存大殿一间，东西配殿各五间，砖木结构，坐北向南，建筑面积750平方米。大殿面阔三间，进深三间，灰瓦歇山顶，建筑面积为210平方米，东、西配殿面阔五间，进深一间，灰瓦歇山顶，建筑面积260平方米。2004年被公布为县级文物保护单位。2012年被公布为市级文物保护单位。

0125 魁星阁

地　　点：金昌市永昌县朱王堡镇三沟村小学东南角
管理单位：永昌县文物管理所
当前用途：公共建筑
保护级别：市级
建造时间：明永乐年间
简　　介：三沟魁星阁占地面积210平方米，长14米，宽15米，高25米。分台基和阁体两部分，台基南北长为8.9米，东西宽8.8米，高3.7米，台基东南角竖一长0.8米、宽0.6米的水标志碑一通。西南角有一硬山顶门楼，进门后有水泥台阶可拾级而上。阁体为二层砖木结构，二层重檐。下层为八角小楼，进深一间，南面辟门，东南有木制楼梯通向二楼，周围绕廊八柱，斗拱已简化为彩枋，八角翘起，下为木制瓜式装饰。二层为圆形攒尖顶。1997年落架维修，现保存完好。魁星阁为永昌县境内清代代表性建筑之一。2004年被公布为县级文物保护单位。

2012 年被公布为市级文物保护单位。

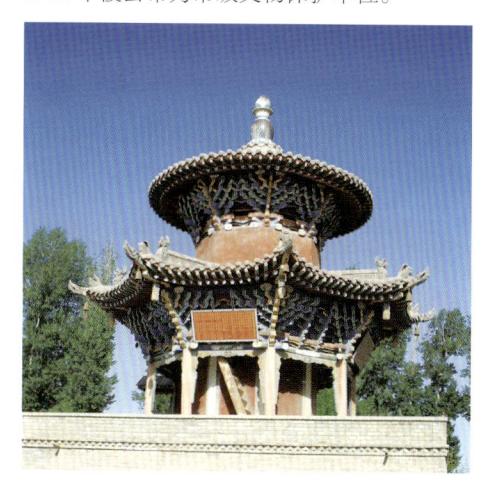

0126 红山窑塔

地　　点：金昌市永昌县红山窑乡红山窑村八社

管理单位：永昌县文物管理所

当前用途：公共建筑

保护级别：市级

建造时间：清康熙年间

简　　介：又名"镇火塔"。原为五圣宫庙附属建筑。塔在前，庙在后，庙门朝南，后损毁。民国时期重建。土坯砌筑，八角九级，阁楼式结构，占地面积 20 平方米，通高 8.2 米，塔基边长 4.4 米，塔刹无存。2012 年被公布为市级文物保护单位。

0127 王家宅

地　　点：金昌市永昌县河西堡镇河西堡村十一社

管理单位：永昌县文物管理所

当前用途：公共建筑

保护级别：县级

建造时间：清代

简　　介：王家宅坐西向东，土木结构，平面呈长方形，东西长 31 米，南北宽 22 米，面积 690 平方米，庄墙厚 2.5 米，高 7.5 米，前墩高 8.5 米，墩底东西长 4.5 米，南北宽 6 米，后墩高 16 米，墩底南北长 4.5 米，东西长 6.4 米。庄内有堂屋三间、书房四间、小屋两间、伙房三间、厢房两间。门开东墙正中，宽 1.5 米，高 2.5 米，顶部开天井，直通前墩顶部。2011 年被公布为县级文物保护单位。

0128 五佛殿

地　　点：金昌市永昌县北海子公园内

管理单位：永昌县文物管理所

当前用途：公共建筑

保护级别：县级

建造时间：明洪武年间

简　　介：五佛殿东西长 10 米，南北宽 8 米，面积 80 平方米，坐北向南，面阔三间，进深二间，砖木结构，歇山顶，重檐庑殿顶，施单翘单昂斗拱，有木廊，墙面施粉彩绘，内塑"五佛"。清嘉庆、民国时重修，1981 年维修。2004 年被公布为县级文物保护单位。

0129 侯家宅

地　　点：金昌市永昌县河西堡镇黄家泉村三社

管理单位：永昌县文物管理所

当前用途：公共建筑

保护级别：县级

建造时间：清代

简　　介：侯家宅南北长50米，东西宽30米，占地面积1500平方米，坐西向东，土木砖混结构。现只存堂屋，四廊八柱，屋顶呈斜坡形，廊下斗拱雕花，墙体为黄土夯筑和土坯砌筑，南墙正中开门，两侧为花扇吊窗，顶部有大梁、助梁各四根，前侧有木构风格式雕花，人字形顶以"海水朝阳"雕饰。侯家宅大院内厢房及其他附属设施已毁，只有堂屋及过庭保存较完整，柱梁表面油漆脱落，顶部自然坍塌，漏洞多处。2011年被公布为县级文物保护单位。

(五)天水

0130 玉泉观

地　　点：天水市秦州区玉泉路天靖山脚下
管理单位：秦州区住建局
当前用途：公共建筑
保护级别：国家级
建造时间：元代
简　　介：中国著名的道教宫观之一，因山上有一碧水莹莹、清甜透脑的玉泉和元代秦州教谕梁公弼建寺时吟有"山寺北郊，名山玉泉"之句而得名。占地面积4.15万平方米。曾经被称为城北寺、崇宁寺、卦山寺等，后更名为玉泉，是天水地区的道教胜地。建筑以玉皇阁、三清宫为中心形成规模宏大的道教宫观建筑群，坐北朝南，倚山就势。玉泉观位于山坡上，山门前有石级；入山门后有太阳和太阴小庙；再上有青龙、白虎殿；再上是牌坊式的玉皇阁大门；玉皇阁两旁有大殿。核心建筑为正殿三清宫，内供奉道教元始天尊、灵宝天尊、道德天尊雕像。玉泉观现存建筑大多为明清时重建。2006年玉泉观被列为全国重点文物保护单位。

0131 玉皇阁

地　　点：天水市秦州区玉泉观景区
管理单位：玉泉观景区管理处
当前用途：公共建筑
建造时间：始建于元代，清嘉庆十四年（1809年）重修
简　　介：该阁坐落在1.45米高的台基上。坐北朝南，歇山屋顶，碧瓦龙吻。阁身五架梁，采用歇山梁架抹角梁结构形式。

0132 真武长生殿

地　　点：天水市秦州区玉泉观景区
管理单位：玉泉观景区管理处
当前用途：公共建筑
建造时间：元至正十五年（1355年）
简　　介：位于三清殿东侧。土木结构，单檐悬山顶，覆青筒板瓦。殿身结构为抬梁式五架梁。现与西配殿共祀四御二后。

0133 灵官殿

地　　点：天水市秦州区玉泉观景区
管理单位：玉泉观景区管理处
当前用途：公共建筑
建造时间：清乾隆五十五年（1790年）重修
简　　介：位于山门内，坐西朝东、单檐歇山屋顶，正脊中置亭兽，两端龙吻，覆以碧瓦。

0134 五路财神庙

地　　点：天水市秦州区玉泉观景区
管理单位：玉泉观景区管理处
当前用途：公共建筑
建造时间：清嘉庆二十年（1815年）重修
简　　介：此庙倚山麓而建，土木结构，面阔三间。悬山顶，顶覆青筒板瓦。采用明间金檐柱不同轴线做法，檐柱间跨度大。

0135 雷祖殿

地　　点：天水市秦州区玉泉观景区
管理单位：玉泉观景区管理处
当前用途：公共建筑
建造时间：不详
简　　介：位于玉皇阁西侧，坐西向东。单檐歇山定四柱三间，次间檐柱间置槛墙，上施三踩平身科三攒。

0136 磨针洞

地　　点：天水市秦州区玉泉观景区
管理单位：玉泉观景区管理处
当前用途：公共建筑
建造时间：清光绪二十七年（1901年）重修
简　　介：位于玉泉观景区管理处山门内南

侧，面积 25.48 平方米，殿宇一间连洞。清光绪二十七年重修并将旧殿一间纵深扩为三间，传说是当时磨针之地，故名磨针洞。

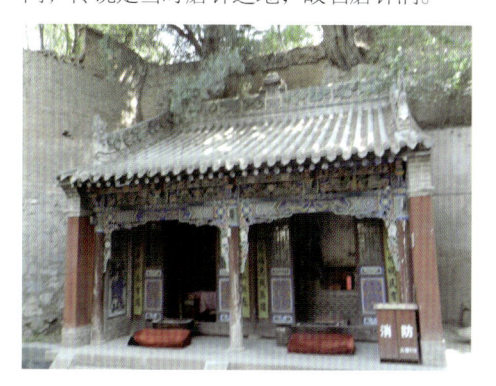

0137 玉皇殿

地　　点：天水市秦州区玉泉观景区
管理单位：玉泉观景区管理处
当前用途：公共建筑
建造时间：元至元二十六年（1289年）
简　　介：该殿紧依玉皇阁后，为前阁后殿形制。单檐歇山顶式，顶覆琉璃碧瓦，正脊饰以宝相，两端龙吻，中脊置楼阁亭、狮象。抬梁式七架梁前出副阶廊，两次间副阶廊上施勾栏。殿内彻上露明造，梁架采用元代首创的抹角梁结构形式。

0138 勒马关帝庙

地　　点：天水市秦州区玉泉观景区
管理单位：玉泉观景区管理处
当前用途：公共建筑
建造时间：清康熙初年
简　　介：位于斗涧东岗峦之上。砖木结构，面阔三间，悬山顶三架梁前出副阶廊。殿内塑关羽持刀勒马像。

0139 三官殿

地　　点：天水市秦州区玉泉观景区
管理单位：玉泉观景区管理处
当前用途：公共建筑
建造时间：不详
简　　介：坐落于玉皇阁东侧，坐东朝西。单檐悬山屋顶，面宽三间，进深三架椽，前出廊步。

0140 青龙白虎殿

地　　点：天水市秦州区玉泉观景区
管理单位：玉泉观景区管理处

当前用途：公共建筑

建造时间：清道光二十四年（1844年）重修

简　　介：位于天门牌楼后，悬山顶五架梁前出廊式。采用明间金檐柱不同轴线的做法，平板枋上置平身科五攒。中间为通道，两次间依檐柱装置栏杆。

0141　混元宫牌楼

地　　点：天水市秦州区玉泉观景区

管理单位：玉泉观景区管理处

当前用途：公共建筑

建造时间：明嘉靖三十七年（1558年）

简　　介：为主轴线建筑之一，榜书"第一山"，上款"嘉靖三十七年季春上旬建"。木结构，悬山顶式，用两大两小四根通柱和四对戗柱支撑斗拱和屋面。

0142　文昌救苦殿

地　　点：天水市秦州区玉泉观景区

管理单位：玉泉观景区管理处

当前用途：公共建筑

建造时间：明成化十七年（1481年）重修

简　　介：位于三清殿西侧。殿面阔三间进深三间。殿身木构造，抬梁式五架梁，悬山顶式，覆以青筒板瓦。殿内现与东殿共祀四帝二后。

0143　北斗台（斗姆殿）

地　　点：天水市秦州区玉泉观景区

管理单位：玉泉观景区管理处

当前用途：公共建筑

建造时间：清乾隆甲子年（1744年）重修

简　　介：殿宇坐北朝南一开间，单檐歇山屋顶。殿前修纵向卷棚式轩堂一大楹。

0144　玉泉亭

地　　点：天水市秦州区玉泉观景区

管理单位：玉泉观景区管理处

当前用途：公共建筑

建造时间：元至元二十八年（1291年）重修

简　　介：位于仓圣殿轩庭下，清乾隆

四十一年秦州知州彦方捐俸重修。

0145 人间天上牌楼
地　　点：天水市秦州区玉泉观景区
管理单位：玉泉观景区管理处
当前用途：公共建筑
建造时间：清嘉庆十二年重修
简　　介：牌楼耸立于五十三台之端。木结构三开间悬山顶式。屋面覆以碧瓦，正脊两端各施吻兽，明间施有重脊。

0146 三仙洞
地　　点：天水市秦州区玉泉观景区
管理单位：玉泉观景区管理处
当前用途：公共建筑
建造时间：清道光二十四年（1844年）重修
简　　介：旧称云阳洞，位于神仙洞南下崖方。1994年倚洞修建歇山顶式单坡水拜阁一座三间。

0147 玉泉观山门
地　　点：天水市秦州区玉泉观景区
管理单位：玉泉观景区管理处
当前用途：公共建筑
建造时间：清道光二十四年（1844年）
简　　介：玉泉观山门，坐西朝东，一开间，两边八字墙，门额上悬"玉泉观"匾额。

0148 通仙桥
地　　点：天水市秦州区玉泉观景区
管理单位：玉泉观景区管理处
当前用途：公共建筑
建造时间：清乾隆五十五年（1790年）重修

简　　介：南北走向，通长五间，宽一间。木结构，卷棚歇山顶，边设围栏。

0149 天门牌楼
地　　点：天水市秦州区玉泉观景区
管理单位：玉泉观景区管理处
当前用途：公共建筑
建造时间：明崇祯三年（1630年）重修
简　　介：牌楼耸立在高3米的石阶之上，由两大、两小四通柱和四对戗柱支撑悬山檐楼三架，明间施九踩平身科1攒，两次间施九踩平身科各两攒。顶覆碧瓦。正中悬"天门"匾额，榜书"视听万方"。

0150 三清殿
地　　点：天水市秦州区玉泉观景区
管理单位：玉泉观景区管理处
当前用途：公共建筑
建造时间：元至元十三年（1276年）
简　　介：纵轴线上最高建筑，依金柱间装修三间，施六抹隔扇门。重檐歇山九脊顶，覆琉璃碧瓦，正脊中置宝珠，两边腾龙，似二龙戏珠。上下檐内外均施以斗拱，檐下副阶周匝，殿内梁架为彻上露明造。

0151 药王洞
地　　点：天水市秦州区玉泉观景区
管理单位：玉泉观景区管理处
当前用途：公共建筑
建造时间：不详
简　　介：与药王宫相对，旧有山门已圮，现为居民房舍。洞倚崖凿修，外修纵向卷棚。

0152 碑廊
地　　点：天水市秦州区玉泉观景区
管理单位：玉泉观景区管理处
当前用途：公共建筑
建造时间：清顺治十三年（1656年）
简　　介：位于选胜亭西侧，原五间，面阔

九间。坐西朝东，砖木结构，单坡水，三面置墙，正面施以护栏，墙体嵌置历代碑石25方。

0153 武侯祠

地　　点：天水市秦州区玉泉观景区

管理单位：玉泉观景区管理处

当前用途：公共建筑

建造时间：明天启年间

简　　介：位于选胜亭西侧，坐西朝东，土木结构，硬山顶式三间。

0154 选胜亭

地　　点：天水市秦州区玉泉观景区

管理单位：玉泉观景区管理处

当前用途：公共建筑

建造时间：清康熙二十一年（1682年）

简　　介：位于碑廊前，坐南朝北，重檐歇山顶，纵阔一间。四周檐下施柱20根，柱间装置坐凳栏杆。于金柱位置四角各立一根通柱，柱间装修隔扇门及槛窗，形成四围一间形制。

0155 王母洞

地　　点：天水市秦州区玉泉观景区

管理单位：玉泉观景区管理处

当前用途：公共建筑

建造时间：始建不详，1994年重修

简　　介：洞窟凿于大殿后崖坳，1994年重修并于洞前修木结构单坡水拜阁三座。洞内分祀王母、九天玄女、观音。

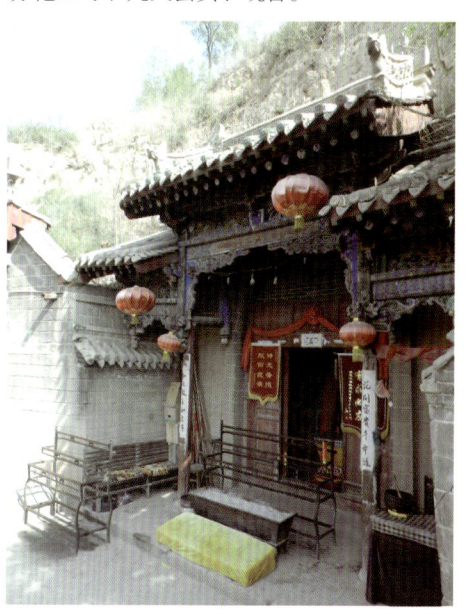

0156 周公祠

地　　点：天水市秦州区玉泉观景区

管理单位：玉泉观景区管理处

当前用途：公共建筑

建造时间：清同治十三年（1874年）

简　　介：面阔三间，悬山顶式，屋面覆青筒板瓦，正脊两端置正吻。殿身木构造五架梁前檐柱头通置大额，上施柱头科、平身科。

0157　天靖楼

地　　点：天水市秦州区玉泉观景区

管理单位：玉泉观景区管理处

当前用途：公共建筑

建造时间：清光绪初年

简　　介：位于托公祠西南，土木结构，坐西朝东，面阔五间，檐里装修三间，上下两层，单檐歇山卷棚顶，覆灰筒板瓦。上层以金柱间四周装修格扇门窗，檐柱间设置栏杆，形成副阶周匝廊。下层明面金柱间置格扇，两次间槛窗，山面、背后置墙。

0158　药圣宫

地　　点：天水市秦州区玉泉观景区

管理单位：玉泉观景区管理处

当前用途：公共建筑

建造时间：清代

简　　介：位于路南，倚崖修造，原建毁圮，现殿为1993年重修。面阔三间，悬山顶砖木结构。宫前有垂花山门一开间，斗拱形制古朴，为清代晚期所建。

0159　托公祠

地　　点：天水市秦州区玉泉观景区

管理单位：玉泉观景区管理处

当前用途：公共建筑

建造时间：清光绪元年（1875年）

简　　介：与周祠过庭并列，坐西朝东，面阔三间。土木结构，悬山顶式，覆青筒板瓦。殿身为抬梁式三架梁，梁架结构、前檐斗拱形制均与周祠大殿相同。

0160　圣母殿

地　　点：天水市秦州区玉泉观景区

管理单位：玉泉观景区管理处

当前用途：公共建筑

建造时间：清光绪十一年（1885年）重修

简　　介：位于五十三台西侧院中，清乾隆中叶曾补葺，面阔三间。坐北朝南，悬山顶式，殿身六檩抬梁造。明间檐柱跨身大，使用金檐柱不同轴线做法。檐下置平身科五攒。

0161　天水伏羲庙
地　　点：天水市秦州区伏羲广场
管理单位：天水市博物馆
当前用途：公共建筑
保护级别：国家级
建造时间：明成化十九年至二十年间（1483-1484年）
简　　介：此庙前后历经九次重修，规模宏大。清光绪十一年至十三年（1885-1887年）第九次重修后，占地面积13 000平方米，现存面积6600多平方米。庙内古建筑包括戏楼、牌坊、大门、仪门、先天殿、太极殿、钟楼、鼓楼、来鹤厅等10座；新建筑有朝房、碑廊、展览厅等6座。新旧建筑共计76间。整个建筑群坐北朝南。牌坊、大门、仪门、先天殿、太极殿沿纵轴线依次排列，朝房、碑廊沿横轴线对称分布，是全国规模最大的伏羲祭祀建筑群。2001年被公布为全国重点文物保护单位。

0162　胡氏民居南宅子
地　　点：天水市民主西路117号
管理单位：天水市博物馆
当前用途：公共建筑
保护级别：国家级
建造时间：明万历三十六年（1608年）
简　　介：南宅子是明朝嘉靖十九年（1558年）秦州举人、中宪大夫、山西按察司副使胡来缙的私宅。为北方典型的四合院组合，由天井、前院、中院、后院、书房院、后花园等组成，现占地面积约5000平方米，古建筑面积860平方米，民居建筑面积2400平方米。2003年由天水市博物馆负责维修后，建成天水民俗博物馆。2001年被公布为全国重点文物保护单位。

0163　胡氏民居北宅子
地　　点：天水市秦州区民主路中段
管理单位：秦州区文广局
当前用途：公共建筑
保护级别：国家级

建造时间：明万历四十三年（1615年）

简　　介：北宅子是明万历时任太常寺少卿署正卿胡忻的府第。与南宅子相比，北宅子规模更为宏大。平面接近正方形，原为正院三进，侧面建有大小院落5个，现仅存二、三院的前后正庭与中院庭楼及厢房。庭楼梁记上有"大明万历四十三年乙卯夏四月十五日建"题记。胡氏民居除正房与倒座为马鞍架结构外，厢房采用俗称"一坡水"的天水民居构建方式。前后两进四合院的正屋自明万历朝建成之后，未进行过大的翻修，至今保持原貌。著名文物、古建筑专家罗哲文称它"是甘肃省唯一的也是全国罕见的具有典型明代建筑风格的古民居建筑宅院群"。2001年被公布为全国重点文物保护单位。

0164　后街清真寺

地　　点：天水市秦州区重新街

管理单位：秦州区文广局

当前用途：公共建筑

保护级别：国家级

建造时间：元至正年间

简　　介：后街清真寺，旧称西关清真寺。原为三进门：头道门位于澄源巷北口，为三间木结构牌楼；二门在大寺巷内，为单檐大开间牌坊；第三道门是坐北向南三大间过厅，由此进入寺院。"文革"中遭到严重破坏，牌坊、山门、"姆拉楼"被拆，数株古槐、香柏被砍伐。礼拜大殿建于明洪武七年(1374年)，明成化四年(1468年)扩建，系元代减柱遗风的明代宫殿式木结构建筑，保存完好。寺内现存石碑五通，2003年被公布为省级文物保护单位。2006年被公布为全国重点文物保护单位。

0165　麦积山石窟

地　　点：天水市麦积区麦积镇

管理单位：敦煌研究院

当前用途：公共建筑

保护级别：国家级

建造时间：后秦年间

简　　介：石窟始建于后秦(384-417年)，大兴于北魏明元帝、太武帝时期，孝文帝太和元年后（477年）又有所发展。麦积山石窟凿于高20-80米、宽200米的垂直悬崖面上，存有窟龛194个，其中东崖54窟、西崖140窟，有泥塑、石胎泥塑、石雕造像7800余尊，最大的造像大佛高15.8米。石窟均开凿在悬崖峭壁之上，形成宏伟壮观的立体建筑群。其仿木殿堂式石雕崖阁独具特色。洞窟多为佛殿式而无中心柱窟。其中第四窟建筑是全国各石窟中最大的一座摹仿中国传统建筑形式的洞窟，是研究北朝木构建筑的重要资料。麦积山石窟被誉为"东方雕塑馆"，为中国四大石窟之一。2014年被列入《世界文化遗产名录》。

0166 瑞应寺

地　　点：天水市麦积区麦积镇麦积村四沟自然村东南1500米
管理单位：秦州区文广局
当前用途：公共建筑
建造时间：后秦年间
简　　介：瑞应寺与麦积山石窟的开凿大体同时，因早期依山而建，故最早的寺院称为石岩寺或灵岩寺，至隋代改为净念寺，唐代更名应乾寺，宋徽宗大观元年因麦积山顶产灵芝而呈祥瑞兆相，赐名瑞应寺，沿用至今。现存寺院建筑为明代重建，清代重修，殿内塑像已毁，仅存部分壁画。2001-2002年对寺院进行全面的保护维修。该寺坐北向南，占地面积2800平方米，建筑面积701.7平方米，分别有山门、天王殿、大雄宝殿，左右有东西配殿。

0167 麦积山舍利塔

地　　点：天水市麦积区麦积镇麦积村四沟自然村东南1500米
管理单位：秦州区文广局
当前用途：公共建筑
建造时间：后秦年间
简　　介：位于麦积区麦积镇麦积山山顶。为八角五层密檐式实心塔，顶为八棱覆钵形，上无塔刹。通高9米，基座八角形，高0.4米。塔身呈棱锥形，上部略有收分，五层，每层出檐。第一层高2.38米，各面宽1.75-1.85米，正南侧浮雕格扇假门两扇，其余七面为横长方形假窗，二层及以上各层正南面有极小的假门，其余七面封闭。原塔为隋文帝仁寿元年(601年)敕建的佛舍利塔，现存为清乾隆八年(1747年)由圆慧和尚等重建，1983年加固维修。2008年因地震对塔体拆除按原样、原材料重修，在塔基出土11件北朝石造像以及宋代、清代砖、钱币等文物。

0168 仙人崖

地　　点：天水市麦积区麦积镇
管理单位：麦积区文物管理所
当前用途：公共建筑
建造时间：南北朝时期
简　　介：仙人崖的寺观、庙宇、窟龛多建于高耸的峰顶或凸凹的飞崖间。自南北朝以来，历代均有建筑和雕塑造像，现多数被毁，遗存甚少。现存寺宇历经唐、宋、明、清等代建筑和重修，部分泥塑为北魏晚期作品。仙人崖由三崖、五峰、六寺所组成。翠峰高耸于崖顶，寺观修建于峰顶或飞崖之间，名曰东崖、西崖、南崖。五峰即玉皇峰、宝盖峰、献珠峰、东崖峰和西崖峰。六寺为木莲寺、石莲寺、铁莲寺、花莲寺、水莲寺和灵应寺。仙人崖寺宇统称华严寺，明永乐十四年明成祖朱棣改其名为灵应寺。古有"仙人送灯"之说，为秦州十景之一。

0169 秦安县大地湾遗址

地　　点：天水市秦安县五营乡邵店村
管理单位：大地湾文物管理所
当前用途：公共建筑
保护级别：国家级
建造时间：新石器早期及仰韶文化早、中、晚各期文化遗址
简　　介：分布在葫芦河支流清水河南岸的二、三级阶地相接的缓山坡上，距天水市102千米。遗址面积约275万平方米，文化层厚1-4米，距今4900-8120年，是中国西北地区考古发现中最早的新石器文化，1988年被公布为全国重点文物保护单位。大地湾遗址以文化类型多、延续时间长、历史渊源早、技艺水平高、分布面积广、面貌保存好而备受考古界关注。据考证，大地湾遗址大致可分为五期文化：前仰韶文化、仰韶文化早、中、晚期和常山下层文化，其历史年代从距今8000年一直延续到距今5000年。

0170 兴国寺

地　　点：天水市秦安县兴国文化广场北侧
管理单位：秦安县博物馆
当前用途：公共建筑
保护级别：国家级
建造时间：元至顺年间（1330-1332年）
简　　介：又名"兴谷寺"，俗称官寺，相传始建于唐代，到元代至顺年已初具规模，是甘肃境内一座规模较大、保存完整的元代古建筑群。寺内原有"大雄宝殿"一座。大殿柱额上方悬挂有明代胡缵宗所书的"般若"匾额，故称此殿为"般若殿"。殿内梁架结构采用元代独有的斜梁构件，为甘肃省现存最早的木结构建筑之一。1996年被公布为全国重点文物保护单位。

0171 秦安文庙

地　　点：天水市秦安县兴国镇新华街东
管理单位：秦安县文庙管理所
当前用途：公共建筑
保护级别：国家级
建造时间：元大德元年（1297年）
简　　介：明洪武初年重修，清代多次修缮。大殿坐北朝南，占地140平方米，单檐歇山顶，上覆琉璃筒瓦，面阔五间（14米），进深四间（10米），高9米，梁枋构件均有彩绘，收山、出檐较深，脊饰龙凤、牡丹、莲、菊等纹饰，两进间墙上嵌饰琉璃蟠龙等。殿前现存元至正、明嘉靖和清道光石碑各1通。2006年被公布为全国重点文物保护单位。

0172 连腾霄宅院

地　　点：天水市秦州区连家巷
管理单位：秦州区文广局
当前用途：公共建筑
保护级别：省级
建造时间：清代
简　　介：为清初古建筑群，原为一门通进三院，即2、4、6号院，现为三进三院，各院独立门户。现有房屋30余间，建筑面积约1300平方米，占地面积约1500多平方米，是天水惟一一座清代官邸式民宅合一的古建筑群。北南中线上布置为主厅楼、过厅、虎座门和倒座，东西两侧均有辅厢房。三院主房坐北向南，依中轴线相对称布置建筑，主从有序，前低后高，前仆后主，中路为上。中线建筑多双坡水、硬山式屋顶，东西侧房建筑为一坡水屋面向内，后墙高峻。2003年被公布为省级文物保护单位。

0173 哈锐宅院

地　　点：天水市秦州区澄源巷17号
管理单位：秦州区文广局
当前用途：公共建筑
保护级别：省级
建造时间：清代
简　　介：宅院坐北朝南，四合院布局，一进三院，大小房屋40余间。前有大门、硬壁、垂花门，中有过庭，后有两层木构楼两间。其整体布局、梁架结构及砖雕木雕，是保存较为完整的明清建筑群体。为省级文物保护单位。

0174 张庆麟故居

地　　点：天水市秦州区澄源巷21，23，42号
管理单位：秦州区文广局
当前用途：公共建筑
保护级别：省级
建造时间：清代
简　　介：张氏42号院为小型四合院，建造较晚，坐北朝南，建在南北中轴线上，大门建在院落之东南角，门内有影壁，垂花门坐西向东。雕饰精美，保存完整，院内南侧倒座房4间，东侧1间为屋宇门通道。北房两层主楼上下各3间，靠西为楼梯间。东、西厢房各3间，无廊道。21号院为主院带偏院格局，主院沿南北纵轴线对称布局，庭院深处为主厅房，东西厢房相望，回廊四合，彩石铺地；偏院为仆役杂物。故居建筑面积1200平方米，房屋60多间。保存完整的古建筑有1座楼阁、3座影壁、5座垂花门，木雕精美。23号大门内"五福捧寿"影壁、碑古、上马石、拴马石等。

0175 关帝庙

地　　点：天水市秦州区中城街道忠义巷解二小学院内
管理单位：秦州区文广局
当前用途：公共建筑
保护级别：省级
建造时间：明万历八年（1580年）

简　　介：关帝庙占地面积750平方米，建筑面积653平方米。坐西朝东，现有大殿、拜殿、前殿并南侧小殿等建筑。据现存碑记表明，庙宇创建于明万历八年（1580年）、万历四十一年（1613年）修葺。其中大殿为土木结构，悬山顶双坡水三开间式，通长9.6米，进深10.1米，顶覆灰筒板瓦，六棱雕花柱础，上层为龛形。大殿前建有卷棚顶拜殿三间，五檩抬梁造，悬山顶双坡水。两殿南北相接处建有砖墙，中设门，分别额书"义路""礼门"。南侧小殿三开间，殿身三架梁四架椽前出廊式，有梁记"清道光二十一年（1841）岁次辛酉创建"。

0176 纪信祠

地　　点：天水市秦城区大城街道十字街口东北侧
管理单位：秦州区文广局
当前用途：公共建筑
保护级别：省级
建造时间：元代

简　　介：纪信祠西临青年北路，紧依东面商铺，北为秦州区政府辖区。占地面积3620平方米，建筑面积350平方米。又名城隍庙，元初为成纪县衙，明初改建为城隍庙，庙内祀汉将军纪信，故又称"纪信祠"。明、清至民国三十一年（1942年）六次重修增建。建筑坐北朝南。临街有一座面阔三间、通长9.65米、高达10余米的重檐歇山顶木构牌坊，有砖雕灰壁朱红大门，面阔三间，明间拱顶，门额木雕祥云、双龙、宝珠。次间浮雕串枝石榴。门内通道两侧各建单坡水游廊十二间及东西面阔三间的卷棚歇山直廊。内为三合庭院，院北正中为一单檐庑殿顶面阔五间、进深四间的二层穿堂重门乐楼。重门后是隍庙的主体建筑，由拜阁、拜殿、祭殿、寝阁组成。2005年被公布为省级文物保护单位。

0177 石作瑞故居

地　　点：天水市秦州区石家巷1、2、3、4、5、6号
管理单位：秦州区文广局
当前用途：公共建筑
保护级别：省级
建造时间：清代

简　　介：位于秦州西关双桥口东南，为清代四川道台石作瑞的故居。共七座院落（七号院落已被拆除），为北斗七星布局。占地面积4000多平方米，建筑面积3000多平方米。七座院落排列于巷道东西两侧，各院为封闭式独立小院。五号院以"伏羲九宫八卦"图形制构建。全院东西南北以四面房合围形成四合院。东西房均为明三暗五结构，南北厢房均为明三暗二结构，四大角又设四角门。四面房加四角门有"四面八方"之寓，八个方位再加上一个中心（后院）即为"八卦

九宫"之意。六号院正庭屋顶曾饰"伏羲八卦太极图"（此物已失）。故居木雕为秦州一绝。现为省级文物保护单位。

0178 南郭寺

地　　点：天水市秦州区南郭寺景区
管理单位：秦州区南郭寺景区管理处
当前用途：公共建筑
保护级别：省级
建造时间：北魏
简　　介：南郭寺因地处城郭之南而得名。寺院呈东、中、西三院排列，构成古典园林建筑格局，西院老柏被列为"秦州八景"之一。东院清泉，享有"灵湫"之誉。西院隋塔民国时倾倒，而塔基地宫尚存。唐乾元二年（759年）杜甫登临览胜，留有"山头南郭寺，水号北流泉。老树空庭得，清渠一邑传"的诗句。20世纪80年代初，南郭寺所在地被辟为森林公园。20世纪90年代，建"邓宝珊将军纪念亭"，树"二妙轩"碑，立杜甫雕像。

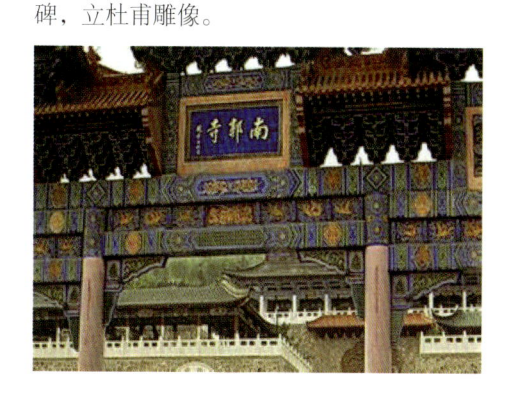

0179 冯国瑞宅院

地　　点：天水市秦州区大城街道共和巷33号院
管理单位：秦州区文广局
当前用途：公共建筑
保护级别：省级
建造时间：清代
简　　介：宅院南临巷道及居住区，西200米处为青少年活动中心。占地面积1040平方米，建筑面积823平方米。坐北朝南，由前后两院组成，建筑平面呈矩形，土木结构。宅院的主厅、过厅、倒座排列在纵贯的中轴线上，以轴线对称建有厢房并乐亭、耳房等。属清代早期建造，部分建筑为民国时增建，现由冯氏后裔子孙居住。

0180 卦台山伏羲庙

地　　点：天水市麦积区渭南镇
管理单位：麦积区旅游局
当前用途：公共建筑
保护级别：省级
建造时间：隋代
简　　介：卦台山又名伏羲画卦台，海拔1336米，隋代建寺、宋代建堡、金代创修庙宇，是历代官祭伏羲的中心。出土有石器、陶器和六十四卦二十八宿全图等文物。为省级文物保护单位。

0181 秦安县泰山庙

地　　点：天水市秦安县兴国镇凤山村
管理单位：泰山庙文物管理所
当前用途：公共建筑
保护级别：省级
建造时间：元大德之前
简　　介：泰山庙建筑面积17000平方米，现存殿宇41座。收集有古代佛像和书画作品，有古柏32棵、石碑12块、儒、释、道三教塑像63座及彩绘壁画和明清迄今的秦安名人和全国书法名家为凤山题写楹联牌匾41副。为省级文物保护单位。

0182 南下关清真寺

地　　点：天水市秦安县兴国镇南关村解放巷
管理单位：秦安县文物局
当前用途：公共建筑
保护级别：省级
建造时间：明洪武年间
简　　介：南下关清真寺为明代庭院式建筑，清康熙年间进行修缮，扩建东大庭子和南大庭子及讲学堂，阿訇和学生宿舍等。"文革"中寺内建筑多被拆毁。该寺坐西朝东，占地面积1400平方米，现有房屋南厅、东厅、伊斯兰协会堂、水堂均为新建。现存主体建筑礼拜堂为庭堂式建筑，坐西朝东，六格扇门分两进，面阔三间，进深五间，通长约17米，宽约8.2米，建筑面积约140平方米，为悬山顶。现存邦克楼属重檐歇八角攒尖顶二层，楼阁式木质结构建筑，二楼檐斗拱错落，牙檐高啄，继承元代斜梁减柱的建筑风格，与礼拜殿勾连搭建。

0183 蔡家寺

地　　点：天水市甘谷县新兴镇蔡家寺村
管理单位：甘谷县文物局
当前用途：公共建筑
保护级别：省级
建造时间：元顺帝至正年间
简　　介：蔡家寺南起剧场，北至堡子坡顶，东起小林区，西至民房，总占地面积39960平方米，建筑面积800平方米。该寺主体建筑坐北向南，依山就势而建，最低处台基上耸立木牌坊三间为山门，单檐九脊顶，上覆筒板瓦和脊兽，斗拱甚繁。门额题"正愿寺"三字。进山门自下而上依次是财神殿楼、三国殿、菩萨殿、无量殿、文昌阁、藏经楼，最高处为大雄宝殿，面阔三间，通长10.8米，内设神龛，并有塑像。三国殿内有壁画120幅，"文革"时被毁。又有铜铸弥勒佛、释迦佛、罗汉、观音菩萨及道教八卦等，系明代作品，寺内现存明天启木刻经版及佛经抄本。明万历十五年（1587年）重修大雄宝殿，清康熙三十七年（1698年）曾扩建。寺内现存建筑多系清代风格，保存较好。2003年被公布为省级文物保护单位。

0184 文庙大成殿

地　　点：天水市甘谷县大像山镇南街村大什字广场西南角
管理单位：甘谷县文物局
当前用途：公共建筑
保护级别：省级
建造时间：元至元二十四年（1287年）
简　　介：文庙大成殿坐西向东，重檐歇山顶建筑，面阔五间，通长22米，进深四间，宽18米，四边飞檐，与山顶架梁接卯，抱以斗拱环边。据《伏羌县志》载："文庙始建于元世祖至元二十四年丁亥。"坐落于南街东巷，明弘治初（1489年）迁于城北隅，次年重修；嘉靖丁未（1547年）迁于东街，北向；甲寅（1554年）改南向，并复修；万历辛卯（1591年）迁于北山之麓；天启丁卯（1627年）移于西郭外；崇祯庚辰（1640年）复迁于故址，即今县城大十字广场。2003年被公布为省级文物保护单位（含殿前四株古柏）。

0185 官寺

地　　点：天水市武山县城关镇宁远大道中段
管理单位：武山县文物局
当前用途：公共建筑
保护级别：省级
建造时间：元代
简　　介：官寺原名圣寿寺，南北长56米，东西宽36米，分山门，下、中、上三院，占地面积2016平方米。为武山县城最早的官办佛教寺院，明、清、民国时多次维修。1981年被公布为省级文物保护单位。

0186 瑞莲寺

地　　点：天水市秦州区大成街道奋斗巷27号
管理单位：秦州区文广局
当前用途：公共建筑
保护级别：县级
建造时间：明万历三十九年（1611年）
简　　介：俗称新寺。占地面积2000平方米，建筑面积1870平方米，土木结构。寺院最早为湖北江陵人向斗的私宅，又称向家宅子，后改建为佛教寺院。清代有增修。寺院为一进二院格局，坐北朝南。前院自南迄北依次有寺门、过厅、东西厢房和大殿，后院有大雄宝殿等。寺内原有藏经阁一幢。1981年被公布为县级文物保护单位。

0187 灵源侯高皇庙

地　　点：天水市秦州区天水镇庙坪村
管理单位：秦州区宗教局
当前用途：公共建筑
保护级别：县级

建造时间：清光绪十六年（1890年）

简　　介：又称湫泉庙，内有古建筑群、古石碑、穿廊式小院，中轴线上自南以北依次有垂花门、卷棚式直廊正殿。建筑两侧墙上存有众多石碑，其中宋代石碑3块、清代石碑5块。院内有古树2株。1982年被公布为县级文物保护单位。

0188 普华寺

地　　点：天水市秦州区娘娘坝镇李子村上店子1号

管理单位：普华寺佛教管理小组

当前用途：公共建筑

保护级别：县级

建造时间：唐贞观十七年（643年）

简　　介：据遗留教炉铭文载："普华寺奉唐太宗谕旨而建，是养僧兵处。"属唐朝遗址、明清建筑，庙内有大量彩塑壁画。为县级文物保护单位。

0189 龙头寺

地　　点：天水市秦州区天水镇双闫村

管理单位：秦州区宗教局

当前用途：公共建筑

保护级别：县级

建造时间：清光绪二十九年（1904年）

简　　介：因山势宛若龙头而得名，坐西北向东南，有五院，前院即中院，为佛殿院，东殿是大佛殿，南为菩萨殿，北为三宵殿，西为护法殿，呈四合院、院连院建筑模式，后山天王殿。1982年被公布为县级文物保护单位。

0190 杨家宅子

地　　点：天水市秦州区杨家楼65号

管理单位：秦州区文广局

当前用途：公共建筑

保护级别：县级

建造时间：明代

简　　介：系清初通奉大夫、广东承宣布政使司右布政使杨名显祖居。原有门楼、广场、牌坊、大门及东西两宅，各一进三院50余间房屋。现存主要建筑有东宅中院过厅、东西厢房、后院东西厢房和西宅五间楼等。西宅后院五间楼上下两层，五架椽屋，通柱抬梁造，前出廊，上下以木梯相通，是典型的明代木构架楼房建筑。2000年拓宽北外环路时拆除，现仅存东宅中院，为明代建筑。为县级文物保护单位。

0191 八庙建筑

地　　点：天水市麦积区麦积镇
管理单位：麦积区文广局
当前用途：公共建筑
保护级别：县级
建造时间：明代
简　　介：八庙建筑主体结构为土木结构，庙内壁画、彩绘为明代。庙内现有一道光年间石碑，记录时间为清道光二十一年，石碑保存完整，字迹清晰。还存有一清道光年间门窗木雕，工艺精湛，线条流畅。八庙山门原系土磊石筑台阶，因年久失修，仅存残迹，为县级文物保护单位。

0192 胡大村清池观

地　　点：天水市麦积区新阳镇
管理单位：麦积区文广局
当前用途：公共建筑
保护级别：县级
建造时间：1774年
简　　介：现存古建筑有大殿、抱厦山门楼等，建筑面积330平方米，建筑为土木青砖结构。1987年被公布为县级文物保护单位。

0193 云台观

地　　点：天水市清水县永清镇义坊村东北100米
管理单位：清水县文物局
当前用途：公共建筑
保护级别：县级
建造时间：明代
简　　介：位于永清镇西清水一中校址东北侧。清代重建。占地面积约225平方米，大体呈正方形，边长约15米。云台观坐南面北，原有建筑大部分损毁，现存玉皇殿、三官殿、菩萨殿、大殿四座建筑。大殿面阔三间（5米），进深三间（4.5米），重檐歇山顶，斗拱梁架完整。其余三殿形制相近，结构大同小异，部分壁画依稀可见。1989年被公布为县级文物保护单位。

0194 明代李元芳住宅

地　　点：天水市秦安县兴国镇合作巷 29 号
管理单位：秦安县文物局
当前用途：公共建筑
保护级别：县级
建造时间：明代
简　　介：李元芳故居是秦安县保存年代最久的一座古民居建筑。2005 年被公布为县级文物保护单位。

0195 贯寺砖牌坊

地　　点：天水市甘谷县大石乡贯寺村
管理单位：贯寺村委
当前用途：公共建筑
保护级别：县级
建造时间：民国十七年（1928 年）
简　　介：贯寺砖牌坊为贯子川李善积家的贞节祠，祠院占地面积 342 平方米，坐北朝南，前为牌坊，后为祠堂，东西为厢房。牌坊为二级三间砖石结构牌楼式建筑，宽 13 米，高 11 米。明间是歇山顶，次间是庑殿顶，祠堂为单檐硬山顶建筑。为县级文物保护单位。

0196 华盖寺

地　　点：天水市甘谷县大像山镇二十铺
管理单位：甘谷县文广局
当前用途：公共建筑
保护级别：县级
建造时间：元泰定年间
简　　介：因山顶绿草如茵，恰似一顶红教僧帽，戴在状如圆柱的红色悬崖之上，故又称喇嘛帽顶。又因山势奇特，一峰突起，似刀削斧劈，直入云端，如一把红缦绿顶的华盖依山亭立，山崖以上"之"字形排列的洞窟参差错落，状如蜂房，故称华盖洞、华盖寺。现存可编号洞窟 18 个，有佛、道、儒三教及祖先崇拜四个内容，道教洞窟居多。共有塑像 60 身，其中 60 厘米以上塑像 44 身，13 厘米以下的袖珍雕塑 13 个，还有福禄寿二星头像。其中道教造像 46 身，占整个塑像的四分之三。从塑像组合上看，除无量殿、玉皇洞为群塑，孔子洞、伏羲、灵官洞为单体塑像外，其余全部为一主尊二侍者的造像布局。

0197 觉皇寺

地　　点：天水市甘谷县六峰镇觉皇寺村
管理单位：甘谷县文广局
当前用途：公共建筑

保护级别：县级

建造时间：明洪武年间

简　　介：原名"兴国寺"。据《伏羌县志》载：兴国寺洪武年始建，清同治初年（1862—1866年）屡遭战乱，焚毁严重，于清光绪十六年（1890年）重建。觉皇寺原为一进三院，现仅存前后两院。前院有关圣地君、韦驮殿。后院正中央为大雄宝殿，坐南向北，五檩硬山顶，面阔三间10.85米，进深二间4.07米，最高点5.75米。左侧有地藏王、杏林宫、药王殿，右侧有观音殿。东面有三官殿、龙王殿，西面有土地殿、三宵殿。总占地面积约1500平方米。院内有唐代古槐一株。1971年被公布为县级文物保护单位。

0198　大像山山门

地　　点：天水市甘谷县大像山镇

管理单位：甘谷县大像山文管所

当前用途：公共建筑

保护级别：县级

建造时间：清嘉庆年间

简　　介：大像山山门为四柱三间的牌坊结构。牌坊有明间、次间共三间。明间面阔3.6米，次间面阔2.4米。山门飞檐出挑，翼角起翘、错落有致。

0199　大像山下牌坊

地　　点：天水市甘谷县大像山镇五里铺村大像山景区山门处

管理单位：甘谷县大像山文管所

当前用途：公共建筑

保护级别：县级

建造时间：清嘉庆十七年（1812年）

简　　介：大像山下牌坊位于县城西南五里铺大像山脚下，坐南朝北。原系县城北大街山陕会馆殿前牌坊，1986年迁至大像山下，作为山门牌坊至今，总占地面积约为130平方米。该建筑为纯檐歇山顶，面阔三间，通长13米，进深3米，修筑在长12米、宽10米、高0.4米的台基上，琉璃屋顶，一角飞檐，檐下斗拱繁密华丽。1984年被公布为县级文物保护单位。

0200　丰民仓

地　　点：天水市甘谷县新兴镇移家庄村朱圉粮站院内

管理单位：甘谷县文广局

当前用途：公共建筑

保护级别：县级

建造时间：1915年

简　　介：丰民仓原址在今县粮食局院内，1915年本县绅士田俊丰主持修建，1918年知县徐北藩、乡贤田俊丰承改为官仓，粮仓平面呈长方形，砖木结构，两面坡卷棚顶，面阔七间，通长22.4米，进深五间16.5米，南北两墙各开四窗，东西有大门，仓内有走廊和六个廒。2008年因旧城改造，搬迁至现址。1984年被公布为县级文物保护单位。

0201 李家沟土塔

地　　点：天水市甘谷县谢家湾乡李家沟村东头台地上
管理单位：甘谷县文广局
当前用途：公共建筑
建造时间：清初
简　　介：清康熙年间，李家沟土塔因地震倒塌，光绪九年（1883年）重建，1920年地震后，部分再次倒塌，1947年修复。塔基为方形，边长南北、东西均长4.5米，塔基占地面积20.25平方米，塔身为七层，现存六层，属实心六角攒尖顶楼阁式土塔，第一层（塔基）夯筑，其余皆土坯砌筑，四层正西方中央镶嵌一矩形横向砖雕，阴刻"瑞统禅宗"四字。1984年被公布为县级文物保护单位。

0202 宁远城拱极门

地　　点：天水市武山县城南关
当前用途：公共建筑
保护级别：县级
建造时间：北宋乾兴初年（1022年）
简　　介：武山县城古称宁远城，武山地方志记载，宁远城始建于北宋乾兴初年（1022年），初为宁远寨，隶属秦州。宋崇宁三年（1104年），宁远寨割离秦州，并入巩州，升寨为县。明洪武二年（1369年），宁远知县刘冕修建半圆城，依山临渭，东西两门，周长1.8里，墙高1丈9尺，厚丈余。正德十二年，知县江万玉为避水，改修城郭，新辟南北2门，为四门修建城楼，东门景明，西门景阶，南门景仰，北门景涧。崇祯初年，渭水浸噬北城。清顺治九年(1652年)、康熙四十四年(1705年)、乾隆二十四年(1759年)城垣曾几经维修，乾隆三十一年(1766年)最后一次维修。城垣周长2500米，高约8米，基宽8.5米。2005年对宁远拱极南城门进行全面改造和维修，建设用地1051.1平方米。

（六）武威

0203 白塔寺

地　　点：武威市凉州区武南镇白塔村
管理单位：武威市文物局
当前用途：公共建筑
保护级别：国家级
建造时间：西夏
简　　介：为元代忽必烈（1260—1295年）时期藏传佛教萨迦派法王赴凉州会谈西藏统一并达成协议的居所，是西藏正式归属中国版图的历史见证地。白塔寺遗址由寺院、塔院、塔林等建筑构成。寺院有围墙，东西420米、南北430米，墙基宽3.1米，边长26.75米，残高5.1米。萨迦班智达在白塔寺驻寺五年，1251年在此圆寂，与其会谈的蒙古汗国皇子阔端按照藏式佛塔形式，修建了一座高42.7米的灵骨塔，周围环绕着99座小塔。凉州白塔寺是甘肃古代最大的藏传佛教寺院。2001年被公布为全国重点文物保护单位。2003年被评为省级爱国主义教育基地。

0204 凉州文庙

地　　点：武威市城区文庙路
管理单位：武威市文物局
当前用途：公共建筑
保护级别：国家级
建造时间：明正统四年（1439年）
简　　介：位于武威市城东南隅，坐北向南，平面呈长方形，南北长198米，东西宽152米，占地面积30 096平方米。文庙由文昌宫、孔庙、儒学院三组建筑群组成。东院以桂籍殿为中心，前有山门，后有崇圣祠，中有东、西二门和戏楼，左右有三贤祠、刘公祠、牛公祠、恪亭和东西二庑，总称文昌宫；中院以大成殿为中心，自南而北依次为泮池、状元桥、棂星门、戟门、大成殿、尊经阁，左右有名宦、乡贤二祠及东西二庑，总称孔庙；西院为儒学院，仅存忠孝、节义两祠。文庙内收藏有从他处迁来或属文庙的唐至清石碑共30余通及清到民国年间的匾额几十块，其中有著名的西夏"护国寺感应塔碑"及元代"亦都护高昌王世勋碑"。

0205 武威雷台汉墓

地　　点：武威市城区北关中路
管理单位：武威市文物局
当前用途：公共建筑
保护级别：国家级
建造时间：汉代
简　　介：武威雷台汉墓为全国重点文物保护单位和国家AAAA级旅游景区。为东汉晚期的大型砖石墓葬，因出土文物珍宝、中国旅游标志铜奔马而著名。雷台是古代祭祀雷神的地方，因在一高约十米的土台上建有明朝中期建造的雷祖观而得名。据出土马俑胸前铭文记载，墓室分前、中、后三室及配以左右耳室三处，出土有金、银、铜、铁、玉、骨、石、陶器等文物231件，铜车马仪仗俑99匹，其中以铜奔马艺术价值最高。铜奔马又称马超龙雀，呈发绿古铜色，马高34.5厘米，长45厘米，重17.5公斤，马呈飞奔状，三足腾空，昂首扬尾，右后足下踏一展翅奋飞、回首惊视的"风神鸟"龙雀，铸造技巧精湛。铜奔马原件现珍存于甘肃省博物馆。

0206 海藏寺

地　　点：武威市城西北2.5千米处金沙乡李家磨村
管理单位：武威市文物局
当前用途：公共建筑
保护级别：国家级
建造时间：前凉
简　　介：又名清化禅寺，是武威现存规模较大、保护较完整的古建筑群之一。现有山门、大雄宝殿、灵均台、天王殿、无量殿等古建筑。南北长450米，东西400米，寺院占地面积约180 000平方米。灵均台为前凉张茂所建。无量殿为明成化年间奉敕建造。明清以下各代均有修葺，现古建筑保存完好。原藏于该寺院的清朝雍正时期钦赐明版大藏经、水陆画及巨幅锦绣大佛已移交武威市博物馆。

0207 天梯山石窟

地　　点：武威城南中路乡灯山村
管理单位：武威市文物局
当前用途：公共建筑
保护级别：国家级
建造时间：东晋十六国时期北凉
简　　介：也称大佛寺。天梯山石窟是我国早期石窟艺术的代表，是云冈石窟、龙门石窟的源头。石窟仅存3层，大小洞窟17处。据明正统碑记载："诸佛之龛，二十有六。"1927年大地震之后，现仅存洞窟18个，有北凉、北魏10窟，唐4窟，其余4窟皆残破。所有洞窟均经后代重修和妆銮，有的壁画重叠多达5层。明正统十三年重修广善寺时，对石窟进行过大规模重修，绘制明代壁画，与敦煌北凉壁画、酒泉北凉石塔线刻画和炳灵寺西秦壁画风格相近，又兼具凉州本土特色。2001年被公布为全国重点文物保护单位。

0208 古浪县汉长城及烽燧

地　　点：武威市古浪县
管理单位：武威市文物局
当前用途：公共建筑
保护级别：国家级
建造时间：汉代
简　　介：古浪县共调查记录的汉长城共长38 070米，其中壕堑15段、墙体1段、单体烽火台28座。此长城从乌鞘岭北麓进入黑松驿镇龙沟，沿古浪河东岸，到定宁镇东山土塔村，向东折至黄花滩乡岘子村，向北折至土门镇台子村、黄花滩乡二墩村、四墩村、五墩村等地。

0209 古浪县明长城及烽燧

地　　点：武威市古浪县
管理单位：武威市文物局
当前用途：公共建筑
保护级别：国家级
建造时间：明代
简　　介：古浪县境内明长城全长150 843米，单体建筑烽火台103座，关堡3座，相关遗存2处。一是古浪县西南部明朝正德年间修筑的长城（1506—1521年），全长53 752米。在这条长城经过的古浪河东岸，另筑一道长城，即胡家边长城，它沿古浪河（干河）东岸北上，由西南向东北延伸，经下西湾、贾家后庄到胡家边村转而向东，再经任家庄、朱家西滩、土门镇新胜村的宁家墩、马家庄到土门台子村暗门（俗称马圈旮旯），与另一条从景泰县过来的明长城（新边）相接，全长10 962米。另一条是明万历二十七年（1599年）修筑的长城，俗称新边，该段全长86 129米。

0210 瑞安堡

地　　点：武威市民勤县三雷镇三陶村
管理单位：武威市文物局
当前用途：公共建筑
保护级别：国家级
建造时间：民国二十七（1938年）
简　　介：俗称"王团堡子"，原系地方保安团长、地主王庆云（字瑞庭）的庄堡，故取"瑞""安"二字为堡名。该堡坐北向南，呈长方形，南北长90米，东西宽56.5米，占地面积5085平方米，堡内建筑面积2394平方米。建筑布局字排"一品当朝"，形呈"凤凰单展翅"。迭次三道大门，呈分七庭八院，门楼亭阁八座，高脊瓦房一百四十余间。其中有中西式客厅、佛堂、祠堂、寝室、客房、吸烟馆、逍遥宫、双喜楼、观月庭、瞭望楼等。堡墙上有射击孔、地道、暗堡、天井以及四通八达的人行道。1993年被公布为省级文物保护单位。2006年被公布为全国重点文物保护单位。

0211　圣容寺

地　　点：武威市民勤县南大街大寺庙巷14号
管理单位：民勤县文体局
当前用途：公共建筑
保护级别：国家级
建造时间：明洪武九年（1376年）
简　　介：圣容寺始建址在县城东北隅，明成化五年（1469）移建今址。清康熙初年增观音堂、韦驮殿、藏经阁。道光十三（1833年）年扩建山门。民国十八年（1929年）建前、中两院经堂、斋舍，并在寺前补筑钟、鼓二楼。寺院坐北向南，南北长120米，东西宽56米，占地面积6720平方米。分前、中、后、观音堂、韦驮殿五个院落。大雄宝殿面阔五间，进深三间，重檐歇山顶。殿内顶棚由船底式方格天花板构成，其斜面与平面上满绘佛像彩云，曰"千佛顶"。殿内塑金身佛像4座、十八罗汉、倒坐观音像。藏经阁为二层木楼，上下均面阔五间，进深三间，单檐悬山顶。1959、1983、1986年全面维修。2013年被公布为全国重点文物保护单位。

0212　下双大庙

地　　点：武威市凉州区下双乡下双村
管理单位：凉州区下双乡人民政府
当前用途：公共建筑
保护级别：省级
建造时间：清代
简　　介：庙宇院落坐北向南，南北长89.7米，东西宽34.5米，占地面积3094.7平方米，现存建筑由南往北依次有魁星阁、过殿、金刚殿、火神殿、财神殿、药王殿、无量殿、娘娘殿、娃娃殿、三清殿。其中，魁星阁建在高约2米的方形土筑台基上，平面呈方形，面阔一间，进深一间，周围有廊，为上下两层，为天圆地方顶，为凉州区保存较为完整的一处古建筑群。为省级文物保护单位。

0213　雷台观

地　　点：武威市金羊镇新鲜村雷台公园内（北关中路257号）
管理单位：武威市文广局
当前用途：公共建筑
保护级别：省级
建造时间：不详
简　　介：该观坐落在南北长106米、东西宽60米、高8.5米的夯筑土台上，占地面积为9333平方米。据清乾隆三年《雷台观碑记》载："雷台观之设，历年久远，无可考证。"明天顺年间重修，清顺治初年，毁于兵燹，康熙初年，创建斗阁，立斗姆会。民国十六年（1927年）又毁于大地震，至民国二十二年（1933年）重建。该观坐北朝南，由山门、二品门、过殿、雷祖殿、三星殿等主要建筑组成。其中，雷祖殿面阔三间，进深三间，前后出抱厦，重檐歇山顶，殿内供奉道教尊神雷祖及四大弟子。三星殿面阔三间，进深两间，周有绕廊，为三层楼阁式建筑，重檐歇山顶，殿内彩塑"福、禄、寿"三星和"八仙"。

0214 罗什寺塔

地　　点：武威市凉州区西大街东小井社区76号鸠摩罗什寺院内

管理单位：武威市文广局

当前用途：公共建筑

保护级别：省级

建造时间：后凉吕光（339年）

简　　介：罗什寺塔是著名佛经翻译家、西域龟兹高僧鸠摩罗什祖师的舍利塔。罗什寺内现存砖塔，虽几经重修，仍有唐代密檐式塔遗风，塔高32米，八角12层，空心至顶，从下起第三、五、八层均设门，最上层东面设小龛，龛内供佛一尊。层层施平砖叠涩式腰檐，塔刹于垂脊上直接施覆钵，覆钵上的宝盖周有圆光，塔顶为葫芦形铜质宝瓶，八角翘首，下系风铃。据馆藏碑刻和县志记载，该塔在唐、明、清时有过三次修缮。1927年凉州大地震，震坏塔体，1934年修复，现塔占地面积225平方米，塔高33.7米。为省级文物保护单位。

0215 大云寺及铜钟

地　　点：武威市凉州区东大街古钟楼社区

管理单位：武威市文广局

当前用途：公共建筑

保护级别：省级

建造时间：前凉

简　　介：据《武威县志》记载，钟楼为前凉张天锡始建，原名宏藏寺，唐朝（690年）改名大云寺，西夏称护国寺，北宋景德年间及明代日本僧人志满曾维修。该寺毁于民国初大地震。现存钟楼一座，为清代重建，建于砖砌夯土台上，台高10米，正方形，边长15米，建筑面积1800平方米。钟楼为二层重檐歇山顶，高12米，下层面阔三间，进深三间，周围廊。外檐用五踩斗拱，内悬唐钟一口。

0216 王城堡魁星阁

地　　点：武威市城东北约15千米凉州区大柳乡王城村二组

管理单位：武威市文广局

当前用途：公共建筑

保护级别：省级

建造时间：清代

简　　介：王城堡魁星阁建在3米多高的夯

筑土台上。平面呈方形，面阔一间，进深周围出廊，为二层建筑，为重檐歇山顶。

0217 三义殿

地　　点：武威市古浪县土门镇漪泉村二组居民区东60米
管理单位：土门镇人民政府
当前用途：公共建筑
保护级别：省级
建造时间：明万历年间
简　　介：三义殿东邻清凉寺，南距土门至黄花滩公路80米，西临马石河，北临漪泉村二组农田。台基俗称柏台，平面呈长方形，坐北向南，南侧开门，夯土版筑，外包青砖，上有矮墙和垛口，南北长29.64米，东西宽28.74米，高5米，面积851.9平方米。柏台南面残存古柏3株。三义殿位于柏台上面、中轴线北端，坐北向南，面阔三间（8.98米），进深二间（4.71米）。前出廊，重檐歇山顶。殿内供奉刘备、关羽、张飞、诸葛亮、赵云、马超、姜维、侍童等9座塑像，高1.6-1.8米不等。东西两侧有厢房2座。该建筑在清代修缮沿用。1993年被公布为省级文物保护单位。

0218 财神阁

地　　点：武威市古浪县大靖镇西关村东200米大靖街什子
管理单位：古浪县大靖镇人民政府
当前用途：公共建筑
保护级别：省级
建造时间：明万历二十七年（1599年）
简　　介：财神阁为三层楼阁式建筑，阁底平面呈正方形，高21米，边长12.8米，占地面积250平方米，底层为砖基高台，正中四面辟十字拱门，贯通东南西北四面街道。二、三两层为楼阁式砖木结构。二层面阔三间（8.1米）、进深三间（8.1米），明间内收，平面呈方形，次间凸出，周围有绕廊，廊宽1.5米。三层为回廊式，面阔三间（4.2米），进深三间（4.2米），明间施六格扇，北面辟门。二三层明间柱子上均施柱牙，雕刻缠着花纹。顶为单檐歇山顶，脊顶东西、南北起脊，相交成十字型。1993年修缮并被公布为省级文物保护单位。

0219 二分大庙双楼

地　　点：武威市民勤县东北25千米双茨科乡中学院内
管理单位：民勤县文体局
当前用途：公共建筑
保护级别：省级
建造时间：清乾隆二十九年（1764年）
简　　介：二分大庙双楼坐西向东，清同治年间，山门北侧木楼毁于战乱，民国八年(1919年)依照南木楼式样重建。现存大庙仅有山门及南北两侧门楼，两木楼又称姊妹楼。二分大庙双楼东西长12米，南北宽40米，占地面积480平方米，山门面阔三间，进深一间，单檐起脊，山墙已改建，两木楼系二层重檐楼阁单间回廊正方形，上层为歇山式六角攒头，下层为四角飞檐。两楼均通高12.96米，形制为传统抬梁式木构架，现保存基本完好。整座建筑檐下额枋、斗拱均为彩枋。为省级文物保护单位。

0220 东镇大庙

地　　点：武威市民勤县城东北约73千米的东湖镇中学院内

管理单位：民勤县文体局

当前用途：公共建筑

保护级别：省级

建造时间：清代

简　　介：又称东渠大庙，庙宇原建无考，据传约创建于清乾隆时期。咸丰年间尚"凛凛然，洵为柳湖大观"，民国年间扩建。该庙坐北朝南，占地面积7144平方米，现存建筑有山门及东西阁、中后大殿和前、中两院的配殿。山门楼为三间两层木楼，结构为单檐歇山顶，握角起脊，周围有廊。山门两侧，东为文昌阁，西为魁星阁，均系单间，平面呈方形，四角有廊。山门后有前后二院，前院之上为关帝殿，面宽三间，为单檐歇山顶，殿内壁画造型别致。殿前有东西配殿四座，东配殿北曰雷祖殿，南曰土地祠，西配殿北曰马祖殿，南曰城隍殿。后院为大成殿，面宽五间，进深二间，前面有廊，单檐歇山顶，殿前有东西配殿各一座，东曰药王宫（现已不存），西曰圣母宫。为省级文物保护单位。

0221 镇国塔

地　　点：武威市民勤县三雷镇

管理单位：民勤县文体局

当前用途：公共建筑

保护级别：省级

建造时间：明正统五年（1440年）

简　　介：镇国塔光绪十年（1884年）倾圮，邑人胡志绪倡捐修复，亦称白塔。1986年维修，现保存完好。该塔通高12米，基高1米，周长16米，须弥座呈八角形，座上为细颈圆瓶形塔身，四面各有一小佛龛，上部细长，围有十三法轮，法轮上有八角伞盖两层，角上悬挂风铃，伞盖上置葫芦形圆铁塔顶，上镌"康熙某年制造"字样，塔顶上又覆铜质顶尖，整个塔身用条砖砌成，白灰抹面，为喇嘛教佛塔。分布面积东西长40米，南北宽44米。为省级文物保护单位。

0222 天堂寺

地　　点：武威市天祝藏族自治县天堂镇天堂村
管理单位：天祝县宗教局
当前用途：宗教建筑
保护级别：省级
建造时间：唐宪宗时期
简　　介：该寺前身是唐宪宗（806-820年）时期大通河旁新建的藏族原始苯教寺院，称阳庄（雍仲）寺。1958、1966年被拆毁，现仅存建于清代的赛义囊，赛义囊建筑形制为院落式，共二进两院，主体建筑为木结构悬山顶二层楼阁，坐北朝南，依山坡而建，共19间，建筑面积300平方米，占地520平方米。改革开放后，修复释迦牟尼殿、时轮学院、宗喀巴千佛殿、"小布达拉"殿、空行殿、龙尊佛殿、遍知文殊殿和大经堂。1993年被公布为省级文物保护单位。

0223 曾家堡延寿寺

地　　点：武威市凉州区清源镇曾家堡村
管理单位：凉州区清源镇人民政府
当前用途：公共建筑
保护级别：市级
建造时间：清康熙六年（1721年）
简　　介：延寿寺坐北朝南，占地面积2万平方米，建在1米高土台上，砖木结构，据殿内梁架题记载，此寺于"清康熙六年春（1721年）始建兴工，六十三年修正殿"。山门面阔三间，硬山顶式，大雄宝殿正殿，面阔三间，进深二间，单檐硬山顶，高8米。寺内有九尊泥塑像、木雕和壁画。现保存基本完好。为市级文物保护单位。

0224 芝家院

地　　点：武威市凉州区东大街古钟楼社区和平巷24号
管理单位：凉州区人民政府
当前用途：公共建筑
保护级别：市级
建造时间：清代
简　　介：芝家院北靠大云寺，东邻武威六中，南面为凉州医院，西面为居民住宅楼。建筑为坐北向南的四合院，平面呈方形，南北长30米，东西宽23米，占地面积690平方米。现存堂屋、倒座、东西厢房，均面阔三间，前出廊，进深一间。梁架保存较好，檐部雕刻精致。1987年被公布为市级文物保护单位。

0225 山陕会馆

地　　点：武威市古浪县土门镇漪泉村四组居民区南
管理单位：土门镇人民政府
当前用途：公共建筑
保护级别：市级
建造时间：清代
简　　介：山陕会馆坐北朝南，南侧开门，平面呈长方形，南北长33.2米，东西宽22.2米，面积737.04平方米。建筑以大殿为中心，东西有厢房各1座。大殿为土木结构，面阔3间，进深3间，单檐硬山顶，灰瓦覆盖，檐下施11朵斗栱。两侧厢房残破，大殿内有清代白福龙所绘以《三国演义》为题材的壁画，局部剥落。2005年被公布为市级文物保护单位。

0226 罗汉楼

地　　点：武威市古浪县土门镇土门村城里组居民区东侧
管理单位：土门镇人民政府
当前用途：公共建筑
保护级别：市级
建造时间：明代
简　　介：原名菩萨楼，也称观音阁，东邻土门卫生院旧址，南为辛家院，西为乡村路，北为赵万和院。为三层楼阁式建筑，歇山顶，通高13.52米。一层平面呈长方形，南北长13.64米，东西宽10.08米，占地面积137.49平方米，以城门洞土墩起台，东西方向劈门，城门进深8米，宽3.6米，南面西侧、北面东侧有台阶通往二层；二、三层为楼阁式木结构，明间劈门。二层面阔三间（8.74米），进深二间（5.08米），周有绕廊，廊宽1.45米。檐下施46攒斗拱，明间金柱间施六槅扇装修，室内东南角开一侧门，南侧有木梯通向三层；三层面阔三间（8.74米），进深一间（3.78米），西面有廊，廊下施12攒斗拱。城门东侧北面树立石碑1通。罗汉楼原为明代土门堡城东城门楼，清康熙九年（1670年）改建，1996年重修加固。

0227 双城魁星阁

地　　点：武威市凉州区双城镇双城村
管理单位：凉州区双城镇人民政府
当前用途：公共建筑
保护级别：县级
建造时间：清代
简　　介：魁星阁建在高9米的八角形砖包夯土台基础上，台系夯土版筑，夯层厚0.07-0.1米，夯台占地面积50平方米。魁星阁平面呈方形，面阔、进深均一间3.6米，重檐攒尖顶，砖木结构，周围廊，深1.8米，高6米，魁星阁占地面积约12平方米。

0228 怀安乡伍圣宫

地　　点：武威市凉州区怀安乡高寺村
管理单位：凉州区怀安乡人民政府
当前用途：公共建筑

保护级别：县级

建造时间：清嘉庆年间

简　　介：伍圣宫宫院东西长35米，南北宽25米，占地面积875平方米。保护范围为东西50米、南北70米。现存伍圣宫坐西向东、面阔三间、进深两间。宫西壁上有22平方米的壁画，壁画分三块。中间壁画内容为关公、右侧为周仓、左侧为关平。左侧壁画内容为财神、马祖。右侧壁画内容为药王、火神。壁画局部用描金修饰，色彩艳丽，人物生动。

0229 大柳关帝庙

地　　点：武威市凉州区大柳乡烟房村

管理单位：凉州区大柳乡人民政府

当前用途：公共建筑

保护级别：县级

建造时间：清代

简　　介：大柳关帝庙坐北朝南，建在6米高的夯筑土台上，面宽三间，进深两间。两次间宽2.9米、深5.6米。前卷棚，深2.9米，占地面积为120平方米。为殿卷式风格周围廊，重檐歇山顶。殿内有壁画残存，大殿前为东西厢房，面阔三间，进深两间，硬山顶式，梁架结构保存完好。

0230 秦氏民居

地　　点：武威市凉州区金羊镇海藏村七组

管理单位：凉州区金羊镇人民政府

当前用途：公共建筑

建造时间：1921年

简　　介：秦氏民居南北长96米，东西宽80米，庄墙高约12米。前后筑墩，辟嘉南门，院内四合院布局。北为堂屋，二层楼，阔五间，深一间，前坡硬山顶，五架出廊；庄门石条砌筑，雕化，额题"味经遗范"四字，为"辛酉仲夏杏卿题"。

0231 陈春堡文昌阁

地　　点：武威市凉州区洪祥镇陈春堡村

管理单位：凉州区洪祥镇人民政府

当前用途：公共建筑

保护级别：县级

建造时间：明代

简　　介：据《武威市志》记载，陈春堡义

昌阁原为一处古城堡，在古城堡内，有文昌阁、关帝庙等古建筑，后被毁。现存文昌阁坐北朝南，平面呈凹字形，面阔三间，进深五间，南北11米，东西8米，面积88平方米，通高14米。为两层重檐歇山顶，下层明间为南北通道，二层周围有廊、置木质铺板。整个建筑结构简洁，形制古朴，为明代建筑。

0232 洪祥堡三官殿

地　　点：武威市凉州区洪祥镇
管理单位：凉州区洪祥镇人民政府
当前用途：公共建筑
保护级别：县级
建造时间：清代
简　　介：洪祥堡三官殿据考证原为三官庙。现存三官殿，土木结构，坐北向南，面阔三间，进深二间，建筑面积56平方米。一殿一卷式建筑，山面及檐部墙体已改建，梁架结构保留原貌。

0233 石佛崖石窟

地　　点：武威市凉州区金山乡小口子第五山中
管理单位：凉州区金山乡人民政府
当前用途：公共建筑
保护级别：县级
建造时间：北魏
简　　介：现有石窟12个，大约开凿于南北朝时期，多数洞窟开凿在半山腰，无法攀登。在能攀登的个别洞窟中，已发现有毁坏的塑像、壁画残片及一些小型的泥塑罗汉。根据塑像材料和造型、发式等，初步判断是西夏作品。

0234 冯良关帝庙

地　　点：武威市凉州区松树乡冯良村
管理单位：凉州区松树乡人民政府
当前用途：公共建筑
保护级别：县级
建造时间：清代
简　　介：该建筑坐西朝东，原寺庙在"破四旧"时部分被拆除，现存建筑为山门与大殿，大殿面阔三间，进深一间。南北长12米，东西宽4米，面积48平房米。山门面阔三间，进深一间，硬山顶。院内有古柏3棵，周长1米。院外有古杨树2棵，院东侧财神殿及娘娘殿为新建。

0235 松涛寺

地　　点：武威市凉州区金羊镇松涛村六组
管理单位：凉州区文体局
当前用途：公共建筑
建造时间：1439年
简　　介：寺院坐西朝东。东西长200米，南北宽48米，占地面积约9600平方米。清代重修，寺院原建筑仅存大殿一座，大殿面宽三间，进深五间，一殿一卷歇山顶。殿内有"精微机要""法成现在"匾额。近年来，寺院又修建配殿、厢房等建筑。

0236 贾坛故居

地　　点：武威市凉州区东大街古钟楼社区
管理单位：凉州区文体局
当前用途：公共建筑
建造时间：民国十九年
简　　介：贾坛，武威人，字杏卿。湖南长沙人，随家迁至武威，以擅长书法而知名。故居南北长40米，东西宽30米，占地面积1200平方米。为土木结构，分内外两院，外院有街门，倒座和东西厢房组成。街门面宽一间，装板上有"望春长沙"字迹，倒座面阔三间、进深一间、前出廊，厢房进深一间，面阔三间，前出廊。后院有垂花门，东西厢房和堂屋组成，堂屋面阔五间，进深一间，前出廊，为两层楼阁式。堂屋面阔三间，进深二间。东西各三间，进深一间。院内砖雕、木雕精致。

0237 火庙大殿

地　　点：武威市古浪县大靖镇南关村北街、古浪三中校园内
管理单位：大靖镇人民政府
当前用途：公共建筑
保护级别：县级
建造时间：1736年
简　　介：火庙大殿原有建筑100多间，1958年大部分已拆除，现仅存大殿。大殿坐北朝南，建在高1米的土台基上，东西长26米，南北宽13米，面积318平方米，砖木结构，四周有绕廊，面阔三间26米，进深二间13米，单檐歇山勾连搭顶，周有绕廊，脊檩有"建于乾隆元年（1736）"墨书题记。古浪三中曾作为教研室使用，现为展厅。2005年进行修缮。1990年被公布为县级文物保护单位。

0238 城关清真寺

地　　点：武威市古浪县古浪镇峡峰村街西组居民区内

管理单位：古浪县宗教局

当前用途：公共建筑

保护级别：县级

建造时间：民国

简　　介：清真寺坐西向东，东墙中间开门，为四合院式建筑，南北长40米，东西宽30米，占地面积1200平方米。有礼拜堂、经堂各1座。礼拜堂面阔三间（12米），进深1间（8米），单檐歇山顶，屋面前坡较后坡平缓，正脊雕牡丹缠枝纹，檐下雕牡丹，墀头雕牡丹狮子等。经堂面阔4间（12米），进深1间（6米），平面呈倒"凹"形，平顶，檐下雕刻牡丹缠枝纹；原有门面房改建为砖瓦平房。1990年被公布为县级文物保护单位。

0239 土门天主堂

地　　点：武威市古浪县土门镇土门村上河湾组居民区东南侧

管理单位：土门镇人民政府

当前用途：公共建筑

保护级别：县级

建造时间：1948年

简　　介：土门天主堂东邻马石河、距城隍庙（行宫）400米，西、南、北均为上河湾组居民区。土门天主堂坐西朝东，东侧开门，由大院、教堂、厢房组成。大院东西长43.8米，南北宽35.6米，占地面积1559.28平方米；主建筑教堂为土砖木结构，平面呈十字架形，东西长43.8米，南北宽1.8-8.2米；西侧有始建时所修厢房1座6间，北侧有近几年改建厢房1座10间。该教堂为德国神父王荷德创建。

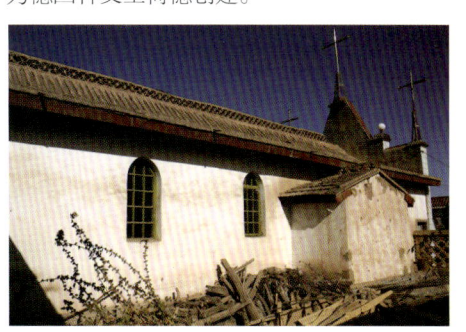

0240 赵燕翼旧居

地　　点：武威市古浪县古浪镇峡丰村上城社区南巷子西30米

管理单位：古浪镇上城社区

当前用途：公共建筑

保护级别：县级

建造时间：1927年

简　　介：赵燕翼旧居东临孔家院，南为峡峰村二组农田，西临县饲料场院，北临顾家院。院落坐南向北，北面开门，南北长24米，东西宽22米，占地面积528平方米。由堂屋、厢房等组成，为土木结构。堂屋位于院内西面，为旧式拔廊房，面阔3间12米，进深1间7米，厢房1座位于院内北面。

0241 马神庙

地　　点：武威市古浪县大靖镇南关村居民区西南侧500米
管理单位：大靖镇人民政府
当前用途：公共建筑
保护级别：县级
建造时间：明万历四十四年（1616年）
简　　介：马神庙坐西朝东，南北宽25.7米，东西长29.4米，占地面积755.58平方米。由大殿和二座厢房组成。大殿建在高1米的台基上，土木结构，面阔三间（11米），进深一间（10.6米），单檐歇山顶前出廊。南北两侧有厢房各1座，为二层木阁楼、民国时期修建，每面十二间（18.8米），进深一间（6.43米），前有走廊，额枋、平板枋雕人物和缠枝纹图案。1990年被公布为县级文物保护单位。

0242 观音堂

地　　点：武威市古浪县裴家营镇裴家营村
管理单位：裴家营镇人民政府
当前用途：公共建筑
保护级别：县级
建造时间：清代
简　　介：该建筑坐南朝北，由山门、东西厢房、大殿组成，南北长21.1米，东西宽17米，占地面积358.7平方米。大殿坐南向北，单檐硬山顶。面阔三间（9.7米），进深二间（12米），前出廊，檐下有10朵斗拱，有金柱4根，当心间施6格扇，东西山墙有砖雕墀头，雕刻凤凰牡丹、琴棋书画、狮子绣球等图案，屋顶铺青瓦。大殿前东西两侧为厢房，面阔五间（20米），进深一间（5米），平顶。山门为歇山顶，檐下施5朵斗拱。整体建筑保存完好。1990年被公布为县级文物保护单位。

0243 百子洞

地　　点：武威市古浪县直滩乡老城村新城组南500米的昌林山山顶上
管理单位：古浪县宗教局
当前用途：公共建筑
保护级别：县级
建造时间：明代
简　　介：百子洞东距祖师殿40米，西距玉皇阁30米，南、北为山沟。砖木结构，单檐硬山顶，青瓦铺顶，檐下有砖雕铺作，西面中开拱形门，南、北有对称圆窗各一，内分3洞。主体建筑通高4米，东西长18米，南北宽3米，面积54平方米，在主体建筑西4米处有南北长4米、东西宽0.8米、高3-5米的砖砌照壁1座。洞四周有庙宇废墟遗址，发现有开元通宝、黑釉瓷片、"正统"货币等。1990年被公布为县级文物保护单位。

（七）张掖

0244 张掖大佛寺

地　　点：张掖市民主西街大佛寺巷
管理单位：甘州区博物馆
当前用途：公共建筑
保护级别：国家级
建造时间：西夏崇宗永安元年（1098年）
简　　介：原名"迦叶如来寺"，明宣德敕赐"宝觉寺"，清康熙赐额"宏仁寺"，因寺内供奉释迦牟尼涅槃像，俗称"大佛寺"。占地面积6万多平方米，是全国唯一的西夏皇家寺院，保存有全国最大的西夏佛教建筑大佛殿、亚洲最大的室内木胎泥塑卧佛和国内保存最完整的初刻初印本《大明三藏圣教北藏》。现为全国重点文物保护单位和国家4A级旅游景区。寺内有大佛殿、佛教艺术陈列厅、佛教经籍陈列厅、金塔殿等8个展厅，是河西地区唯一一处以佛教文化为特色的博物馆，馆藏各类珍贵文物1万余件。

0245 张掖鼓楼

地　　点：张掖市城区中心
管理单位：甘州区博物馆
当前用途：公共建筑
保护级别：国家级
建造时间：明正德二年（1507年）
简　　介：又名镇远楼、靖远楼，由甘肃巡抚才宽主持兴建，清顺治五年（1648年）毁于兵燹，康熙七年（1668年）甘肃提督靖逆将军张勇重建，清乾隆、光绪年间修葺。鼓楼平面呈正方形，东西边长31.65米，南北边长34.08米，总高28米，由楼台、楼阁两部分组成，为夯土青砖包砌，东、西、南、北中轴线辟拱门。台顶砌有1米高的女儿墙，楼阁上下两层，一层面积为361.96平方米，二层面积为312.14平方米，共674.1平方米。建筑主体结构为抬梁式，屋顶为重檐方攒尖顶。楼顶覆盖青筒瓦，饰琉璃吻兽，檐下四面悬挂匾额。

0246 西来寺

地　　点：张掖市甘州区西街街道办事处民主西街西来寺巷中段以西

管理单位：甘州区博物馆

当前用途：公共建筑

保护级别：国家级

建造时间：明代

简　　介：原系一处建筑规模宏大的藏传佛教寺院，现存观音殿、藏经楼和配殿系原有建筑，其他为近年来先后添建。藏经楼为清代建筑，其平面呈长方形，坐西向东，南北长18.20米，东西宽9.60米，面积174.72平方米，两层楼抬梁式结构（五架梁），面阔五间，进深八椽，单檐悬山顶，左右加卷棚，一楼带前廊。配殿为清代建筑，建于藏经楼以东南北两侧，左、右对称，面阔三间，进深6.2米。观音殿为明代建筑，单檐歇山顶，面阔三间，进深三间，坐北朝南，东西长12.60米，南北宽9.65米，面积121.59平方米，殿前于雍正年间加修面阔三间的庑殿，殿内顶部中心有木构圆形藻井，其上有曼荼罗彩画。2006年被公布为全国重点文物保护单位。

0247 张掖会馆

地　　点：张掖市二中院内

管理单位：甘州区文物局

当前用途：公共建筑

保护级别：国家级

建造时间：清光绪二十八年（1892年）

简　　介：现存建筑多建于1921年。会馆坐北向南。四合院布局，由牌坊、左右对称的钟鼓楼、厢房、大殿等组成。木牌坊四柱三门歇山顶，总面宽11.2米，高15米。券口上刻有二龙戏珠、大象、海马和麒麟等。正楼正面刻行书"福荫苏山"，背刻"膏流瀚海"。左右次楼嵌板上刻有八字楹联一副。牌坊左右两侧对称排列有两座钟鼓楼，平面呈方形，边宽6.2米，上下两层，四面坡攒尖顶，四周绕木构廊。牌坊后东西两边有对称分布的厢房，均面阔九间，进深一间，悬山顶。木结构大殿居于最后正中，平面呈方形。面阔三间，进深三间，单檐歇山顶殿前加卷棚。大殿两侧为东西配殿，各面宽三间，进深一间，顶部结构与大殿相同。2006年被公布为全国重点文物保护单位。

0248 圆通寺塔

地　　点：张掖市民乐县六坝镇六坝村

管理单位：民乐县文物局

当前用途：公共建筑

保护级别：国家级

建造时间：宋徽宗时期

简　　介：据《甘州府志》卷五记载："圆通寺，在六坝堡，宋徽宗敕建。明天启年修。我朝顺治十七年（1660年）、康熙三十六年（1697年）两次重修。雍正七年（1729年）修塔。乾隆四十三年（1778年）又补石包修塔一座，原高七丈余，今增高到八丈余。"

是一座砖、土、木结构的喇嘛教式金刚宝座塔，通高21.9米，四周有正方形围栏，边长15.8米，占地面积250平方米。塔座呈正方形，边长8.71米，塔座为三重须弥座，二、三层四角各有1个小塔。主塔塔身为覆钵形，高5.2米，中部东南西北各开小龛五个，龛内供有密宗题材的佛、菩萨、神像20尊（现藏于博物馆）。塔刹有相轮十三重，高8.8米，塔顶置流苏宝盖，周悬风铎36个，中坐1.5米高的黑釉宝瓶。1981年被公布为省级文物保护单位。2001年被公布为全国重点文物保护单位。

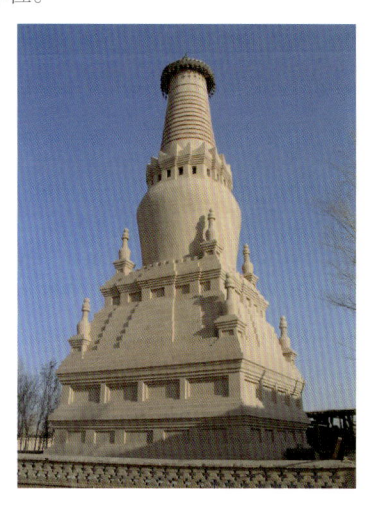

0249 张掖东仓

地　　点：张掖市狮东仓院内
管理单位：甘州区文物局
当前用途：公共建筑
保护级别：省级
建造时间：明洪武二十五年（1392年）
简　　介：张掖东仓为甘肃总兵宋晟主持修建，用于储备军粮，以备战事需要，属甘肃布政使司、都指挥使司直接管理使用，建有仓房12座。历经修建，至清光绪年间仓房达22座，整体布局为：坐东面西仓房9座，坐西面东仓房9座，坐南向北仓房4座，北面是围墙，东面仓房南侧建有仓神庙一座，庙前有水井一眼，粮仓整体形似一座四合院，中间空地建房3间，供收粮人员办公、存放收粮用具之用，东仓占地面积为20883平方米，22座仓房占地面积4659.11平米，可储粮770万公斤。二十世纪初，陆续拆除仓神庙等建筑，二十世纪七十、九十年代，拆除部分仓房，修建了容量200万公斤的素砼拱结构的现代仓库一座。1958年为张掖县城关粮库库房。1993年为张掖市东关粮库库房。2003年被公布为省级文物保护单位。

0250 万寿木塔

地　　点：张掖市甘州区西南隅县府街中段广场西侧
管理单位：甘州区广场管理办公室
当前用途：公共建筑
保护级别：省级
建造时间：北周
简　　介：万寿寺木塔是原万寿寺附属建筑之一，隋开皇二年（582年）重建。原是一座规模宏大的佛教寺院，有山门、殿堂、佛塔、藏经楼、厢房、配殿等建筑。唐贞观十三年（639年）、明永乐十六年（1418年）、清康熙二十六年（1687年）先后重修，民国十五年（1926年）遭风毁后重修。木塔原高13层，1985年维修时改建为9层。现仅存木塔和藏经楼两座建筑。木塔为砖木结构楼阁式，建于高1.50米的方形台基之上，平面八角形共九层，高32.80米，顶部八、九两层为纯木结构。藏经楼俗名黑楼，二层阁楼式，四周带回廊，面阔七间，长27.40米，进深5间，宽13.70米，坐西面东，建于木塔西侧，重檐歇山顶。1993年被公布为省级文物保护单位。

0251 东古城城楼

地　　点：张掖市甘州区碱滩镇古城村二社和五社交界地

管理单位：甘州区文物局

当前用途：公共建筑

保护级别：省级

建造时间：汉代

简　　介：据《甘州府志》记载，东古城为汉代屋兰古城遗址，延续至清代，称"仁寿驿"，俗称东古城。原东古城城垣周长1500米，筑有内外城，东西两墙正中各开一门，无瓮城，俗称"算盘城"，城内原有庙宇，解放至"文革"期间被毁，现仅存西城城门墩和门楼，1998、2005年先后两次维修，基本保持原貌。底部门墩内部黄土夯筑，夯层厚0.10—0.12米，外部以青条砖包砌，东西宽14.45米，南北长19.1米，平面长方形，面积276平方米，高9.40米，南北向与主干道相交，中部开有宽7.80米，高3.10米的拱券形门洞，门墩由底向上逐层向内收分，南侧设宽1.50米的墁道，有踏跺可登顶，墁道门开东侧。门墩顶部中央建门楼，坐东面西，面阔二间，宽4.88米，进深三间，长8.38米，由14根立柱组成柱网空间，前带一间雨廊，卷棚顶，后用减柱法构成一间大厅，顶部梁檩穿插，枋上檐下装斗拱，其中廊间为云板式，正楼用七踩拱。单檐歇山顶，屋顶以青筒瓦覆面。楼高约6.50米。2003年被公布为省级文物保护单位。

0252 高总兵宅院

地　　点：张掖市甘州区南街街道办事处民主西街83号

管理单位：甘州区文物局

当前用途：公共建筑

保护级别：省级

建造时间：清代

简　　介：俗称高总兵府，是清康熙年间张掖高升庵村人高孟府邸。该建筑坐北向南，东西宽25米，南北长78.2米，占地面积1955.20平方米，建筑面积989平方米，平面呈长方形，现存两座殿堂及东、西、后楼。前堂面宽5间、进深3间，单檐硬山顶；后堂距前堂18米，面积稍小于前堂，顶部结构与前堂相同；后楼为四合院式，有主楼、东西配楼组成，上下两层，顶为硬山式，主楼面宽5间、进深3间，东、西配楼宽、深各3间，主楼与配楼之间有天桥相通，四周绕有木构栏。1990年被公布为县(市)级文物保护单位。2003年被公布为省级文物保护单位。

0253 张掖山西会馆

地　　点：张掖市甘州区人民南街

管理单位：甘州区文物局

当前用途：公共建筑

保护级别：省级

建造时间：清雍正二年（1724年）

简　　介：占地面积约2300平方米。原为关帝庙，雍正八年（1730年）山西客民赵世贵等人集资辟建为山西会馆。坐西向东，中轴线上依次为山门、戏楼、牌坊、钟楼、大殿。前、后院有南北对称的看楼和廊庑。山门为二层悬山顶。戏楼三间为歇山顶。牌坊为四柱三楼，面阔五间。大殿为歇山卷棚顶，前接卷棚抱厦，阔、深均为三间。馆内原有《重修山西会馆碑》《添建卷棚并献銮驾碑》两通石碑，今存于市博物馆内。

0254 吉祥寺砖塔

地　　点：张掖市甘州区安阳乡高寺儿村高寺儿小学内

管理单位：甘州区文物局

当前用途：公共建筑

保护级别：省级

建造时间：不详

简　　介：吉祥寺砖塔为当地原吉祥寺附属建筑之一，寺院已毁不存，现仅存砖塔一座，始建年代史书无记载，民间传说为唐代所建，其建筑风格类似西安大、小雁塔，每层塔檐均为唐式木构建筑风格。现存塔体建于高0.70米、南北长12.30米、东西宽12米的方形台基之上，占地面积约147.60平方米，平面八角形，上下共分八层七檐，青砖砌筑，实心体，密檐楼阁式，由底向上逐层向内收分，顶为覆钵体形，塔高20米。每层塔檐为砖雕工艺，斗栱、木椽、飞头、望板逼真精巧，在一层东南侧正中开有一券形门洞，深2.20米，高1.70米，宽1.20米，原顶部有额题"金刚宝塔"四字，字迹可辨，"文革"时被铲毁，之上又有砖雕额枋挑檐式门楣，工艺精湛。

0255 上花园戏台

地　　点：张掖市民乐县南古镇上花园村

管理单位：民乐县文物局

当前用途：公共建筑

保护级别：省级

建造时间：民国十年（1921年）

简　　介：上花园戏台东、西、南三面为农户住宅，北50米处是上花园村小学。为砖、土、木结构，建在高1.35米、平面呈"凸"字型的夯土台基上。坐南朝北，东西长11.4米，南北宽9.5米，建筑面积90.5平方米，占地面积108.3平方米。前部为舞台表演区，进深4.4米，面阔6.4米；后部为化妆间，面阔三间9.4米，进深一间4米。舞台台口宽3.4米，两侧各宽1.55米，东西壁面各有5扇格扇门和1米高的栏杆组成。脊为硬山顶式，舞台整个结构为上有飞檐抖拱，下有木质底圈梁，四梁八柱。1990年被公布为县级文物保护单位。2006年被公布为省级文物保护单位。

0256 四家魁星楼

地　　点：张掖市民乐县民联乡太和村内

管理单位：民乐县文物局

当前用途：公共建筑

保护级别：省级

建造时间：清乾隆年间

简　　介：据《甘肃新通治》载，四家魁星楼建于清乾隆年间，光绪二十年修葺，民国十年村民又集资维修。该楼建在15.8×13.2米、高2.5米的夯土台上，占地面积208平方米，土台四周用青砖包砌，底层用石条砌筑。楼为砖木结构的三级六角飞檐攒尖顶式建筑，一楼北面辟门，五面开窗，原正中供孔子牌位，旁列七十二贤人之位。二楼六面是木构绕廊，五面砖墙雕有五行并兽（龙、虎、金鸡、凤凰、牡丹等），北面开门，内中塑仓颉像（已毁）。三楼有绕廊，北面辟门，荷花格门四扇，上绘山水、花鸟，内顶部有六边形木盘，盘内蓝底金字书"笔点清池"四字，周边雕有连方花纹图案，外顶部攒尖上竖铁戟，戟周圆圈内有"大起文明"四字，2006年被公布为省级文物保护单位。

0257 红山魁星楼

地　　点：张掖市高台县罗城乡红山村
管理单位：高台县文物局
当前用途：公共建筑
保护级别：省级
建造时间：清末
简　　介：魁星楼1679年毁于地震，1765年重建。角墩为夯土台，高6.6米，楼高9.6米，为三枋、三檐、攒尖顶亭式建筑。楼阁内有魁星爷的提斗肖像。为省级文物保护单位。

0258 马寨无量殿

地　　点：张掖市山丹县位奇镇马寨村
管理单位：高台县文物局
当前用途：公共建筑
保护级别：省级
建造时间：明代
简　　介：马寨无量殿位于马寨村小学内正北夯筑墙体墩台之上。结构为土木歇山顶。占地面积658平方米，建筑面积168平方米。无量殿一字正脊、四出垂脊、垂脊、飞檐兽吻，24根檐柱组成回廊。正脊由空心脊砖、龙身、鱼尾砖一次排列组成。屋顶用望砖压顶。檐下四周有斗拱、耍头、昂、额枋。檐柱上有"牙阙"，廊柱间檐枋下雕刻有缠枝莲花和吉祥纹饰。室内梁架呈三角形状，彩绘"龙、云、朱雀"等绘画。进深4米，间宽五间13.84米。外门楣上分别镌刻"苍夫子、天府宫、无量殿、鲁祖师、夫子庙"。1989年被公布为县级文物保护单位。2011年被公布为省级文物保护单位。

0259 道德观

地　　点：张掖市甘州区东大街道德巷内
管理单位：甘州区文物局
当前用途：公共建筑
保护级别：市级
建造时间：不详
简　　介：道德观坐北朝南，其分布范围南起道德巷，北至东仓巷，西起民房，东至市皮鞋厂厂房，占地面积630平方米，建筑面积280.28平方米。观内部分建筑已毁，现存主要建筑有老君殿、玉皇楼、法师殿等。老君殿为木结构，上下两层，上层作八角形，攒尖顶，下层砌有墙壁，内塑老君像，殿前加卷棚，卷棚面宽三间、进深一间，东西两壁绘有壁画。法师殿楼在老君殿西，单檐硬山顶，面宽三间、进深一间，殿内后部构龛，殿前后两面加卷棚。玉皇楼位于老君殿、法师殿之间，木结构，上下两层，两面坡硬山顶，面阔三间、进深一间，殿内后部置龛，保存完好。现为张掖市甘州区道教协会驻地。为市级文物保护单位。

0260 武凉会馆

地　　点：张掖市甘州区东环路东侧（金安苑住宅小区内）
管理单位：甘州区文物局
当前用途：公共建筑
保护级别：市级
建造时间：清代
简　　介：武凉会馆沿用至民国晚期，"文

革"时遭破坏，占地面积307.44平方米。现存钟、鼓楼各一座，相距17米。均建于高2.4米、边长10.5米的正方形台基上，面阔、进深均一间3.4米，每座面积39.69平方米，土木结构，攒尖顶，青筒瓦覆面，周围有宽1.3米的木构廊。为市级文物保护单位。

0261 乌江玉皇阁

地　　点：张掖市甘州区乌江镇乌江村中心小学院内
管理单位：甘州区文物局
当前用途：公共建筑
保护级别：市级
建造时间：明代

简　　介：乌江玉皇阁于清康熙六年（1667年）重建，为原乌江堡城建筑之一，先为玉皇阁，因供奉玉皇大帝而得名，后改供魁星神，人称魁星楼。底部为高9米的长方形墩台，东西底长32米，上长22米，南北底宽24米，上宽14米，面积768平方米，立面梯形。顶部靠东建二层木结构楼阁，由24根立柱组成面阔3间、进深2间、四周带回廊的柱网空间，南北长11.35米，东西宽8.18米，面积140.58平方米，梁、檩、枋为榫卯结构，金柱间砌青砖墙，坐东朝西，门开明间正中，装四页格扇，两次间装灯笼锦窗棂，四檐角龙首飞挑，檐下每间置2攒花牙式斗拱，间以云板装联；顶部前廊为卷棚式，后为歇山式，中部建四角阁楼，攒尖顶高出两侧屋脊，屋面青筒瓦覆盖。1990年被公布为市（县）级文物保护单位。

0262 西洼滩墓群

地　　点：张掖市甘州区甘浚镇祁连村（原海家寨村）七社居民地东北约200米处
管理单位：甘州区文物局
当前用途：公共建筑
保护级别：市级
建造时间：汉代

简　　介：西洼滩墓群分布范围：东至光明村八社耕地，西至新浚干渠，南至老沙河渠，北至老上坝干渠，东西长1千米，南北宽680米，面积680 000平方米。20世纪80年代，曾进行过抢救性清理发掘。墓葬为砖室墓，有券顶、覆斗顶两种类型，分单室、双室和多室，埋藏深度在2米以下，在墓区内可见大小不一的封土堆10余座，大部分早期被盗，有的留有盗坑。1990年被公布为市（县）级文物保护单位。

0263 镇风寺土塔

地　　点：张掖市甘州区党寨镇下寨村六社居民点以西100米处
管理单位：甘州区文物局
当前用途：公共建筑
保护级别：市级
建造时间：不详

简　　介：镇风寺土塔为喇嘛教式塔，通体以上坯砌筑而成，建于边宽9×9米、高2.50米的方形台基之上，面积81平方米，塔通高约15米。底座是方形墩台，上建瓶形覆钵塔体，之上建金刚须弥座，座四面各开3个拱券形佛龛，内塑小佛像，座上建锥柱形相轮，现存10层，顶部残失，塔表以草泥裹面。据《甘州府志》记载，名为"镇风沙塔"，创始未详，清康熙四十四年（1705年）僧人慧涌重建，因属原镇风寺建筑之一，故当地称"镇风寺塔"。为区（县）级文物保护单位。

0264 长稍门遗址

地　　点：张掖市甘州城区东南隅
管理单位：甘州区文物局

当前用途：公共建筑
保护级别：县级
建造时间：明代
简　　介：俗称"长沙门"，为张掖古城南廓城长稍门旧址。原建门楼1座，平面长方，楼台内部为黄土夯筑，外包青条砖，中开拱券形门洞，顶部建楼阁，重檐，歇山顶，坐西朝东，体量高大，解放后至"文革"期间被损坏。遗址占地面积1173平方米，现存东墙残长70米，南墙残长58米，北墙残长14米，门墙残长5.60米，角墩1座，皆黄土夯筑而成，夯层厚0.18-0.20米，墙底残宽0.50-4米，顶残宽0.50-1.50米，残高1-5.50米；角墩底宽15×13米，平面略呈长方形，顶宽10×10米，残高6-8米，立面覆斗形，残损严重。2010年被公布为县级文物保护单位。

0265 肃王府遗址

地　　点：张掖市甘州区青年西街141号（中心幼儿园院内）
管理单位：甘州区文物局
当前用途：公共建筑
保护级别：县级
建造时间：明洪武二十八年(1395年)
简　　介：张掖肃王府坐北朝南，南北长38.60米，东西宽26.40米，占地面积1019.04平方米。民国时期重修。1986年将原山门迁建至张掖大佛寺内，现仅存土木结构过厅2座，每座面阔7间，进深3间，中部1间辟作门道，卷棚顶，青筒瓦覆面，高约4米，东西长26.40米，南北宽8.30米。2010年被公布为区（县）级文物保护单位。

0266 魁星楼

地　　点：张掖市甘州区乌江镇中心广场
管理单位：乌江镇政府
当前用途：公共建筑
保护级别：县级
建造时间：明代
简　　介：位于甘州区乌江镇乌江村中心小学院内东南角，清康熙六年（1667年）重建，为原乌江堡城建筑之一，先为玉皇阁，因供奉玉皇大帝而故名，后改供魁星神，又称魁星楼。底部为高9米的长方形墩台，东西底长32米，上长22米，南北底宽24米，上宽14米，面积768平方米，立面梯形。顶部靠东建二层木结构楼阁，由24根立柱组成面阔3间，进深2间，四周带回廊的柱网空间，南北长11.35米，东西宽8.18米，面积140.58平方米，梁、檩、枋榫卯结构，金柱间砌青砖墙，坐东朝西，门开明间正中，装四页格扇，两次间装灯笼锦窗棂，四檐角龙首飞挑，檐下每间置2攒花牙式斗拱，间以云板装联；顶部前廊为卷棚式，后为歇山式，中部建四角阁楼，攒尖顶高出两侧屋脊，屋面青筒瓦覆盖。2010年被公布为区（县）级文物保护单位。

0267 海家寨土塔

地　　点：张掖市甘州区甘浚镇祁连村（原海家寨村）七社居民地东北约200米处
管理单位：甘州区文物局
当前用途：公共建筑
保护级别：县级
建造时间：不详
简　　介：据传当地原有一座规模较大的寺庙，解放前被毁，现存土塔属原寺庙的附属建筑之一，建于高3米、直径6米的六角形夯土墩之上，面积28.26平方米，在南侧夯筑有一处长2米、宽0.80米的斜坡道可供上下；土塔通体以长0.40米、宽0.17米、厚0.07米的土坯砌筑而成，底部砌0.60米高的六角形塔座，之上为塔身，下部略呈鼓形，上部作六面形，每面中部开一券顶形小佛龛，佛龛内原塑佛像今不存，佛龛两侧以沥粉工艺制对联，楷书"光徹九重门，岁生三宝座"等文字，龛顶有扇形楣批，之上开"十"字形孔；须弥座之上立柱形相轮，共七重，最上一层为六角方形，略高；塔刹为一黑色瓷瓶，底座为木质六角形伞盖，可见飞头、望板、角脊出挑，每角原挂铜铃，今不存；塔体通高约15米，其风格为喇嘛教式样。为县级文物保护单位。

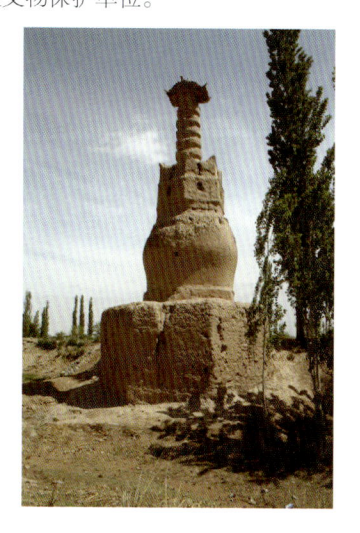

0268 将军楼

地　　点：张掖市山丹县大马营乡马营村
管理单位：山丹县文物局
当前用途：公共建筑
保护级别：县级
建造时间：1943年
简　　介：将军楼位于山丹县中牧马场总场职工医院，原大马营城堡城墙正北敌台上。敌台由黄、黑土夯筑，为截面呈梯形的四棱台，顶部修建砖木结构的2层楼阁。敌台底宽30米，顶宽25米，原四周有女墙、垛口，现在大部分坍塌，高10米。正南有砖砌台阶。楼阁面阔3间，宽11米，进深6.5米，前有廊，廊宽1.5米。内有金柱6个，室内顶部为明伏。二层楼阁结构基本相同，门面有围栏，廊柱之间有牙阙。顶部为一字横脊，四面坡，青瓦顶。1943年由国民党军政少将宋涛修建。1989年被公布为县级文物保护单位。

0269 下西山王氏庄院

地　　点：张掖市山丹县霍城镇下西山村三社居民区
管理单位：山丹县文物局
当前用途：公共建筑
保护级别：县级
建造时间：民国
简　　介：庄院呈正方形，面积1600平方米，南北宽40米，东西长40米，墙体高4米，墙体底宽1.8米，顶宽1.2米，夯层0.10-0.12米，门阙向北正中开，门高1.8米，宽1.6米，门外原有月城，现不存，庄院内旧房舍已毁，现居住两户王氏家人。

0270 潘庄天主堂

地　　点：张掖市山丹县老军乡潘庄村甘泉子

管理单位：山丹县文物局
当前用途：公共建筑
保护级别：县级
建造时间：1932年

简　　介：位于老军乡潘庄村甘泉子东泉子山墅之中，整体坐东向西，围院内有土木结构的房舍，其中主体建筑圣母堂为硬山顶，门面为仿欧式，东靠山体，建于高台上，教堂进深28米，面阔12.5米。占地面积3500平方米。围院门开于西侧正中，两侧均建有房舍。西面6间教室，北侧10间住房，南侧是厨房和住房10间，均为新建砖木结构房舍。主体建筑天主堂建于1932年，其他建筑属于后期建筑。

0271 城北无量阁

地　　点：张掖市山丹县清泉镇城北村城墙之上
管理单位：山丹县文物局
当前用途：公共建筑
保护级别：县级
建造时间：明代

简　　介：无量阁是县城内仅存的一座较完整的古建筑。无量阁进深一间9米，面阔三间15米，占地面积135平方米。周围有廊柱十八根，金柱十二根，各廊柱上有斗拱，柱上有牙阙。早期顶部一字横脊，脊中间有塔式楼阁和一对火焰，两首有兽吻、尾。四条垂脊，有脊兽，四角飞檐，单檐有昂，歇山顶，山间有团花。屋顶铺砌青板瓦和筒瓦并滴水。无量阁周围都设窗。该建筑为三层箭楼，1954年地震，复修为一层。1997年维修，2007年再次维修，更换顶部琉璃瓦。1985年被公布为县级文物保护单位。

0272 圣天寺

地　　点：张掖市民乐县城西北角
管理单位：民乐县文物局
当前用途：公共建筑
保护级别：县级
建造时间：明永乐四年（1406年）

简　　介：圣天寺清同治四年（1866年）毁于兵燹，光绪三十二年（1906年）重修。1958年停止佛事活动，寺院大部分殿堂被毁，幸存大殿三间，殿内佛像损毁。1978年修复。1991年陆续修建大雄宝殿一座，经堂、钟楼、鼓楼、天王殿、斋堂、僧舍、客房40余间。2003年新建大悲楼，塔楼三层，高18.5米，砖木结构。塔楼内供铜铸金观音站佛一尊，高11.2米。2007年建成920平方米集藏经、念佛、僧舍为一体的综合楼一幢。现寺院占地面积10 000平方米，建筑面积3 000平方米。1989年被公布为县级文物保护单位。

（八）白银

0273 会师楼及两侧城墙

地　　点：白银市会宁县会师旧址院内
管理单位：白银市文物局
当前用途：公共建筑
保护级别：国家级
建造时间：明洪武六年（1373年）
简　　介：会师楼原为始建于明代洪武六年（1373年）的县城"西津门"门楼。现保存下来的"西津门"城楼及两侧城墙，仍为明代建筑风格。城墙高10米，楼高7米。新中国成立后，为纪念红军三大主力会宁会师，1952年会宁县人民政府将"西津门"更名为"会师门"，命名城楼为"会师楼"。1962年甘肃省人民政府批准改"西津门"为"会师门"，命名城楼为"会师楼"并将其列为省级文物保护单位。1996年以会师楼为主体的红军会宁会师旧址被公布为全国重点文物保护单位。1997年红军会宁会师旧址被列为"全国首批百个爱国主义教育示范基地"之一。

0274 大川渡黄河水车

地　　点：白银市白银区水川镇大川渡村八社南黄河岸边
管理单位：白银市文物局
当前用途：公共建筑
保护级别：省级
建造时间：明代
简　　介：整个建筑南北长约120米，宽约10米，占地面积1200平方米。建筑总体可分五大部分：（1）拦水坝；（2）石砌水车巷；（3）水车主体；（4）运水木制槽和架；（5）石砌和土夯而成的流水干渠、支渠等。主体全系木制而成，全车有20根幅条，39个水斗，基本完好，现可运行。车高12米，由一根长5米、口径0.5米的车轴支撑着20根木辐条，呈放射状向四周展开。每根辐条的顶端都带着一个刮板和水斗，刮板刮水，水斗装水。

0275 关川道堂

地　　点：白银市会宁县头寨子镇马家堡村中街社关川河东南岸台地上
管理单位：会宁县文物局
当前用途：公共建筑
保护级别：省级
建造时间：清代
简　　介：现保留有两孔窑洞和门前院子，院子南北长50米，东西宽约20米，分布面积约 1000 平方米。两孔窑洞坐东面西，左洞口阔 3.1 米，进深 10.5 米。窑洞门面用青砖砌就，仿木结构莲花垂柱造型。右洞口青砖包面，进深 2.3 米，左洞为传教时所用，右洞为生活所用。左洞砖拱上正中从右向左书"东道发源"四字，右洞口上正中青砖阳刻"书"形图案，洞门两侧有对联，上联"古庄思远祖"，下联"静室讽遗经"。

0276 靖远钟鼓楼

地　　点：白银市靖远县城城内十字街中央
管理单位：靖远县博物馆
当前用途：公共建筑
保护级别：省级
建造时间：明正统三年（1438 年）
简　　介：原名谯楼，明弘治三年（1490 年）守备曹雄增修。清同治五年（1866 年）毁于兵燹，仅存砖基。民国十四年（1925 年）原址重建，1987 年至 1990 年先后对楼基和楼体进行修葺，现存建筑为民国遗构。钟鼓楼最初为军事设施，后又屡毁屡建，其建筑风格及式样参照嘉峪关关楼、兰州南城门楼、陇西威远楼等楼阁建筑风格，保留了明代军事建筑的风格。为省级文物保护单位。

0277 仁和张氏民居

地　　点：白银市靖远县双龙乡仁和村
管理单位：靖远县文物局
当前用途：公共建筑
保护级别：省级
建造时间：清同治十三年（1874 年）
简　　介：仁和张氏民居位于原发裕堡堡内，系张雄旧居"积德堂"。为四合院式建筑，坐西向东，均为砖土木硬山顶结构。东西长 294.5 米，南北宽 173.9 米，占地面积 51330 平方米。西主居为两坡水飞檐、深门浅窗三间，面阔 8.7 米，通进深 7.8 米，深 1.13 米；其中有单坡水四明柱飞檐倒座三间；单坡水七明柱单檐南北厢房各六间，门房两间；西南角有木结构卷棚顶两坡水绣楼二层六间；砖雕照壁、砖门楼及仓房等。

0278 李氏民居

地　　点：白银市白银区水川镇均安村南 300 米处
管理单位：白银市文物局
当前用途：公共建筑
保护级别：市级
建造时间：清代
简　　介：蒋家湾李氏民居东、南接村庄，西与当地村民农田相连接，北与果园相邻。东西长约 30 米，南北宽 14.5 米，占地面积 435 平方米，建筑面积 230 平方米。李氏民居坐北向南，面阔 3 间，原中轴一线为二进长方形院落，后改建。东西厢房为硬山式砖土木结构建筑，前出廊单坡灰瓦顶；上房为硬山式砖土木建筑，单脊前出廊，单坡灰瓦布顶，房顶部经过翻修。

0279 陡城城隍庙

地　　点：白银市平川区水泉镇陡城村
管理单位：白银市文物局

当前用途：公共建筑

保护级别：市级

建造时间：清代

简　　介：陡城城隍庙位于白银市平川区水泉镇陡城村南端山嘴上，西距陡城堡东北角15米处，坐北朝南，院落东西宽15米，南北26米，院墙以红砂岩石条为基，用青砖砌筑；庙门居中南开，为垂花木结构，占地面积约390平方米。门宽2.8米，高约4米；院内大门东西两侧为黑、白两煞小阁，东西有凉亭（现只留有三块基柱石）；主庙呈凸字形，前部分为硬山式，单檐12扇门过厅，顶部为木雕镂花，南北1.2米，东西长8.64米，地面为31厘米×31厘米青砖铺设；向里（北）为堂地南北3.9米，东西8.64米，地面为32.7厘米×16.5厘米青砖铺设；最里面为南北3.6米、东西3.6米的主殿。堂内墙面为宗教故事壁画。2010年被公布为县级文物保护单位。2014年被公布为市级文物保护单位。

0280 北极莲花山龙凤寺

地　　点：白银市会宁县土高山乡中庄村曹坪社西北莲化山半山腰

管理单位：会宁县文物局

当前用途：公共建筑

保护级别：县级

建造时间：清代

简　　介：北极莲花山龙凤寺东西长250米，南北长120米，占地面积30 000平方米。寺内保留有清代建筑法王殿，无量殿、观音殿、子孙宫等建筑物为原址原样新建。法王殿坐西朝东，面阔4.4米，进深5.67米，面积23平方米，两侧马头砖雕龙、凤、虎等动物图案，边饰卷云纹，下雕须弥座，马头内侧墙壁左刻青龙，右刻白虎，下刻八宝。观音殿坐北朝南，五开间二进，单檐硬山顶，明间2米，次间1米，边间1米，一进1.1米，二进4米，面积30平方米。子孙宫坐东朝西，二开间二进单檐硬山顶，明间2.9米，边间1.3米，一进1.2米，二进6.2米，面积31平方米。无量殿坐北朝南，五开间二进单檐硬山顶建筑，明间2.6米，次间2.2米，边间1.3米；一进1.3米，二进5.5米，占地面积62平方米。

0281 铁木山古建筑群

地　　点：白银市会宁县头寨子镇香林村殿湾社

管理单位：会宁县文物局

当前用途：公共建筑

保护级别：县级

建造时间：元大德四年（1300年）

简　　介：铁木山大佛殿位于殿湾社以东、铁木山半山腰石虎寺内。大殿坐南朝北，五开间五进单檐歇山顶砖木结构建筑。明间2.6米，次间2.5米，边间1.4米；一进1.4米，二进2.1米，三进2.1米，四进2.1米，五进1.4米。明清两代多次维修，现存建筑为清代所建，1988年被公布为县级文物保护单位。大佛殿东南侧为砖雕照壁，照壁坐东朝西，通高3.55米，须弥座高70厘米，上部为出阁挂斗仿木结构。正中人方砖拼凸雕"琴高乘鲤图"，图高1.7米，宽2.4米，整个照壁长2.4米，厚0.53米。该照壁为明代所建，1982年被列为县级文物保护单位。

0282 平堡隍庙

地　　点：白银市靖远县平堡乡平堡村中心街北侧

管理单位：靖远县文物局

当前用途：公共建筑

保护级别：县级

建造时间：明正统三年（1438年）

简　　介：平堡隍庙又名城隍庙，距乡政府约 300 米。清康熙二年（1662 年）重修，由堡子山迁至中心街，现存建筑为道光十八年（1838 年）遗存。坐北朝南，南北长 60 米，东西宽 50 米，占地面积约 3000 平方米。由二堂、大堂、屏风门、大门自北向南一路纵陈排列组成一完整庙院，二堂为歇山顶，屏风门及大门皆为双坡水硬山顶砖木结构，大堂为双坡水硬山顶砖土木结构。为靖远县仅存的清代城隍庙，保存较完整。为县级文物保护单位。

（九）平凉

0283 崆峒山古建筑群

地　　点：平凉市崆峒区城西 12 千米崆峒山风景名胜区
管理单位：平凉市文物局
当前用途：公共建筑
保护级别：国家级
建造时间：北宋
简　　介：崆峒山古建筑群包括皇城、雷声峰建筑群和凌空塔，时代为宋、明至清。皇城建筑群始建于北宋乾德年间(963-967 年)，海拔高 2036 米，包括磨针观、十二元帅殿、灵官洞、太白楼、献殿、真武殿、玉皇殿、天师殿、药王殿、老君楼、天仙宫等 11 处古建筑。雷声峰建筑群始建于北宋乾德年间(963-967 年)，包括三官殿、玉皇楼、三星殿、雷祖殿 4 处古建筑，九光殿石坊是崆峒山现存建筑物中唯一保存较为完整的石刻建筑。凌空塔位于崆峒山塔院内，始建于北宋天圣七年（1029 年），明万历十三年（1585 年）维修。塔为八角七级楼阁式空心砖塔，坐北朝南，高 32 米，底层周长 32 米。僧帽形塔顶上置铁铸三层宝刹，中部有铭文"大明国承宣布政平凉府崆峒山镇宝塔一座，万历十四年五月五日吉造"。2013 年被公布为全国重点文物保护单位。

0284 延恩寺塔

地　　点：平凉市崆峒区柳湖乡保丰村
管理单位：平凉市文物局
当前用途：公共建筑
保护级别：国家级
建造时间：明初
简　　介：延恩寺塔位于平凉市东郊宝塔梁上，塔东为平凉市博物馆，南面梁下为拥军路，西面梁下为宝塔路，北面梁下为居民住宅。该塔为石基砖身，七级八角，楼阁式。塔高 33.5 米。塔第一层南面辟一券门，自第二层起，各层四面开龛，有仿木窗棂。龛内原置佛造像，现已不存，二层以上都有腰栏。塔檐下及腰栏下都有斗拱装饰，绿瓦覆檐盖顶。延恩寺塔为明初平凉韩王所建祠堂寺建筑群的一部分。2008 年被公布为全国重点文物保护单位。

0285 武康王庙

地　　点：平凉市崇信县城东街
管理单位：崇信县文物局
当前用途：公共建筑
保护级别：国家级
建造时间：明代
简　　介：又名李元谅寝宫，俗称城隍庙，为奉祀唐代武康郡王、陇右节度使李元谅而建。占地3337平方米，由寝宫和拜殿组成。寝宫坐北向南，面阔五间，进深三间，六椽单檐歇山顶。土木结构，厅堂式建筑。大木构架属元代，明间乳栿对四椽，栿用三柱；次间前后乳栿用四柱。拜殿面阔五间，进深一间，砖木结构，四檩卷棚顶，两山做成攒尖式样。柱头施三踩单昂头棋，昂头雕成象鼻、虎头、凤头，外拽瓜棋透雕行龙或卷草纹。武康王庙是甘肃保存的为数不多具有元代特点的木构建筑之一。

0286 崆峒山凌空塔

地　　点：平凉市崆峒山
管理单位：平凉市文物局
当前用途：公共建筑
保护级别：省级
建造时间：明万历十三年（1585年）
简　　介：崆峒山凌空塔为无基座七级八角楼阁式空心砖塔。此塔坐北朝南，高30米，直径10.50米，占地面积110.25平方米。塔身每层都有砖出檐、额、门窗、栏杆等形式。各层面宽和高度自下而上逐层减少。塔身第一层设南面辟券门，内设佛阁；自第二层起，各层四周有砖刻栏杆，各层开四门，每层出檐，均有仿木结构斗拱，檐上有砖脊、群龛。塔身四周有砖刻栏杆，各角有砖质托塔力士造像，塔内中空，部分设置木制楼梯，供人上下。塔顶置宝刹，宝刹为铁铸三层，中部有铭文"大明国承宣布政平凉府崆峒山镇宝塔一坐，万历十四年五月五日吉造"。1981年被公布为省级文物保护单位。

0287 平凉隍庙

地　　点：平凉市东大街
管理单位：平凉市文广局
当前用途：公共建筑
保护级别：省级
建造时间：明代
简　　介：此建筑为平凉府城隍庙的后寝宫，始建于明代，清光绪二十九年（1903年）修葺。坐落于府城隍庙建筑群中轴线的最后面，坐北朝南，面阔五间，建筑面积166.17平方米。为歇山顶回廊式建筑。由于自然和人为的破坏，隍庙已成为濒危建筑。1994年维修，将其建筑改为坐南朝北。1982年被公布为省级文物保护单位。

0288 泾川县城隍庙

地　　点：平凉市泾川县安定街北侧泾川县博物馆院内
管理单位：平凉市文广局
当前用途：公共建筑
保护级别：省级

建造时间：明代

简　　介：城隍庙位于中轴线上，歇山顶，坐北向南，面阔五间，通面阔 1734 厘米，进深四间八椽，通进深 1516 厘米，以柱子中线以内测算，面积为 26 287 平方厘米。殿身及殿前明间用砖砌台阶，前台基由当地石板堆砌而成，应为后人补砌。殿身设檐柱和金柱各一周，山墙内有山柱四根，明间前、后檐分别装有板门，为今人所装。占地面积 2244 平方米，是泾川境内遗存唯一一处明代古建筑。1984 年被公布为县级文物保护单位。1993 年被公布为省级文物保护单位。

0289　华亭盘龙寺塔

地　　点：平凉市华亭县西华乡贺寨村北 50 米

管理单位：华亭县文物局

当前用途：公共建筑

保护级别：省级

建造时间：明代

简　　介：塔原在云峰山后盘龙寺旧址，寺已毁。现被迁至现址。塔通高 3.87 米，共十层，通体用十块石料套装组成，塔基呈四方形，四面刻鹿、麒麟等。第二层呈八角形，五层、七层呈圆形，三层均刻仰莲纹花瓣，第三层呈椭圆形，刻有纹饰，第六层呈四方形，四面刻有铭文，西面阴刻楷书"重修盘龙寺""明隆庆二年"，东面刻"凤翔县洪水寨秦水孝等人刻制"，南北刻捐资人姓名。塔刹为宝瓶状。

0290　静宁文庙

地　　点：平凉市静宁县一中校园内

管理单位：静宁一中

当前用途：公共建筑

保护级别：省级

建造时间：明嘉靖二十一年（1543 年）

简　　介：原建筑面积 18 076 平方米，整体布局坐北朝南，顺中轴线依次为先师庙门、戟门、大成殿，戟门内为四合院落。大成殿九脊顶，七开间。戟门歇山顶，五楹。庙门作牌坊式棂星门，占地近 20 000 平方米，现建筑面积约为 1256.75 平方米。"文革"中庙门两侧的雁翅坊被拆毁。庙门为牌坊式棂星门，面积 50.56 平方米，上书赵孟頫"先师庙门"四个大字，现已斑驳。戟门五楹，歇山顶。大成殿七开间，戟门两侧厢房共有 10 间。四合院内东厢房 14 间，面积 299.3 平方米，西厢房 5 间，面积 178 平方米。顶九脊，悬山。1993 年被公布为省级文物保护单位。

0291　成纪古城

地　　点：平凉市静宁县南部治平乡刘河村

管理单位：静宁县旅游局

当前用途：公共建筑

保护级别：省级

建造时间：西汉

简　　介：静宁是史籍记载的古成纪所在地，成纪是史籍记载的最古老的地名之一。汉成纪城遗址位于静宁县南部治平乡。《史记》记载，汉初就有"成纪"这个地名，而明确标记具体位置的是北魏郦道元编著的《水经注》。《水经注》中所说成纪古城为今治平乡刘河村东南的成纪城遗址，为西汉所置成纪县治。城址总面积 25 万平方米，今存约 14 万平方米，西北部和东部残留城墙长 490 米。遗址出台秦汉时期的板瓦、砖和陶器残片等。1993 年被公布为省级文物保护单位。

0292 静宁清真寺

地　　点：平凉市静宁县城关镇站院巷北端
管理单位：静宁县文物局
当前用途：公共建筑
保护级别：省级
建造时间：明洪武六年（1375 年）
简　　介：明清时期多次增修扩建。原建筑面积约 3400 平方米，按中轴线自西北向东南依次为礼拜大殿、邦克楼、牌坊，两侧配建厢房，文革中除礼拜大殿外其他建筑均被拆毁。礼拜大殿保护完好，平面呈"凸"字形，建筑面积 377.84 平方米，其建筑结构采用中国传统建筑样式，由重檐歇山顶与卷棚勾连搭组合而成，精巧独特，是甘肃现存不多的创建于明代的清真寺。

0293 映雪山人塔

地　　点：平凉市城西崆峒山太阳掌山岗
管理单位：平凉市文物局
当前用途：公共建筑
保护级别：市级
建造时间：民国二十六年（1937 年）
简　　介：该塔由塔基、塔身、塔刹三部分组成，塔高 8.6 米，直径 2.6 米，占地总面积 5.2 平方米。为六角形五级砖砌塔。该塔为道教龙门正宗第 25 代传人李信和建，郡人李世培撰墓志铭，塔为六角六面五级阶状尖顶，正面第二层嵌"塔志铭"石刻一方，东西面有一龛，东南面嵌碑一方，落款为"中华民国二十六年岁在三月七日吉旦"，第三层东北面嵌有"龙门正宗二十五代传人李信和建郡人李世培撰基铭"，第四层东北嵌有"映雪山人塔"五字石刻一方，第五层为塔刹六角形阶梯状。1989 年被公布为市级文物保护单位。

0294 普通塔

地　　点：平凉市城西崆峒山北台西和尚坟
管理单位：平凉市文物局
当前用途：公共建筑
保护级别：市级
建造时间：清康熙十年（1671 年）
简　　介：普通塔底径 4 米，占地总面积 16 平方米，高 9.5 米。为石基砖身，六角四级六面阶状顶塔，该塔由塔基、塔身、塔顶三部分组成，塔面向西南，正面第一层嵌"塔志铭"石刻一方，第二层嵌一小碑，上刻"临济正宗补岩和尚坚固宝塔"十二字，第三层嵌石一方，上刻"普通塔"三字，第四层侧面各开一小龛。1989 年被公布为市级文物保护单位。

0295 灵秘塔

地　　点：平凉市城西崆峒山灵龟台西 110 米
管理单位：平凉市文物局
当前用途：公共建筑
保护级别：市级
建造时间：清康熙三十七年（1698 年）
简　　介：灵秘塔高 8.5 米，直径长 2.7 米，总占地面积 7.29 平方米。该塔由塔基、塔身、塔顶三部分组成。塔为石基砖砌身，呈六角六面四级阶状尖顶塔。塔面向西南，正面第一层嵌"塔志铭"石刻一方，第二层嵌一石碑上刻"静主亮旭和尚坚固宝塔"十字，第三层嵌石一方，上刻"灵秘塔"三字，第四层开一小龛。1989年被公布为市级文物保护单位。

0296 隐相塔

地　　点：平凉市城西崆峒山灵龟台西100米
管理单位：平凉市文物局
当前用途：公共建筑
保护级别：市级
建造时间：清康熙四十五年（1706年）
简　　介：该塔直径1.8米，高3.9米，占地总面积3.24平方米。塔石基砖身六角形座，"宝葫芦"形体，塔面向东北，正面下部开一小龛，小龛上嵌"塔志铭"石刻一方，中部嵌一小碑上刻"临济正宗第三十四世石刻禅师塔"十四字，上述嵌石一方，上刻"隐相塔"三字。塔身几处轻微破损。1989年被公布为市级文物保护单位。

0297 道成和尚塔

地　　点：平凉市城西崆峒山停车场南10米
管理单位：平凉市文物局
当前用途：公共建筑
保护级别：市级
建造时间：民国五年（1916年）
简　　介：该塔直径2米，占地面积4平方米。该塔由陇东镇守使陆洪涛为道成禅师修建，砖砌塔三级六角，高5.5米，底径2米，今残。塔呈六角六面阶状尖顶，塔式刹柱，塔面向西南，正面第二层嵌石一方，上刻"道成大禅师之塔"七字及修建人姓名、修建年月等。保存较好。1989年被公布为市级文物保护单位。

0298 灵台文庙

地　　点：平凉市灵台县中台镇城关村中学路157号职教中心院内
管理单位：灵台县文广局
当前用途：公共建筑
保护级别：县级
建造时间：清代
简　　介：灵台文庙位于达溪河北岸第二层台地。南北99.5米，东西31米，分布面积3084.5平方米。现存大成殿及5棵古树。大成殿位于庙院北侧，坐北朝南，为砖木混泥土结构建筑，面阔7间，进深4间，歇山顶背上正中为1石狮，两侧为对应依次排列马、鱼、猪、鸽；四挑角上为狮、狗、鱼、猪；平拱木雕三层，第一层为龙首，二层为凤凰和麒麟，三层为象首；8跟木檐柱，高3.7米，胸围1.58米；大殿一明间二次间，建于三层台阶之上，一层台阶正中有一龟形碑座，只有碑文。殿内前后有承梁柱。1981年被公布为县级文物保护单位。

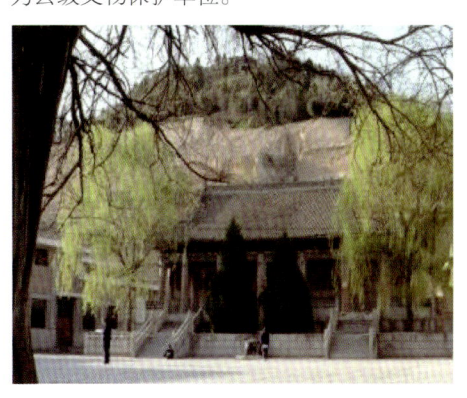

0299 海龙庙

地　　点：平凉市华亭县上关乡磨坪村西南5千米海龙山上
管理单位：华亭县文广局
当前用途：公共建筑
保护级别：县级
建造时间：明代

简　　介：占地约 200 平方米，现存砖木结构灰瓦歇山顶大殿一座，坐北朝南，面阔 3 间，进深 2 米，大殿前方有明代柏树一棵。另有民国二十二年（1993 年）石碑一通，蟠螭首，雕刻有双龙图案，高 1.9 米，宽 0.56 米，厚 0.14 米，碑文阴刻楷书，记载重修庙宇之事，该庙修建于明代，清、民国时期重修。1988 年被公布为县级文物保护单位。

0300　庙顶山寺

地　　点：平凉市华亭县策底镇光明村王湾社西南 10 米处
管理单位：华亭县文广局
当前用途：公共建筑
保护级别：县级
建造时间：不详
简　　介：庙顶山寺东至山沟，南至王湾社，西至戏楼，北至山脚处。南北长约 60 米，东西宽约 30 米，占地总面积 1800 平方米，为砖木结构四合院布局。有主殿及配殿，共计 8 座。大殿面阔 9 米，进深 6.6 米，灰瓦硬山顶，庙内存有光绪年间小石塔一座，高 1.55 米，底部呈正方形，两层出檐，上雕有花卉纹饰，另有石香炉一座，雕有民国二十年字样，直径 0.8 米，高 0.45 米。院内有古柏 9 棵，树高均约 8-10 米。保存一般。1988 年被公布为县级文物保护单位。

（十）庆阳

0301 南佐遗址
地　　点：庆阳市西峰区后官寨乡南佐村
管理单位：庆阳市文物局
当前用途：公共建筑
保护级别：国家级
建造时间：新石器时代（公元前4000—前2000年）
简　　介：遗址分布于董志塬西北部两条沟壑之间的塬面上，以一座大型夯筑祭祀性殿堂建筑为主，尚有小型房址。1984年至1996年间进行了五次发掘，发掘面积1300多平方米。总面积20万平方米。文化层厚2—7米不等。有墓葬、白灰面房址和灰坑等遗迹，房屋多为半地穴式、平面圆角长方形或"吕"字形，面积为16平方米左右。发掘出的大型夯筑祭祀性殿堂建筑，方向162°，长方形，前堂后室，南北长33.5米，东西宽18.8米，室内面积630平方米，墙体为纯净的黄土平地板夹夯筑，墙体外侧有排列整齐的柱洞。现存9处大型夯土台基与秦安大地湾大型建筑基址相近。为全国重点文物保护单位。

0302 北石窟寺
地　　点：庆阳市西峰区东南的茹何和浦河交汇处
管理单位：敦煌研究院
当前用途：公共建筑
保护级别：国家级
建造时间：北魏永平二年（509年）
简　　介：北石窟寺距西峰市区25千米，和位于泾川县东十五华里的南石窟同为北魏泾州刺史奚康生创建，为泾川南石窟寺的姊妹窟。开凿有自北魏、西魏、北周、隋、唐、宋、清各代窟龛295个，有大小雕像2125尊，窟龛密集，形如峰房，高20米，长120米，是陇东地区内容最为丰富的石窟。石窟分上中下三层，其中以奚康生创建的165号窟为最大。北石窟寺以唐代窟最多，其中以32窟最具代表性。北石窟寺为全国重点文物保护单位，甘肃四大石窟之一，窟龛数量超过麦积山和炳灵寺两石窟，仅次于敦煌石窟。

0303 赵氏石坊

地　　点：庆阳市正宁县罗川乡街中心
管理单位：正宁县文广局
当前用途：公共建筑
保护级别：国家级
建造时间：明万历四十五年（1617年）
简　　介：赵氏石坊为明万历四十五年（1617年）赵邦清为其母所建。三升间，高10米。全部用石料雕凿、镶砌而成。浮雕彩绘，画面有山水、人物、花卉、禽兽、云彩、庭舍等。2006年被公布为全国重点文物保护单位。

0304 东华池塔

地　　点：庆阳市华池县林镇乡东华池村
管理单位：华池县文化局
当前用途：公共建筑
保护级别：国家级
建造时间：北宋哲宗元符元年（1098年）
简　　介：原名宝宁寺塔，因寺而得名。寺院早年已毁，现已无从考据。北宋元符二年（1099年）建成塔身，该塔从始建至塔身落成到塔刹安装完成历时21年。塔身第四层有建造年代及建造工匠姓名等文字记载匾额镶於棂窗间。塔体为楼阁式砖塔，塔身七层，平面呈八角形，空心筒式结构，通高约34.20米。该塔历经四次维修：分别是金大定二十五年（1185年），佛龛只题记维修人姓名，金明昌七年（1196年），明万历四十二年（1614年），第四次是明天启四年（1624年），并立碑记载其庙产范围。塔体均用青砖镶砌而成。2001年被公布为全国重点文物保护单位。

0305 湘乐宋塔

地　　点：庆阳市宁县湘乐镇湘乐村城内组
管理单位：宁县博物馆
当前用途：公共建筑
保护级别：国家级
建造时间：北宋
简　　介：塔身通体为砖结构，平面呈六角形，楼阁式，共7层，高约22米，顶部略有残损。第一层较高且宽，渐上渐收，亦无台阶与基座。六面宽各为3.76米，南开真门，单砖卷顶，门高2.22米，宽1.18米，深2.06米；六角塔室，每面宽1.42米。北面开卷门，施盒室，门高1.65米，宽0.7米，深0.8米；盒高2米，宽1.04米。塔各层每间隔一面设真门或刻牌门与直棂窗，直门为圭角形门洞，版门施方形门窗。各层塔檐出双抄华拱，每面斗拱5朵，上承替木。第二、三层施平座，下有斗拱与檐下相同。平座上施栏杆，栏板为直根式，栏杆间缝处雕刻图饰。第六层檐每面斗拱3朵，不同他层。1981年被公布为省级文物保护单位。2006年被公布为全国重点文物保护单位。

0306 凝寿寺塔

地　　点：庆阳市宁县中村镇政平村东山台地
管理单位：宁县中村镇人民政府
当前用途：公共建筑
保护级别：国家级
建造时间：唐贞观年间
简　　介：凝寿寺塔体为青砖结构，平面呈正方形楼阁式，主体五层，通体为青砖与黄胶泥粘合而砌成。该塔形似西安大雁塔，通体青砖结构，平面呈方形楼阁式，主体五层，高19米，基宽6米，顶呈山字形，上置圆柱体。第一层正面开南门，门高2.2米，宽1.58米，门顶部呈圆形。二层开东西直门洞，三层开南北直门洞，四层开东西直门洞，五层开南北直门洞。塔内有室，南北进深2米，东西宽2.11米，依梯形直通塔顶，各层均设木楼板，现仅存三层梁。塔基础为"△"锥或倒立三角形。1994年对塔体进行全面维修。该塔是庆阳市境内年代最早、保存最完整的砖塔，有"甘肃浮屠第一塔"的美称。2001年被公布为全国重点文物保护单位。

0307 塔儿庄五代塔

地　　点：庆阳市宁县盘克镇武洛村罗山府林场子午岭西麓
管理单位：宁县博物馆
当前用途：公共建筑
保护级别：国家级
建造时间：五代
简　　介：砖塔系全砖结构，平面正方形，楼阁式，共三层，顶部残损。通体高约11米，底边长3.73米。塔表层磨砖对缝，十分规整。塔身直接出自地面，无台基和基座，越向上越收小。第一层南面设单砖卷顶门，门高2.2米，宽0.96米，塔室为正方形，正面神龛尚存，室顶直空，内壁三面有彩绘壁画，还有两幅清代咸丰五年曾维修过的重修记事文字。各层设有木楼板，内壁一层为重修，第二、三层檐部施斗拱二朵，檐上方椽铺以瓦栊，均施平坐、栏杆，四周栏杆所砌砖面刻有各种动物图案。该塔为宁县境内三个塔中唯一有彩绘壁画的砖塔。2013年被公布为全国重点文物保护单位。

0308 周旧邦木坊

地　　点：庆阳市庆城县庆城镇南街社区南大街水务局巷
管理单位：庆城县文广局
当前用途：公共建筑
保护级别：国家级
建造时间：明弘治十八年（1505年）
简　　介：木坊为门洞式木结构建筑，坐北向南，四柱三门，东西长14米，南北宽4.2米，高12米，占地面积约70平方米。以四根通顶立柱支撑，立柱前后砌入字型辅助支撑石桩一对，主体为五层斗拱叠寒镶砌负托结构，坊顶铺青瓦，饰五脊六兽及花纹等，檐下正中镶匾，匾面正书"周旧邦"三个大字。木坊主体保存完好。1993年被公布为省级文物保护单位。2013年被公布为全国重点文物保护单位。

0309 环县塔

地　　点：庆阳市环县环城镇红星村北关组、县城北1千米的环江东岸第二台阶地上
管理单位：环县博物馆
当前用途：公共建筑
保护级别：国家级
建造时间：宋理宗景定五年（1264年）
简　　介：该砖塔面积约18.6平方米，平面呈八角形，五层楼阁式，顶有塔刹，通高22米，塔身全部以青砖镶砌而成，塔身第一层较高，直接出自地面，无台基，底部向外扩，越向上越小。从塔门开始每面宽依次为3.2米、3.24米、3.24米、3.12米、3.24米、3.2米、3.2米、3.12米，塔底周长25.6米，塔门向南偏东15度。单砖券顶，高2.45米，宽0.93米，进深2.43米。内辟八角形塔室，每面宽1.20米。各层有隔板，檐下结构，各层塔檐出双抄华拱，每面补间斗拱两米，上承替木，其上出叠涩若干层，每层塔身间隔一面设真门或刻板门和直棂窗，分层变换方向。真门单砖券顶，门两侧浮雕莲花饰。板门方形门框，双门紧闭，门面有"丁"字饰。2013年被公布为全国重点文物保护单位。

0310 兴隆山古建筑群

地　　点：庆阳市环县耿湾乡四合塬村
管理单位：环县博物馆
当前用途：公共建筑
保护级别：国家级

建造时间：明代

简　　介：兴隆山古建筑群位于环县东北部陕、甘、宁三省交界之处，海拔1774米，为道教名山。现存15座元、明、清古建和21座新建庙宇楼阁及景点。现为国家3A级旅游景区、全国重点文物保护单位、省级森林公园、市级爱国主义教育基地。

0311　肖金宋塔

地　　点：庆阳市西峰区肖金镇街道中心
管理单位：庆阳市文物局
当前用途：公共建筑
保护级别：省级
建造时间：宋徽宗政和八年（1118年）
简　　介：为阁楼式仿木砖塔。砖塔原为七层，高30.18米。"文革"期间，塔刹和第七层塔身被拆除，现存六层，高21.75米。原建有金城寺，砖塔建于寺中。其建筑材料全部由青砖和细黄土泥砌筑而成，主要装饰部件如斗拱、翘、假椽、檐瓦及花纹图案皆用方、条砖锯磨而成，整个建筑由塔基、塔身和塔刹三部分组成，塔体为单砖券顶，塔身每面有砖制仿木斗拱、飞檐、滴水、无瓦件盖顶，上承叠涩出檐，叠上施平座栏杆，栏杆磨棱，栏板雕刻卍字图案。各层各面有真假门，真门卷顶，门洞内壁用方、条砖混合平砌而成。假刻版门有门窗、门眉、铺首、门框。仿木直棂窗刻六角梫花格子。塔体梁角以细白砂石雕成飞天和龙头，下凿孔，设铁吊环，以备悬挂风铃。塔体外观逐层收分；一层面阔2.24米，六层面阔1.46米。1981年被公布为省级文物保护单位。2007年维修加固。

0312　普照寺大殿

地　　点：庆阳市庆城县庆城镇北街社区北大街普照寺院内
管理单位：庆城县委
当前用途：公共建筑
保护级别：省级
建造时间：北宋太平兴国年间（977年至980年）
简　　介：大殿为一单体古建筑，主体结构为歇山顶式。坐北朝南，面阔五间，长23.5米，宽14.4米，高9.5米，建筑面积320平方米。房脊两端饰鸱吻。柱头斗拱为双杪双下昂（昂咀已被毁）。正中补间斗拱为斜拱，其余各间补间斗拱各一朵。斗拱形体粗壮，柱头有卷剎，六棱柱石帐础侧面各浮雕一小卧狮。明清时期维修，现存建筑为明代建筑。1993年被公布为省级文物保护单位。

0313 天庆观老子道德经石幢

地　　点：庆阳市庆城县庆城镇北街社区，
　　　　　普照寺广场东侧博物馆内
管理单位：庆城县委
当前用途：公共建筑
保护级别：省级
建造时间：北宋景祐四年
简　　介：石幢共有两个，幢体呈八棱柱形，周长1.68米，通高3.52米。幢顶为两层出檐，第一层檐底浮雕二龙戏珠，第二层饰仿木斗拱，檐边饰仰莲，中置石珠。两层檐间亦为八棱柱体，每面有一小龛，内雕老子像。幢身每面阴刻文字6行，满行76字。原在县佑德观老君殿前，1984年至今在庆城县博物馆石刻展室内存放。目前经幢保存状况良好，石幢共有两个，幢体呈八棱柱形，周长1.68米，通高3.52米。为省级文物保护单位。

0314 慈云寺铁钟与钟楼

地　　点：庆阳市庆城县庆城镇南街社区，
　　　　　南大街钟楼巷原博物馆院内
管理单位：庆城县文化出版局
当前用途：公共建筑
保护级别：省级
建造时间：金泰和元年（1102年）
简　　介：慈云寺铁钟与钟楼南临钟楼巷，北、东、西三面均为居民区。铁钟铸造于金泰和元年（1102年），高2.5米，口径1.75米，重约4000公斤。双龙钮，腹部铸有大小不等的方格，方格内有两种文字的铭文，其中一种为汉文，"皇帝万岁，臣佐千秋"八个大字及铭文、捐资人和铸钟人姓名等；另一种文字铸于铁钟上层，共56字。钟楼修建于明嘉靖三十九年（1560年），清代重修。钟楼基座分两层，底层基座长15.5米，宽15.1米，高3.25米；二层基座底部为正方形，边长为6.25米，高4.8米。占地面积235平方米。楼亭为歇山顶，木质结构，高5.5米，建于二层基座之上。主体保存完好。1981年被公布为省级文物保护单位。

0315 陇东中学礼堂

地　　点：庆阳市庆城县庆城镇南街社区，
　　　　　南大街庆城中学院内
管理单位：庆城县教育局
当前用途：公共建筑
保护级别：省级
建造时间：明代
简　　介：礼堂坐北向南，砖木结构，面阔五间，青瓦歇山顶，长21米，宽16米，高10.1米，占地350平方米。礼堂原为明代修建的孔庙大成殿，1940年陕甘宁边区政府创建陇东中学时作为礼堂使用。为省级文物保护单位。

0316 庆阳古城

地　　点：庆阳市庆城县庆城镇北关社区
管理单位：庆阳市人民政府

当前用途：公共建筑

保护级别：省级

建造时间：汉代

简　　介：庆阳古城由凤城、皇城、田城三部分组成，总长度14 300米，其中凤城5300米，田城4500米，皇城3500米，平均高度24.5米。庆城历史悠久，历代均在此地设置郡县，秦属北地郡，宋、元、明、清均为庆阳府治。古城墙屡遭地震战乱等破坏，自然塌陷较多，城门、瓮城、月城已遭破坏，角楼、望楼、箭楼、廒楼及闸楼不复存在。庆城县（原庆阳县）于1994年被批准为省级历史文化名城。2011年被公布为省级文物保护单位。

0317 河连湾陕甘宁省苏维埃政府旧址

地　　点：庆阳市环县洪德乡河连湾村

管理单位：环县博物馆

当前用途：公共建筑

保护级别：省级

建造时间：1937年

简　　介：河连湾陕甘宁省委省政府旧址为1936年7月至1937年9月中共陕甘宁省委、省苏维埃政府所在地。现为省级文物保护单位，甘肃省国防教育基地，庆阳市爱国主义教育基地。2002年以来修建开国大将肖劲光题写碑名的"中共陕甘宁省委、省政府旧址纪念碑"和环县革命斗争史展馆，恢复维修李富春、马锡五旧居，省委、省政府会议室、办公室，山城堡战役指挥部等革命旧址。

0318 山城堡战役遗址

地　　点：庆阳市环县山城乡山城堡村山城堡组以北约1千米处

管理单位：环县博物馆

当前用途：公共建筑

保护级别：省级

建造时间：1936年

简　　介：山城堡战役遗址位于环县山城乡马掌子山、断马崾岘、哨马营一带，距县城45千米。现为全国红色旅游经典景区，省级文物保护单位，甘肃省爱国主义教育基地，甘肃省国防教育基地。2009年以来，建成中央军委原副主席张万年题写碑名、高28米的山城堡战役纪念碑，中央军委原副主席迟浩田题写"山城堡战役纪念园"的入口牌楼，建筑面积2000平方米的陈列馆。

0319 正宁文庙

地　　点：庆阳市正宁县永和镇罗川九年制学校院内

管理单位：正宁县罗川九年制学校

当前用途：公共建筑

保护级别：省级

建造时间：1763 年

简　　介：据清乾隆二十八年折遇兰纂修《正宁县志·祠祀志·坛庙》记载，文庙"元至正初建。明洪武二年，知县郭钧重修；成化间同知李著增修；嘉靖间，知县马存仁、张国政、范克正、教谕王正、强晟相继修葺；万历三年，知县张仲友重修，居人张纪置棂星门、石槛，规制乃备；国朝顺治十六年，知县王士麟修；康熙三十六年，知县俞作霖葺；雍正三年，知县萧天华修；乾隆二十五年，知县诸为霖重修"。文庙前保留明代五指柏1棵。文庙大殿坐南朝北，面阔五间，长16.5米，进深8.5米，高6.2米，占地面积200平方米。歇山顶，两端有吻纹，柱头斗拱为双抄下昂；斗拱形体粗壮，柱头有卷刹。2003年被公布为市级文物保护单位，2011年被公布为省级文物保护单位。

0320 白马造像塔

地　　点：庆阳市华池县白马乡王沟门村柴砭自然村白马河东岸第一级台地

管理单位：华池县文化局

当前用途：公共建筑

保护级别：省级

建造时间：北宋

简　　介：造像塔平面呈六角形，顶部残，塔刹早年遗失，现存7层，高5.3米，塔底平铺石条，红砂岩凿镶砌而成。塔体各层出檐，檐下有石质仿木斗拱，每面两朵。檐下有仿木方椽，铺以瓦栊，塔体第一层每面宽1米，正西面浮雕一长者，童颜鹤首，手执拐仗，长者两侧各雕两个向长者作拜的小侍。其余各面雕有奔马、麒麟、雄鸡、鹿、狮子等动物。第二层以上的各面，开一小龛，龛内各有雕佛像一尊。全塔共保存佛像36尊，佛结跏趺坐，袒胸悬臂，神态悠然自得。此塔造型古朴，雕刻粗疏。据《甘肃窟塔寺庙》一书记载，该塔早于合水造像塔和华池双塔寺造像塔，约为北宋初期所建造。2003年被公布为省级文物保护单位。

0321 脚扎川万佛塔

地　　点：庆阳市华池县紫坊畔乡高庄村川畔自然村村塔儿注的半山腰

管理单位：华池县文化局

当前用途：公共建筑

保护级别：省级

建造时间：宋代

简　　介：俗称万羊塔。据李焰平、赵颂尧、关连吉主编的《甘肃窟塔寺庙》中记载："据此塔造型风格看，为宋代建造。"该塔为红砂岩凿磨镶砌而成，顶部残损，现存10层，残高8米，平面呈八角形，各层有塔檐，越向上越收小。塔身各面均雕有3层佛像，每层6身，共有造像1008尊，均为佛说法图。2003年被公布为省级文物保护单位。

0322 双塔寺双石造像塔

地　　点：庆阳市华池县柔远镇东关村东山半山腰

管理单位：华池县文化局

当前用途：公共建筑

保护级别：省级

建造时间：金正隆大定年间(1161-1189年)

简　　介：原名石塔院，大安三年(1212年)改名兴教院。原位于华池县林镇乡张岔村双塔沟和张岔河交汇处的半山腰，2000年3月24日和5月4日，一号塔先后两次被盗，同年8月4日将贩至台湾的一号塔追回。2001年9月双石造像塔迁建于县城东山公园半山腰，新建寺院。一号塔高13.1米，共雕佛像3500多身，二号塔高11.88米，有佛像615身。塔呈平面八角形，双塔原本通体彩绘，现存彩绘痕迹，塔体浮雕有佛像、菩萨、弟子、供养人、托塔力士、伎乐天以及佛涅槃故事。1963、1981年先后被公布为省级文物保护单位。

0323 政平书房

地　　点：庆阳市宁县中村镇政平村堡子山

管理单位：宁县中村镇政府

当前用途：公共建筑

保护级别：省级

建造时间：清嘉靖年间

简　　介：张氏书房系明清时期"巷子张"家所建的一座供子弟读书的地方，由上房、街房、厢房、前庭、后院等组成，是典型的四合院风格，清代西北大户的代表建筑。书房坐北朝南，一宅三进，占地933平方米。书房坐落在堡子山中央，坐西向东，为四合头格局，上房、街房各七间，南北各有厢房三间，街房北边设门楼，门楼原有清同治年间宁县知县杨大年题赠的"仁厚可风"四个镀金大木匾一块，悬挂在门楼正中。上房除南北各一小间，当中五间为一整体，五块金字木匾做工精美，阴阳凹凸各不相同，匾上除镀金大字外，匾周围均为透花雕刻。房中有书桌、案、椅、凳、照明、烤火等用具为檀香木。上房和西厢房做工精细，门窗均为大型套格雕花。上房正中五间套格雕花门，以门代窗，均可活动，正中还设有刻花木屏风。为省级文物保护单位。

0324 辑宁楼

地　　点：庆阳市宁县新宁镇

管理单位：宁县博物馆

当前用途：公共建筑

保护级别：省级

建造时间：五代后梁

简　　介：辑宁楼坐北朝南，通高25米，东西长23米，南北宽11.5米，占地面积264.5平方米。楼墩为青砖砌筑，高10米，正中辟卷顶门洞一孔，门高3.80米，宽2.87米，西侧设有登楼台阶，楼墩上为二层砖木结构楼房，面阔五间，高15米，东西长16米，南北宽6米。系穿斗式木架结构，单檐歇山顶，施五脊六兽，四檐出水。楼内置二层木楼板，四周施游廊围柱16根，前后装饰方格棂扇门窗，雕梁画柱，气势颇为宏伟。楼前绘《狄仁杰骑青牛斩九龙》的神话故事，楼后绘《公刘拓荒》《秦太后诱杀义渠王》《付介子计斩楼兰王》等宁县历史故事。该楼整体保存较好。为省级文物保护单位。

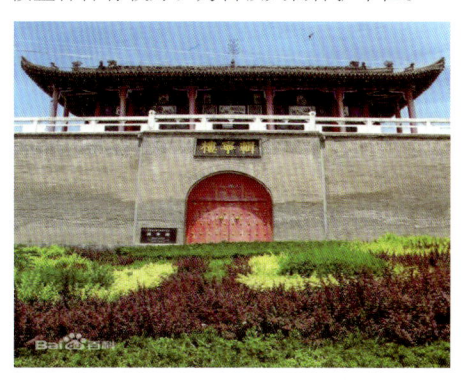

0325 邓小平旧居

地　　点：庆阳市正宁县宫河镇王录村，北距G211线1千米

管理单位：正宁县宫河镇政府

当前用途：公共建筑

保护级别：市级

建造时间：1938年

简　　介：邓小平旧居现有院落1处，窑洞

5 孔。2009 年进行维修保护，并修建 82 平方米的中国工农红军红一军团正宁纪实文化浮雕墙，2010 年 6 月修复竣工并对外开放。窑洞内现有展牌 28 面，收集文物 60 件。1980 年被命名为爱国主义教育基地，市级文物保护单位。2008 年被命名为庆阳市中共党史教育基地，2009 年被命名为庆阳市爱国主义教育基地，2012 年被命名为庆阳市廉政教育基地。

0326 罗川铁旗杆

地　　点：庆阳市正宁县永和镇罗川社区街道

管理单位：正宁县永和镇政府

当前用途：公共建筑

保护级别：市级

建造时间：清道光二十六年（1846 年）

简　　介：据《正宁县志》记载："清道光二十六年（1846 年）建造，铸铁质地，旗杆高 7.6 米，原系罗川城隍庙前所立之物"，旗杆一对，上细下粗，上部被双龙缠绕，底部插在铁狮背腹，两尊铁狮二目圆睁。铁旗杆顶端各一铁鹤分别背负"日""月"二字。铁鹤下有小匾，上书"七国保卫"；一面书写"万国屏藩"。旗下有两方斗，方斗下挂小风铃。1978 年被公布为县级文物保护单位，2003 年被公布为市级文物保护单位。

0327 赵氏祠堂

地　　点：庆阳市正宁县永和镇城关村街道东 40 米处

管理单位：正宁县永和镇政府

当前用途：公共建筑

保护级别：市级

建造时间：明天启元年（1621 年）

简　　介：赵氏祠堂南北长 40 米，东西宽 35 米，面积 140 平方米。据《正宁县志》载，该祠堂建于明天启元年，坐南向北，面阔三间，明柱、土木结构，3 米开间，进深 5 米，斗拱平檐，硬山顶，顶镶脊兽，门口处原有对联："负治国才品，许世以身，有功于国，有功于民，树立卓著千秋业；综生平功绩，大书祖事，或布在腾，或布在乡，嗣后流传千百世。"（今已佚）内存明万历皇帝为赵邦清题词"坚持清白"碑刻及安南国（今越南）正使冯克宽为赵邦清题，行人陈德懿书"清清清"碑刻。2004 年被公布为市级文物保护单位。

0328 塔儿洼塔

地　　点：庆阳市华池县南梁乡白马庙村新庄自然村卢家沟口东侧半山腰

管理单位：华池县文化局

当前用途：公共建筑

保护级别：市级

建造时间：不详

简　　介：此塔四周为耕地，北临白马庙川河，南靠大山，西接沟畔，东接台地。该塔呈四方形，残存6层，残高4.1米，塔檐宽1.6米，塔体一层宽1.15米，二层1.14米，三层0.93米，四层0.83米，五层0.74米，六层0.67米，塔体高0.42米，越往上越收小，第二层塔体有雕刻，其余均为素面，塔檐四角有雕刻造型，塔北侧第六层有一龛，龛西侧有两尊浮雕，塔附近有柱顶石2块。

0329 新堡庙

地　　点：庆阳市华池县悦乐镇新堡村新堡自然村新凤山脚下
管理单位：华池县文化局
当前用途：公共建筑
保护级别：市级
建造时间：清乾隆年间
简　　介：据《华池县志》记载，新堡庙始建于清乾隆年间，道光二十二年（1842年）曾重修，同治七年（1868年）有损毁，光绪年间曾多次修复，占地面积1580平方米，建筑面积342平方米，古建筑为土木结构，四合院式，分前、中、后三院组合而成。分上、下两层，一层为关帝殿，二层为玉皇殿。歇山顶楼阁式木质结构，内设玄梯，现有保存完好的壁画26幅。前院菩萨楼6间，分上、下两层，早于其他建筑，一层为石砌墙，券洞式洞龛，二层为土木结构歇山顶建筑；中院台阶上方有石栏杆。栏板、砖雕、石碑均保护完好。2003年被公布为市级文物保护单位。

0330 上里塬戏台

地　　点：庆阳市华池县上里塬乡上里塬村上里塬自然村街道西侧
管理单位：华池县上里塬乡政府
当前用途：公共建筑
保护级别：市级
建造时间：不详
简　　介：上里塬戏台位于上里塬乡街道中心西侧，坐西向东，三面有围墙，北邻街道。平面呈长方形，南北长21米，东西宽18米，建筑面积378平方米，砖结构，高约8米，工字三角梁架，屋面铺木板、红瓦，墙体红砖砌筑。戏台正面呈凸字形，上砌五角星，下书"上里塬公社会场"之名。台口用白色宽边装饰。台身两面坡。人字形构架，台内为前台（演出），后室（化装）隔墙，南北两头开边门。为演出时出入之门。戏台原址是上里塬古庙遗址，1979年在庙址上修建戏台，戏楼所用砖及木料均是原庙建筑材料。

0331 翠峰寺

地　　点：庆阳市合水县肖咀乡卓堡行政村黎洼自然村西1000米的翠峰山
管理单位：合水县文管所
当前用途：公共建筑
保护级别：市级
建造时间：北宋绍圣五年
简　　介：翠峰寺距乡政府以西2000米处，东距卓堡村1000米。海拔1263米。总面积约40万平方米。寺院土筑围墙，南北长约67.5米，东西宽约27.4米，面积约1850平方米。寺院曾有前殿、三佛殿各三间,韦驮殿一间,万宝洞前殿一间及山门、二门、僧窑墓塔等。据清乾隆十六年庙碑记载,此庙创建于北宋绍圣五年,原建塬面,乾隆十六年拆迁建于此。碑额均刻二龙戏珠,1碑通高2.9米,宽0.8米,厚0.16米,置于前殿内。另一碑通高1.7米,宽0.7米,厚0.15米。

0332 里仁祠堂

地　　点：庆阳市宁县良平乡贾家村贾家组贾家小学对门
管理单位：庆阳市文化局
当前用途：公共建筑
保护级别：市级
建造时间：清雍正年间
简　　介：清光绪年间迁至现址,1986年重修,占地1.5亩,院内有贾家先贤种植松树一棵,高8米,直径30厘米。祠堂坐北朝南,为四合式庭院,中轴线上自南向西依次为下殿、屏风、祠堂,东西两面有厢房,祠堂面阔五间,大屋顶式,原为供奉贾家先贤贾懂等而建造,现保存完好。为市级文物保护单位。

0333 高庙圣母宫

地　　点：庆阳市庆城县蔡家庙乡高庙行政村高庙自然村北部公路北侧
管理单位：庆城县蔡家庙乡政府
当前用途：宗教建筑
保护级别：市级
建造时间：清代
简　　介：高庙圣母宫由正殿、显神庙、献殿、圣母宫四座建筑组成。四座建筑物合围成一个四合院落,南北长23米,东西宽19米,占地440平方米,其中建筑面积172平方米。献殿坐北朝南,土木结构。正殿坐南朝北,砖木结构,二柱三间,硬山顶。圣母宫坐东朝西,面阔一间,硬山顶。显神庙坐西朝东,面阔一间,硬山顶。建筑屋檐下、门窗等处均有砖雕装饰。献殿东侧有清代石碑一通,字迹模糊,难以辨认。新中国成立后,庙宇曾长期被用作小学校舍。1958年,建筑物表面的砖雕、附属石雕等遭到严重破坏。圣母宫保存较好。2012年被公布为市级文物保护单位。

0334 毛泽东长征宿营地

地　　点：庆阳市镇原县三岔镇高湾行政村高湾自然村三岔街道以西广播站旁
管理单位：镇原县人民政府
当前用途：公共建筑
保护级别：市级
建造时间：清代
简　　介：1935年10月9日晚,红军第一方面军先遣部队经马渠唐家原、塔儿洼、寺庄湾,连夜赶到三岔,主力部队在10月10日先后到达,这一天毛泽东同志也到了三岔,就住在这座天主教堂中。教堂后面从东到西原有五孔窑洞,为随同人员住地。红军10月9日到三岔,10月12日兵分两路离开三岔进入环县,到达陕北吴旗镇与陕北红军会合,在三岔停留三天时间。该天主教堂始建于清代,土木结构,面阔三间,长10.4米,进深1间,宽6.4米,硬山顶,面墙用砖砌成,保存较完整。1983年被公布为县级文物保护单位。2003年被公布为市级文物保护单位。

2005 年全面维修，占地面积 1200 平方米。

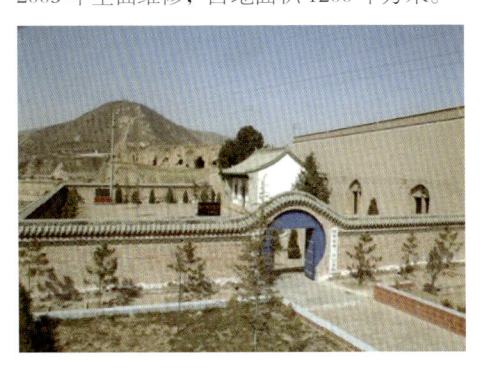

0335 文庙大殿

地　　点：庆阳市镇原县城中街县委院内

管理单位：镇远县委

当前用途：公共建筑

保护级别：市级

建造时间：明洪武年间

简　　介：该殿坐北朝南，砖木结构，面阔五间，长 23 米，进深一间，宽 13.4 米，通高 12 米，重檐歇山顶，斗拱装饰华丽，平身科、柱头科、角科均为双翘双昂。殿内有明柱 10 根，两排并列，土柱 18 根。基部用砖砌成，台阶高 0.8 米，三级踏步，占地面积 308.2 平方米。清代曾维修，2003 年进行了全面维修。2003 年被公布为市级文物保护单位。

0336 长口子戏楼

地　　点：庆阳市正宁县宫河镇长口子村

管理单位：正宁县宫河镇政府

当前用途：公共建筑

保护级别：县级

建造时间：清光绪三年（1877 年）

简　　介：长口子戏楼面阔三间，进深 9.3 米，高 8 米，占地 130 平方米，硬山顶，三叠七檩六椽式升斗组合，二明柱，雕梁画柱，四角微翘，影墙饰砖雕、石雕，工艺精湛，保存完好。2013 年被公布为县级文物保护单位。

0337 宫河戏楼

地　　点：庆阳市正宁县宫河镇宫河村小学院内

管理单位：正宁县宫河镇宫河村小学

当前用途：公共建筑

保护级别：县级

建造时间：1874 年

简　　介：宫河戏楼坐南朝北，面阔三间，硬山顶，三叠七檩六椽式升斗组合，有四明柱，高 18 米，占地 91 平方米，四角微翘，台后八扇十格。西北角有鼓楼，单间歇山顶，清宫河王氏宗族所建。1998 年被公布为县级文物保护单位。

0338 燕家关帝庙

地　　点：庆阳市正宁县周家乡燕家村三组西南 100 米的沟边上

管理单位：正宁县周家乡政府

当前用途：公共建筑

保护级别：县级

建造时间：1855年

简　　介：燕家关帝庙南北长200米，东西宽50米，面积约1000平方米，为清咸丰年间建造。有坐南朝北的关帝庙三间，观音庙一间，坐南面北的戏楼三间，民国三十年建造的坐南朝北的学校门楼三间。戏楼及门楼因年久失修已严重倾斜，庙堂在20世纪80年代曾维修，保存完好。戏楼3米开间，进深7米，建筑面积63平方米。关帝庙3米开间，进深5米，建筑面积45平方米，庙内部分壁画保存较好，门首立有咸丰八年重修关帝庙碑一通。观音庙为3米开间单间庙，进深4米，建筑面积12平方米。门楼中心匾刻"天下为公"，东匾书"改良习惯"，西匾书"热心教育"，门对联书"培育民众知能，促进世界大同"。该寺庙保存较完整。2013年被公布为县级文物保护单位。

0339　刘堡子戏楼

地　　点：庆阳市正宁县永正乡刘家堡子村五组

管理单位：正宁县永正乡政府

当前用途：公共建筑

保护级别：县级

建造时间：清道光二十三年（1843年）

简　　介：刘堡子戏楼坐东朝西，西阔三间，土木结构，硬山顶，进深8米，台口宽7.5米。此戏楼原为龙王庙建筑群一部分，惜庙已毁，现唯留此戏楼。2013年被公布为县级文物保护单位。

0340　慈云寺大殿

地　　点：庆阳市庆城县庆城镇南街社区钟楼巷内

管理单位：庆城县文化出版局

当前用途：宗教建筑

保护级别：县级

建造时间：唐代

简　　介：慈云寺分布范围：东为慈云寺铁钟，南侧为钟楼巷，北侧为廉租楼，西侧为庆城县印刷厂。据史志记载，慈云寺建于唐代，清雍正、乾隆、道光、光绪年间曾多次重建。乾隆二十六年在慈云寺的基础上增建房舍，创立庆阳府凤城书院。光绪十四年重修时增建文昌阁、关帝殿、吕祖殿等。民国初年至1975年，慈云寺先后被庆阳县公立第一小学、庆城县西街小学、庆阳县第一完全小学、中共庆阳县委党校当作校舍使用。1975年，慈云寺归庆阳县印刷厂使用后，关帝殿及原来的宿舍、教室等先后被拆除。1983年庆阳县博物馆成立后，慈云寺经改建和修整后作为馆舍使用。慈云寺大殿坐北朝南，面阔九间，由前殿和栖凤楼组成，穿都式硬山顶。大殿长30米，宽30米，占地900平方米。为县级文物保护单位。

（十一）定西

0341 威远楼

地　　点：定西市陇西县巩昌镇东大街以西100米处
管理单位：陇西县博物馆
当前用途：公共建筑
保护级别：国家级
建造时间：北宋仁宗天圣元年（1023年）
简　　介：又名雄镇楼，俗称钟鼓楼，始建于北宋仁宗天圣元年（1023年），元世祖中统二年（1261年）迁建，明太祖洪武元年（1368年）重建。坐西朝东，平面呈长方形，为砖基三层木楼，通高26米。基座为梯形，高11米、长27米、宽17米，占地面积为459平方米。楼基正中辟有东西向券门洞，基座西侧设阶梯台级直通基顶。木楼高15米，重檐歇山顶，上布灰筒板瓦，屋脊浮雕花卉纹饰，正脊正中安有塔刹宝瓶，两端为正吻，垂脊、岔脊端头使用龙吻。四面飞檐，檐下设斗拱102朵，四周回廊，有廊柱24根，柱间用栏额扎牵，栏额上置普柏枋。一楼面阔七间，进深三间，二、三层面阔五间，二层出平座栏杆，楼檐下悬挂有巨匾，前悬"巩昌雄镇"，后悬"声闻四达"。楼周现存有七面碑通，即"鼓楼碑记""重修威远楼碑""重修巩昌郡威远楼碑"等七面石刻，分别记述有关楼体维修时间及名人事迹。1963年被公布为省级文物保护单位。2013年被公布为全国重点文物保护单位。

0342 灞陵桥

地　　点：定西市渭源县城
管理单位：渭源县文广局
当前用途：公共建筑
保护级别：国家级
建造时间：明洪武年间
简　　介：此桥为徐达将军率军西征元将李思齐时修建，因"渭水通长安，绕灞陵，为玉石栏杆灞陵桥"之语，徐达亲题桥名为灞陵桥，有"渭河第一桥"之称。民国八年（1919年），建成纯木结构的卧式悬臂拱桥，之后桥身倾斜。民国二十一年仿照兰州雷滩桥修建，民国二十三年竣工。经维修，桥身由原来的单梁变成叠梁。灞陵桥是全国唯一幸存的木质叠梁拱桥，桥全长40米，高15.4米，跨度29.5米，宽4.8米，一共11组，每组用一根横木作为支点从两岸桥墩依次递升，飞挑凌空，形成半圆形桥体。桥顶部为飞檐式灰瓦，两头为卷棚式桥头屋，形成13间64柱的拱形长廊。我国著名建筑大师茅以升的《桥梁史》中认为，它仅次于赵州桥。2006年被公布为全国重点文物保护单位。

0343 保昌楼

地　　点：定西市陇西县渭河北岸浦山岘口
管理单位：陇西县博物馆
当前用途：公共建筑
保护级别：省级
建造时间：清光绪九年（1883年）
简　　介：保昌楼为三层木楼，长宽各10米，高14米，一、二楼楼檐为四角形，三楼为八角攒顶式屋顶，共有廊柱32根，斗拱52朵。1993年被公布为省级文物保护单位。

0344 文峰塔

地　　点：定西市陇西县文峰镇迎春堡村南高约30米的台地上
管理单位：陇西县文广局
当前用途：公共建筑
保护级别：省级
建造时间：明代
简　　介：文峰塔占地面积12.5平方米。是一座直径4米、高24米的七级八角楼阁式实心砖塔，由基座、塔身、塔刹组成。塔基方形，边长8米、高3米，塔身八角形，转角处砌成抹角倚柱，4—7级各面均有砖砌券形壁龛，层间叠涩出檐，檐下施菱角纹，顶层檐角安置铁制风铃，塔顶为八脊置兽攒尖式。刹为九重轮环的相轮，呈枣核状。清道光十七年（1837年）重建，是定西市现存大型古塔实物中年代最早的一座。1981年被公布为县级文物保护单位。2011年被公布为省级文物保护单位。

0345 李家龙宫

地　　点：定西市陇西县巩昌镇北关一心村头天门巷内
管理单位：陇西县文广局
当前用途：公共建筑
保护级别：省级
建造时间：明万历五年（1577年）
简　　介：原名北极宫，东至蔡家巷，南临头天门巷，西、北两面是民居。坐西朝东，建筑面积950平方米，占地6亩。原是一座规模较大的古刹，现在是李氏族人寻根祭祖的活动场所。清顺治五年（1867年）毁于战火，光绪十年（1883年）复建。现存建筑由北天祖师庙殿、丘祖殿、吕祖殿、仙姑殿、北过庭、三宫殿、桔云庵、观音楼、文殊殿、韦驮殿、普贤殿组成二进院落。20世纪90年代以来，重建大门、北三殿及鼓楼、钟楼。庙内北天祖师殿，面阔三间，进深二间，为木结构单檐悬山顶建筑，上布青瓦，房脊浮雕游龙和花卉纹饰，正脊正中部安放龙体九曲的一条盘龙，两坡垂脊置四条飞龙。檐下施斗拱7朵，五铺作，重拱出双抄，明间如意斗一朵，大殿及副阶用4根檐柱支撑。其余各殿均面阔三间，进深三间，悬山顶。

0346 双龙寺

地　　点：定西市临洮县新添镇孙家村孙家小学西侧隔壁
管理单位：临洮县文广局
当前用途：公共建筑
保护级别：县级
建造时间：1905年
简　　介：双龙寺现存两殿，均坐北朝南，土木结构，前卷棚硬山顶，呈一前一后分布，北面是菩萨殿，南面是三官殿，建筑面积710平方米。二殿南原有无量殿、泰山殿已毁。菩萨殿、三官殿以前均被村小学借用，得以保存，其余建筑均在"文革"时遭毁。该寺为佛、道混合寺院。2002年对两殿进行维修，建山门。为县级文物保护单位。

0347 临洮文庙大成殿

地　　点：定西市临洮县洮阳镇东大街临洮农校院内
管理单位：临洮县农校
当前用途：公共建筑
保护级别：县级
建造时间：元代
简　　介：大成殿占地面积234.09平方米，坐北朝南，为元代大司徒祁安始建，后经明洪武时教授刘杰重修及增修，清同治二年被毁，同治十三年，又经知州筹款修建，现存文庙大成殿为清同治十三年重修。坐落在长、宽各15.3米的方形台基上，歇山式屋顶，面阔三间13.7米，进深二间9.85米，建筑面积164.4平方米。檐前有廊，正面檐下八斗拱，侧面、后面各七斗拱，兽首双龙戏珠脊。殿东有石碑一座，可见"□□学官碑记"等字，下款立碑年代模糊不清。1982年被公布为县级文物保护单位。

0348 城隍庙大殿

地　　点：定西市临洮县文化馆中院
管理单位：临洮县文化馆
当前用途：公共建筑
保护级别：县级
建造时间：清代
简　　介：城隍庙大殿南接县文化馆，北接县图书馆，东邻临洮中学，西邻民居，占地面积1455平方米。坐北朝南，沿中轴线排列。前殿面阔3间13.9米，进深3间9.2米，高9.5米，建筑面积236.3平方米。歇山暗捲棚顶。前殿有10组斗拱，斗拱前对应一组垂花柱，垂花柱间饰以镂空花雕板。1982年修复，现为临洮文化收藏中心。后殿在前殿北面，坐北朝南，歇山顶，面阔3间10.6米，进深2间4.3米，建筑面积45.58平方米。前檐下有10组斗拱。檐前有廊，廊两侧有照壁，各书对联一付。2002年后殿进行修复，改土木结构为砖木结构，提升房基，重修东西两侧廊房。1972年被公布为县级文物保护单位。

0349 椒山祠悬楼

地　　点：定西市临洮县洮阳镇东街村岳麓山公园超然书院内
管理单位：临洮县岳麓山公园
当前用途：公共建筑
保护级别：县级
建造时间：明代
简　　介：椒山祠悬楼西北面靠岳麓山的笔峰塔，东为凤台遗迹，南、北临深沟。坐南朝北，南面悬空。面阔5间15米，前有廊，进深2间4.05米，建筑面积113.25平方米。为纪念杨继盛而建，原有建筑俱毁，现仅剩悬楼，为清代晚期重建。祠始建于雍正十年（1733年），原祠在城西，祀杨继盛。后迁至超然台，光绪年间重修，1916年修葺。20世纪初扩建北、西悬楼，80年代进行修复，扩建4间，形成建筑群，现为超然书院。卷棚歇山顶，砖木结构，由此向东50米为凤台遗迹。为县级文物保护单位。

0350 火神庙大殿

地　　点：定西市临洮县洮阳镇东街村岳麓山公园内
管理单位：临洮县岳麓山公园
当前用途：公共建筑
保护级别：县级
建造时间：清光绪初年
简　　介：火神庙大殿原建于临洮县城南门内，毁于清同治之乱，光绪初年原地重建，现仅存大殿3间10.2米，房前有廊，进深2间7.5米，建筑面积104平方米。清代土木结构建筑。1988年9月迁建于岳麓山公园东岩寺内，坐南朝北，建于正方形台基上，屋顶为歇山式，七斗拱，台基长、宽均为12.2米，占地面积149平方米。基高0.63米，通高10米，顶脊为龙脊，龙首立一人形，侧檐前后均有兽，飞檐上有5小兽，两侧斗拱有象首飞挑，上接镂空花雕两层，纹饰以云带宝葫芦、瑞草缠枝为主。现为博物馆文物陈列室。1982年被公布为县级文物保护单位。

0351 道统祠

地　　点：定西市临洮县洮阳镇东街村岳麓山公园内
管理单位：临洮县岳麓山公园
当前用途：公共建筑
保护级别：县级
建造时间：明代

简　　介：道统祠东邻小树林，西临深沟，南紧靠现代仿古建筑群伯阳宫，北侧为魏家坪村庄。道统祠由明典史杨继盛建，清末重建，土木结构硬山顶祠堂，2002年对毁朽土木结构进行修复，并改土木结构为砖木结构，面阔3间8.4米，进深1间6.6米，建筑面积55.44平方米，通高7.5米。四扇格扇门，彩绘为旋子山水。保存完好。1982年被公布为县级文物保护单位。

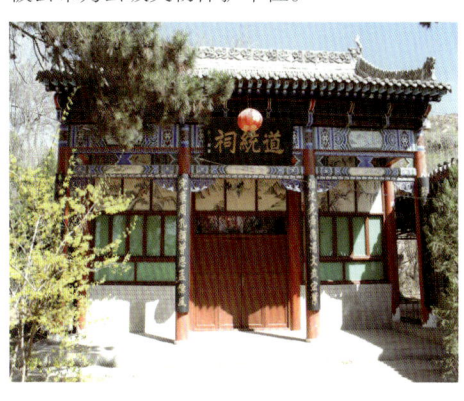

0352 关帝庙

地　　点：定西市临洮县新添镇下街村103省道西侧邻街
管理单位：临洮县新添镇下街村
当前用途：公共建筑
保护级别：县级
建造时间：清代

简　　介：关帝庙坐西朝东，建筑面积123平方米，土木结构，面阔三间12米，进深二间5.65米，卷棚悬山勾连搭建筑。2005年翻修，整体抬高4米，后移一间，原土木结构翻新为砖木结构。檐下施斗拱，雀替有二龙戏珠、蝙蝠、凤凰、龙虎图等。廊檐下施木雕彩绘祥兽，梁上有"戊戌甲子冬十一月庚申日丙子日拉木，辛巳里上梁大吉大利"墨书题记。为县级文物保护单位。

（十二）陇南

0353 栗川砖塔
地　　点：陇南市徽县栗川乡郇家村郇家庄小学南侧
管理单位：陇南市文化局
当前用途：公共建筑
保护级别：国家级
建造时间：宋代
简　　介：栗川白塔始建于宋代，于清光绪十二年（1886年）重修，白塔为八角形九层楼阁式砖塔，通高25米，底边长2.7米，塔基八角形，塔身底层南面辟门，以上各层每面辟券龛或假龛，隔层真假相间，对称配置。层间叠涩出檐，檐下设砖雕斗拱及挂落，塔顶平砖攒尖，塔刹已毁。是天水地区和陇南地区唯一保存较完整的一座砖塔。1975年被公布为县级文物保护单位。1993年被公布为省级文物保护单位。该塔高约25米，现存9层，通体砖砌，空心楼阁式建筑。该塔风格古朴，与庆阳地区东华池宋代砖塔相仿，塔底层券门顶壁嵌道光十二年（1832年）修补塔序碑，该碑距地表1.9米。碑长方形，长1.06米，宽0.63米，碑文阴刻，楷书竖行碑文约450余字，记载当时补修塔的事由及捐资者名录，尾题"道光拾贰年（1832）岁次壬辰八月上浣之吉日"。2008年进行维修。2013年被公布为全国重点文物保护单位。

0354 福津广严院
地　　点：陇南市武都县三河乡柏林寺村
管理单位：武都县文体局
当前用途：公共建筑
保护级别：省级
建造时间：宋代
简　　介：今名柏林寺。清代扩建，占地2000平方米。现存前殿、山门、两侧僧房。前殿坐北朝南，土木结构，面阔五间（20米），进深四间（16米），单檐挑角灰瓦歇山顶，九脊十兽，正脊两端鸱吻张嘴吞脊，脊面上嵌饰缠枝牡丹花卉砖雕，下嵌棋琴书画类砖雕，四角双抄双下昂，昂头华拱，昂嘴琴面，昂尾深入屋顶3米为直昂。柱头有卷刹琴面昂，昂后尾挑起斜杆与真昂后尾相似。山门、僧房为清代重修。院内存宋元丰元年(1078年)、乾道九年(1173年)碑刻各1通。现为县粮油公司占用。保存较好。

0355 文庙大殿

地　　点：陇南市两当县城关镇西街城关小学院内

管理单位：两当县文体局

当前用途：公共建筑

保护级别：省级

建造时间：明代

简　　介：文庙大殿东西长15.4米，南北宽10.5米，占地面积162平方米。坐西朝东，土木结构，现存大殿一座，为五开间，屋顶为琉璃瓦，檩椽门窗，通体彩绘，20组斗拱7种造型。清顺治八年8月重新修建，2004年进行了全面维修。房屋长14.2米，宽8米，高12米，总建筑面积114平方米。院内共有古柏4株。1980年被公布为县级文物保护单位。2003年被公布为省级文物保护单位。

0356 谈家院

地　　点：陇南市康县豆坝乡栗子坪村

管理单位：康县文体局

当前用途：公共建筑

保护级别：省级

建造时间：不详

简　　介：谈家院是一座坐北朝南的四合院民居建筑，大门开在东南角。正房除正中一间外，其余四间为上下两层，东西厢房及南面房屋均为两层单面楼房。整个建筑为土木结构，正面为木质结构，所有门窗均有花卉、鸟兽等透雕图案，二楼楼道有"S"形立柱栏杆。正房台基高1.5米，正立面用雕刻有动物花卉图案的石块砌成。院内地面用大小不等的石块铺成。

0357 平洛龙凤桥

地　　点：陇南市康县平洛镇团庄壹天门间沟上

管理单位：康县文体局

当前用途：公共建筑

保护级别：省级

建造时间：明洪武三年(1370年)

简　　介：是康县境内唯一的古代木结构桥梁。清光绪三年(1878年)进行过修缮。桥廊亭五间，全长16米，宽3.3米，高3.6米，油漆彩画山水花鸟，栩栩如生。尤其是引桥两端基座，由数层圆木纵横排架自上而下渐次伸出，以负担桥面及廊亭重量。桥亭两边有对称的24根木柱连接坐扶手，可供歇息。

0358 文县文昌楼

地　　点：陇南市文县县城中心

管理单位：文县文体局

当前用途：公共建筑

保护级别：省级

建造时间：明弘治元年(1488年)

简　　介：位于文县县城中心一段明代城墙上，又称文昌阁。清道光二十五年(1836年)曾补修。1985年经当地部门维修，恢复了原貌。该楼占地面积1082平方米，三层木结构，通高25米，一、三层为六角形，二层四角形。

0359 梓潼文昌帝君庙

地　　点：陇南市宕昌县沙湾镇上堠子村
管理单位：宕昌县文体局
当前用途：公共建筑
保护级别：省级
建造时间：元代
简　　介：明代重建，现存为清代建筑。占地面积600平方米，坐北向南，主体建筑有前、后殿，前殿由山门、东、西厢房、过庭组成，皆土木结构。前殿面阔三间（7.5米），进深二间（5.2米），"人"字梁架，硬山顶，檐下施斗拱，内壁两侧绘人物故事画，前、后开门；后殿面阔四间（12.5米），进深10米，歇山顶，三架梁，殿门正中檐下斗拱施彩绘，内壁彩绘人物故事画。东、西厢房面阔各四间12米，一面坡顶，檐下饰彩绘和花纹木雕。过庭面阔三间（7.5米），进深6米，硬山顶，东屋内立"梓童文昌帝君庙记"碑1通，记载洪武十六年(1383)七月三日重建之事。山门由三台阶构通，门两侧各一尊石狮，门板上各有一幅人物画。

0360 康县魁星楼

地　　点：陇南市康县铜钱乡环路村低垭子垭口
管理单位：康县文体局
当前用途：公共建筑
保护级别：市级
建造时间：清道光年间
简　　介：康县魁星楼主要包括魁星楼、古栈道和铜钱关三部分，是一座三层楼台亭阁式石木结构的古建筑。该楼设计精巧，造型别致，装饰优美，石雕木雕巧妙结合，内塑文曲星神像。为市级文物保护单位。"5.12"地震后受损严重。2012年恢复重建，总建筑面积约600平方米。

0361 徽县文庙大成殿

地　　点：陇南市徽县城关镇
管理单位：徽县文体局
当前用途：公共建筑
保护级别：市级
建造时间：明洪武七年（1374年）
简　　介：徽县文庙大成殿自建成后历代均有补修、增建。现存大成殿与相关碑刻7通。大成殿建筑面积310.75平方米，坐北朝南，单檐歇山顶，面阔5间，通长20.15米，进深3间，通宽14.5米，通高13米。2007年被公布为市级文物保护单位。

0362 香泉寺

地　　点：陇南市两当县城关镇香泉村香泉组
管理单位：两当县县委
当前用途：公共建筑
保护级别：市级
建造时间：明代
简　　介：香泉寺东西长13.3米，南北宽20.5米，占地面积为273平方米，坐东朝西，砖木结构，四合院建筑格局，清代顺治八年（1651年）8月重建，清雍正、乾隆时期增修，光绪癸巳年（1893年）重修。由大殿、南厢房、北厢房、山门组成。大殿面阔3

间，长 10 米，进深 6.5 米，高 6 米，"人"字形梁架，一斗三升，灰瓦硬山顶；南厢房面阔五间，长 15 米，进深 4.5 米，高 3 米，"人"字形梁架，砖墙硬山灰瓦顶；北厢房面阔 3 间，长 10 米，进深 6 米，高 6.5 米，"人"字形梁架，砖墙灰瓦硬山顶；山门面阔 3 间，长 9 米，进深 6.5 米，高 8 米，悬山 2 层楼，灰瓦硬山顶。总建筑面积为 251 平方米。另有清道光十四年重修香泉寺碑记一通。寺内存有古柏 4 株、紫薇树 1 株。1991 年被公布为县级文物保护单位。2007 年被公布为市级文物保护单位。

0363 文庙大成殿

地　　点：陇南市礼县城关镇东街
管理单位：礼县县政府
当前用途：公共建筑
保护级别：市级
建造时间：清代
简　　介：大殿面积约 400 平方米，坐北朝南，面阔五间，长 22 米、进深四间 17 米，重檐歇山顶，覆盖琉璃瓦，上檐施三彩单昂斗拱。据《秦州新志》载，文庙初建于城东锦屏山麓，后迁县南之西关，顺治十三于年（1656 年），署县事欧阳改迁至现址，后经康熙年间（1662-1722 年）、乾隆四年（1739 年）、道光十九年（1839 年）先后重建。

0364 理川泰山庙

地　　点：陇南市宕昌县理川镇
管理单位：宕昌县政府
当前用途：公共建筑
保护级别：市级
建造时间：明天启年间
简　　介：现存建筑为清代重修。建筑面积 1025 平方米，坐东朝西，由大殿、前殿、经堂、钟楼、鼓楼、十王殿等 9 座单体建筑组成。该建筑群布局合理、结构紧凑，建筑屋顶形式多样，建筑彩画、壁画和砖雕图案均以人物、花草、鸟兽、龙虎等祥瑞图案为主。2007 年被公布为市级文物保护单位。

0365 紫金山奎星楼

地　　点：陇南市成县城关镇上城东南隅
管理单位：成县文化局
当前用途：公共建筑
保护级别：县级
建造时间：1735 年
简　　介：又称"八景楼""奎楼""奎星阁"，位于陇南市成县上城东南角紫金山巅。清初于其址重修时，始称"奎星阁"。雍正十二年（1734 年），建奎楼，楼列三级，制八卦重檐，栋柱窗权，无不丹彩精工。奎楼落成于乾隆元年。用梁、柱、仿、檀巧妙组合成三层重檐的塔型建筑，屋顶覆以琉璃瓦，楼顶形状犹如古代将军的头盔，檐翼牙角飞翘，上级彩陶雕饰。通高三丈余，阁体纯系木质所建，梁架，斗拱，凿木相吻。阁内六根内柱、六根中柱，承受二、三楼阁上的梁架和脊瓦的全部重量。

（十三）临夏

0366 东公馆

地　　点：临夏州临夏市东关街道办事处二社社区环城东路35号
管理单位：临夏市文物局
当前用途：公共建筑
保护级别：国家级
建造时间：1938年
简　　介：东公馆是马步青的私人官邸，坐北朝南，以"田"字形布局，东北、西北、西南为四合院，东南为花园，四座院落以中央天井连接，整个建筑为砖木结构，占地26 640平方米，建筑面积5976.44平方米。现存正门、西南院、西北院、天井、正院、观花楼，除西北院为州民族学校使用外，其余建筑均为市文体局使用。正门为西式风格的三开间拱形门，西南院、西北院为典型的临夏四合院。东公馆建筑设计独特、布局严谨、造型大器、工艺精良，装饰艺术集合了临夏地区砖雕、木雕、彩绘之专长，具有很高的欣赏价值，尤其是砖雕艺术更为高超，将果蔬、花卉、百宝、山水、福寿等内容的189幅各类作品恰当地装饰在建筑的各个部位。2003年被公布为省级文物保护单位。2013年被公布为全国重点文物保护单位。

0367 蝴蝶楼

地　　点：临夏州临夏市八坊街道办事处蝴蝶楼社区前河沿路西段北侧
管理单位：临夏市文物局
当前用途：公共建筑
保护级别：国家级
建造时间：1945年
简　　介：蝴蝶楼原为"永乐园"，继为"勤安村"，后以"蝴蝶楼"命名，自临夏解放后，一直为驻临部队使用。该建筑现坐北朝南，南北长60米，东西宽51.6米，占地3096平方米，为砖木结构。主体建筑为院内北侧的两层楼房，平面呈"H"形，由主楼和随楼组成，因状如蝴蝶故名"蝴蝶楼"。主楼面阔七间，进深三间，单檐歇山灰色阴阳瓦顶，各脊饰绿琉璃瓦，楼上、楼下、前后均以柱廊连通，主楼两侧随楼为六角攒尖顶阁楼。院内三面以游廊相连，以青砖铺成十字形步道，自然形成四块花园。2003年被公布为省级文物保护单位。2013年公布为全国重点文物保护单位。

0368 炳灵寺石窟

地　　点：临夏市永靖县西南约四十千米处的积石山的大寺沟西侧的崖壁上
管理单位：永靖县文物局
当前用途：公共建筑
保护级别：国家级
建造时间：西秦建弘元年（420年）
简　　介：据石窟内现存墨书题记和造窟题记记载，炳灵系藏语"香巴本郎"音译的简称，意为"十万尊弥勒佛居住的地方"，意同"千佛""万佛"。现存窟龛主要集中在下寺沟西岸南北长350米，高30米的峭壁上，附近的佛爷台、洞沟、上寺等处也有零星窟龛分布。现存窟龛216个，其中下寺附近有184个。遗存彩塑和石雕造像776躯，壁画1000余平方米，摩崖刻石4方，墨书或刻石纪年铭文6处。2014年被列入《世界文化遗产名录》。

0369 临夏北寺照壁

地　　点：临夏市八坊街道办事处王寺社区
管理单位：临夏州文广局
当前用途：公共建筑
保护级别：市级
建造时间：清乾隆六年（1741年）
简　　介：原为临夏清真北寺门前照壁，现仅存照壁，是临夏地区保存历史最悠久的大型砖雕照壁，平面为"一"字型，长12.3米，高6.6米，厚0.8-1.0米，全部由青砖砌筑，墙体磨砖对缝，砖缝致密紧凑。照壁中雕"墨龙三显"，左右两边为"丹凤朝阳"和"彩凤昭月"，寓意"龙凤呈祥"，刀工精湛，栩栩如生，堪称河州砖雕鼎盛时期的艺术精品。2006年被公布为市级文物保护单位。

0370 宝觉寺

地　　点：临夏市折桥镇后古城村陈家庄社西北侧
管理单位：临夏市宗教局
当前用途：宗教建筑
保护级别：市级
建造时间：唐初
简　　介：据清代本《河州志》记载，宝觉寺原名万寿寺。寺内原有建筑在"文革"中拆除，1982年重建，为汉传佛教宗教场所。该寺坐北向南，中轴线布局，南北长101米，东西宽50米，占地5050平方米。由南向北依次建有山门、大雄宝殿、倒座观音殿、佛光塔，东西两侧分别建有钟鼓楼、接待室、伽蓝殿、地藏王殿，东侧靠北还建有方丈室、僧房、斋堂。2006年被公布为市级文物保护单位。

0371 隍庙大殿

地　　点：临夏市红园街道办事处红园社区红园文化广场西侧
管理单位：临夏市宗教局
当前用途：公共建筑
保护级别：市级
建造时间：清同治年间
简　　介：隍庙大殿位于临夏州博物馆院内。原址在临夏市民主西路城隍庙内，1966年搬迁至此并复原。该建筑坐西向东，坐落于近一米的青砖砌筑高台上，为前厅后殿样式，后殿始建于清同治年间，前厅扩建于民国初年。前厅面阔五间，进深五间，单檐卷棚歇山灰色阴阳瓦顶，前檐施有七踩斗拱；后殿与前厅同宽，为单檐硬山阴阳瓦顶。整个大殿东西长25米，南北宽23米，通高16米，占地500平方米。前厅正中一间辟门，为方格玻璃门窗。该殿自复原后，由临夏州博物馆辟为"彩陶馆"展厅使用至今。1992年被公布为市级文物保护单位。

0372 穆扶提道堂

地　　点：临夏州康乐县康丰乡道家村11社
管理单位：康乐县宗教局
当前用途：公共建筑
保护级别：县级
建造时间：不详
简　　介：1868年，穆扶提道堂西迁康乐。据《临洮县志》记载："十九世纪中叶，西北广大回族人民受不了清王朝长期以来的残酷的经济剥削和政治迫害，在太平天国革命与云南回族人民反清起义的影响下，爆发了陕甘回族起义。"清同治七年（1868年）二月，左宗棠镇压反清起义军，兵进临洮，下令烧毁穆扶提道堂和东拱北建筑，穆扶提教众被迫离开临洮，迁至康乐。1982年重修，占地约13000平方米，现有建筑面积8500平方米，房屋为钢混结构。

0373 马氏古民居

地　　点：临夏州广河县城关镇石那奴村大庄自然村内
管理单位：广河县文化局
当前用途：公共建筑
保护级别：县级
建造时间：清嘉庆年间
简　　介：大庄马氏民居南北长8米，东西宽7米，面积56平方米，其原建筑为中式四合院布局，但由于年久失修及自然因素的破坏，现只保存有一座二层小楼。该楼为砖木结构，面阔三间8米，进深二间4米，通高10米，其中底层两间前出廊，上层均出廊，外置格栅式镂空栏板，栏板下每间装饰有木雕装饰，图案为梅、兰、竹、菊等花草图案，上层屋顶的大额枋雕刻有锦地木雕图案，大小额枋之间置有寿桃等木雕，在两面砖质山墙的墀头上，装饰有如意书卷等图案的砖雕，该楼门窗为西北地区常见的支摘格栅窗和隔扇门，屋顶为硬山板瓦顶。

（十四）甘南

0374 明洮州卫城

地　　点：甘南州临潭县新城镇
管理单位：甘南州文物局
当前用途：公共建筑
保护级别：国家级
建造时间：明洪武十二年（1397年）
简　　介：洮州卫城坐北面南，依山而建，平面呈不规则长方形，城墙总周长5400余米，总占地面积2.98平方千米。卫城南城墙顺河而建，其他三面顺山而上，城三分之一位于山上，东北高，西南低。四周城墙及南门保存较好，城墙上有马面16个、角墩9个，东、西、北门存瓮城。城东北和西北山头有烽火台。城内街道布局基本尚存。有隍庙建筑群坐落在卫城中心偏北的台地上，坐北朝南，中轴对称，东西长51米，南北130米，现存主要建筑四座：大殿、东西庑殿、山门楼台和东西廊房，为清代建筑。洮州卫城保存完整，为全国重点文物保护单位。

0375 拉卜楞寺

地　　点：甘南州夏河县拉卜楞镇上人民街西北
管理单位：夏河县拉卜楞寺寺管会
当前用途：公共建筑
保护级别：国家级
建造时间：清康熙四十八年（1709年）
简　　介：拉卜楞寺东连夏河县城，南临大夏河，西接王府村，北依卧佛山。是藏传佛教格鲁派六大寺院之一，被世界誉为"世界藏学府"。至1958年，先后建立铁桑郎（闻思学院）、居罗扎仓（续部下学院）、居多扎仓（续部上学院）、曼巴扎仓（医学院）、德克尔扎仓（时轮学院）、吉多尔扎仓（喜金刚学院）等六大扎仓（学院），及四大金座、八大堪布、十八昂欠和众多佛殿、僧舍等建筑，占地面积886 000平方米。寺内建筑分四大类，即学院、佛殿、活佛府邸、僧院，此外还有佛塔、藏经殿、印经院、经轮房、经轮廊等，建筑面积达50万平方米。寺院结构保存完整。1982年被公布为全国重点文物保护单位。

0376 禅定寺

地　　点：甘南州卓尼县城洮河北岸的寺台子村台阶地上
管理单位：卓尼县文广局
当前用途：公共建筑
保护级别：省级
建造时间：不详
简　　介：藏语称卓尼·丹增达吉林，也称卓尼大寺，禅定寺寺名系清康熙四十九年（1710年）清康熙皇帝御赐，沿用至今。禅定寺海拔2500米左右，占地面积约9万平方米，距县城0.5千米，北依阿米日公大山（大山神），俯临洮水，隔河与古雅川大山相望。禅定寺经历代重修，建有佛殿、经堂、活佛府邸、佛塔、僧舍、尚书楼及大门楼阁等具有汉藏特色的建筑群体，成为甘青藏区三大佛教寺院之一。清末民初时逐渐衰落，"文革"被拆毁。1980年批准开放，开逐步重建。

0377 红堡子

地　　点：甘南州临潭县流顺乡红堡子村
管理单位：临潭县文广局
当前用途：公共建筑
保护级别：省级
建造时间：始建于明代
简　　介：红堡子呈正方形，边长90-97米。堡墙为夯筑，夯层厚0.07-0.1米，基宽7米，顶宽2.9米，高10米。顶原有木栅栏女墙，现存石柱基上有直径约0.1米的石孔，每隔3米一处。门向西开，宽3.5米，拱形，门内侧两边有石砌宽约4.7米的台阶形马道。东墙中间有马面，为明洪武二十二年（1389年）刘顺驻防洮州所筑。

0378 多儿水磨群

地　　点：甘南州迭部县多儿乡羊布村南侧断崖下
管理单位：迭部县文广局
当前用途：公共建筑
保护级别：省级
建造时间：不详
简　　介：多儿水磨群由11个独立的水磨房组成，集中分布长150米、陡降约15%的多儿河上。每个磨房长7.5米，宽5.6米不等，高6-7米，人字型顶。水磨半部位于多儿河上，为木结构，另处半部位于河边，外层由泥石筑成，内层为木结构。将水引至磨房底部带格的方形木轮上，利用水的冲力带动连着木轮的木轴以及磨房内部的石磨，利用水力机械，磨制青稞、小麦等农作物。

0379 西道堂

地　　点：甘南州临潭县城关镇
管理单位：临潭县城关镇
当前用途：宗教建筑
保护级别：市级
建造时间：清光绪十六年（1890年）
简　　介：该寺历经三毁四维修，大殿砖木结构，由前卷、大殿、小殿三部分组成，整个建筑以木起脊，歇山造屋，三殿各有特点，建筑面积1073平方米，大殿廊宽4.5米，由40根直径60-75厘米的大廊柱回环，在大殿北侧有一栋两屋经书楼，面积200平方米，1980年维修西大寺。

0380 侯家寺

地　　点：甘南州临潭县流顺乡八仁村
管理单位：当地藏族寺管会
当前用途：宗教建筑
保护级别：市级
建造时间：1149年
简　　介：侯家寺南3500米与红堡子相望，东50米临地方公路，东20米与当地居住区相连。又因寺主姓侯，故名侯家寺，又因寺垣呈圆形，亦名"圆城寺"。它是元忽必烈敕建的洮州早期萨迦派寺院之一，明永乐年间改为侯家寺，由萨迦派寺院改尊为格鲁派寺院。清光绪三年（1877年）扩建，1958年毁损，1984年重建经堂及僧舍。经堂分前廊和经殿，面积334平方米，三层藏式平顶，十字梁结构，寺院占地面积35 524平方米。寺内北端有侯显灵塔。该寺是甘南州最早的藏传佛教寺院。

0381 新城城隍庙

地　　点：甘南州临潭县新城镇西街村北街
管理单位：临潭县新城镇政府
当前用途：公共建筑
保护级别：省级
建造时间：蒙元时期
简　　介：新城隍庙背依东陇山南麓，面临新城井街形的南北中轴线北端略偏东的台地上，占地2640平方米，坐北面南，由山门、左右厢房、大殿、碑廊组成，面阔五间，长15米，宽7米，高10余米，重檐歇山顶，斗拱重叠，两厢房，南端山门亦为5间，共有房屋20间。明洪武十二年（1379年）后在此基础上修建卫城及隍庙。明清以来累废累兴。清同治二年（1863年）被焚，光绪八年（1882年）重建。1936年中国工农红军红四方面军在此建立政权。1943年甘南农民起义时为指挥所所在地。1949年解放后曾在这里成立县政府。碑廊陈列明代至1951年碑刻10通。

0382 合作市二郎庙

地　　点：甘南州合作市东山坡的二层大台地上
管理单位：合作市宗教局
当前用途：公共建筑
保护级别：市级
建造时间：民国二十五年（1936年）
简　　介：建筑分上、下两处，上为汉传佛教寺院，下为道教二郎庙。民国年间，在建筑面积上，下庙大于上寺。下庙有殿堂一座，庙后高台地上佛寺是3间小土房，室内挂有如来、观音等佛家画像。今主要殿堂面积1400平方米及2500多平方米的园林面积。建筑为汉式寺庙风格。下庙大殿供二郎，两旁为关公和太子山神。南北侧殿供三霄娘娘、送子娘娘、阿米格日及当地山神、土神等。庙后寺院主殿供三大佛祖。

0383 合作市九层佛阁

地　　点：甘南州合作市当周街江卡拉
管理单位：合作市宗教局
当前用途：宗教建筑
保护级别：市级
建造时间：清乾隆四十二年（1777年）
简　　介：是由合作米拉日巴（1040-1123年）建造的九层碉房（后人称为米拉日巴佛阁）。原佛阁毁于"文革"期间。1988年重修，1992年完工。重建的米拉日巴佛阁保持了原始的九层藏式建筑特色。佛阁建有金瓦层顶以及祥麟法论、十相自在等。佛阁建筑外围建有铜质玛尼经桶一面30个，围墙顶部建有小佛塔1500个，建筑面积4028平方米，共九层，高40米。佛阁供奉各类佛像1720尊及反映藏传佛教内容的壁画。

0384 合作市清真大寺

地　　点：甘南州合作市当周街
管理单位：合作市宗教局
当前用途：宗教建筑
保护级别：县级
建造时间：清道光十四年
简　　介：民国五年（1916年）穆斯林商人马成功兄弟出资与合作寺院执事商议，从寺院东侧购地三十余亩，其中平地作为建寺用地，山地为回民公墓。"文革"期间，清真寺被毁，山地被占用。1978年后清真寺部分土地得以归还。1980年重建，1995年扩建，占地面积2160平方米。

0385 吉利寺

地　　点：合作市勒秀乡吉利村以西100米处豆格山山坡上
管理单位：合作市宗教局
当前用途：宗教建筑
保护级别：县级
建造时间：清乾隆五十六年（1791年）
简　　介：全称为吉利寺嘎丹然布吉林，1982年后重建。坐北朝南，占地面积4500平方米，建筑由大、小经堂、弥勒殿、白伞盖殿、寺管会、学房、僧舍等组成，其中大经堂占地面积1306平方米，小经堂占地面积993平方米，均为二层平顶碉式建筑。大经堂前廊有四大天王等壁画，经堂内有唐卡、释迦牟尼佛铜像等文物。

0386 勒秀寺

地　　点：合作市勒秀乡政府西南28千米处
管理单位：合作市宗教局
当前用途：宗教建筑

保护级别：县级

建造时间：1943年

简　　介：又名琼日塘寺院，全称勒秀琼日塘寺协珠丹达林，意为"论修法兴洲"。该寺坐北朝南，占地面积50 000平方米。寺内建筑由大经堂、贡唐仓活佛襄欠、金刚殿、高马仓襄欠、木道仓襄欠、白塔等组成。其中大经堂建筑面积为1499.4平方米，是由120根大柱组成的石、土木结构二层平顶藏族堡式建筑。寺内附属建筑有寺管会、僧舍，寺外东北半山腰建有晒佛台。

0387　岗岔寺

地　　点：合作市佐盖曼玛乡岗岔村东500米处

管理单位：合作市宗教局

当前用途：宗教建筑

保护级别：县级

建造时间：1741年

简　　介：岗岔寺藏语全称为岗岔寺嘎丹桑周林，意为"具喜如意洲"。坐北朝南，占地面积76 800平方米。整体建筑以大经堂、讲经院、白塔为主，附属设施有寺管会、学房、僧舍等。其中大经堂建筑占地面积700平方米，造型为藏族堡式二层建筑，平面呈"凸"字形；台基高2米，前廊面阔10米，进深5米，有明柱6根；后殿进深15米，有明柱16根，柱距纵横3米。经堂内绘有壁画，殿内藏有唐卡、塑像、卷轴画等文物。

0388　合作烈士陵园

地　　点：合作烈士陵园位于合作市当周街道办团结新村知合玛路50号

管理单位：合作市民政局

当前用途：公共建筑

保护级别：县级

建造时间：1958年

简　　介：陵园占地面积14 823平方米，分为东西两半，西半部为烈士墓地，共14排，270人，有1958年在甘南平叛中牺牲的191位烈士及现今因公牺牲的烈士。陵园中间矗立革命烈士纪念碑，碑高4.8米，基高0.65米，四层台阶。东半部为陵园绿化带。

0389　王氏民居

地　　点：甘南州临潭县新城镇背后村

管理单位：临潭县新城镇政府

当前用途：公共建筑

保护级别：县级

建造时间：清代

简　　介：王氏民居坐东面西，由原大门、正厅及南北厢房组成四合院。现仅存大门及正厅。大门为悬山式建筑，正门较高，有三架斗拱，两侧门较低各有一架斗拱（大门内外）。正厅坐北朝南，平顶硬山式土木建筑，前廊卷棚，卷棚为莲花负梁，为明七暗九的藏汉结合式建筑。

0390　李岐山民居

地　　点：甘南州临潭县店子乡李岐山村内

管理单位：临潭县店子乡政府

当前用途：公共建筑

保护级别：县级

建造时间：清同治年间

简　　介：李岐山民居由六家组成，平面形

制、房屋结构基本相同，由东向西分三层排列。坐东朝西，依山而建，平面布局与藏式民居相近，房屋结构按二级阶梯式沿坡布局，上层的平台为下层的屋顶，上下有楼梯相连，二楼门庭连一楼屋面，楼上住人，楼下储物、圈畜。有两户东西长 17.5 米，南北宽 18.5 米，余 4 户为东西长 17.5 米，南北 15.9 米，占地面积 1760.5 平方米，均为面阔 5 间，呈六破七间，进深 7 米，外廊进深 1.8 米，东西各建有厢房 4 间式 3 间，进深 2.6 米，外廊 8 米，南房均为 7 间外二级台阶下。

0391 临潭县农民文化宫

地　　点：甘南州临潭县城关镇
管理单位：临潭县城关镇政府
当前用途：公共建筑
保护级别：县级
建造时间：明代
简　　介：临潭县农民文化馆又称"镇守西海感应五国都大龙王"庙，也称临潭县旧城"五国爷"大庙。明太祖洪武十二年(1379 年)，洮州十八族番酋三副使反叛。明太祖令沐英为征西将军，李文忠往筹军事，赴洮州平乱。李、沐选调成都府都指挥使安世魁镇守洮州旧城，设都司衙门。后安世魁在平乱回归途中，遭到流寇的袭击，不幸身亡。明太祖念其忠心报国、镇洮守边有功，敕封为"镇守西海感应五国都大龙王"，执掌风雨雷电，消灾御难，并建庙祭祀，列为洮州十八位龙神之一，并将都司衙门改为龙王庙，塑金身，后规模不断扩大。1987 年在原址建成一座集现代建筑与古典建筑相结合的三层建筑物。

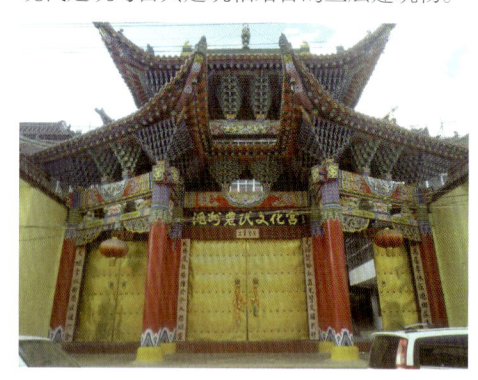

0392 刘氏民居

地　　点：甘南州临潭县流顺乡上寨村红堡子自然村
管理单位：临潭县流顺乡政府
当前用途：公共建筑
保护级别：县级
建造时间：明洪武十三年（1380 年）
简　　介：明洪武十三年（1380 年）刘贵来临潭寺古多（今流顺）招军屯田，镇守其地，以防番兵，在该地筑城堡一处，为典型的藏汉结合建筑，外不见木，内不见石。主房高出两厢及南房一层，当地人称实地虚檐，呈五破七间，进深 5.5 米，外有开放式外廊，两厢房及南房进深 3 米，两厢及南房各五间，形成四合院式建筑，中有天井，两厢及南房低主房一层，整个房屋东西 17.9 米，南北 13.5 米，占地面积 241 平方米。

0393 迭部县巴西电尕寺院

地　　点：甘南州迭部县电尕镇
管理单位：迭部县宗教局
当前用途：宗教建筑
保护级别：县级
建造时间：1257年
简　　介：该寺建成后一分为二，形成"闹贡毛寺"和"闹吾毛寺"，含义为上寺与下寺。1958年前上寺有经堂3座，僧舍31院。下寺有经堂3座，僧舍30院，建筑面积860平方米。

0394 黄祥故居

地　　点：甘南州夏河县拉卜楞镇塔哇贡玛村218号
管理单位：夏河县拉卜楞镇政府
当前用途：公共建筑
保护级别：县级
建造时间：民国
简　　介：黄祥故居与原夏河老城区相距200米，东连塔哇村、西至拉卜楞寺600米。故居主人为黄祥。故居为藏式建筑，占地面积800平方米，主要建筑为二层土木结构，上房坐北朝南，室内雕梁画柱，门侧原为仆人住所。

0395 唐乃合水磨房

地　　点：甘南州夏河县拉卜楞镇唐乃合村北
管理单位：夏河县文体局
当前用途：公共建筑
保护级别：县级
建造时间：清代
简　　介：唐乃合水磨房位于大夏河边，北连来周村。水磨是解放前夏河的主要水利设施。唐乃合水磨属平轮水磨，引水量为0.5立方米/秒，日磨面300公斤。

0396 碌曲县拉仁关寺

地　　点：甘南州碌曲县拉仁关乡唐科村村南4千米处
管理单位：碌曲县宗教局
当前用途：宗教建筑
保护级别：县级
建造时间：清康熙五十一年（1712年）
简　　介：拉仁关寺东临勒旺沟，西靠扎西则吉神山，南近日正达山，高桑山地。全称拉仁关归寺嘎丹琼派林。据《碌曲县志》记载，"文革"时期大部分建筑已毁，1981年重建。建筑采用原工艺、原技术，维持了原貌。寺院由经堂、护法殿、僧舍组成，主体建筑经堂分前廊、经殿，为藏式二层平顶，坐南向北，建筑面积725平方米，平面呈"凸"字形，台基高1.35米，前廊面阔9.5米，进深5.6米，明柱2排，每排4根，柱距横2.8米，纵1.9米；经殿面阔15.3米，进深19.8米，明柱5排，每排4根计20根，其中中柱4根，十字形梁架。后殿辟佛龛供宗喀巴大师塑像一尊，院内有僧舍14间，整体为外不见木、内不见石的土石木建造，与后殿成东西平行排列。

0397 碌曲县多松多寺囊欠

地　　点：甘南州碌曲县多松多村寺院内东面

管理单位：碌曲县宗教局

当前用途：宗教建筑

保护级别：县级

建造时间：元至元十四年（1277年）

简　　介：占地面积约1500平方米，建筑面积约300平方米，坐东南向西北，现仅存大门和16间房屋，大门雕刻龙凤花藻，房屋为平顶转廊平房。

0398 碌曲县旺藏洮河木桥

地　　点：甘南州碌曲县双岔乡二地村西南200米

管理单位：碌曲县文体局

当前用途：公共建筑

保护级别：县级

建造时间：清雍正九年（1731年）

简　　介：旺藏洮河木桥东距双岔乡政府约700米处。桥长51米，宽3.4米，律筑面积173.4平方米，据《碌曲县志》记载，木桥是洮河岸边第一座全木制结构的大桥，初建大桥桥墩是以30至40厘米粗的原木在河床底部横竖并列，重叠摆放，形成长约3米，宽约2米，高约3米的桥墩4个，桥墩相隔6至8米，桥面由8至10厘米的方木及木板横竖固定搭建在桥墩上，木板并列铺成。因年久失修，木材腐烂，20世纪70年代曾加固维修，桥墩为混凝土结构。

0399 碌曲县麻尕吊桥

地　　点：甘南州碌曲县东 60 余千米，阿拉乡政府麻尕村东 200 米

管理单位：碌曲县文体局

当前用途：公共建筑

保护级别：县级

建造时间：清代

简　　介：吊桥为三墩两拱，桥墩由纵横多层原木搭建而成，左右两侧各有两根 2.5 厘米钢丝绳和一根 7.5 厘米的钢丝绳，穿拉于桥头两边的八根原木柱上斜拉于底下，承载整个桥面，桥面用长 3.4 米，厚 6 至 10 厘米，宽 20 至 30 厘米的方木并列铺成。吊桥全长 96 米，宽 3.4 米，占地面积 326 平方米。

0400 碌曲县呼尔寺遗址

地　　点：甘南州碌曲县西仓乡尕尔果村以西 2 千米处的洮河东岸

管理单位：碌曲县宗教局

当前用途：宗教建筑

保护级别：县级

建造时间：清代

简　　介：呼尔寺遗址北依石山而筑，坐落于尕尔果村沟口台地。清代修建，毁于何年不详。此遗址坐北向南，东西宽 30 米，南北长 15 米，占地面积约 450 平方米。夯筑残墙基本留存，分东西两座，东遗址为呼尔活佛囊欠，西遗址为大经堂，有明显的门窗开口，大殿呈"凸"字形，墙基厚 1.2 米，墙顶厚 0.8 米，残高 3—7 米，夯层厚 10 至 35 厘米。墙夯筑层中顶端 1 米处有板皮夹层，东西墙顶端有明显的窗口断槽。

0401 碌曲县青科单平轮水磨

地　　点：甘南州碌曲县双岔乡毛日村东 800 米

管理单位：碌曲县文物局

当前用途：公共建筑

保护级别：县级

建造时间：民国

简　　介：青科单平轮水磨位于毛日寺院西 150 米处，碌曲至双岔公路旁由北向南的乡村公路 3 至 5 米处的毛日河上。水磨由四根原木立柱和四根平梁加枋全面筑建，顶部由木板并列铺成，并辅垫杂草，沙土封顶，四周墙体由木棍编成的篱笆构成，并用泥草抹平。水轮直径为 3 米，由一根 30 至 40 厘米粗的原木底部连接水轮，上部连接木屋内两盘直径为 1 米的花岗岩磨盘，结构独特。青科单平轮水磨共有 4 座，平均间隔约 50 米。

0402 碌曲县西仓寺

地　　点：甘南州碌曲县西仓乡团结村西 500 米处

管理单位：碌曲县人民政府

当前用途：宗教建筑

保护级别：县级

建造时间：清道光十九年（1839 年）

简　　介：1933 年该寺除大经堂、三座囊欠外，其余建筑焚烧殆尽，后修复如初。1958 年后关闭，1963 年开放。"文革"中寺院被拆毁，1981 年批准重建。寺院依山临川而建，坐西北向东南，建筑面积约 1246 平方米，藏式寺院构筑，主要以土石木为基础建筑材料，主体建筑以大经堂为主，分前廊、经殿、后殿，平面呈"十"字形，两边开侧门，殿

内有一佛龛向外凸出。寺内现存清道光皇帝丁未年（1847年）赐《慧觉寺》《松额寺》木匾2方。附属设施有僧舍321处，嘛呢房7处，囊欠19处，白塔两座等。

0403 碌曲县郎木寺

地　　点：甘南州碌曲县郎木寺镇郎木寺社区西北面200米处
管理单位：碌曲县人民政府
当前用途：宗教建筑
保护级别：县级
建造时间：清乾隆十三年（1748年）
简　　介：郎木寺坐北向南，占地面积59410平方米，建筑面积约1.3万平方米。郎木寺即郎木赛赤寺，全称"大伽兰噶丹协珠皖噶尔卓委林"。原有经堂佛殿十三座，"文革"中被拆毁，1981年寺院批准开放，复建以来寺院建设已初具规模，维持藏式寺院建筑风格，土木构建。

0404 碌曲县毛日寺

地　　点：甘南州碌曲县双岔乡毛日村内
管理单位：碌曲县人民政府
当前用途：宗教建筑
保护级别：县级
建造时间：清康熙五十九年（1720年）
简　　介：1933年寺院遭抢劫破坏，焚毁建筑及一部分文物，后修建如初。1958年被拆毁，1981年开放复建。该寺由大经堂、佛殿、僧舍、活佛囊欠、茶房、嘛呢经轮房、僧舍组成。主体建筑大经堂分前廊、经殿、后殿。藏汉合一歇山顶建筑，坐东北面西南，依山顺势而筑，建筑面积为486平方米．

0405 碌曲县旺藏寺

地　　点：甘南州碌曲县双岔乡二地村西南200米，东距乡政府约700米
管理单位：碌曲县人民政府
当前用途：宗教建筑
保护级别：县级
建造时间：清道光二十四年（1844年）
简　　介：该寺占地面积约2000平方米，是郎木寺的属寺之一。当时建筑规模由大经堂、不动佛佛殿、马头明王神殿、吉康、法召内官及依拉肉官等构成。1958年寺院关闭，1963年恢复活动。"文革"中被拆毁。1981年批准开放复建。复建大经堂、马头明王殿、旭丹神殿、郎木寺法台内宫、王拉内宫、嘛呢经轮房等，并在寺院周围修建菩提塔、和好塔、灭魔塔及僧舍35处。

0406 碌曲县吉仓寺

地　　点：甘南州碌曲县阿拉乡吉仓村西南500米处
管理单位：碌曲县人民政府
当前用途：宗教建筑
保护级别：县级
建造时间：清康熙五十年（1711年）
简　　介："文革"中原有建筑被拆毁，1981年批准开放复修，建筑面积为1312平方米。主体建筑大经堂，为藏式二层平顶建筑，坐北向南，平面呈"凸"字形，台高7米，前廊面阔10.6米，进深3.4米，经殿面阔17米，进深35米，明柱5排，每排4根，计20根，其中通柱4根。嘛呢廊从西向东排列百余米，僧舍排列有序，修缮完好，规模大，由大经堂、活佛囊欠、茶房、嘛呢经轮房、僧舍组成。

0407 碌曲县多松多寺

地　　点：甘南州碌曲县双岔乡多松多村以东100米处的山头上
管理单位：碌曲县人民政府
当前用途：宗教建筑
保护级别：县级

建造时间：元至元十四年（1277年）

简　　介：该寺是碌曲县境内历史最悠久的藏传佛教寺院之一。寺院建筑在"文革"中被毁，1981年修复开放。坐东南朝西北，总占地面积12313平方米，建筑面积2683平方米，属典型的藏式寺院建筑形式，由大经堂1座，活佛囊欠1处，公房、茶房各1院、僧舍23院组成。大经堂西北50米处有元代留存下来的囊欠16间，其雕刻工艺精美。

现代标志性建筑

（一）兰州市

0408 雁滩黄河大桥

地　　点：兰州市城关区
管理单位：兰州市市政工程管理处
当前用途：公共建筑
建造时间：2003 年
简　　介：该桥西起兰州市盐场堡地区，东至雁滩地区，北连312国道，南连607号路、天水路、北滨河路东段。享有兰州黄河"第一彩虹桥"的美誉，全长816米，桥型为三跨连续钢管混凝土刚架系杆拱桥，桥面宽31米，西引桥长75米，东引桥长440米，为钢筋混凝土连续梁桥，由主桥、引桥、引道、辅道、雨水、照明等组成。该工程结构新颖，技术含量高，是目前国内同类型跨度最大的连续钢管混凝土刚架系杆拱桥，为兰州市"十大标志性建筑"之一。

0409 马拉松文化长廊

地　　点：兰州市马拉松主题公园
管理单位：兰州市体育局
当前用途：公共建筑
建造时间：2014 年
简　　介：马拉松文化广场有马拉松起源浮雕，通过胜利、报捷、欢庆三个场面形象地介绍马拉松运动的由来。在中心雕塑正对的河堤挡墙处有马拉松来到兰州的浮雕，绘有兰州地标性建筑，西侧有皋兰山、三台阁，东侧有白塔山、碑林，二者与主广场中的叠水共同构成兰州两山夹一河的地形地貌。以黄河纹路打底，兰州地标建筑轮廓线为顶，中间穿插跑步的人和全民健身盛况。东翼未来广场在星光大道正对的河堤挡墙处布置奔向明天浮雕。三处浮雕彼此间隔约300米，在两段间隔挡墙上布置一条"五线谱"，将五线谱的符号由形似五线谱音符的体育运动形象代替，连接起马拉松起源、马拉松来到兰州、奔向未来三组主题浮雕，以河堤挡墙为依托，形成一条600米长的马拉松文化长廊。

0410 城关黄河大桥

地　　点：兰州市城关区
管理单位：兰州市市政工程管理处
当前用途：公共建筑
建造时间：1979 年
简　　介：该桥是兰州城关区连接黄河两岸的主要桥梁，也是城关区的第二座跨河大桥，建成后减轻了中山桥交通压力，该桥结构类型为预应力钢筋砼连续箱梁，桥长 307 米，桥宽 21 米，设计荷载 -20 级，挂 -100 级。

0411 兰州市非物质文化遗产陈列馆

地　　点：兰州城关区北滨河路金城关风情区二台
管理单位：兰州市文物局
当前用途：公共建筑
建造时间：2010 年
简　　介：陈列馆为仿古式明清建筑风格样式。展览面积 2400 平方米。基本陈列《兰州非物质文化遗产基本陈展》展示兰州各级非物质文化遗产保护项目兰州太平鼓、黄河水车、兰州鼓子、永登高跷、微缩古建模型兰州四合院、兰州剪纸、兰州刻葫芦等非遗实物、资料和代表作 2000 多件。

0412 吉祥物"兰兰""宝宝"

地　　点：兰州市马拉松主题公园
管理单位：兰州市体育局
当前用途：公共建筑
建造时间：2014 年
简　　介：百合娃娃"兰兰"与玫瑰娃娃"宝宝"是兰州国际马拉松赛的吉祥物，高度为 4 米，材质为不锈钢，"兰兰"以兰州百合为原型，"宝宝"以兰州市市花玫瑰为原型。

0413 奔跑的兰州

地　　点：兰州市马拉松主题公园
管理单位：兰州市体育局
当前用途：公共建筑
建造时间：2014 年
简　　介："奔跑的兰州"雕塑净高 11.73

米，数字与第一届兰州国际马拉松赛的日期2011年7月3日相吻合，并且尺度体量与周围环境相符合，由兰州马拉松的LOGO演变而成，以蓝色为基调，也从兰州的"兰"字演变而来，象征着一个奔跑的人。雕塑下半部分由黄色的飘带包围，象征黄河，也像"兰马"终点的冲刺线，寓意是奔跑的兰州。雕塑底座是白色的波浪，象黄河中涌动的浪花，有奔跑、向上和进取的含义。底座代表绿地。雕塑象征着兰州人积极、拼搏、顽强、向上的精神，展示兰州日益美好的人居环境和城市形象。

0414 平沙落雁

地　　点：兰州市城关区滨河路东段大雁滩滩尖子

管理单位：兰州黄河风情线管理委员会

当前用途：公共建筑

建造时间：1987年

简　　介：由王志刚创作，占地2000平方米。平沙落雁以三只抽象的展翅欲飞的不锈钢大雁为主景，在不规则的浅水塘里间置黄河石，象征滩涂水渚。水池外西北两侧有两块毗连的沙滩，放置大小不一的圆形石头，最大直径1.8米，颇似禽鸟的卵。这一雕塑取材于兰州新十景之一的"芳洲思雁"景观和雁滩传说，寄寓着兰州人民恢复生态平衡，使大雁重返雁滩的愿望。

0415 丝路古道

地　　点：兰州市城关区市民广场

管理单位：兰州市滨河儿童公园

当前用途：公共建筑

建造时间：1987年

简　　介：这座大型花岗岩雕塑的作者为甘肃省博物馆龙绪理，1987年5月由四川都江雕塑社朱孝学制作完成。雕塑高6米，长7米，重百余吨。截取丝路古道的一峰骆驼为核心，集中反映盛唐时期的丝路盛况。雄驼满载绸缎，上骑一着披风、右手搭凉篷瞭望的长者。骆驼的右前部为一深眼、虬髯的胡商牵僵而行；右后方一青年右手作喇叭状呼喊后续驼队。雕塑构图古朴，风格写实。

0416 甘肃国际会展中心

地　　点：兰州市黄河外滩中心地段

管理单位：甘肃省电力投资集团公司

当前用途：公共建筑

建造时间：2007年

简　　介：占地面积 38.01 万平方米，总建筑面积约 100 万平方米，包括展览中心、大剧院兼会议中心、五星级大酒店三部分。展览中心以满足"兰洽会""乡洽会"以及同等规模的国际、国内综合性展览为主，兼顾其他大、中、小型专业性展览的综合性展览场馆，是黄河外滩带动区域经济发展的标志性建筑。

0417　筏客搏浪

地　　点：兰州市滨河路东段"白塔远眺"小游园
管理单位：兰州黄河风情线管理办公室
当前用途：公共建筑
建造时间：1986 年
简　　介：由汪兴中所作。雕塑钢筋混凝土基座镶嵌以黄河卵石，呈黄河巨浪翻卷状。皮筏斜飞于浪尖之上，破浪而飞；青铜铸成的青年筏客呈跪姿昂首挥桨，其后有一跪姿少女，右手拢鬓，神态安祥。这一雕塑再现了昔日黄河上以皮筏为渡的交通方式。

0418　"龙"字的立体主题雕塑

地　　点：兰州市北滨河东路龙源园
管理单位：兰州市园林局
当前用途：公共建筑
建造时间：2002 年
简　　介：兰州龙源园处在南北滨河路之间，与黄河水相邻，占地 1.3 万平方米，东西长 300 米，南北最宽处 60 米。兰州龙源是中国第一个也是唯一一个以"龙"为主题的公园。总体布局为两部分：一是主题工程——龙园雕塑。二是围绕主题雕塑，辅以龙文化内涵的龙文、龙诗、龙图腾、龙字书法、龙成语、龙生九子等九个方面景观。是集雕塑、文化、历史、园林于一身的园林景观，构思巧妙，设计精良，布局合理。该雕塑位于龙源入口处，属于该园主雕塑，由高 2.4 米的伏羲八卦台、高 12 米的底座、高 10.2 米的龙身组成，总高 24.6 米。高大的龙柱屹立于绿树鲜花之中，是整个龙源的主调；围绕主雕塑以一个方门和八根花岗岩龙柱成弧状排列，寓意"龙生九子"，与刻有二龙戏珠的亲水平台组成一处高低错落的壮观景致。

0419　龙图腾长廊

地　　点：兰州市北滨河东路龙源园
管理单位：兰州市园林局
当前用途：公共建筑
建造时间：2002 年
简　　介：龙图腾长廊总长 72 米，反映从史前到当代每一个时期民间龙图腾的形成、特点、发展、变化。运用透雕、浮雕、圆雕、沉雕、线雕、影雕等雕刻工艺。

0420 伏羲女娲雕刻

地　　点：兰州市北滨河东路龙源园内

管理单位：兰州市园林局

当前用途：公共建筑

建造时间：2002年

简　　介：伏羲女娲汉白玉雕塑重达20吨，雕塑长28米，高2.2米，整体构图为36个比例为1∶1的女娲人体造型，讲述女娲补天等神话。

0421 龙源千字龙碑刻

地　　点：兰州市北滨河东路龙源园

管理单位：兰州市园林局

当前用途：公共建筑

建造时间：2002年

简　　介：位于龙源西段北侧，设计者选取我国从古至今1100多个"龙"字，包括秦始皇、毛泽东、鲁迅、闻一多等人的书法体，可谓龙字的"大观园"。

0422 兰州金城关文化风情园

地　　点：兰州市白塔山西侧

管理单位：兰州市文化广播影视新闻出版局

当前用途：公共建筑

建造时间：2002年

简　　介：位于兰州市区黄河北岸、白塔山下，占地7.1万平方米，总投资3.5亿元，现建有仿古建筑21栋，总建筑面积4.5万平方米。其仿古建筑群与白塔山公园、兰州碑林、中山桥等浑然一体。风情园内置中国秦腔博物馆、兰州非物质文化遗产陈列馆、兰州彩陶博物馆和兰州影视创意产业开发中心等，征集并陈列了从最早的秦腔唱本、钢印唱本、脸谱、老杂志、老戏票、演出说明书、人工手画戏服、木偶戏箱、唐代戏俑，到戏曲题材的剪纸、邮票、工艺品，以及黄河水车、太平鼓、永登皮影、羊皮筏子、民间剪纸、香包、脸谱、刻葫芦、泥塑、布艺、傩面制作、苦水木偶等种类繁多的文化遗产，集中展示了黄河文化、丝路文化和民俗文化。

0423 霍去病主题游园

地　　点：兰州市天水路北出口
管理单位：兰州市城关区建设局
当前用途：公共建筑
建造时间：2013年
简　　介：占地面积20 836平方米，雕塑"霍去病西征"通高26米，由铸铜和花岗岩打造，使用了200吨陶土、70吨青铜以及千吨石材、混凝土制作而成。雕塑由霍去病主雕塑和将士群雕组成，霍去病气宇轩昂，挥戟向西，战马身形矫健，前肢作跃势，昂首注视前方；众将士果敢骠悍、英姿威猛，洋溢着跟随骠骑将军击败匈奴的昂扬斗志。雕塑在创作中结合兰州粗犷、豪放的地域特点，展示了写实、雄浑的艺术风格。

0424 西关清真大寺

地　　点：兰州市临夏路西端
管理单位：兰州市宗教局
当前用途：宗教建筑
简　　介：西关清真大寺是明代穆斯林客商所建，有"客寺"之称。清康熙二十三年（1684年）重建，雍正年间曾有扩建，民国初年又扩建临街铺面和院内沐浴室等附属设施。大寺占地面积4800多平方米。原寺包括外院大照壁、沐浴室；内院帮克楼、礼拜大殿；北院学房、宿舍等三部分。大门、帮克楼、礼拜大殿均为中国宫殿式建筑，飞檐翘角，其突出特点是大殿与帮克楼和二门之间以穿廊相连，四层六檐，十六、七米高的帮克楼与宏伟庄重的大殿相衬，布局合理。

0425 兰州山字石基督教堂

地　　点：兰州市城关区张掖路省政府旁
管理单位：兰州市宗教局
当前用途：宗教建筑
建造时间：始建于1876年，1998年原址翻建
简　　介：因其坐落于山字石街，故取名"山字石礼拜堂"。建筑风格为二进式四合院，中间为礼拜堂。1998年6月在原址上翻建，并于2000年投入使用，建筑面积5000平方米。该堂采用欧美教堂式风格，造型美观，气势雄伟，一次可容纳2000多人做礼拜。

0426 南关清真大寺

地　　点：兰州市南关什字南侧的酒泉路中段西侧
管理单位：兰州市宗教局
当前用途：宗教建筑
建造时间：始建于明洪武年间（1368-1398年），1982年原址重建
简　　介：位于原南城门与拱兰门（南稍门）之间，故又称拱南门清真大寺或南稍门大寺。据记载，南关大寺是明清以来兰州最著名的六大清真寺之一。原南关大寺坐西朝东，前后分二院，占地面积约4000平方米，建筑面积近2000平方米，采用传统宫殿式建筑风格，依次有牌楼、亭殿等建筑。牌楼

面阔7间，高3层，系砖木结构；大殿由前殿、中殿和窑殿三部分组成。前殿面阔3间、中殿为5间、窑殿为3间，即"明三陪五"式建筑。1958年大寺被关闭并拆毁，1982年原址重建，1988年动工，1989年10月竣工。新建大殿楼采用阿拉伯清真寺建筑风格，仿耶路撒冷绿圆顶圣岩寺式样。大殿楼高37米，分四层。大殿由12根钢筋混凝土顶柱和24根横梁浇铸而成，可抗八级以下地震的框架结构，建筑面积为1056平方米，其主体礼拜殿面积为400平方米。

0427 兰州体育馆

地　　点：兰州市城关区东方红广场西侧
管理单位：兰州市体育局
当前用途：公共建筑
建造时间：1984年
简　　介：兰州体育馆于1984年动工建设，1987年落成，1988年投入运营。全馆由比赛馆、训练馆、保龄球馆等馆群组成，占地面积30 100平方米，可容纳观众6000余人。

0428 兰州国芳百盛大厦

地　　点：兰州市城关区东方红广场东侧
管理单位：甘肃国芳工贸(集团)股份有限公司
当前用途：公共建筑
建造时间：1984年
简　　介：兰州国芳百盛大厦总建筑面积88 908平方米，主楼总高162.5米，地上四十二层，地下三层，是兰州市中心的标志性建筑。

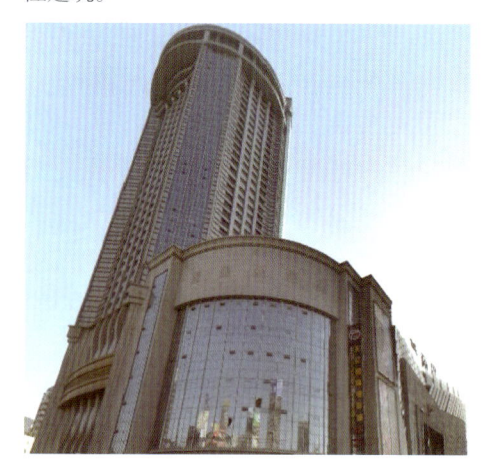

0429 亚欧商厦

地　　点：兰州市城关区中山路120号
管理单位：兰州民百(集团)股份有限公司
当前用途：公共建筑
简　　介：位于兰州市西关十字，张掖路步行街西侧，1994年开业，素有"陇原第一商厦"的美誉。商厦营业面积8万平方米，配套三星级宾馆、写字楼、亚欧美食世界和亚欧国际俱乐部等娱乐项目。

0430 华林山革命烈士陵园纪念塔

地　　点：兰州市七里河区华林坪以南、沈家岭北麓的华林山革命烈士陵园中
管理单位：华林山烈士陵园
当前用途：公共建筑
建造时间：1959年

简　　介：塔高 27.5 米，塔基占地面积 25 平方米。碑林为平面凹状五角形，系钢筋混凝土结构，用橘黄色大理石敷面。塔基用光滑水磨石铺成，周围嵌五块汉白玉纪念浮雕。塔顶是金色五角星。塔身正面有毛泽东题词"人民英雄永垂不朽"八个鎏金大字。1961 年被公布为省级文物保护单位。

0431　黄河母亲雕塑

地　　点：兰州市七里河区小西湖公园北侧
管理单位：七里河区政府
当前用途：公共建筑
建造时间：1986 年
简　　介：雕塑长 6 米，宽 2.2 米，高 2.6 米，占地面积 14 平方米，总重 40 余吨，是目前全国表现黄河的雕塑艺术品中的精品。作者为何鄂。作品由母亲和男婴组成构图，分别象征黄河母亲和华夏子孙。作品在全国首届城市雕塑方案评比中获优秀奖。该雕塑为兰州标志性雕塑。

0432　甘肃省博物馆

地　　点：兰州市七里河区西津西路 3 号
管理单位：甘肃省文物局
当前用途：公共建筑
建造时间：1956 年
简　　介：博物馆馆舍占地 7 公顷。该建筑由苏联专家设计，具有苏联建筑风格，建筑形式为庭院式建筑，建筑面积 2.1 万多平方米，平面呈"山"字型，中间五层，两翼三层，后为展览大厅，尾部有圆形讲演厅，展览大厅两侧有 4 米宽回廊与两翼相连。馆内收藏有历史文物、近现代文物、民族文物和古生物化石及标本约 35 万余件。2012 年博物馆成为第二批国家一级博物馆。

0433　"马踏飞燕"雕塑

地　　点：兰州市七里河区小西湖公园
管理单位：七里河区小西湖公园
当前用途：公共建筑
建造时间：1985 年
简　　介："马踏飞燕"原型 1969 年出土于甘肃武威，青铜制，高 34.5 厘米，长 45 厘米，宽 10 厘米，制作于东汉时期，现收藏于甘肃省博物馆。"马踏飞燕"是汉代艺术家高度智慧、丰富想象、浪漫主义精神和高超艺术技巧的结晶，是我国古代雕塑艺术的稀世之宝。此雕塑为 1985 年仿制，原立于文化宫西津路边，后因西津路雷坛河桥拓建，将此雕塑移至小西湖公园内。

0434　七里河黄河大桥

地　　点：兰州市七里河
管理单位：兰州市政工程管理处
当前用途：公共建筑
建造时间：1959 年

简　　　介：该桥1959年建成通车，2010年上部结构重建，为连接七里河区和安宁区的主要交通枢纽。该桥采用气压沉箱施工，具有较高的施工技术水平。

0435　小西湖黄河大桥

地　　　点：兰州市七里河区小西湖
管理单位：兰州市市政工程管理处
当前用途：公共建筑
建造时间：2003年
简　　　介：南侧连接小西湖立交桥，北接北滨河路。结构类型为预应力钢筋砼双塔单索面斜拉桥。桥长300米，桥宽25米，设计荷载-A级。该桥结构新颖独特，施工工艺复杂，运用大截面砼箱梁非蒸养技术解决了高寒地区冬季施工难题，具有较高的施工技术水平。

0436　灵名堂拱北建筑群

地　　　点：兰州市七里河区下西园
管理单位：七里河区统战部
当前用途：公共建筑
建造时间：1985年
简　　　介：占地10 950平方米，建筑面积7100平方米，有三朝门、礼拜大殿、东西四合元及厢房、三花门、抱厦、八卦亭，均为中国传统宫殿式建筑，礼拜大殿高30米、长50米，雕有龙凤、松梅等，整个拱北建筑规模宏大，气势雄伟，雕梁画栋，砖刻木镂，斗拱飞檐，结构精妙，庄严肃穆。是目前全国最壮观的拱北之一。

0437　关山观景长廊

地　　　点：兰州市西固区金沟乡南部关山上
管理单位：西固区建设局
当前用途：公共建筑
建造时间：2012年
简　　　介：关山是陇上名山，省级森林公园，距西固区13.8千米。观景长廊坐落于山顶平台广场南段边缘，东伸西延，长约200米，两端各有一个六角亭。

0438　百合苑

地　　　点：兰州市西固区西固中路1461号
管理单位：兰州上河物业管理有限责任公司百合苑管理处
当前用途：公共建筑
建造时间：2010年
简　　　介：西固百合苑总规划建筑面积11万平方米，占地2.6万平方米，建筑面积约11万平方米，小区由8栋楼17个单元组合而成，设有商务配套设施，是西固城区标志性社区。

0439 河口黄河大桥

地　　点：兰州市西固区河口南
管理单位：兰州市铁路局
当前用途：公共建筑
建造时间：1954年
简　　介：也称兰新铁路黄河大桥，是新中国成立后在黄河上建造的第一座铁路桥、陇海铁路线的重要桥梁工程。该桥由铁道部建设，铁道部第一勘测设计院设计，铁道部第一工程局施工，于1954年4月开工修建，1955年7月1日建成通车。大桥设计荷载等级中－22，桥长293米，桥面宽5米，主跨7孔、跨径32米，副跨2孔、跨径24米。孔跨布置为24米＋7×32米＋24米，上部结构为连续T型梁钢板结构，钢筋混凝土桥墩。

0440 蓝馨花园

地　　点：兰州市西固十二街区
管理单位：兰州石化公司矿区服务事业部蓝馨管理公司
当前用途：公共建筑
建造时间：2008年
简　　介：占地面积35.6万平方米。小区内共有住宅楼及公共建筑50栋，其中28-33层以上高层住宅楼19栋、11层以上小高层住宅楼28栋、多层公共建筑3栋，配有餐饮、浴池、商场、娱乐、会所、医疗服务站、幼儿园、派出所、体育场馆等功能设施。建筑总面积90.59万平方米，住宅建筑面积为71.52万平方米，总居住户数6034户。小区绿地覆盖率43%。

0441 河口水电站

地　　点：兰州市西固区河口乡咸水村
管理单位：甘肃电投炳灵开发有限责任公司
当前用途：工业建筑
简　　介：该电站是省"十一五"规划重点建设项目。北纬36°10′10.16″，东经103°28′36.16″。电站水库总库容1541.2万立方米，总装机容量74兆瓦，年平均发电量3.85亿千瓦时，水轮发电机采用4台灯泡式贯流机组，单机容量18.5兆瓦，额定水头5.3米，河口水电站正常蓄水位为1558米，相应库容1351万立方米。枢纽主要由左岸安装间坝段、厂房坝段、冲沙闸（2孔）、泄洪闸（5孔）、右岸挡水坝段及GIS开关站组成。挡水建筑物采用混凝土重力坝，坝顶高1562米，最大坝高3米，最大坝长318米。

0442 柴家峡水电站

地　　点：兰州市西固区梁家湾黄河段干流
管理单位：甘肃柴家峡水电有限公司
当前用途：工业建筑
简　　介：北纬36°07′14.71″，东经103°32′08.56″。柴家峡水电站是国家规划中黄河龙羊峡至青铜峡河段上的第18座水电站，是一座无调节库容的河床式电站、河床径流式电站三等中型水电站。上距八盘峡水电站17.7千米，距兰州市31千米。该工程投资9亿元，于2004年11月23日正式开工，2007年10月29日建成。横跨黄河的钢筋混凝土大坝长达339米，由泄水坝和发电机组坝组成，最大坝高33米，全长339.4米，左岸土石坝、右岸混凝土挡水坝、河床式发电厂房、泄洪闸。柴家峡电站以发电为主，电站装机四台，单机容量24兆瓦，总装机容量为96兆瓦，年发电量可达到4.91亿千瓦时。

0443 柳泉碑林

地　　点：兰州市西固区柳泉乡
管理单位：西固区柳泉乡政府
当前用途：公共建筑
建造时间：2002年
简　　介：柳泉文化碑林包括书院、三开彩门、台阶、露天舞台、立碑60通及大成殿、孔子塑像、名人碑廊、蓄水池、围墙等。

0444 西固芙瑞双子国际

地　　点：兰州市西固区玉门街8号
管理单位：兰州方瑞物业管理有限责任公司
当前用途：公共建筑
建造时间：2010年
简　　介：总建筑面积68 000平方米，绿化率25%；欧式双塔造型，钢混框架结构、总高达126米。分地下两层、地上二十九层，其中地下二层为车库，配备65个车位；地下一层为3000平方米的绿色生活超市，地上一至五层为主题商场；六层为休闲娱乐餐厅；七层为商务办公中心；双塔八至二十九层为住宅，三十层为功能会所。

0445 八盘峡水电站

地　　点：兰州市西固区河口乡
管理单位：八盘峡水电站
当前用途：工业建筑
建造时间：1969年
简　　介：八盘峡水电站是黄河干流上的径流式中型电站，是一座低水头、河床式径流水电站，以发电为主，兼顾供水灌溉。站址上距盐锅峡17千米，下距兰州约50千米。大坝为混凝土重力坝，坝高33米，坝长396米，水库总库容0.49亿立方米，为日调节水库，正常蓄水位1578米，最高洪水位1578.5米，调节库容0.09亿立方米。该电站于1969年10月正式开工，1975年8月1日第一台机组并网发电，1980年2月24日5台机组全部投入运行，1997年扩建安装了6号机组，现装机6台，总装机容量为22万千瓦。1999年八盘峡水电站进行6号机组扩机土建施工，2001年4月1日6号机组正式并网发电。

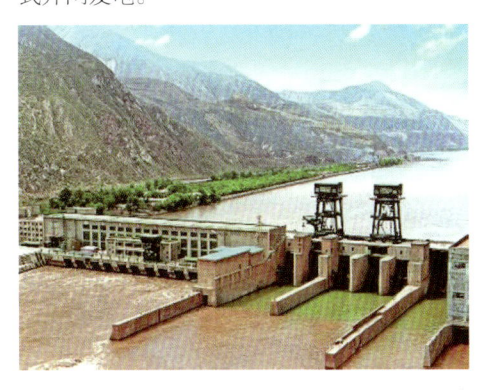

0446 六角亭

地　　点：兰州市西固区关山
管理单位：关山西固区委
当前用途：公共建筑
建造时间：2012年
简　　介：六角亭中央是神泉泉眼，亭子南北开阔、远山空灵，东西与龙虎山凹的建筑物咫尺相并。

0447 长业大厦

地　　点：兰州市西固区公园路129号
管理单位：长业物业管理公司
当前用途：公共建筑
建造时间：2004年
简　　介：长业大厦是集商业、住宅、办公为一体的综合性大厦。建筑总面积为41 000平方米。建筑分住宅和办公两个功能区。办公区地下二层，地上二十六层。总高度为99.97米。地下一、二层为人防工程和停车场。地上一至三层为商业铺面；四层为设备用房。五至二十六层为写字、办公用房，住宅区地下一层为配电、锅炉等设备用房。五至二十三层为住宅。"长业大厦"获得2004年度兰州市十大名盘称号；第二届全国精瑞工程评此荣获《住区全程策划奖》；2006年上海住交会上被评为《中国房地产名牌企业》；2007年长业大厦获得工程质量"鲁班奖"。

0448 金城公园

地　　点：兰州市西固区公园路1号
管理单位：西固公园
当前用途：园林建筑
建造时间：2013年
简　　介：金城公园地处兰州市西固区南山脚下，南邻石头坪森林公园，北侧主大门距福利路600米，东侧为花园小区，西侧紧挨西固体育场。是兰州市"十大公园"之一。于1984年8月奠基筹建，1987年10月初步建成开放，2013年改造完成。园内建有丝绸之路浮雕桥、乞伏宫、梁宫阁、金城楼等仿古建筑，是西固区重要的地标。

0449 李息雕塑

地　　点：兰州市西固区公园路1号金城公园内

管理单位：西固公园

当前用途：公共建筑

建造时间：2014年

简　　介：李息将军为金城郡（今兰州）的历史名人。雕像人物高6.5米，底座高3.4米，底部长宽均为4米，总高9.9米，采用飞天红花岗岩整体雕凿而成。

0450 金城楼

地　　点：兰州市西固区公园路1号金城公园内

管理单位：西固公园

当前用途：园林建筑

建造时间：2014年

简　　介：金城楼以秦汉四阿顶、四方柱、栌、枅、栾、秦砖汉瓦等建筑符号与现代时尚元素完美统一，在保证功能作用的同时，展现汉魏六朝时代的"百楹列倚，千栌代支""层栌外周，椽桷内附"的建筑形象。

0451 安宁培黎广场

地　　点：兰州市安宁区

管理单位：安宁区园林局

当前用途：公共建筑

简　　介：本广场为纪念新西兰著名作家和诗人、伟大的国际主义战士、原培黎石油学校创始人路易·艾黎（Rewi Alley，1897-1987）而建。2008年12月整体改造完成。培黎广场东北侧矗立路易·艾黎的雕塑，广场北为100米长的浮雕墙，浮雕以时间顺序记录和反映路易·艾黎在甘肃山丹创建和发展培黎学校的感人事迹。

0452 兰州银滩黄河大桥

地　　点：兰州市安宁区银门滩

管理单位：兰州市经济技术开发区管委会

当前用途：公共建筑

建造时间：1997年

简　　介：兰州银滩黄河大桥北起安宁营门滩，南至七里河马滩，是黄河上游的第一座大型现代化斜拉式大桥。大桥全长1391.41米，桥面宽25.5米，由主桥、引桥、引道三部分构成，由铁道部第一勘探设计院设计，铁道部第二工程局施工，于 1997 年 3 月 15 日开始修建，2001 年 8 月 18 日正式通车。大桥成功研制了斜拉桥悬浇主梁快速施工牵索式挂篮。本桥挂篮采用轻型桁架式结构形式，自重与施工梁段重量比仅为 0.52，经济性在同类挂篮中名列前茅。一次悬浇梁段长 8 米，达到国内最高水平，悬浇梁段重 320 吨，一次悬浇宽度 25.5 米。开发了与牵索式挂篮施工配套的主梁线型控制技术，控制水平达到国内同类桥梁一流水平。

0453 西北师范大学博物馆

地　　点：兰州市安宁东路 967 号
管理单位：西北师范大学
当前用途：公共建筑
建造时间：2000 年
简　　介：西北师范大学博物馆是甘肃省首家综合性博物馆，也是中国高校规模较大的综合性博物馆之一。博物馆现设有历史文物馆、校史馆、动物标本馆和植物矿物标本馆四个展馆，馆舍面积 2000 平方米。馆藏有商周至清朝不同历史时期的各种文物 1500 多件，其中国家三级以上文物 191 件。主要包括青铜器、甲骨文、陶瓷器、古文书、古钱币等。

0454 华夏人文始祖园主题雕塑

地　　点：兰州市安宁区银滩湿地公园内
管理单位：兰州经济技术开发区
当前用途：公共建筑
建造时间：2012 年
简　　介：总占地面积 5289 平方米，总建筑面积 10 451 平方米，总高度 36.95 米，主体由伏羲女娲雕塑和黄河文化博物馆两大部分组成。雕塑为铸铜雕像，由中国雕塑院院长、当代著名雕塑艺术家吴为山先生设计制作，高 19.5 米，基部直径 4.2 米，材质为军用锡锌铜，总重约 60 吨；雕塑内部结构为钢结构骨架，由东南大学建筑设计研究院设计，北京首钢建设集团制作安装。伏羲雕塑以创造八卦立意，呈半蹲姿势，身体雄浑凝重，双目炯炯，俯察大地，演绎八卦；女娲雕像以"补天"传说立意，呈站立姿势，体态行云流水，形象端庄优美，仰望宇宙，抬手补天。伏羲与女娲造型组成"S"形，整体雕塑体现男性之阳刚与女性之柔美，阴阳协调，天人合一。

0455 兰州市安宁区仁寿山仿古建筑群

地　　点：兰州市安宁区安宁堡街道东门村
管理单位：兰州市安宁区仁寿山管委会
当前用途：公共建筑
建造时间：1984 年
简　　介：位于仁寿山旅游风景区内。在福寿山顶建有高 19.5 米的寿星像、九龙壁、龙头龟、十二生肖牌等特色景观，植物八卦景区建有月牙泉、新月塔等 20 个景点。山中建有玄武庙、凌云阁、祖师殿、仁寿亭、灵官庙等古庙古寺、庙宇门额上有省内著名书法家顾子惠题写"凌云阁"匾额，及"少年司令"黄罗斌所撰"飞阁凌云万里风光扫眼底；荒岗凝翠千秋事业在人为"的柱联。山下农家乐四合院建筑群占地面积 38 000 平方米，建筑面积约 11 000 平方米。

0456 甘肃兰州地震博物馆

地　　点：兰州市安宁区安宁西路 348 号
管理单位：兰州市地震局
当前用途：公共建筑
建造时间：1988 年
简　　介：位于兰州市安宁区十里桃乡兰州交通大学后山脚下，兴建在一座长达 400 米的大型人防山洞里。它是目前我国规模最大，收集、陈列、研究、宣传地震史料和地震知识最丰富的首家地震专业博物馆，占地面积 3500 平方米，展厅面积约 1000 平方米。展馆门口是一条古地震断裂带，断层面清晰可见。馆内收藏 400 多件珍贵文物和史料，成立展馆七个，即地震知识壁画馆、实物史料馆、地震字画馆、声像馆、地震泥塑馆、地震仪器馆、勇闯无人区馆。

0457 海石湾龙腾园广场

地　　点：兰州市红古区海石湾
管理单位：红古区住建局
当前用途：公共建筑
建造时间：2010 年 9 月
简　　介：位于城区东出口和兰宁高速公路海石湾山口交汇处，建筑面积 10 333 平方米，并配以园路、花坛及园林小品的绿地雕塑广场，工程总投资 1000 万元。

0458 海石湾综合文化广场

地　　点：兰州市红古区海石湾中心城区
管理单位：红古区住建局
当前用途：公共建筑
建造时间：2010 年
简　　介：北邻窑街路，南至红古路，东起中和北路，西至兰州第十七中学，建筑面积 36 975 平方米，总投资 5000 万，建设内容主要包括广场铺装、旱地喷泉、园林绿化、夜景灯饰等。

0459 海石湾海石府邸商住楼

地　　点：兰州市红古区海石湾
管理单位：甘肃大城房地产开发有限公司
当前用途：公共建筑
建造时间：2010 年
简　　介：该项目位于红古路中段，总投资

9000万，占地面积1.7万平方米，总建筑面积为8.2万平方米，为三栋28层高层建筑。

0460 海石湾华龙广场

地　　点：兰州市红古区海石湾

管理单位：红古区住建局

当前用途：园林建筑

建造时间：2000年

简　　介：海石湾华龙广场位于区政府对面，投资260万元，建成以马门溪龙雕塑为主的华龙广场，整个广场建筑面积14 666平方米，雕塑长20米，高12米。

0461 马门溪龙雕塑

地　　点：兰州市红古区

管理单位：红古区住建局

当前用途：公共建筑

建造时间：2000年

简　　介：1947年在兰州市红古区海石湾镇出土的马门溪龙是我国最早发现的恐龙化石之一，距今约1.6亿年，是化石记录中脖子最长的恐龙，个体世界第二、亚洲最大，我国著名古脊椎动物学家杨钟健先生将其定名为合川马门溪龙。2000年，红古区在华龙广场上建起马门溪龙城雕，这座雕塑按照陈列在北京中国古动物馆装架复原的海石湾马门溪龙的化石骨架，按1:1的比例，由15块巨大的花岗石雕琢而成，雕塑长20米、高12米，是红古区的标志性城雕。

0462 金牛广场

地　　点：兰州市榆中县城关镇

管理单位：榆中县住建局

当前用途：公共建筑

建造时间：2000年

简　　介：原名卧牛山。2000年兴建金牛广场和金牛生态园，建筑面积5600平方米。金牛广场五牛群雕以千年卧牛腾空跃起表现"行健""耕耘""厚德""蓄势"的时代寓意；五牛凝聚气势，象征团结务实、开拓创新、自强不息、勇往直前。金牛生态园是集旅游、休闲、娱乐、观赏为一体的综合性生态园。

0463 兰州市绿色文化博览园

地　　点：兰州市皋兰县忠和镇

管理单位：兰州市南北两山环境绿化工程指挥部

当前用途：公共建筑

建造时间：2006年

简　　介：该建筑总面积7042平方米，为四层框架结构，主要用于文化活动及宣传。

0464 皋兰县中医院

地　　点：兰州市皋兰县城南

管理单位：皋兰县卫生局

当前用途：公共建筑

建造时间：2012 年

简　　介：该建筑总面积 8285.26 平方米，为六层（局部七层）框架结构，主要用于医疗服务。

0465　皋兰县人口和计划生育服务站综合楼

地　　点：兰州市皋兰县兰泉路以北

管理单位：皋兰县计生局

当前用途：公共建筑

建造时间：2008 年

简　　介：该建筑总面积 2391.32 平方米，为五层框架结构，主要用于计划生育服务。

0466　皋兰县客车站

地　　点：兰州市皋兰县北辰路

管理单位：皋兰县运管所

当前用途：公共建筑

建造时间：2002 年

简　　介：该建筑总面积 727 平方米，为 2 层框架结构，主要用于交通运输管理。

0467　皋兰县艺术馆

地　　点：兰州市皋兰县城南

管理单位：皋兰县文化局

当前用途：公共建筑

建造时间：2012 年

简　　介：该建筑总面积 5187.32 平方米，为五层框架结构，主要用于文化活动。

0468　皋兰县疾病预防控制中心综合楼

地　　点：兰州市皋兰县健康路

管理单位：皋兰县疾控中心

当前用途：公共建筑

建造时间：2003 年

简　　介：该建筑总面积 2120 平方米，为 5 层框架结构，主要用于疾病预防与控制。

0469　皋兰县民政局福利院

地　　点：兰州市皋兰县石洞镇魏家庄村

管理单位：皋兰县民政局

当前用途：公共建筑

建造时间：2009 年

简　　介：该建筑总面积 1589.1 平方米，为三层（局部四层）框架结构，主要用于福利住宅。为皋兰县第一家养老院。

0470　国芳·国际金色花园

地　　点：兰州市皋兰县中心路

管理单位：兰州市国芳置业有限公司

当前用途：公共建筑

建造时间：2008 年

简　　介：该建筑总面积 2500 平方米，为 6 层砖混结构，主要用于民用住宅。

0471　皋兰县第四中学教学楼

地　　点：兰州市皋兰县石洞镇中堡村沙坡地段

管理单位：皋兰县教育局

当前用途：公共建筑

建造时间：2009 年

简　　介：该建筑总面积 10426.8 平方米，为五层（局部六层）框架结构，主要用于教学。

0472 皋兰县聚金兰庭小区

地　　点：兰州市皋兰县名藩大道东

管理单位：金川集团

当前用途：公共建筑

建造时间：2010年

简　　介：该建筑总面积92 217平方米，为十一层高层及六层多层框架结构，主要用于民用住宅。

0473 皋兰县三汇小区

地　　点：兰州市皋兰县中心路

管理单位：甘肃三汇房地产公司

当前用途：公共建筑

建造时间：2011年

简　　介：该建筑总面积99 706平方米，为框架结构，主要用于民用住宅。

0474 皋兰县体育馆

地　　点：兰州市皋兰县中心路南

管理单位：皋兰县住建局

当前用途：公共建筑

建造时间：2010年

简　　介：该建筑总面积7141.65平方米，为一层框架及钢网架结构。为皋兰县第一个体育馆。

0475 永登县仁寿山牌坊

地　　点：兰州市永登县城庄浪河西一千米处

管理单位：永登县园林所

当前用途：园林建筑

建造时间：2003年

简　　介：仁寿山东西长约1700米，南北长约1400米，达摩掌、卧龙山、月亮湾、将军山环绕四周，总面积2.5平方千米。1993年开始陆续修建了到达金顶的台阶和三清殿、玉皇殿、摩真殿。并于2003年9月18日开工建设仁寿山牌坊。仁寿山牌坊全长33.4米，高11.2米，主体采用钢筋砼结构，屋盖采用仿古木制作，木制斗拱、梁、檩。水泥雕花板、雀替等，油漆彩画采用金龙和玺彩画。

0476 青龙观

地　　点：兰州市永登县

管理单位：永登县园林所

当前用途：公共建筑

建造时间：1987年

简　　介：青龙观内建有玉皇殿，东配文昌殿，西配财神殿长廊，拱门成为眼光阁，建筑面积684平方米。整体建筑主次分明，布局合理。

0477 永登县城关上寺

地　　点：兰州市永登县
管理单位：永登县园林所
当前用途：公共建筑
建造时间：1986年
简　　介：主体建10级台阶，歇山顶式大殿，高10米，宽12米，建筑面积384平方米。

0478 永宁寺大雄宝殿

地　　点：兰州市永登县
管理单位：永登县园林所
当前用途：公共建筑
建造时间：1994年
简　　介：大雄宝殿为开三转五重檐斗拱歇山式大屋顶，整体布局为两院三台，四坎八角，建筑面积270平方米。

0479 三台阁

地　　点：兰州市永登县
管理单位：永登县园林所
当前用途：公共建筑
建造时间：1994年
简　　介：钢筋混凝土仿古结构，共三层，一、二层为廊厅式建筑，绘有永登八景，引大入秦工程鸟瞰图，三层为倒坐式戏台，建筑面积420平方米。

0480 青龙阁、长廊

地　　点：兰州市永登县青龙山山梁上
管理单位：永登县园林所
当前用途：园林建筑
建造时间：1988年
简　　介：青龙阁为木质两层八角楼阁，八角翘檐，全顶居中，琉璃瓦，吻兽脊，建筑面积900平方米。

0481 钟鼓楼

地　　点：兰州市永登县
管理单位：永登县园林所
当前用途：公共建筑
建造时间：2000年
简　　介：钟鼓楼共三层，一层是原永登县古城缩影，高5.5米，长16米，宽18米，二层钟楼、悬挂世纪钟，三层是鼓楼，摆放巨鼓一面，顶盖是仿黄鹤楼式大屋顶，红柱绿瓦，雕梁画栋。建筑面积1500平方米。

0482 永登县清真大寺

地　　点：兰州市永登县
管理单位：城关清真大寺寺管会
当前用途：公共建筑
建造时间：2001年
简　　介：清真大寺建筑面积2800平方米，阿拉伯建筑风格与希腊哥特式风格相结合，主体为两栋，四层宣礼楼高37米，大殿三层，高27米。

0483 爱萍大酒店

地　　点：兰州市永登县
管理单位：永登县爱萍食业公司
当前用途：公共建筑
建造时间：2005年

简　　介：酒店建筑面积15 130平方米。全框架结构，共10层，是集餐饮、茶艺、娱乐、商务、住宿、会议等为一体的综合性商务酒店。

0484 引大庄浪河渡槽

地　　点：兰州市永登县
管理单位：省引大管理局
当前用途：公共建筑
建造时间：1992年
简　　介：建筑面积100平方米。是永登县引大工程最宏伟的建筑物之一，也是国内屈指可数的大型渡槽，称为河上之河。它的建设形成了"六龙聚汇"的图案，集历史、文化、水利、交通、建筑于一景。

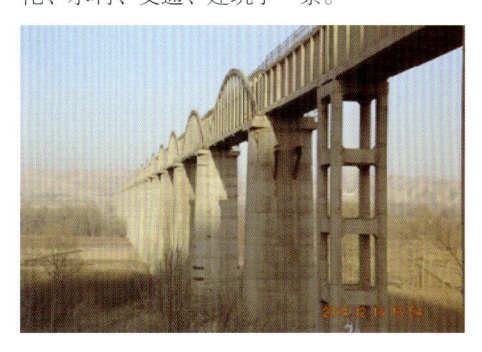

0485 华悦大厦

地　　点：兰州市永登县县城大什字
管理单位：永登县工商局
当前用途：公共建筑
建造时间：2005年

简　　介：全框架结构，共十四层，建筑面积 14 500 平方米，集经营商贸、餐饮、展览厅、写字办公、住宿为一体的综合大楼，楼顶有观景台、花苑、凉亭等。

0486 青龙山牌坊

地　　点：兰州市永登县
管理单位：永登县园林所
当前用途：园林建筑
建造时间：1994 年

简　　介：牌坊高 10 米，宽 15 米，仿古钢砼结构，顶盖为仿古木材结构。

0487 卧龙桥

地　　点：兰州市永登县
管理单位：永登县园林所
当前用途：公共建筑
建造时间：1990 年
简　　介：卧龙桥因桥似卧龙而得名，跨度 24 米，拱高 2.8 米，建筑面积 250 平方米。

（二）酒泉市

0488 酒泉市市政广场
地　　点：酒泉市新城区中心
管理单位：酒泉市建设局
当前用途：公共建筑
建造时间：2004 年
简　　介：广场总占地面积 17 万平方米，由甘肃建筑设计研究院设计，有市政广场、两座半地下式展览馆、中心水景及六个生态园区组成，是集市政、园林、休闲娱乐于一体的综合性广场。北侧占地 20 000 平方米的市政广场，中央建有长 236 米、宽 36 米的长方形音乐喷泉和占地 2100 平方米的旱喷泉，南侧为六个生态绿化园区，其中建有花坛及反映丝绸之路文化、敦煌文化和边塞文化的浮雕墙、浮雕柱、小型群雕等。2004 年荣获"中国优秀文化广场奖"。

0489 新天地大厦
地　　点：酒泉市玉门市新市区
管理单位：玉门市玉兴热电公司
当前用途：公共建筑
建造时间：2013 年
简　　介：该项目占地面积 13 351.30 平方米，总建筑面积 31 162.67 平方米，其中地上二十一层，地下一层，总投资 7525 万元，是一座集办公、餐饮、购物、娱乐为一体的综合标志性建筑。

0490 玉门
地　　点：酒泉市玉门市新市区
管理单位：玉门市住建局
当前用途：公共建筑
建造时间：2013 年
简　　介："玉门"长 63 米，宽 18 米，高 21 米。"玉门"名称的由来同汉代的玉门关有关，又与嘉峪关的美玉相关。为玉门市的标志性建筑。

0491 孙健初纪念碑
地　　点：酒泉市玉门市南坪七村油城公园
　　　　　延寿阁西南
管理单位：玉门市住建局
当前用途：公共建筑
建造时间：1954 年
简　　介：孙健初（1897-1952）是中国石油工业的先驱、玉门油矿的发现者，中国著名的地质学家。纪念碑四棱柱形，底边宽 2.2 米，高 3.5 米。棱柱的北面是孙健初的遗像和碑名，南面是纪念碑文，东西两面是孙健初的生平事迹年表。碑下有底座三层，上一层底座边长 2.44 米，高 1.08 米，中间一层底座边长 4.8 米，高 1.2 米。护栏四角有砖混立柱，立柱上有铁杆，铁杆顶部有球形灯。在整个底座的外围有一圈用混凝土水泥柱相连的方形护栏，边长 15 米，高 1.18 米，四边中间有门。纪念碑于 1954 年 7 月修建，1990 年 9 月重建。

0492 玉门油田老一井

地　　点：酒泉市玉门市南坪一村石油河东岸 50 米

管理单位：玉门油田管理局

当前用途：工业建筑

建造时间：1939 年

简　　介：位于玉门老市区老君庙油矿石油河畔老君庙门前西侧。玉门油田老一井是甘肃油矿储备处在老君庙最先开钻的 1 号油井。1939 年 3 月，孙健初等人在老君庙原址以北 15 米处确定井位，用人工方式打出第一口油井，日产量达 10 吨，将甘肃油矿筹建处调来的柴油动力抽油机安装到 1 号井上，1 号井成为当时较为先进的第一口机械采油井。续 1 号井之后，当年十月在老君庙地区先后打出八口油井。1941 年 10 月，1 号井因为井壁坍塌，油层堵塞，宣布报废。1953 年 3 月，采油厂对 1 号井修复加深，再次出油。1962 年油渴停产。至此，该井 23 年累计生产原油 845.9 吨，生产天然气 17.73 千立方米。玉门油矿是中国的第一个石油工业基地，1945 年在油城公园修建孙健初纪念碑；玉门油矿建矿 50 周年前夕在老一井原址安装抽油机，树立纪念碑。

0493 铁人王进喜故居

地　　点：酒泉市玉门市赤金镇和平村三组

管理单位：玉门市铁人纪念馆

当前用途：公共建筑

建造时间：1993 年

简　　介：位于赤金镇和平村三组，故居因年久失修屋顶倒塌，1993 年 5 月至 9 月玉门市政府对故居进行修缮，并在故居旁修建纪念馆。故居内有江泽民、康世恩、余秋里等人的题词。故居分为景区、展览室和故居陈列室三部分。故居大院中间是王进喜立式铜像。铜像后是八边形与长方形组合成的铁人事迹展览室。展览室的北侧为故居，长 12 米，宽 5 米，分三室，中为堂屋，南、北侧屋为厨房、卧室，陈列有王进喜及其家人生活的场景和物品。建筑面积 7020 平方米。现为爱国主义教育基地。

0494 文化四馆

地　　点：酒泉市玉门市新市区青少年活动中心两侧
管理单位：玉门市文化体育局
当前用途：公共建筑
建造时间：2010 年
简　　介：玉门文化"四馆"（文化馆、图书馆、博物馆、美术馆）是玉门一项重点文化惠民工程。工程总投资 7500 万元，占地面积 2 万平方米，建筑面积 11 000 平方米。文化"四馆"建筑结构分公共服务区、行政办公区、文化产业区三大功能区。

0495 玉门市全民健身中心

地　　点：酒泉市玉门市新市区
管理单位：玉门市体育中心
当前用途：公共建筑
建造时间：2010 年
简　　介：玉门市全民健身中心是一个集健身、集会、演出、比赛、办公等多功能于一体的综合性建筑。项目采用西安设计院"风水龟"设计方案。占地 3.5 万平方米（约 53 亩），总建筑面积 10 734 平方米，主体工程长 101 米、宽 87 米，建筑物总高度 31.4 米，工程主体为钢筋砼框架结构，屋盖为钢网架结构。内设固定及伸缩活动座椅 3463 个，钢排座椅 600 个。

0496 敦煌城标——反弹琵琶伎乐天

地　　点：酒泉市敦煌市盘旋路中心
管理单位：敦煌市园林管理局
当前用途：公共建筑
建造时间：1982 年
简　　介：矗立在敦煌城市中心花坛中的反弹琵琶雕像，是敦煌的城标。建于 1982 年 9 月，为白色混凝土镂凌雕塑，通高 6.6 米。1998 年 6 月又以花岗岩为材质重塑，通高 13.5 米。取材于莫高窟 112 窟的《伎乐图》中的反弹琵琶造型，劲健而舒展，迅疾而和谐，是乐与舞的完美融合。

0497 敦煌宾馆

地　　点：酒泉市敦煌市阳关中路 151 号
管理单位：敦煌宾馆有限责任公司
当前用途：公共建筑
建造时间：1978 年

简　　介：敦煌宾馆是园林式的四星级国宾馆。占地面积 32 000 平方米，建筑面积 28 000 平方米，有贵宾楼、南楼、北楼、新八楼四座主体建筑。1996 年宾馆被国家旅游局评选为"全国最佳星级饭店"五十佳之一；1998 年被中央文明委评选为"全国精神文明创建工作先进单位"；南楼大堂被评选为全国标志性饭店"金奖大堂"；敦煌宾馆整体建筑被国家建设部评选为建筑最高奖"鲁班奖"。

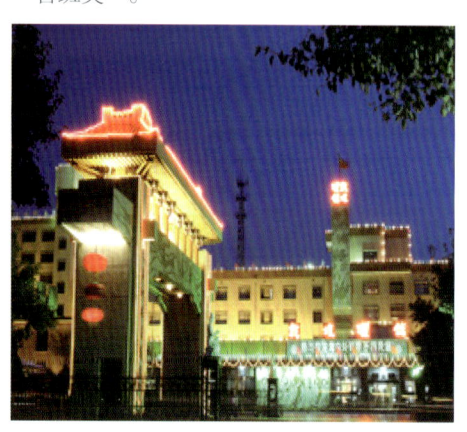

0498　敦煌市博物馆

地　　点：酒泉市敦煌市鸣沙山北路 1390 号
管理单位：敦煌市文物局
当前用途：公共建筑
建造时间：2011 年
简　　介：该馆占地面积 1.6 万平方米，建筑面积 7500 平方米。内设展厅、文物库房、放映厅、休息厅等，以《华戎交会的都市》为展览主题，共设 6 个展厅，面积 3500 平方米。馆藏各类文物 14 000 余件。1995 年被酒泉地区行署、敦煌市人民政府确定为爱国主义教育基地。2003 年被确定为甘肃省爱国主义教育基地。

0499　敦煌火车站

地　　点：距酒泉市敦煌市区 4.5 千米
管理单位：兰州铁路局
当前用途：公共建筑
建造时间：2006 年
简　　介：火车站整体建筑十字对称，以"汉唐流韵"作为建筑造型立意，采用敦煌石窟、汉唐壁画中的城楼和城垣的斜墙、大屋顶建筑元素，对应于敦煌及莫高窟"兴于汉魏、盛于隋唐"的历史及文化特征，建筑面积 10 865 平方米。

0500　敦煌机场

地　　点：距酒泉市敦煌市区东 12 千米
管理单位：敦煌机场公司
当前用途：公共建筑
建造时间：1982 年
简　　介：敦煌机场是甘肃省四个民用机场之一，机场位于敦煌市莫高镇（市区东 12 千米处），是国内重要的旅游支线机场。机场多次扩建，设施齐备，功能完善，是乌鲁木齐国际机场的主要备降场。按机场高峰小时旅客吞吐量 600 人计，航站楼面积 12 000 平方米，基本流程按一层半式。二层设计部分候机厅及商业设施，既满足功能要求，同时为远期发展成二层式奠定基础。机场在 2007 年开通国际航空临时口岸。

0501 "腾飞"雕塑

地　　点：酒泉市金塔县航天广场
管理单位：金塔县公用事业管理局
当前用途：公共建筑
建造时间：2004 年
简　　介：位于金塔县城中心繁华地段的航天广场，是金塔县政府投资 1310 万元，在原金塔公园的基础上，经过扩建改造，于 2004 年 8 月建成投入使用。广场中心主雕塑"腾飞"旨在按"航天"之名，扬"神州"之威，靠现代科技，展金塔雄风，促各业腾飞。雕塑主体导弹模型高 18.8 米，代表金塔版图面积 18.8 万平方千米。其高度 12.7 米，代表星点的实际海拔高度为 1270 米。环绕主体的飞行器，昭示航天飞船升空，金塔对外开放。

0502 瓜州县人民政府办公楼

地　　点：酒泉市瓜州县渊泉镇
管理单位：瓜州县人民政府
当前用途：公共建筑
建造时间：1985 年
简　　介：瓜州县人民政府办公楼为砖混结构四层，建筑面积 4286.72 平方米。1985 年建成投入使用，2006 年进行室内外装修，为瓜州县政治经济中心。

0503 瓜州县火车站

地　　点：酒泉市瓜州县渊泉镇
管理单位：兰州铁路局瓜州火车站
当前用途：公共建筑
建造时间：2006 年
简　　介：瓜州县火车站坐落于瓜州县城北端，距县城中心区 4 千米。建于 2006 年，建筑面积 2800 平方米，框架结构仿汉代建筑风格，是敦煌铁路重要的交通枢纽。

0504 张芝纪念馆

地　　点：酒泉市瓜州草圣故里文化产业园

管理单位：瓜州草圣故里文化产业园管理办公室

当前用途：公共建筑

建造时间：2010年

简　　介：草圣故里文化产业园项目总占地面积133万平方米，分近期和远期两期建设，近期占地面积45万平方米，现已累计完成投资2.5亿元。该纪念馆分为产业园主园和景观带两部分，按照东汉时期的建筑风格建设。张芝纪念馆是瓜州草圣故里文化产业园的重要组成部分，占地4300平方米，总投资1000万元。一层和二层共有两个书画展厅，建筑风格古朴典雅，浮雕栩栩如生，与四周人工湖、廊桥、亭台、水榭交相辉映，形成一幅文化画卷。

0505　瓜州县榆林宾馆

地　　点：酒泉市瓜州县渊泉镇

管理单位：瓜州县榆林宾馆

当前用途：公共建筑

建造时间：2011年

简　　介：榆林宾馆距瓜州火车站5千米，与政府办公大楼毗邻。宾馆地下共1层，地上共12层，高54米，占地7000平方米。宾馆有三星级酒店一栋，改建于2006年；四星级酒店一栋，修建于2010年，建筑面积17 024平方米。

0506　天骄大酒店

地　　点：酒泉市肃北县城中心

管理单位：肃北县工商局

当前用途：公共建筑

建造时间：2010年

简　　介：占地面积1.3万平方米，总建筑面积7986.6平方米。由甘肃建苑建筑设计院和嘉峪关市设计院共同设计。建筑框架结构共五层，主楼建筑面积1700平方米。总投资3000万元。建筑外观以浅色为主色调，融入蒙古族文化元素符号，整体庄重大气、简洁清新，民族特色浓郁。

0507　成吉思汗园林广场

地　　点：酒泉市肃北县城

管理单位：肃北县住建局

当前用途：公共建筑

建造时间：2009 年

简　　介：总占地面积 2 万余平方米，主要以草地、树木、雕像、石柱、凉亭、音乐喷泉为主要景物，集自然景观、人文景观和历史文化于一体，集中展示肃北蒙古族特有的文化、生活和历史。成吉思汗雕像高 6 米，底座由混泥土浇筑而成，塑像采用红铜制作。雕像旁边的八个云柱集中表现成吉思汗八大功绩，左边四个云柱主要展示他在东西方交流、统一欧亚、统一中国、统一蒙古方面的贡献。后面的墙雕集中反映公元 1206 年成吉思汗建立大汗国时分封官吏等场景。

0508　紫亭湖

地　　点：酒泉市肃北县县城东南 2 千米处

管理单位：肃北县住建局

当前用途：公共建筑

建造时间：2010 年

简　　介：总占地面积 53 万平方米。包括沉淀湖、景观湖和功能湖 3 座人工湖。硬化及建筑物占地面积 8.6 万平方米水域总面积 18 万平方米、水容量 16 万立方米，以及 26 万平方米的生态绿地景观建设。2010 年 2 月开工，完成湖体开挖、假山堆积、湖底与湖坡防渗、环湖道路铺装、二号湖和三号湖码头及一号湖二号湖瀑布等工程，2012 年 7 月注水使用。

0509　肃北民族博物馆

地　　点：酒泉市肃北县党城湾镇梦轲路

管理单位：肃北县文体局

当前用途：公共建筑

建造时间：1990 年

简　　介：该馆现有馆藏文物 400 多件，其中国家三级文物 3 件。该馆占地面积 1200 平方米，设有肃北县成就展、民俗展、文物展等专题陈列。

0510　哈萨克族民俗博物馆

地　　点：酒泉市阿克塞县民族风情园

管理单位：阿克塞县文体局

当前用途：公共建筑

建造时间：2007 年

简　　介：现博物馆馆藏各类文物 1200 多件。博物馆按功能区划分为展览厅、游客服务中心和购物区、办公区和管理用房三部分，建筑面积 4238 平方米。2011 年 4 月，阿克塞县哈萨克民族博物馆试开馆；2011 年 8 月 20 日正式开馆并免费开放。

（三）嘉峪关市

0511 开路先锋雕塑
地　　点：嘉峪关市市中心转盘
管理单位：酒泉钢铁集团有限责任公司
当前用途：公共建筑
建造时间：1984年
简　　介：雕塑全长17米。碑文记载，1955年秋，原西北地质局队员秦世伟等同志经藏胞报矿，发现了桦树沟铁矿。同年12月，甘肃省委将该地定名为镜铁山。镜铁山地质队先后一千五百余名地质队员历经三年艰苦的地质勘察，到1958年10月探明了镜铁山大型铁矿，为建设我国西北地区第一个钢铁联合企业提供了资源。在勘探过程中，白兴民等十一名年轻的地质队员献出了宝贵的生命，被誉为"钢城的开路先锋"。雕像依此而建。

0512 水润雄关大桥
地　　点：嘉峪关市南湖
管理单位：嘉峪关市水务局
当前用途：公共建筑
建造时间：2007年
简　　介：水润雄关大桥位于嘉峪关南湖之上，横架南北。桥长大约2700米，桥面为波浪式拱架，安装五彩装饰灯。该桥横跨讨赖河，有"滋养""孕育"之寓意。

0513 国际铁人三项锦标赛纪念雕塑
地　　点：嘉峪关市东湖生态旅游园区内
管理单位：嘉峪关市园林局
当前用途：公共建筑
建造时间：2006年
简　　介：由西安友谊金属雕塑厂设计制作。雕塑高15米，将铁人三项运动的游泳、骑自行车、跑步动作组合在一个整体造型中，动作造型简洁明快，体现强烈的动感和力量感。雕塑采用不锈钢结构，厚重的色彩效果突出铁人三项运动的铁人主题。

0514 雄关之光雕塑
地　　点：嘉峪关市雄关广场转盘中心
管理单位：嘉峪关市建设局

当前用途：公共建筑

建造时间：2001年

简　　介：雕塑总高度39米，结构骨架内衬碳钢板，表面为25厘米厚的镜面不锈钢。总重量60吨，投资127万元。雕塑由主体及长城造型基座两部分组成，整体结构沉稳、富有动感。底托长城，辅以魏晋墓壁画"农耕""出巡"图浮雕。雕塑形如长剑指天，寓意创造戈壁钢城的嘉峪关人坚忍不拔、奋发向上、不断创新进取的精神。

0515　雄关博物馆

地　　点：嘉峪关市和诚东路亲水湾15号

管理单位：嘉峪关市规划局

当前用途：公共建筑

建造时间：2002年

简　　介：占地面积1200平方米，建筑面积900平方米。馆内藏有自新石器时代以来的古陶瓷等文物420件。

0516　驿使雕塑

地　　点：嘉峪关市火车站站前广场

管理单位：嘉峪关市建设局

当前用途：公共建筑

建造时间：2001年

简　　介：雕塑高12米，由雕塑、基座、基础三部分组成。驿使形象出自新城魏晋墓砖画。此画是我国发现最早的古代邮驿形象。

0517　嘉峪关市大剧院

地　　点：嘉峪关市文化中路1598号

管理单位：嘉峪关市建设局

当前用途：公共建筑

建造时间：2007年

简　　介：嘉峪关大剧院投资1.98亿元，占地面积63 900平方米，建筑面积21 306平方米，是全国十大剧院之一，内部功能齐全。剧院由剧院本体、健身中心、露天演艺广场及水景观三部分组成。设有咖啡屋、茶坊、书吧、观众厅和休息大厅等，还设有健身中心网球场、篮球场等场地。开放式广场有音乐喷泉。是集大中型会议、演出、电影放映、娱乐休闲于一体的多功能文化活动场所。

0518 西部明珠气象塔

地　　点：嘉峪关市东湖生态景区内
管理单位：嘉峪关市气象局、园林局
当前用途：公共建筑
建造时间：2006年

简　　介：西部明珠气象塔是我国最高的气象塔，同时也是国内首个科普气象站，是集气象观测、气象科普、观光为一体的嘉峪关标志性建筑。塔高94.94米，占地面积5278.75平方米。由裙楼、筒体、网架结构、球体等组成，共二十层，地下二层，地上十八层。其中一层是气象科普展区，二、三层是休闲娱乐区，十四、十五层是高空观光区。一、二、三、十四、十五层可供参观，其余楼层是工作间和设备间。气象塔的外形宛若刚从碧海中跃出的一只"海豚"。该造型立意为戈壁滩上冉冉升起的一颗"明珠"。

0519 新城魏晋壁画墓博物馆

地　　点：嘉峪关市新城镇
管理单位：嘉峪关文物景区管理委员会
当前用途：公共建筑
建造时间：1988年

简　　介：博物馆占地面积761平方米，建筑面积276平方米，展厅面积187平方米，馆藏文物66件，其中珍贵文物4件，以魏晋砖壁画墓出土的砖壁画等为馆藏特色。举办有"魏晋墓砖壁画艺术陈列"一个基本陈列。

（四）金昌市

0520 金娃娃雕像

地　　点：金昌市人民文化广场市政广场正中央

当前用途：公共建筑

建造时间：2001 年

简　　介：金娃娃雕像是金昌市的城市主雕，占地面积约 500 平方米，由基础平台、锻铜浮雕、不锈钢支架、不锈钢球体、"金娃娃"等组成，主体高度 19.81 米，象征金昌 1981 年建市。其锻铜浮雕上雕刻着工、农、兵、牧、科技等图片，表现金昌美好的明天；三足鼎立的不锈钢柱体，喻示金昌政治、经济、文化的腾飞和崛起；上端的不锈钢球体象征地球、太阳、突出"丝路明珠"的含义；顶端的金娃娃雕像，取邓小平同志 1966 年 3 月来金昌视察时，盛赞金昌是"祖国难得的金娃娃"之意。

0521 金昌大剧院

地　　点：金昌市区文化广场西侧

管理单位：金昌市文广新局

当前用途：公共建筑

建造时间：2011 年

简　　介：金昌大剧院占地面积 1.49 万平方米，总建筑面积 22 977 平方米（其中地上建筑面积 17 501 平方米，地下建筑面积为 5476 平方米），投资 25 599.17 万元。分地上和地下建筑两部分，地下一层、局部二层，地上五层，框架剪力墙结构，屋面为网架结构，柱下独立基础、墙下条形基础加防护板，外墙采用天然石材做百叶幕布造型，正立面配置准对称 LED 显示屏。金昌大剧院内设 1045 座剧院一座、数码影厅 6 个、录音棚 1 个、琴房 8 个、停车位 90 个、安装电梯 4 部（其中一部为无障碍电梯）。主要功能用房有观众厅、一层商业用房 5 间、正立面入口大堂、两侧池座观众休息厅、两侧楼座观众休息厅、贵宾接待室及会议室二个。

0522 金昌市文化中心

地　　点：金昌市人民文化广场西侧
管理单位：金昌市文化广播影视新闻出版局
当前用途：公共建筑
建造时间：2005年
简　　介：金昌市文化中心地上4层，地下局部一层。内设图书馆、科技馆、会展中心三个主功能区，是集读书阅览、科学教育、报告展览为一体的综合性公共建筑，建筑面积17 590平方米。图书馆被国家文化部评估定级为一级图书馆。外观设计曾获得中国建筑学会颁发的建筑创作大奖。该中心是市重要的公务活动场所、公共基础文化设施和主要的科普活动场所，是建市以来投资规模最大、设施设备较为齐全的最大的单体建筑。

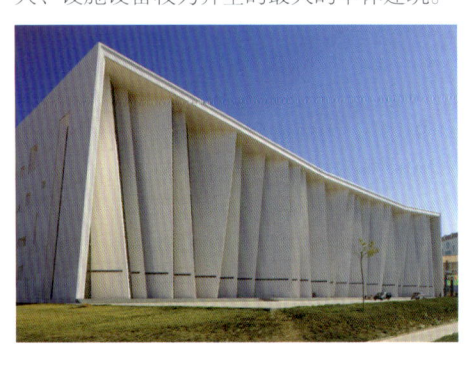

0523 文昌园

地　　点：金昌市金川区双湾镇集镇
管理单位：金川区双湾镇人民政府
当前用途：公共建筑
建造时间：2007年
简　　介：文昌园总体规划设计以金陈公路为主线，以陈家沟村农宅建设为主体，于2007年开工建设，建成高标准小康住宅155套，配套完成小区硬化、绿化、水、电等基础设施。以加强生态环境为主，完成生态景观建设5.5万平方米。

0524 永昌县武当山宗教文化旅游区

地　　点：金昌市永昌县城北1千米
管理单位：北海子景区建设办公室
当前用途：公共建筑
建造时间：2011年
简　　介：总面积544万平方米。永昌武当山曾为集儒、释、道为一体的千年古刹，历史上建有各类古建筑20多座，是永昌最具代表性的古建筑群，后毁于战火。20世纪90年代初，永昌县委、县政府开始开发建设武当山，恢复部分古建筑，绿化武当山山体。武当山宗教文化旅游区工程——武当山古建筑恢复项目已恢复玉皇殿、三宝塔等14处古建筑，新建亭、台、门、楼等各类景观设施18处，新（改）建人行步道2条2.8千米，新建砚洼沟车行道2.7千米，同时完成亮化、音响监控设施的安装工程和"九观永昌"文化建设等工程。

0525 骊靬怀古雕像

地　　点：312 国道与金昌市永昌南门交汇处
管理单位：永昌县旅游局
当前用途：公共建筑
建造时间：1994 年
简　　介：雕塑建筑面积 35 平方米，由二男一女组成，中间长者是一位身穿汉朝制服的官员，左右一女一男着长袍古装，高鼻梁，深眼窝，卷发，为西域人造型。塑像前面的一方黑色花岗石上刻有四个大字"骊靬怀古"，塑像背后的台基上有一块黑色花岗石碑文。雕像为永昌县城的标志性景点。

0526 骊靬古城

地　　点：金昌市永昌县者来寨村骊靬遗址
管理单位：永昌县旅游局
当前用途：公共建筑
建造时间：2011 年
简　　介：原骊靬古城位于永昌县（今焦家庄乡者来寨），海拔 2400 米，始建于西汉时期（公元前 36 年），是古丝绸之路上重要的城市和军事要塞。古城建筑以伊特鲁里亚建筑技术、古希腊建筑技术和汉朝建筑融合风格为主，后因历史变迁、风沙侵蚀和人为破坏未能完整保存。现今的骊靬古城是金昌市旅游产业招商引资项目，由浙江杭州东天目山景区投资建设。占地面积 12 万平方米，总建筑面积 3.5 万平方米。古城内包括城墙（长 300 米，宽 300 米，顶宽 5 米，东面、北面分别高 13 米，西面、南面分别高 6.3 米），4 座城门（均高 22 米）及 4 座角楼，2 座二层仿古游客接待中心，骊靬文化展示中心主体工程。院内安放 27 颗均高 17 米的木化石，古城外为休憩园。2015 年被批准为国家 4A 级旅游景点。

0527 永昌保卫战纪念馆

地　　点：金昌市永昌县西大街 7 号
管理单位：永昌县文物局
当前用途：公共建筑
建造时间：1983 年
简　　介：永昌保卫战纪念馆前身是永昌革命烈士陵园，现辖革命烈士纪念馆、红西路军指挥部、博物馆近代展厅和其他战斗遗址。纪念馆坐北朝南，占地面积 6375 平方米，建筑面积 1184 平方米，由纪念碑、纪念堂、展厅、烈士墓、陈列室及管理用房等建筑构成。1983 年动工修建，1988 年正式落成。

（五）天水市

0528 天水市新华门小学教学楼
地　　点：天水市秦州区新华路48号
管理单位：秦州区教体局
当前用途：公共建筑
建造时间：2009年
简　　介：天水市新华门小学始建于1955年。2008年"5.12汶川大地震"时教学楼毁坏。2008年10月至2009年8月建成钢架结构教学楼，外形采用大面积玻璃幕墙及彩色装饰外挂板，建筑面积6168平方米。

0529 木门道
地　　点：天水市秦州区牡丹镇王家铺村
管理单位：秦州区政府
当前用途：公共建筑
建造时间：1994年重建
简　　介：建筑面积440平方米，主要用于旅游、祭祀，建筑集殿宇、园林一体，在当地具有一定的标志性。

0530 天水市保险大厦
地　　点：天水市秦州区建设路115号
管理单位：天水市保险公司
当前用途：公共建筑
建造时间：1997年
简　　介：位于天水市秦州区建设路115号，建筑面积4112平方米，为办公大楼。修建于1997年，该建筑简洁大方，设计合理。

0531 万圣山

地　　点：天水市秦州区牡丹镇高磨村
管理单位：秦州区高磨村村委会
当前用途：公共建筑
建造时间：2011年
简　　介：位于秦州区牡丹镇高磨村，修建于2011年，建筑面积300平方米，集旅游、祭祀场所、殿宇园林于一体，在当地具有一定的标志性。

0532 天水市职业技术学校

地　　点：天水市秦州区长开路45号
管理单位：天水市教体局
当前用途：公共建筑
建造时间：2013年
简　　介：天水市职业技术学校占地面积9万平方米，建筑面积82 000平方米，各类教学仪器、实训设备价值1840万元，有124个教学班，在校大中专学生5200多人。

0533 天水市建二小学教学楼

地　　点：天水市秦州区建设路135号
管理单位：秦州区教体局
当前用途：公共建筑
建造时间：1984年
简　　介：天水市建二小学自1944年左右建成，1984年邵逸夫捐款重新建造建二小学主体教学楼。2005年建二小学的教辅楼重新装修。2008年5月12日受汶川地震影响，教学楼地基下陷，无法正常使用。2009年7月18日教学楼开始灾后重建，2012年教学楼交工使用。现教学楼为4层（局部五层）框架结构，建筑面积6152.7平方米，造价约1200万元，抗震防裂按8度设计，并在全市学校中首次采用国际领先标准的防震设计。

0534 国税大厦

地　　点：天水市秦州区岷山路37号
管理单位：天水市国家税务局
当前用途：公共建筑
建造时间：2002年
简　　介：位于天水市秦州区岷山路37号，2002年修建，建筑面积13 696平方米，是市国税局办公场所。国税大厦采用现代技术施工建造，建筑外形简洁明快。

0535 天水市金龙大厦

地　　点：天水市秦州区大同路1号
管理单位：秦州区金龙实业股份有限公司
当前用途：公共建筑
建造时间：1993年
简　　介：建筑面积3795平方米，总高24层，集购物、酒店、休闲娱乐于一体。

0536 天水福门豪景公馆

地　　点：天水市秦州区岷山路84号
管理单位：天水市福门物业管理有限公司
当前用途：公共建筑
建造时间：2008年
简　　介：建筑面积41 000平方米。建筑富有时代气息，设计合理，小区环境优美，设施齐全。

0537 天水电信分公司大楼

地　　点：天水市秦州区岷山路
管理单位：天水市电信公司
当前用途：公共建筑
建造时间：2008年
简　　介：建筑面积18 000平方米，为欧式建筑，建筑简洁大方，具有时代气息。

0538 天水市体育中心

地　　点：天水市秦州区莲亭路114号
管理单位：天水市教体局
当前用途：公共建筑
建造时间：1991年
简　　介：天水市体育中心，海拔1140米，建筑面积12 000平方米，现有400米标准跑道的田径场、1400平方米的训练馆、一处设施齐全的设计靶场和可容纳250人同时就餐和170个床位的接待站。2002年被甘肃省残联确定为"甘肃省残疾人体育训练基地"；2005年被中国残联命名为"全国残疾人体育训练基地"。

0539 清真寺

地　　点：天水市秦州区牡丹镇马堡村

管理单位：秦州区宗教局

当前用途：公共建筑

建造时间：2011年

简　　介：建筑面积200平方米，建筑特色鲜明，在当地具有一定的标志性。

0540 四〇七医院综合大楼

地　　点：天水市秦州区南明路路口

管理单位：天水市卫生局

当前用途：公共建筑

建造时间：2010年

简　　介：天水四〇七医院创建于1976年，2010年重建，建筑面积23 480平方米，是一所集医疗、教学、科研、预防、保健、康复、职业病防治为一体的综合性医院。

0541 秦州大剧院

地　　点：天水市秦州区自由路16号

管理单位：天水市歌舞团

当前用途：公共建筑

建造时间：1975年

简　　介：建筑面积2000平方米，其前身为秦州剧院，2004年对观众池部分进行改建，2009年重建。改建后的秦州大剧院功能设施最完善的会议中心和承接国内外各类大型歌（舞）剧演出的主要场所。

0542 天水市人力资源大厦

地　　点：天水市秦州区天河广场

管理单位：天水市人社局

当前用途：公共建筑

建造时间：2010年

简　　介：俗称人社大楼，建筑面积15 288平方米，为办公场所。建筑与天河广场的设计风格和主色融为一体，既有古韵感又具现代感。

0543 皇城国际饭店

地　　点：天水市秦州区成纪大道北侧
管理单位：皇城国际娱乐有限公司
当前用途：公共建筑
建造时间：2012 年
简　　介：该饭店南邻天水长途汽车站，距机场 5 千米。建筑面积 40 980 平方米，是以皇城文化为主题的智能化、数字化、信息化、多功能、环保型的星级豪华商务会议酒店。建筑外形简洁明快。

0544 邓宝珊将军纪念馆

地　　点：天水市秦州区南郭寺景区
管理单位：秦州区宣传部
当前用途：公共建筑
建造时间：1994 年
简　　介：原占地面积 8000 平方米，建有主纪念亭一座，1995 年被甘肃省委、省政府命名为"甘肃省爱国主义教育基地"。提升扩建后的邓宝珊将军纪念馆占地面积 13000 平方米，总建筑面积 1900 平方米。为现代仿古建筑。

0545 解一小学

地　　点：天水市秦州区自由路 35 号
管理单位：秦州区教体局
当前用途：公共建筑
简　　介：解一小学原由本地知名人士张世英创建于清光绪三十三年（1907 年）。后因其不忘曾经患难与共的渭水人民，眷恋渭水流域的山水，又改名为"亦渭小学"。天水解放后该校办学规模不断扩大，1950 年 8 月，改名为"天水市解放路第一小学"，学校建筑面积 2000 平方米左右，是城区建校历史最长的小学，校名沿用至今。目前学校建筑面积约 4000 平方米。

0546 天水市秦州区基督教西教堂

地　　点：天水市秦州区精表路 17 号
管理单位：天水市宗教局
当前用途：公共建筑
建造时间：2010 年
简　　介：建筑面积 5500 平方米，为宗教活动场所和宗教协会的办公场所。

0547 兰天城市广场

地　　点：天水市秦州区大众路官泉1号
管理单位：兰天集团
当前用途：公共建筑
建造时间：2003年
简　　介：兰天城市广场建筑总面积60 000平方米，共9层，是由天水兰天集团在原兰天商厦基础上建设的现代化综合商业、娱乐、休闲购物中心。

0548 天水华辰大酒店

地　　点：天水市秦州区岷山路
管理单位：甘肃煤田地质局综合普查队
当前用途：公共建筑
建造时间：2003年
简　　介：天水华辰大酒店由甘肃煤田地质局综合普查队投资，占地7300平方米，高61.5米，主楼13层，地下一层，建筑面积19 000平方米。酒店集住宿、餐饮、娱乐、健身、观光、购物于一体。

0549 阳光饭店

地　　点：天水市秦州区中华西路步行街19号
管理单位：阳光集团
当前用途：公共建筑
建造时间：2002年
简　　介：天水阳光饭店距天水市中心广场300米，距市政府250米。楼高6层，建筑面积1000平方米。

0550 天主教堂

地　　点：天水市秦州区建设路112号
管理单位：天水市宗教局
当前用途：公共建筑
建造时间：1992年
简　　介：教堂建筑面积4698平方米，为宗教活动场所。在城市节点上具有一定的标志性。

0551 宏业大厦

地　　点：天水市秦州区东关街道尚义巷社区
管理单位：天水市规划局
当前用途：公共建筑
建造时间：2003 年
简　　介：位于天水市秦州区女子医院对面，是一栋商住一体的高层建筑，其中 1-3 为商铺，4-18 为住宅，建筑面积 16 900 平方米。

0552 天水市逸夫实验中学

地　　点：天水市秦州区滨河东路 10-1 号
管理单位：天水市教育局
当前用途：公共建筑
建造时间：1994 年
简　　介：天水市逸夫实验中学为全日制初级中学。学校占地面积 10 421.2 平方米，建筑面积 9011 平方米。

0553 天水市工商银行大楼

地　　点：天水市秦州区建设路 185 号
管理单位：天水市工商银行
当前用途：公共建筑
建造时间：2000 年
简　　介：天水市建设路工商银行建筑面积 110 000 平方米，建筑特点鲜明，富有时代气息，是天水市具有代表性的现代建筑之一。

0554 天水气象雷达站

地　　点：天水市秦州区中梁乡何家湾村
管理单位：天水市气象局
当前用途：公共建筑
建造时间：2002 年
简　　介：位于秦州区中梁乡何家湾村，建筑面积 520 平方米，用于气象观测。

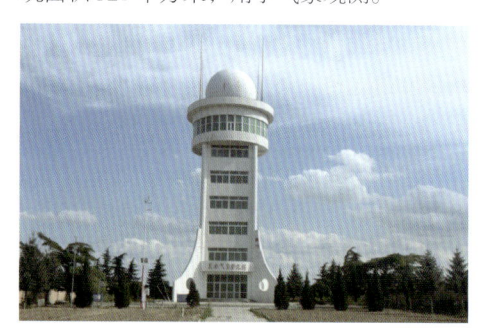

0555 文华东方酒店

地　　点：天水市秦州区解放路 104 号
管理单位：文华东方酒店集团
当前用途：公共建筑
建造时间：2008 年
简　　介：位于天水市秦州区解放路交通巷口，是集餐饮、客房、娱乐为一体的绿色环保型四星级酒店。建筑面积 2000 平方米。建筑特色鲜明，富有时代感。

0556 天水宾馆

地　　点：天水市秦州区迎宾路 2 号
管理单位：天水市旅游局
当前用途：公共建筑
建造时间：1986 年
简　　介：该宾馆集餐饮、住宿、娱乐、商务会议、康乐健身、休闲观光为一体。建筑面积 3.2 万平方米。可举办各类大小型会议、中西式酒会，另有康乐中心、大型游泳池、桑拿、美容美发、足疗中心、商务中心等配套设施。建筑规模大，设计独特，具有代表性。

0557 虎头山

地　　点：天水市秦州区牡丹镇转咀村
管理单位：秦州区宗教局
当前用途：公共建筑
建造时间：1985 年
简　　介：建筑面积 710 平方米，为旅游、祭祀场所，建筑面积 710 平方米。建筑特色鲜明，集殿宇园林与一体，在当地具有一定的知名度。

0558 曦都假日酒店

地　　点：天水市秦州区解放路 10 号
管理单位：曦都假日酒店
当前用途：公共建筑
建造时间：2011 年
简　　介：天水曦都假日酒店是以陕西—天水"秦文化"为主的旅游度假酒店，建筑面积 1800 平方米，集住宿、餐饮、会议、茶苑为一体。酒店外观仿明清建筑，古朴典雅，包厢以"关中八景"与"秦州八景"遥相辉映。主楼高 4 层，附楼高 1 层。

0559 天水市烟草公司

地　　点：天水市秦州区藉河北路
管理单位：天水市烟草公司
当前用途：公共建筑
建造时间：2007年
简　　介：建筑面积9868.44平方米，为办公场所。建筑简洁大方，色彩清新明快，较好地体现了现代建筑的设计理念。

0560 天水麦积·财富阳光

地　　点：天水市麦积区
管理单位：天水汇洲房地产开发有限公司
当前用途：公共建筑
建造时间：2010年
简　　介：占地面积2.8万平方米，总建筑面积10.3万平方米，地上建筑面积8.3万平方米，其中住宅5.1万平方米，商业1.5万平方米，酒店1.7万平方米。是集住宅、商业、酒店、休闲、娱乐为一体的城市综合体。

0561 恒顺江山悦（一期）

地　　点：天水市麦积区
管理单位：天水恒顺房地产开发有限公司
当前用途：公共建筑
建造时间：2012年
简　　介：该项目由深圳筑博规划设计，建筑为西班牙风格，造型新颖独特，布局合理，建筑面积13万平方米。容积率仅为1.8，楼间距普遍在40-65米，绿化面积达60%，户型为一梯两户，南北通透，主卧客厅朝南，通风、采光、私密性好。

0562 麦积区政府综合楼

地　　点：天水市麦积区
管理单位：天水市麦积区人民政府
当前用途：公共建筑
建造时间：2004年
简　　介：麦积区机关院内原有办公平房始建于20世纪60年代左右。2004年启动实施政府综合楼建设工程，建筑面积11 207平方米，该楼是麦积区的重要标志性建筑。

0563 龙园

地　　点：天水市麦积区
管理单位：天水市麦积区文广局
当前用途：公共建筑
建造时间：2000年
简　　介：龙园建筑面积1000平方米。大门是五开间歇山明清式建筑。园内左右建双环亭二座，环亭宝顶碧瓦；园中心青石牌坊，正面镌刻前国家主席江泽民手书"羲皇故里"匾额，两边镌刻著名学者霍松林以古秦州八大景观及天水历代八位名人撰写104字长联，牌坊之后两侧立一对汉白玉华表。月台上坐落的成纪殿是龙园的主体，为九开间重檐歇山式大殿，殿内陈列上至伏羲下至晚清天水历代名人杰士铜像19尊，两侧墙壁配以仿铜群龙浮雕，山墙配有仿红木壁画及麦积飞天壁画和32幅木浮雕画。现为国家2A级景点，省级爱国主义教育基地。

0564 天水新亚购物广场

地　　点：天水市麦积区
管理单位：天水华阳实业开发有限公司
当前用途：公共建筑
建造时间：2010年
简　　介：新亚购物广场建筑面积33 230平方米。2012年度被评为市优工程，获"麦积奖"，2013年度被评为省优工程，获"飞天奖"。

0565 天水市麦积区全民健身中心

地　　点：天水市麦积区
管理单位：天水市麦积区教体局
当前用途：公共建筑
建造时间：2008年
简　　介：桥南体育场始建于1972年，占地面积51 788平方米，主要设一个标准炉渣跑道，内套一个足球场。2008年改建为全民健身中心，中心占地面积43 000平方米。内设1个体育馆（1000平方米），1个乒乓球馆，1个游泳健身中心（4950平方米），1个老年门球场地。中心分为两个区，第一区在健身中心南侧，建成环氧树脂5000平方米的标准化场地一处，设置项目为4个羽毛球场、2个篮球场和1个网球场。第二区在健身中心北侧，于2010年5月建成15 000平方米的沥青活动场地一处，设置5个篮球场、2条全民健身路径、3个羽毛球场、1个少年健身活动场所。

0566 天水火车站

地　　点：天水市麦积区
管理单位：兰州铁路局
当前用途：公共建筑
建造时间：初建于1945年，1989年新建
简　　介：天水火车站于民国三十四年（1945年）开始修建，于民国三十七年（1948年）建成通车，是当时民国政府在大陆修建的最后一个火车站，同时也是最靠西边的火车站。1952年重新修建并通车。1984年进

行电气化改造。1989年车站新站室竣工并交付使用，1990年提级为一等站。建筑面积5614平方米，新站房面临麦积区（原名"北道埠"）一马路，为线下式结构。为配合市区规划，采取非对称式建筑，并设钟楼一座，顶高48米。

0567 天水市第二人民医院住院大楼

地　　点：天水市麦积区
管理单位：天水市第二人民医院
当前用途：公共建筑
建造时间：2005年
简　　介：总建筑面积22 808.8平方米。由甘肃红旗建筑安装工程有限责任公司承建，兰州石油化工建设工程监理公司监理，天水市建设工程质量监督站监督。工程于2005年9月26日开工建设，2009年11月交付使用。现已成为一所集医疗急救、预防保健、科研教学为一体的具有中西医结合诊疗特色的医院。

0568 轩辕桥

地　　点：天水市清水县轩辕广场北侧牛头河上
管理单位：清水县住建局
当前用途：公共建筑
建造时间：2012年
简　　介：轩辕桥是一座大跨度景观步行桥，设计桥长67.6米，由5跨筒直空心梁组成，跨径分别为5+16+25+16+5米，中跨处桥面宽度为14.8米，两端桥面宽为8米，装饰工程为8个汉阙柱，中跨处两侧设木结构仿古桥廊。

0569 轩辕广场

地　　点：天水市清水县中山路北端，轩辕大道以南
管理单位：清水县住建局
当前用途：公共建筑
建造时间：2006年
简　　介：轩辕广场是牛头河改道工程实施后新增城市建设用地开发建设的市政工程。占地面积约2.4万平方米，工程投资380多万元。于2006年4月10日动工建设，5月20日交付使用。该广场是以南北主轴为秩序的整体布局。以体现人文与景观为出发点，以轩辕雕塑为中心，用旱喷、假山、舞台延伸空间。中心集散广场1.5万平方米，广场外围人行道3998平方米，环行道路4253平方米，舞台330平方米，绿化7545平方米。是市民文化生活及大型重要活动的主要场所。

0570 轩辕大剧院

地　　点：天水市清水县东部新城区泰山路南侧

管理单位：清水县文广局

当前用途：公共建筑

建造时间：2010 年

简　　介：轩辕大剧院是该县标志性的公共文化服务工程。2010 年 10 月动工建设，概算总投资约 3380 万元，总建筑面积 4691.98 平方米。属丙等中型剧院，地上共三层、地下一层，内设有剧场、会议厅、展览厅、贵宾厅、化妆室、放映室、办公室等。可容纳 860 人。

0571 轩辕湖暨水舞广场

地　　点：天水市清水县牛头河北岸，红崖观西侧

管理单位：清水县住建局

当前用途：公共建筑

建造时间：2012 年

简　　介：轩辕湖公园暨水舞广场总占地面积 8.7 万平方米。该公园的功能定位是健身休闲、文化娱乐、公共活动。内有溯源桥、始祖桥、中华桥、九州桥、龙源桥这 5 座桥梁以及环湖路构成浏览通道，设计有雕塑、喷泉、文化柱、景石、水榭、塑石硖谷、凉亭、假山、水车等景观元素，建有竹林、美人蕉园、玉兰园、牡丹园、月季园，湖体呈"龙"字，湖水入口呈"中"字造型。

0572 充国广场

地　　点：天水市清水县东部新城区

管理单位：清水县住建局

当前用途：公共建筑

建造时间：2011 年

简　　介：东西长 180 米，南北宽 112 米，总占地面积 2 万平方米。以西汉名将赵充国生平功勋为主题，以水景喷泉、镶嵌涌泉等元素为衬托，取意中国古币、古代护城河的设计理念。整个广场规划为"一心两轴"，即一心为中心广场，南北向取主轴线，东西向取次轴线。中心广场为西汉名将赵充国雕塑，周边为五星形态步行道和水景喷泉。主次轴线分别布置了刻字卧碑、斜面浮雕、庭院灯柱、龙柱、花池等。建成赵充国将军铸铜骑马式雕塑 1 座、九柱八间文化长廊 1 条、汉白玉文化柱 4 根、高杆灯 4 盏、地面汉白玉浮雕 6 幅、音乐喷泉水池 580 平方米，绿化面积 6060 平方米，铺装花岗岩面层 13 000 平方米，完成投资 800 多万元。

0573 爱民亭

地　　点：天水市甘谷县大像山镇
管理单位：甘谷县文广局
当前用途：公共建筑
建造时间：1985 年
简　　介：爱民亭是 20 世纪 80 年代中期驻甘谷县红军师炮兵团为感谢甘谷人民对军队的支持，在山上修建的一处单檐六角亭，曰"爱民亭"。此亭为"双拥模范县"的见证。

0574 姜维纪念馆

地　　点：天水市甘谷县六峰镇姜家庄
管理单位：甘谷县文广局
当前用途：公共建筑
建造时间：1999 年
简　　介：纪念馆位于甘谷县城东约 5 千米的南山山麓。该馆由前广场、大门、前庭、牌坊式耳门、主殿等建筑物构成，主体建筑为悬山顶双坡水，斗拱飞檐，有外围廊檐十二柱，起脊瓦兽、二龙戏珠，琉璃筒瓦，内设九梁十八柱，仿古式土木结构建造。大殿建筑面积 360 多平方米。院子西侧有一石碑，碑石上为杨成武将军题写的"姜维故里"四个大字。大殿廊沿明柱上悬挂着名人题写的匾、联，围墙上有当代名人题写的诗词名句碑刻等。殿内东西墙壁上画有山水人物国画。正中塑有身高 4 米的姜维圣像。该馆为爱国主义教育基地。

0575 甘谷县博物馆

地　　点：天水市甘谷县冀城广场南侧
管理单位：甘谷县文广局
当前用途：公共建筑
建造时间：2000 年
简　　介：博物馆展厅面积 430 平方米，馆藏各类文物 2200 件，其中珍贵文物 98 件。举办有"甘谷县历史文物精品展"一个基本陈列。

0576 张家川县博物馆

地　　点：天水市张家川县张家川镇滨河西路 6 号
管理单位：张家川县文广局
当前用途：公共建筑
建造时间：1992 年
简　　介：博物馆占地面积 2700 平方米，建筑面积 2900 平方米，展厅面积 542 平方米，馆藏各类文物 15 718 件，其中珍贵文物 239 件，以马家塬战国墓出土文物和民族文物为馆藏特色。举办有"馆藏历史文物陈列""马家塬出土文物陈列""馆藏书画陈列""馆藏民俗文物陈列"四个基本陈列。

0577 张家川县伊斯兰文化研究交流中心

地　　点：天水市张家川阿阳大道西端北侧
管理单位：张家川县住建局

当前用途：公共建筑

建造时间：2013 年

简　　介：张家川县伊斯兰文化研究交流中心分为聚礼区、宗教历史展示区、伊斯兰文化展示区。中部为聚礼区，主建筑以宗教活动和伊斯兰文化展厅为一体，周边配套群众集会的小型广场。其中清真寺占地 3239 平方米，总建筑面积 6488 平方米，框架结构，共三层，一层为伊协办公、讲堂、临时展厅和部分设备用房，二、三层为礼拜区。广场东侧分别设置有圣典雕塑、五番钟和汤瓶雕塑。园区东北部为宗教历史展示区，主要以水体景观拉合曼湖为中心，周围设置有六信亭、五功柱、历史长廊和尔德广场等景观。园区西南部为伊斯兰文化展示区，设置文化景墙和翠英长廊。园区南侧为管理区，以新月雕塑为主要景观，并配置必要的管理设施。

（六）武威市

0578 武威火车站
地　　点：武威市城南
管理单位：兰州铁路局武威铁路办事处
当前用途：公共建筑
建造时间：初建于1954年，2010年改建
简　　介：离兰州站303千米，离乌西站1609千米。2009年7月23日开工改建，总投资1.12亿元。该工程是铁道部、兰州铁路局和武威市共同投资建设的重点工程。2010年12月20日站房改建工程竣工并投入使用。改建后的武威火车站整体建筑呈"一"字形，建筑总长158米，南北宽32米，总建筑面积1.4万平方米，建筑高度28.6米。

0579 武威博物馆
地　　点：武威市区东南文庙内
管理单位：武威市文物局
当前用途：公共建筑
建造时间：1982年
简　　介：博物馆内设保管研究部、宣教部、保卫部、大云寺管理处、西夏馆展厅管理部、党政办公室6个部室。占地面积35 000余平方米，建筑面积12 000余平方米，展厅面积3290平方米。馆藏各类文物44 737件，占全市馆藏文物总数的90%以上，其中一级文物168件（含国宝2件），二级文物268件，三级文物574件。辟有武威简史、石刻、佛教造像、西夏文物陈列等多个基本陈列。

0580 武威西夏博物馆
地　　点：武威市凉州区崇文街
管理单位：武威市文物局
当前用途：公共建筑
建造时间：2001年
简　　介：博物馆占地面积2469平方米，建筑面积2840平方米，展厅面积1276平方米，馆藏文物2400件，其中珍贵文物201件，以西夏文物为馆藏特色。

0581 武威雷台汉文化博物馆
地　　点：武威市凉州区北关中路257号
管理单位：武威市文物局

当前用途：公共建筑

建造时间：2001 年

简　　介：雷台汉文化博物馆是中国旅游标志马踏飞燕的出土地，占地面积12.7万平方米，馆内有全国重点文物保护单位雷台1号、2号汉墓和省级文物保护单位雷台观。博物馆为仿汉风格建筑，展厅面积550平方米，举办有《天马西来——雷台汉文化陈列》，展出雷台汉墓及武威两汉时期各类珍贵文物298件（套）。室外露天展示面积5000平方米，展示具有汉代建筑风格的大型浮雕、四神图腾柱、牌楼及整体放大6倍的99件铜车马仪仗俑阵列。2009年向社会免费开放。

（七）张掖市

0582 土塔广场
地　　点：张掖市甘州区南街中段
管理单位：甘州区博物馆
当前用途：公共建筑
建造时间：2006 年
简　　介：土塔广场东临南街，西靠大佛寺土塔，北依山西会馆，建筑面积2408平方米。2005年8月开工建设，2006年5月交付使用，主要用途为大佛寺景区停车场，工程总投资108万元，现由甘州区博物馆管理使用。

0583 甘州区博物馆
地　　点：张掖市甘州区南街中段张掖大佛寺内
管理单位：甘州区文化委员会
当前用途：公共建筑
建造时间：1986 年
简　　介：甘州区博物馆是集建筑、塑像、雕刻、绘画、书法、佛经、经版及历史文物为一体的佛教艺术博物馆。占地面积3万余平方米，建筑面积6957平方米，展厅面积1663平方米。馆藏上起新石器时代、下迄明清时期各类文物10 114件，藏品涵括金银玉铜、铁瓷陶木、钱币印信、民俗家具、书法绘画、雕塑造像、佛教经籍等。

0584 甘州区西路军烈士馆
地　　点：张掖市甘州区大衙门街解放巷14号
管理单位：甘州区文化委员会
当前用途：公共建筑
建造时间：1996 年
简　　介：2000年向社会开放，其前身是中国工农红军西路军烈士张掖纪念馆。占地面积9678平方米，建筑面积6668平方米，展厅面积2850平方米。收藏有图片、电文、手稿等文献，实物1600余件。基本陈列有"高金城烈士生平事迹""红西路军征战河西甘州史""张掖红色革命史"。曾先后被授予甘肃省爱国主义教育基地、中共甘肃省委党史教育基地、甘肃省国防教育基地。

0585 明清街
地　　点：张掖市甘州区县府北街
管理单位：甘州区明清街管理办公室
当前用途：公共建筑

建造时间：1996年

简　　介：明清街南起西街大什字，北接甘泉公园，全街长323米，宽14米，有1-3层仿古铺面22栋6100平方米，总投资1000万元，因街区建筑风格以明清时期甘州旧城官署民居风格而构建，故名明清街。入口处有木质牌楼，高9米，宽11.2米，四柱三叠三层，木雕斗拱彩坊，牌坊正面匾额上书"明清古风"四个大字，两侧横刻楹联"汉郡唐州古胜地，清风明韵新潮街"，背面匾额上书"物华交泰"，两侧横刻楹联"园映祁连迎客松，阴泹里水醉游人"。牌楼四柱的抱柱石，分别镂刻龙、凤、梅、兰、竹、菊。明清街西侧的1-3层铺面建筑造型分别为歇山式、悬山式、硬山式等，全木质结构，彩绘部分全部以官式施子小金点彩画装饰。铺面廊坊、木柱以花鸟鱼虫、历史小说（《三国演义》《水浒传》）人物、民间传说、甘州八景、大漠风光、八音阁、福禄寿为题材。

0586　甘州区中心广场

地　　点：张掖市甘州区县府街

管理单位：甘州区广场管理办公室

当前用途：公共建筑

建造时间：2000年

简　　介：总占地面积10万平方米，总投资3950万元。一期工程于2000年11月28日建成，占地6万平方米，二期工程于2008年11月1日建成，占地2万平方米。广场东区主要功能为集会和举办大型群众文化活动，西区主要功能为体育健身和休闲，举办书画、摄影展览。广场内有木塔、藏经楼、长廊、绿化造型、喷泉、景观石、各式灯光等景观。

0587　大成广场

地　　点：张掖市甘州区滨河新区滨河大道延伸段

管理单位：大成学校

当前用途：公共建筑

建造时间：2013年

简　　介：大成广场总占地面积26 470平方米，建筑面积30 000平方米，绿化面积为8000平方米，东西宽370米，南北长220米。大成广场以"孔子"圣人为文化主题，以花岗岩结构建筑及孔子理念群雕为主体，包括孔子雕像、中心喷泉、绿地广场和雕塑群展览。除孔子雕像外，还选取"孔门十哲"作为浮雕图的素材，并配以人物简介。周围栽植七十二棵松树，代表孔子弟子中的七十二贤者。广场南北两侧有廊厅供游人小憩，廊厅均配以对联。

0588 大佛寺广场

地　　点：张掖市甘州区县府街（原张掖宾馆）东侧

管理单位：甘州区滨湖广场管理办公室

当前用途：公共建筑

建造时间：2010年

简　　介：大佛寺广场占地面积3.6万平方米，其中一期占地面积2.2万平方米。主要有静心池石牌坊1座，长18米，高11.2米；祁连墨玉景观照壁石1座，长9米，高2.4米，宽1.6米；南北仿古长廊各一座，其中南侧长廊长64米，北侧长廊长61.4米，仿古四角亭6座，管理用房5间、公共卫生间1间及广场内景观雕塑小品和绿化工程等。建筑面积36 240平方米。

0589 滨湖广场

地　　点：张掖市甘州区滨河新区滨湖路（临泽北路北端）

管理单位：甘州区滨湖广场管理办公室

当前用途：公共建筑

建造时间：2011年

简　　介：北依北湖，呈扇型，广场用地北边长57.6米，南边长175米，南北长157米，地势南高北低，高差8.25米，总占地面积18 713平方米。广场设计由演艺区和市民休闲区两部分组成，演艺区面积9561.3平方米，并设演出舞台（下设为演出服务的功能用房及办公会议用房），建筑面积538.1平方米，市民休闲区面积9151.7平方米。滨湖广场地面铺设芝麻灰荔枝面花岗石板材，台阶铺设新疆天山红火烧面整块花岗石。台阶中部斜坡处设"东山烟雾"和"流沙仙踪"地面浮雕2处，面积230平方米，两侧设长16米、高3.0米刻有《道德经》的浮雕石墙5段，入口处设长7米、高3米照壁石一座。中部设长113米的彩色音乐喷泉一处。广场北边为演艺区舞台。

0590 民乐县博物馆

地　　点：张掖市民乐县文化中心三楼

管理单位：民乐县文物局

当前用途：公共建筑

建造时间：1989年

简　　介：博物馆占地面积800平方米，建筑面积860平米，展厅面积400平方米，设有"民乐历史文物展""水陆画展"两个基本陈列。馆藏文物8950件，其中珍贵文物154件，尤以四坝文化和汉代陶器蔚为大观，馆藏明清水陆画被誉为"可移动的敦煌壁画"。

0591 民乐县同心广场

地　　点：张掖市民乐县城西区

管理单位：新城区管理办公室

当前用途：公共建筑

建造时间：2012年

简　　介：同心广场总占地面积15 000平方米，总投资1000万元，广场呈三角形造型。

设计采取自然与规则相结合的手法，突出以人为本的理念，以主体雕塑、喷泉和看台硬化为轴线，分为演绎广场、文化广场、音乐喷泉广场。是集健身、休闲、娱乐、聚会于一体的综合性场所。

0592 民乐县城北新区城市生态园

地　　点：张掖市民乐县民路以北，金山路以南
管理单位：民乐县新城区管理办公室
当前用途：公共建筑
建造时间：2012年
简　　介：该园东西宽630米，南北长790米，占地面积50万平方米，其中水域面积约5.3万平方米。生态园以保护人工林景环境为主，兼顾科普教育和休闲功能。全园分四个区域：生态保育区占地面积21.6万平方米，生态度假区占地面积10万平方米，娱乐健身区占地面积9.3万平方米，行政办公区占地面积9万平方米。

0593 民乐县广电大厦

地　　点：张掖市民乐县城中心广场对面
管理单位：民乐县广电局
当前用途：公共建筑
建造时间：2006年
简　　介：为五层框架结构综合楼，总建筑面积4400平方米，建筑总高度22.1米。安全等级为二级，抗震措施按7度设防，抗震设防类别为丙类，建筑场地类别为Ⅱ类，属中硬场地，使用年限为50年。

0594 三台阁

地　　点：张掖市民乐县一中
管理单位：民乐县一中
当前用途：公共建筑
建造时间：1944年
简　　介：三台阁坐北朝南，建在高10米的土台上，东西两面和县城旧城墙相连。建筑面积105平方米，砖土木结构，单檐歇山顶，进深1间，面宽3间，四面出檐，廊宽1.25米，向南开门，南、北侧各有檐柱4根，东、西侧各有檐柱4根。

0595 民乐县电力大厦

地　　点：张掖市民乐县团结巷东南角
管理单位：民乐县电力局
当前用途：公共建筑
建造时间：2004 年
简　　介：该工程概算总投资 1200 多万元，建筑面积为 6400 平方米，为五层框架局部七层结构。大楼内设有商业门店、中餐厅、火锅城、宾馆、舞厅和办公场所等设施。附楼建筑面积 800 多平方米。是集办公、娱乐、商业为一体的综合性实用建筑。

0596 民乐县统办 2 号楼

地　　点：张掖市民乐县县府街
管理单位：民乐县委
当前用途：公共建筑
建造时间：2002 年
简　　介：民乐县统办 2 号楼以欧式风格为基调，罗马柱、雕塑、尖塔、八角房是其典型标志，建筑面积 5000 平方米，在当地具有一定的地标性。

0597 民乐县中心广场

地　　点：张掖市民乐县中心广场
管理单位：民乐县住建局
当前用途：公共建筑
建造时间：2003 年
简　　介：广场南北长 178 米，东西宽 l26 米，总占地面积 2.24 万平方米，建设总投资 1200 万元。广场分四个功能区。北侧集会区占地面积 4500 平方米，可满足上万人同时参加大型集会和文艺演出。南侧休闲健身区占地 6200 平方米，布置有主题雕塑台、音乐喷泉和健身器材。商业区分布在广场东西两侧，建有欧式风格商住楼 10 000 平方米，商铺 133 个。西侧建有 90 米的商业步行街和霓虹灯牌楼以及以组合花坛为主的绿化区。是集健身、休闲、娱乐、购物、聚会于一体的综合性公益场所。

0598 丹霞雕塑

地　　点：张掖市临泽县县城
管理单位：临泽县大沙河管理委员会办公室
当前用途：公共建筑
建造时间：2010 年
简　　介：七彩丹霞雕塑位于大沙河景观带大沙河西岸处，长 12.5 米、宽 5 米、高 12 米，由不锈钢板制成，表面经氟碳漆处理，雕塑线条流畅，色彩鲜明、艳丽。丹霞雕塑与周边七彩矮牵牛和松塔景天及色彩堆叠而成的丹霞山组成"七彩丹霞"图案，生动活泼，富有想象力。

0599 丹霞山广场

地　　点：张掖市临泽县城
管理单位：大沙河管理委员会办公室
当前用途：公共建筑
建造时间：2011 年
简　　介：占地 2000 平方米。丹霞山山顶中间建有仿古观景塔 1 座，塔高三层，长 19 米，宽 14 米，高 17.6 米，塔内墙壁绘有以西游神怪为主的壁画。丹霞山左侧建有回廊厅 1 座，长 14 米，宽 7 米；右侧建有重檐六角亭 1 座，直径为 4 米，专供游人休憩。在丹霞山正前方修建丹霞广场 1 处，广场与丹霞山连接处修建景观桥、仿木曲桥各 1 座。

0600 天鹅湖公园仿古建筑群

地　　点：张掖市临泽县城
管理单位：大沙河管理委员会办公室
当前用途：公共建筑
建造时间：1992 年
简　　介：天鹅湖公园仿古建筑群由古亭、栏杆、拱桥等仿古建筑组成，湖中心塑天鹅雕塑，桥两边的护栏上刻有精美的图画。每隔 200 多米建有亭阁，亭横槛上绘制盘龙、金凤、祥猴、牡丹花等图案。

0601 临泽县博物馆

地　　点：张掖市临泽县滨河南路
管理单位：临泽县文物局
当前用途：公共建筑
建造时间：2004 年
简　　介：博物馆占地面积 8600 平方米，建筑面积 1433 平方米，展厅面积 950 平方米。设置民俗文物展、历史文物展、廉政教育展等展厅，馆藏文物 447 件，其中国家一级文物 1 件、二级文物 8 件、三级文物 17 件、一般文物 421 件。

0602 老子出关雕塑

地　　点：张掖市临泽县城关广场
管理单位：临泽县住建局
当前用途：公共建筑
建造时间：2006 年
简　　介："老子出关"原是临泽县县出土的国家三级文物。清朝时期，民间为称咏老子出关西游精制铜雕一尊。2006 年，临泽县邀请著名雕塑家何鄂创作，在县城城关广场新塑"老子出关"铜雕，建筑面积 15 平方米。

0603 大沙河亭台

地　　点：张掖市临泽县城
管理单位：大沙河管理委员会办公室
当前用途：公共建筑
建造时间：2010年
简　　介：位于大沙河风景区大沙河沿岸，主要由三个亲水平台和一个拉膜亭、一个仿古景观亭及河岸、绿化、假山、雕塑等景观组成。平台由大理石石面和栏杆等组成，建筑面积约800平方米，栏杆上雕刻枣乡临泽、《西游记》等民间故事；拉膜亭长24米，宽18米，高16米。

0604 腾飞雕塑

地　　点：张掖市临泽县城
管理单位：临泽县住建局
当前用途：公共建筑
建造时间：2011年
简　　介：位于312国道与丹霞大道交叉口，雕塑名为"腾飞"。材质为不锈钢石材，主题为"发展、和谐、未来"。环绕的地球代表着世界的发展和中国的崛起；从地球生根而起的两个银色飘带代表着科技信息、人文科技等元素，也有力争上游、快速发展之意；两条银色飘带紧紧环绕着醒目的临泽地图，表达临泽生态立县、产业富县、商贸活县、科教兴县的发展理念；三个黄色小球，有"核心科技"的意思，喻含着临泽人民掌握了核心科技和发展之道；飞翔的和平鸽构勒出一个充满阳光的城市生活空间，充分表达临泽举生态旗、走特色路、加快临泽科学发展的基本思路。

0605 文化体育中心

地　　点：张掖市临泽县城
管理单位：临泽县教科局
当前用途：公共建筑
建造时间：2008年
简　　介：该中心南北长88米，东西宽76米，高度为25.70米，平面呈椭圆形，总建筑面积14 447平方米。馆内设固定看台席位3000个，疏散出口8个，北出口为室外露天舞台。一层设大型商场，二、三层周边为商铺和中心配套用房，中间为体育活动场馆。是融宣传教育、文艺演出、体育比赛、健身娱乐、群众集会为一体的多功能文化商业中心。

0606 中国工农红军西路军纪念馆

地　　点：张掖市高台县人民东路 47 号
管理单位：高台县人民政府
当前用途：公共建筑
建造时间：1957 年
简　　介：纪念馆占地面积 132 066 平方米，建筑面积 9243 平方米，展厅面积 3662 平方米，馆藏革命文物 1200 件。举办有"理想高于天，热血铸祁连——西路军战史陈列"一个基本陈列，共展出文物 200 件，图片和辅助展品 349 件。1989 年被国务院命名为"全国重点烈士纪念建筑物保护单位。2012 年入选第二批国家国防教育示范基地、甘肃省党史教育基地、当代革命军人核心价值观培育基地、甘肃省党员干部党性教育实践教学基地等。是目前全国反映中国红西路军历史最全面、最具权威性的纪念馆，也是红西路军历史的纪念、展示、保护和研究中心。

0607 崇文楼

地　　点：张掖市高台大湖湾风景区
管理单位：高台县水务局
当前用途：公共建筑
建造时间：2011 年
简　　介：崇文楼为五层仿古楼阁式建筑，重檐攒尖顶，建筑高度 41.68 米，由台阶、楼身和宝顶三部分组成，建筑面积 1735 平方米。历史名人以天、地、人布局，从地到天取五子登科、步步高升之意，其中第一层为"文汇高台"，展示高台的能人志士；第二层为"崇德尚贤"，展示历史；第三层为"至圣先师"，展示国学精粹、诸子百家；第四层为"文昌运转"，展示神话人物；第六层为"仰望星空"，展示天文知识。

0608 梧桐泉寺

地　　点：张掖市高台县城西南 30 千米处榆木山西侧
管理单位：高台县文物局
当前用途：公共建筑
建造时间：始建于 1893 年，1993 年重建
简　　介：梧桐泉寺距 312 国道 10 千米。1965 年被列为县级文物保护单位，"文革"中全毁。1993 年 2 月经县人民政府批准，列为佛教活动场所，并作为旅游景点进行恢复建设。据《高台县志》记载，梧桐泉寺因山涧有滴滴泉及梧桐树而得名。清嘉庆年间曾建无量佛殿，咸丰、同治年间毁于战火。后于清光绪十九年（1893 年）至民国元年（1912 年）重建殿宇。有无量佛殿、真武庙、仙姑庙、药王庙、玉皇阁等五大殿。旧为高台十景之一，号称"梧桐仙境"。1993 年重建大雄宝殿（原无量佛殿）、观音殿、地藏殿、药师殿、罗汉堂、念佛堂、观音塔、钟鼓楼，以及山门、斋房、宿舍等，建筑面积 2500 平方米。

0609 黑河大桥

地　　点：张掖市高台湿地新区

管理单位：高台县住建局

当前用途：公共建筑

建造时间：1975 年

简　　介：高台县六坝黑河大桥位于高石公路 K1+163 处，由北向南跨越黑河。桥长 283 米，上部为 4×25 米 +3×25 米 +4×25 米预应力混凝土箱型连续梁，桥面宽为净 12.0 米 +2×1.5 米人行道，下部结构采用三柱式桥墩，肋板式桥台，钻孔灌注桩基础。引道长 1.866 千米，按照二级公路技术标准设计，路基宽 15 米，沥青路面宽 13.5 米。

0610 高台县博物馆

地　　点：张掖市高台县解放北路 285 号

管理单位：高台县文化委员会

当前用途：公共建筑

建造时间：1991 年

简　　介：博物馆建筑面积 1359 平方米，展览面积 450 平方米。现有藏品近 5000 件，其中一级文物 132 件，二级文物 151 件，三级文物 292 件，以骆驼城、许三湾魏晋墓葬出土的简牍、彩绘木版画、彩绘木质车马器、丝绸、画像砖最具特色。举办有"高台历史文物"等基本陈列。

0611 肃南县裕固文化风情苑

地　　点：张掖市肃南县红湾寺镇

管理单位：肃南县建设局

当前用途：公共建筑

建造时间：2012 年

简　　介：占地面积 21.5 万平方米，总投资 4000 多万元。以民族文化为主题，利用南高北低的地势以错落有致的台阶布局，依次分布裕固女神、演艺广场和裕固盛世雕塑等。

0612 肃南县白银蒙古大营

地　　点：张掖市肃南县白银蒙古族乡

管理单位：肃南县白银蒙古族乡政府

当前用途：公共建筑

简　　介：蒙古大营总投资 216 万元，该工程于 2011 年 7 月竣工并投入使用，共建有大小蒙古包 5 个，其中大包 1 个，直径 16 米，面积 200 平方米，小包 4 个，直径 9 米，面积 64 平方米。总建筑面积 456 平方米，可同时容纳 400 人休闲就餐。

0613 中国裕固族博物馆

地　　点：张掖市肃南县红湾寺镇
管理单位：肃南县民族博物馆
当前用途：公共建筑
建造时间：2012 年
简　　介：博物馆建筑面积 4168 平方米。馆藏文物 6000 余件，其中一级文物 33 件，二级文物 118 件，三级文物 84 件，少数民族文物 4500 件，约占馆藏文物的 75%。博物馆建筑造型独特、鲜明，在城市节点处具有标识作用。

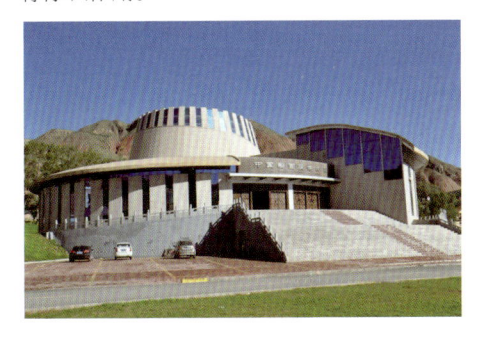

0614 石窝会议纪念馆

地　　点：张掖市肃南县红湾寺镇
管理单位：肃南县文物局
当前用途：公共建筑
建造时间：1986 年
简　　介：本纪念馆是全面展现中国工农红军西路军征战祁连山的专题纪念馆。纪念馆占地面积 64 398 平方米，建筑面积 350 平方米，藏品库房及办公场所面积 230 平方米。布展分为浴血河西铸功勋、慷慨悲歌梨园口、碧血遍洒马场滩、巾帼赴难康隆寺、情怀永系石窝山、千秋绝唱映祁连 6 个单元。年接待观众 1 万多人次。2011 年被确定为省级爱国主义教育基地。

0615 肃南县影剧院

地　　点：张掖市肃南县红湾寺镇
管理单位：肃南县文广局
当前用途：公共建筑
建造时间：2008 年
简　　介：占地面积 4019.18 平方米，总投资 1900 多万，影剧院内设观众厅、升降旋转舞台、练功厅、学术报告厅、会议办公厅、史料汇展厅等六大区域。

0616 肃南县玉水苑

地　　点：张掖市祁连玉文化产业园
管理单位：肃南县人民政府
当前用途：公共建筑
建造时间：2011 年
简　　介：玉水苑结构以"雪莲花开"立意，空间布局分"一核一带五园区"，一核：国际奇玉坛。一带：玉石展览带。五园：红玉园、碧玉园、彩玉园、白玉园、墨玉园。十大闪光点：吉祥玉意形象大门、丝路景观大道、世界奇玉坛、异域风情街、玉石文学主题馆、水韵商业街、玉宴宫、玉石研发中心、诗峡、水岸石林。玉水苑将建筑、山石、水体、植物融合在自然环境中，是集祁连玉石加工、交易、观赏为一体，融祁连玉石文化传播、旅游观光、休闲娱乐等多功能的旅游景区。建筑面积2万平方米。

0617 肃南清真寺

地　　点：张掖市肃南县青龙乡隆畅河大桥桥头

管理单位：肃南县宗教局

当前用途：宗教建筑

建造时间：1988年

简　　介：又名桥头清真寺，因其建在青龙乡隆畅河大桥桥头而得名。它的前身是白庄子清真寺，始建于1944年，旧址在喇嘛乡白庄子村，1958年被毁，1988年重建。现寺大殿面积30平方米，全寺总建筑面积约95平方米。重建后的清真寺成为隆丰村的标志性宗教建筑。

0618 肃南裕固族自治县第一中学

地　　点：张掖市肃南县城西区

管理单位：肃南县教育局

当前用途：公共建筑

简　　介：肃南裕固族自治县第一中学创建于1957年秋，1968年扩建成完全中学。学校占地面积4万平方米，建筑面积9595平方米。建有设备齐全的教学大楼和学生宿舍楼。

（八）白银市

0619 白银国家矿山精神纪念馆
地　　点：白银市白银区红星路 40 号
管理单位：白银市国土局
当前用途：公共建筑
简　　介：白银国家矿山精神纪念馆成立于 2005 年 1 月，前身为白银"露天矿"国家地质公园纪念馆。2010 年市政府将其划归文物部门管理，于 2011 年 1 月被列为国家免费开放纪念馆。该馆建筑面积 1800 平方米，展厅面积 1000 平方米，其他为办公区，库房一间。纪念馆现有文物 320 件。

0620 红军西征胜利纪念馆
地　　点：白银市平川会展中心
管理单位：白银市国土局
当前用途：公共建筑
简　　介：平川区建区之初成立了红军西征胜利纪念馆。2009 年红军西征胜利纪念馆迁入平川会展中心内，共有四个展厅、报告厅和相关配套设施，总建筑面积为 600 平方米。整个陈展分为靖远兵变、西征胜利、陡水支部和平川大地展新姿四个单元，共展出革命历史文物 200 余件，图片、图表 40 余幅，整理文字史料 20 余万字，影视资料 160 余分钟，并拍摄了《不熄的火焰》和《红军在这里的 48 天》两部宣传专题片。

0621 白银市体育中心
地　　点：白银市平川区
管理单位：白银市文体局
当前用途：公共建筑
建造时间：2010 年
简　　介：白银市体育中心位于白银市区西南部，东依兰州路，南临兰白高速公路入口和白银矿冶职业技术学院，北临诚信路，西大沟绕西南方向与其贯通。中心设计新颖，造型优美，功能齐全，同水上公园交相辉映，属白银地标性建筑。

0622 "铜城的开拓者"纪念碑
地　　点：白银市凤凰山麓的市立公园内
管理单位：白银市园林局
当前用途：公共建筑
建造时间：1984 年
简　　介："铜城的开拓者"纪念碑碑身正面碑心撰写"献给铜城的开拓者"八个隶书大字，为纪念碑的主题。碑心左侧落款"甘肃省人民政府中华人民共和国地质矿产部 一九八四年十月"。碑身背面为碑文。碑身上部是一尊高大的青铜人物塑像，为身着工装的年轻地质工作者形象。显示铜城开拓者和创业者们的伟大襟怀和奉献精神。是白银市的城市符号和标志性建筑。

0623 建设北路立交桥

地　　点：白银市建设北路

管理单位：白银市建设局

当前用途：公共建筑

建造时间：1994 年

简　　介：建设北路立交桥为现有 S217 线景泰至白银公路白银市进城段上跨铁路桥，与建设路相交，也是白银市首座公铁立交桥。该桥结构形式为曲线连续梁，Y 形柱式桥墩。向北与 S217 线景泰白路相接，东西方向人字对称与建设路相接。连续梁跨度为 20 米，主跨为预应力钢筋混凝土 T 型梁，两侧设 0.8 米钢护栏，原设计荷载为汽车 –20 级，挂 –100 级，为景泰及白银市城市西部包兰铁路以北地区的主要公路。

0624 白银人民广场

地　　点：白银市西区经六路东侧

管理单位：白银市园林局

当前用途：公共建筑

建造时间：2012 年

简　　介：白银人民广场占地面积约 12 万平方米。整个广场对称布局，有比较明显的纵横轴线，是融现代园林绿化艺术、建筑小品、图腾柱雕、现代大型音乐喷泉、艺术照明景观、观赏展览、休闲于一体游乐广场。广场地面全部采用防滑型灰色花岗岩和奶白色广场砖铺砌，红色线条镶割。整个广场景观在布局安排上突出"水、绿、亮、雕塑"四大主题。水域面积 3800 平方米。设有反映白银历史、风土人情、现代风貌、美好未来的 12 根石雕列柱（12.8×1.28×1.28 米），大型铸铜墙面浮雕遥相呼应，形成广场独具特色的人文景观。

0625 金鱼公园

地　　点：白银市中心

管理单位：白银市园林局

当前用途：公共建筑

建造时间：2000 年

简　　介：金鱼公园因山势地形呈金鱼状而得名。园内绿树成荫、曲径通幽，亭台楼阁错落有致，绿水碧波相映成趣，建筑风格独具特色，是融古典园林建筑于自然山水中的综合性公园；园内人文景点长城雄关、廊阁叠翠，巍峨白塔，生肖石刻，湖心翠岛镶嵌点缀其中，有游船、自控飞机等游乐设施及动物园等。

0626 白银火焰山国家矿山公园

地　　点：白银市区东北部

管理单位：白银市园林局

当前用途：公共建筑

建造时间：2000 年

简　　介：白银火焰山国家矿山公园分为矿山景区和主题公园。其中矿山景区包括露天矿区、小铁山、深部铜矿等矿山企业区域。以展现矿区生产遗迹、矿区地质遗迹、矿业开发史记、矿业活动遗迹为目标，重点保护露天矿区一、二号矿坑旧貌。主题公园占地面积 7.8 万平方米，主要有室内博物馆、露天博物馆、白银公司科技馆、游客服务中心及其他娱乐及景观设施。是全国爱国主义教育基地。

0627 会师大桥

地　　点：白银市会宁县北关
管理单位：会宁县交通局
当前用途：公共建筑
建造时间：2005年
简　　介：会师大桥，全长0.6千米，建于2005年，钢筋混泥土结构。

0628 会宁县博物馆

地　　点：白银市会宁县会师旧址东北角
管理单位：会宁县文广局
当前用途：公共建筑
建造时间：1990年
简　　介：占地面积2000平方米，为三层框架结构，建筑面积1300平方米，其中一、二楼为展厅，面积840平方米，三层为文物库房和办公区。现馆藏有陶器、石器、玉器、瓷器、铜器、书画、化石等各类文物10 932件（套），其中以马家窑文化的彩陶、清代宫廷和地方名人书画最具特色。馆藏早期猛犸象头骨化石，距今约300多万年，是国内第一具完整的猛犸象头骨化石。

0629 红军长征胜利纪念馆

地　　点：白银市会宁县会师园
管理单位：会师旧址管委会
当前用途：公共建筑
建造时间：2006年
简　　介：红军长征胜利会师纪念馆是一座集文物陈列和现代化多媒体展示为一体的纪念性展馆，建筑面积3000平方米。纪念馆以"红军长征胜利"为主题，真实再现了红军三大主力会师的英雄史诗。

0630 红军长征胜利景园

地　　点：白银市会宁县桃花山
管理单位：会师旧址管委会
当前用途：公共建筑
建造时间：2006年
简　　介：红军长征胜利景园位于国道312线南侧，省级森林公园桃花山北麓、桃花山新区东面，占地面积36万平方米，建筑面积15 000平方米，与会宁城内"会师园"遥相呼应。

0631 会师园

地　　点：白银市会宁县北关
管理单位：会师旧址管委会
当前用途：公共建筑
建造时间：2006年
简　　介：会师园由会师楼、会师塔、会师联欢会址、革命文物陈列馆和将帅碑林五个景点组成，建筑面积12 000平方米。会师楼原为会宁古城西城门，自明代以来称西津门。红军进攻会宁时首先攻开此门，为纪念三大主力红军会师，改名为会师楼。城楼由二层楼亭组成，城墙及城门保存完好。会师塔是为纪念三军会师50周年修建，纪念塔三塔环抱，共10层，第11层封顶，三塔合为一塔，象征三军会师胜利。邓小平同志题写塔名。会师联欢会址原为文庙大殿，红军会师期间，在此举行庆祝联欢会。革命文物陈列馆内列有红军在会宁的数次战斗中遗留下的革命文物，再现当年长征的英雄壮举。将帅碑林建于1996年红军会宁会师60周年之际，碑林由老一辈无产阶级革命家毛泽东、周恩来、朱德、刘少奇、邓小平等的题词组成。

会师园是省级文物保护单位,是全国百个爱国主义教育基地之一。

0632 南关清真寺

地　　点：白银市会宁县南关
管理单位：白银市宗教局
当前用途：公共建筑
建造时间：2006 年
简　　介：南关清真寺为钢筋混泥土结构,面积 1450 平方米。为宗教活动场所。

0633 东河桥

地　　点：白银市会宁县长征南路
管理单位：会宁县交通局
当前用途：公共建筑
建造时间：1999 年
简　　介：会宁县东河桥全长 80 米,桥面宽 18 米,建筑面积 1440 平方米,桥身为混凝土浇筑。

0634 万寿寺大殿

地　　点：白银市会宁县东山
管理单位：会宁县宗教局
当前用途：宗教建筑
建造时间：2012 年
简　　介：万寿寺始建于唐贞观年间,2012 年新殿落成。建筑面积 1000 平方米,为宗教活动场所。

0635 玄帝宫

地　　点：白银市会宁县东山
管理单位：会宁县宗教局
当前用途：宗教建筑
建造时间：2010 年重修
简　　介：玄帝宫建筑面积 600 平方米,为宗教活动场所。

0636 吴家川战役遗址纪念碑

地　　点：白银市靖远县刘川乡刘川工业园
管理单位：靖远县园林局
当前用途：公共建筑
建造时间：2012 年
简　　介：吴家川战役遗址——西征公园现建成"中国工农红军西路军纪念碑"一座,纪念碑高 15.36 米,代表西征的时间是 1936 年,中国共产党刚好成立 15 年;纪念碑主体由三个梯形体呈 60° 夹角凝集而成,代表参加西征的团结英勇的红五军、九军、三十军；纪念碑底座高 2.18 米，代表 2.18 万渡河西征的勇士；上下纪念碑平台的台阶均为 11 阶，代表红军长征经过了 11 个省，西路军经过了甘肃 11 个县的艰苦征程。

0637 靖远黄河铁桥

地　　点：白银市靖远县城西北

管理单位：靖远县铁路局

当前用途：公共建筑

建造时间：1959 年

简　　介：黄河铁桥架于靖远县城西北石板沟口与红嘴子之间的黄河上，是甘肃境内第一座公路、铁路两用大桥。桥为 1 孔 32 米 +3 孔 64 米的栓焊连续工字钢架及 3 孔 31.7 米的予应力钢筋混凝土"T"梁组合桥，即为 3 孔 64 米下承平列式公路、铁路两用桁梁，3 孔 32 米上承板梁（铁路），3 孔 33 米予应力钢筋混凝土梁（公路），主河槽置 64 米桁梁，全桥共 6 墩 2 台，净跨 60 米，净空 9 米，长 350.28 米。路堤基部最高洪水位以下采用渗水土壤填筑，石板沟河地段路基工程 16.6 万立方米，平均每千米 22.4 万立方米。1959 年 4 月开工，1971 年建成通车。

0638 平堡吊桥

地　　点：白银市靖远县平堡乡政府东 1 千米

管理单位：靖远县平堡乡

当前用途：公共建筑

建造时间：1968 年

简　　介：又名"东方红桥"，1968 年初建，1970 年建成。上部结构为加劲式钢桁架吊桥，主桥 1 孔 133 米，引桥 3 孔各 17 米，引桥及主桥桁架高 1.7 米，均用钢架铆接构成。纵横梁与桥面为木结构体。桥东、西两头各建一索塔（龙门架），高 15 米，用钢筋混凝土浇筑而成，上有"东方红"题字及红五角星图案。下部构造为重力式浆砌片石引桥墩台与钢筋混凝土主桥墩。主桥墩河床底面距桥面 8.04 米，其基础为埋置式。桥梁全长 192.4 米，桥面净宽 4 米，两边的人行道各宽 0.8 米。

0639 靖远县鹿鸣园

地　　点：白银市靖远县县城中心、钟鼓楼北侧

管理单位：靖远县新城区园林局

当前用途：公共建筑

建造时间：1997 年

简　　介：占地面积 1.36 万平方米。2010 年改造。由兰州园林规划设计院规划设计，利用原有园内特色景观，以"以人为本、以园为主、以绿为景、以鹿为魂"的理念，对园内文化长廊、鹿群雕塑进行保留，并围绕鹿群雕塑向周边展开路面铺装和景观布置。改造后的鹿鸣园，与钟鼓楼、商业步行街、意大利风情街组成靖远县城中心集文化、购物、餐饮、休闲、娱乐、健身于一体的建筑景观群。

0640 靖远县人民广场

地　　点：白银市靖远县新城区

管理单位：靖远县城市投资公司

当前用途：公共建筑

建造时间：2009 年

简　　介：靖远县人民广场是靖远县地标性建筑，也是全县最大的应急避难场所。占地面积 86 000 平方米。广场整体布局融现代园

林绿化艺术、建筑小品、城市雕塑、现代大型音乐喷泉、艺术照明景观、观赏展览、娱乐休闲于一体，按功能可分为"一心一轴四片区"。"一心"指广场中心位置的明珠广场。"一轴"指用地北侧行政审批中心、广场中心音乐喷泉、广场舞台雕塑之间的主要控制景观轴线。"四片区"指中心广场区、文化娱乐区、地域特色区和运动休闲区。广场地面全部采用 87.5px 防滑型花岗岩铺设，水体面积 2100 平方米，绿化率 54%。大型灯光音乐喷泉直径 42 米，最高喷出水柱 30 米。广场设有文化柱 12 根，排列呈双手环抱状，环绕寓意"黄河明珠"的中心广场。

0641 景泰县博物馆

地　　点：白银市景泰县一条山镇东街 32 号
管理单位：景泰县文广局
当前用途：公共建筑
建造时间：2009 年
简　　介：景泰县博物馆占地面积 2000 平方米，馆舍建筑面积 1500 平方米，其中展厅面积 420 平方米，博物馆现有藏品 900 余件，展厅展出精品文物 200 多件，其中景泰岩画、新石器时期的石棺墓葬、马家窑半山类型的彩陶罐、西夏经文、元代铜塔、明代祖师神龛等具有很高的观赏价值。

（九）平凉市

0642 世纪金鼎购物广场

地　　点：平凉市区南门什字

管理单位：平凉市工商局

当前用途：公共建筑

建造时间：2008 年

简　　介：该广场是全市经营规模和容量较大的综合性消费中心，总投资 9400 万元，13 层，总建筑面积 4.7 万平方米。包括集商贸、餐饮、休闲、娱乐、会展、商务办公于一体的综合大厦、停车场和地下商贸步行街，被市政府确定为代表平凉形象的标志性建筑之一。

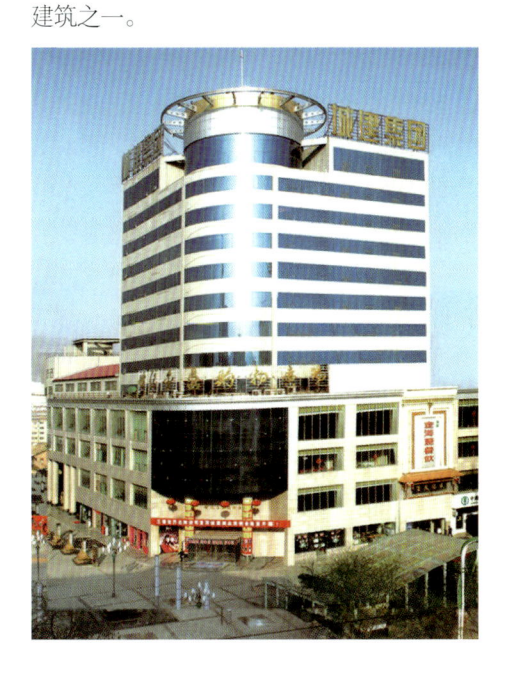

0643 新世纪购物广场

地　　点：平凉市区新民中路

管理单位：平凉市工商局

当前用途：公共建筑

简　　介：该广场总占地面积 5783.4 平方米，建筑面积 2.8 万平方米。2007 年 11 月正式运营，有 6 个经营楼层。

0644 平凉华辰大酒店

地　　点：平凉市崆峒区崆峒东路 9 号

管理单位：甘肃煤田地质局一四六队

当前用途：公共建筑

建造时间：2007 年

简　　介：华辰大酒店是平凉市首批四星级酒店之一。2010 年 4 月被甘肃省旅游局评定为"绿色旅游饭店"。酒店占地面积 7205 平方米，建筑面积 10 000 平方米。主楼高七层，其中一层为服务大厅、商务中心、大堂吧、KTV 娱乐中心、旅行社等综合服务设施；二层为餐厅；三至七层为住宿客房；辅楼设茶楼、洗浴中心。

0645 平凉广成大酒店

地　　点：平凉市崆峒区崆峒山下
管理单位：平凉市工商局
当前用途：公共建筑
建造时间：2007年
简　　介：平凉广成大酒店是一家集温泉水疗、商务会议、文化研讨、教育培训、住宿餐饮、旅游休闲于一体的生态旅游大酒店。酒店共分为五大功能区：酒店公共区、客房住宿区、餐饮服务区、康乐洗浴区、健身运动区。酒店公共区集餐饮、会议、培训、住宿为一体。酒店总投资6.58亿元，总占地29万平方米，总建筑面积5.8万平方米。整体建筑物外立面设计为三层坡屋面，体现平凉悠久的历史文明和崆峒山"天人合一"的道教文化底蕴。

0646 回中广场

地　　点：平凉市泾川县城
管理单位：泾川县城市管理行政执法局
当前用途：公共建筑
建造时间：2008年
简　　介：回中广场总面积7.8万平方米，投资3000多万元，分为市民广场和水景观演区两个功能区。建成市民广场、音乐喷泉、中心水景池、木栈道、图腾柱、浮雕墙等工程，广场绿地面积1.2万平方米。是举办文艺演出、群众体育、科普展览、露天电影等文化活动的重要场所。

0647 成纪文化城

地　　点：平凉市静宁县中街
管理单位：静宁县旅游局
当前用途：公共建筑
建造时间：1996年
简　　介：成纪文化城是静宁县重要文化基础设施和旅游景点之一，由中国工程设计大师任震英和高级设计师左国保等专家设计。文化城主要建筑为秦汉建筑风格。总规划面积4.4万平方米，建筑面积1.8万平方米，概算总投资1580万元。包括伏羲纪念馆、文化馆、图书馆、博物馆、档案馆、文化局、旅游局、档案局、成纪文化研究院、成纪画院、成纪名特产陈列院。2008年投资136万元，按照《成纪历史人物纪念馆设计方案》建成东西展馆，完成李世民馆、李广馆、李白馆、秦汉人物馆、抗金名将馆、清民国人物馆的建设。

（十）庆阳市

0648 周祖雕像广场

地　　点：庆阳市西峰城北
管理单位：西峰区市政局
当前用途：公共建筑
建造时间：2010年
简　　介：位于庆阳市区北部西庆公路与城北大道和西环路交汇处附近，占地总面积约61万平方米。分为下沉戏剧广场、水景文化广场、山丘林地区、康体活动区、沿路绿化景观区。

0649 关中特区苏维埃政府旧址

地　　点：庆阳市正宁县五顷塬乡南邑村
管理单位：正宁县五顷塬乡政府
当前用途：公共建筑
建造时间：1936年
简　　介：现有院落1处，窑洞8孔。2009年进行了维修保护，2010年6月修复竣工、布展并对外开放。窑洞内现有展牌35面，收集文物80多件。2013年修复保护窑洞7孔，崖面1200平方米，安装门窗26件，砖铺地面100平方米，征集文物5件。建设完成混凝土道路700米，停车场1000平方米，设计浮雕墙200平方米。2011年被省委宣传部命名为"甘肃省爱国主义教育基地"，2012年被市纪委、市监察局命名为"庆阳市级廉政教育基地"。

0650 老城烈士陵园

地　　点：庆阳市合水县老城镇
管理单位：合水县民政局
当前用途：公共建筑
建造时间：1955年
简　　介：原址在现在合水二中对面，1979年迁至现址，占地面积23万平方米，安葬革命烈士遗骸153穴。2004年进行维修扩建。先后投资200多万元，修建烈士纪念碑一座，集中树立散葬烈士墓碑106座，修建上山公路2千米，平台一处，平台到墓区铺砌石条台阶265个，缓歇台4个，修建仿古城墙 300 米，仿古凉亭 2 座，老城战斗纪实石碑一座，牌楼式大门 1 座，硬化老城镇街道至陵园道路 370 米，加固陵园护坡 38 米，安装路灯 7 盏，修筑排水渠 2 条，栽植油松 1.5 万株，并对纪念碑四周进行绿化。维修扩建后的老城烈士陵园是一所集纪念、教育、宣传为一体的公园式陵园和爱国主义教育基地。

0651 秦直道山庄

地　　点：庆阳市合水县太白镇
管理单位：合水县旅游局
当前用途：公共建筑
建造时间：2002 年
简　　介：秦直道山庄位于秦始皇修筑的南起咸阳云阳、北抵内蒙九原的历史遗迹——秦直古道之傍，因此得名。秦直道山庄占地 6400 平方米，建筑面积 2430.51 平方米，建有两层单体仿古小别墅四栋、三层戴帽单面仿古服务楼一栋、茅草屋一座、大门及观景亭等，总投资 1140 万元。是集会议、客房、健身房、大小餐厅、服务台、办公室、购物洗浴等于一体的游乐、休闲、度假、避暑场所。

0652 合水县烈士陵园

地　　点：庆阳市合水县西华南街
管理单位：合水县民政局
当前用途：公共建筑
建造时间：1955 年
简　　介：原址在县城西华街中心什字西北角，1973 年迁到现址西华池镇唐沟圈村民小组。陵园现占地 1.1 万平方米，建有骨灰厅 1 座、仿古单顶六角亭 2 座、四角亭 1 座、曲径文化回廊 45 米，绿化园地 6080 平方米，埋葬烈士遗骸 165 穴，平均每年接待参观及凭吊者 1.5 万人（次），开展爱国主义教育 12 次。建国以来多次改扩建。是集纪念、教育、宣传为一体的公园式陵园和爱国主义教育基地。

0653 黄河古象森林公园

地　　点：庆阳市合水县
管理单位：合水县林业局
当前用途：公共建筑
建造时间：2013 年
简　　介：公园规划总面积 333 万平方米，计划总投资一亿元，分二期完成，一期工程已基本完成；二期工程预计投资 8200 万元，主要建设岳王阁、古象群、石塔、两个中型水坝、园内配套道路、吊桥、黄河古象出土地修复及绿化等工程，计划"十三五"末完成全部建设内容。

0654 南区广场

地　　点：庆阳市合水县南区文化广场

管理单位：合水县市容局

当前用途：公共建筑

建造时间：2012 年

简　　介：合水县休闲文化广场是集休闲、文化、娱乐为一体的综合性广场。占地 3.4 万平方米，总投资 3200 万元。整个广场主要为"一轴两翼四片区多节点"的空间结构布局，"一轴"包括中信景观轴；"两翼"为两侧活动休闲及展示区；"四片区"为入口县志景观展示区、黄河雕塑景观区、"红绸子"活动休闲区、民俗文化展示区；"多节点"为入口前广场石刻文化展示空间、轴线两侧石刻结合旱喷景观空间、民居展示空间、体育健身空间、儿童活动空间等。

0655 陇东石刻艺术博物馆

地　　点：庆阳市合水县乐蟠西路北侧

管理单位：合水县博物馆

当前用途：公共建筑

简　　介：博物馆于 2003 年 2 月 25 日开工建设，2004 年 10 月 18 日竣工验收，2004 年 10 月 22 日举行落成庆典并正式开放展览。总占地面积 3.2 万平方米，建筑面积 3911 平方米。总投资 2280 万元。2007 年被评为国家 3A 级旅游景区，2008 年被评为国家首批免费开放的博物馆之一。馆内已建成仿明清古建风格山门、单檐殿、重檐殿、双层殿、侧展厅、碑亭、碑廊、黄河古象展厅、塔儿湾宋塔及地宫、办公楼等。重檐殿内有 4.6 米的汉白玉佛像，双层殿内雕有 3.6 米高的汉白玉观音像。共有国家三级以上文物 709 件，各类石刻总数 436 件。还珍藏有不同时期的陶器、铜器、瓷器、玉器、皮影、化石等文物。

0656 潜夫山公园

地　　点：庆阳市镇原县城北山

管理单位：镇原县潜夫山管理委员会

当前用途：公共建筑

建造时间：1987 年

简　　介：为纪念东汉末年著名思想家、政论家王符而建。王符号潜夫，被尊称为王潜夫，潜夫山因此而得名。公园建筑面积 1.2 万平方米。

0657 八珠革命遗址纪念馆

地　　点：庆阳市环县八珠乡八珠塬村
管理单位：环县博物馆
当前用途：公共建筑
保护级别：县级
建造时间：1934 年
简　　介：2007 年维修革命旧址 3 处，建陈列馆，展出革命文物百余件（张）。2011 年修建占地 1.3 万平方米的八珠红色革命纪念馆、红色碑廊、凉亭、花园、停车场及配套设施建设，并对现保留的 7 孔窑洞进行维修保护。

（十一）定西市

0658 安定区玉湖公园

地　　点：定西市安定区永定路

管理单位：安定区园林绿化管理局

当前用途：公共建筑

建造时间：2000年

简　　介："玉湖公园"占地约10万平方米，建筑面积6554平方米，建成玉湖及玉湖楼、凤城龙门、飞虹桥等景点28个。另有儿童乐园和部分仿古楼阁。

0659 福台墩

地　　点：定西市安定区新城区

管理单位：安定区园林绿化管理局

当前用途：公共建筑

建造时间：2010年

简　　介：距定西火车站西北约3里、关川河西岸。据说元末明初（1370年）明朝名将徐达和元军扩廓帖木儿决战于沈儿峪，两军对垒时徐达修筑"中山垒"（福台墩），据载：中山垒高约10米，顶面积约500平方米，上可坐千人，下可屯万骑。相当于军事指挥所，另有扩廓帖木儿所修的"将台"（在今鲁家沟将台河）遗迹尚存。此地是否为中山垒所在地，因史料有限，无法佐证。城市建设中将其作为关川河景观带一部分加以保护扩建，建筑面积500平方米，在当地具有一定的地标性。

0660 恒发国际大酒店

地　　点：定西市陇西县巩昌镇崇文路中段南侧

管理单位：甘肃恒发房地产开发有限公司

当前用途：公共建筑

建造时间：2010年

简　　介：该建筑为现代高层建筑，是集餐饮、住宿、娱乐为一体的旅游商务会议型酒店，为四星级酒店，建筑面积16 697平方米。

0661 李氏文化一条街

地　　点：定西市陇西县巩昌镇龙宫步行街
管理单位：陇西航龙置业有限公司
当前用途：公共建筑
建造时间：2008年
简　　介：该街长约1000米，宽120米，建筑面积201 043平方米，是集文化、旅游、餐饮、娱乐、休闲、购物、商业、住宅为一体的综合性街区，是海内外李氏宗亲寻根祭祖以及社会各界人士观光旅游的圣地。

0662 陇西县博物馆

地　　点：定西市陇西县巩昌镇北关龙宫路
管理单位：陇西县文广局
当前用途：公共建筑
建造时间：1996年
简　　介：陇西县博物馆总占地约5000平方米，总建筑面积为4808平方米。现有馆藏文物4025件，其中一级文物4组6件，二级文物55件，三级文物400件，一般文物3964件。

0663 华盛国际大酒店

地　　点：定西市陇西县人民广场北侧
管理单位：陇西县华盛房地产开发有限责任公司
当前用途：公共建筑
建造时间：2011年
简　　介：该建筑主楼共22层，建筑面积27 886平方米，是集商住、餐饮、会议、休闲娱乐为一体的准五星级旅游饭店，是陇西县标志性建筑。

0664 陇西大酒店

地　　点：定西市陇西县巩昌镇东城路西侧，金宝路北侧
管理单位：甘肃恒生商贸有限责任公司
当前用途：公共建筑
建造时间：2007年
简　　介：该建筑为现代高层建筑，建筑面积13 421平方米，是陇西首家三星级商务酒店，集餐饮、住宿、娱乐、会议为一体，为陇西县标志性建筑。

0665 甘肃陇西中医药展贸城

地　　点：定西市陇西县文峰镇长安路南侧，开发区西区

管理单位：陇西神农文峰房地产开发有限公司

当前用途：公共建筑

建造时间：2010年

简　　介：该建筑是集药业采购销售、中药材现货交易、中医药文化展览、信息发布、旅游观光、仓储物流等六大功能于一体的中医药商业集合体，是全国第二大中药材专业批发市场，建筑面积5.9万平方米。

0666 开颜阁

地　　点：定西市岷县二郎山省级森林公园

管理单位：二郎山管委会

当前用途：公共建筑

建造时间：2006年

简　　介：开颜阁是岷县标志性建筑之一，被市宣传部命名为"爱国主义教育基地"和"国防教育基地"。开颜阁是传统六角阁亭建筑风格，高三层，建筑面积450平方米，内设二郎山战役简介、"岷州会议"简介等资料及照片。为纪念红军长征成功翻越岷山而建，其名来源于毛泽东诗词"更喜岷山千里雪，三军过后尽开颜"之意。2014年对开颜阁及其周边场地进行了维修修缮，并硬化8000平方米的场地。

0667 岷县当归城

地　　点：定西市岷县

管理单位：岷县工商局

当前用途：公共建筑

建造时间：2006年

简　　介：当归城是西北最大的集药交中心、加工中心、仓储中心、货运中心、信息中心、会展中心、渡假中心、服务中心为一体的多功能综合性的中药材经济开发区。总投资5亿元。项目总规划26.7万平方米，建筑面积3.5万平方米。

（十二）陇南市

0668 "5·12"主题纪念园
地　　点：陇南市武都区东江新区
管理单位：陇南市信通城市经济发展有限责任公司
当前用途：公共建筑
建造时间：2011年
简　　介：纪念园占地面积61 600平方米，其中园林绿化29 600平方米，广场铺装32 000平方米，栽植各类乔灌木3万多株，以建民大桥为界分为东西两个区域：西区以灾难、纪念为主题，以一个中心雕塑和八个浮雕板块再现"地震灾情""抗震救灾""万众一心""大爱无疆""建设家园"等场景，并通过龙柏、雪松等常青树种和广玉兰、金边黄杨等白色、黄色开花树种衬托和营造出园区庄严肃穆、缅怀同胞的氛围。东区突出希望主题，通过希望广场和外围高大浓绿的乔、灌木林带，形成向心力和围合感，寓意灾区人民在全国人民的关心和支持下，逐渐走出地震灾难的阴影，重建家园，走向美好未来。"5.12"主题纪念园于2011年5月12日正式开园。

0669 成洲国际大酒店
地　　点：陇南市西滨河路
管理单位：成洲国际大酒店
当前用途：公共建筑
建造时间：2002年
简　　介：该酒店建筑面积10 500平方米，是一家集餐饮、住宿、会议、桑拿建设为一体的四星级涉外酒店。酒店为9层框架结构，设有客房部、餐饮部、洗浴中心、KTV等娱乐服务设施。

0670 两当兵变纪念馆
地　　点：陇南市两当县城区
管理单位：两当县文体局

当前用途：公共建筑

建造时间：2013 年

简　　介：该馆为纪念"两当兵变"而建。纪念馆为主体一层、局部二层建筑。工程设计主要有序厅、两当起义人物展区、起义事件展区、红色革命展区、多媒体厅、贵宾接待室、旅游用品商店、消防监控室、配电间、办公室、文物修复室、卫生间等功能。室内装饰以红色文化元素为主，布置浮雕、天花吊顶、干挂石材墙面、胶贴石材地面、玻璃幕墙、石材幕墙、铝单板封檐等。纪念馆室外景观按"两轴、四区"进行布局，主轴为纪念馆的中轴线，次轴与主轴垂直，并联系前广场两侧休闲绿地，四区分别为在主轴线上布设的入口前广场、中心广场和在次轴线上布设的休闲区、周边绿化区。

0671　秦文化博物馆

地　　点：陇南市礼县城关镇东新南路开发区秦人广场

管理单位：礼县文物局

当前用途：公共建筑

建造时间：2008 年

简　　介：秦文化博物馆总占地面积约43 864.7 平方米，总建筑面积为 20 533 平方米。其中博物馆主体建筑面积 8350 平方米，包括展厅、会议室、库房、学术厅等。总投资 3690 万元。建筑特色体现古朴、雄浑的先秦建筑风格。

0672　康县全民健身中心

地　　点：陇南市康县方家坝新区

管理单位：康县文体局

当前用途：公共建筑

建造时间：2010 年

简　　介：康县全民健身中心属中央灾后重建基金项目，总投资 800 万元，建筑面积 3749.8 平方米，为三层全框架结构建筑，总高度为 11.25 米。内设室内篮球场、排球场、羽毛球场、健身房等功能用房和设施。

0673　康县影剧院

地　　点：陇南市康县方家坝新区

管理单位：康县文体局

当前用途：公共建筑

建造时间：2013 年

简　　介：康县影剧院为戏剧院和城市数字化电影院整合项目。该项目总投资 4250 万元。该项目占地面积 20 000 平方米，总建筑面积 7800 平方米，其中广场面积 10 000 平方米，室内设观众座位席 600 座，为四层框架结构和轻型钢结构建筑，内设观众厅、排练室、大小数字化电影厅。

0674　康县陇南根据地纪念馆

地　　点：陇南市康县白云山

管理单位：康县陇南根据地纪念馆

当前用途：公共建筑

简　　介：康县陇南根据地纪念馆于 2010 年 4 月开工建设，2012 年 6 月全面完成主体及内外装饰，总建筑面积 4339 平方米，总投资 3888 万元，4 层框架结构，内设综合展厅、多功能厅、资料室、办公室、会议室、办公用房等设施。纪念馆陈列布展分为序厅、1 决策、2 足迹、3 激流、4 火种等单元，采用雕塑、图文展版、文物史料、绘画、照片、场景模型、视频播放、多媒体声光电、投影、解说等多种形式回顾了康县的革命历史，集中展现红军长征在康县建立陇南根据地的不朽功绩。

0675 文化大厦

地　　点：陇南市康县方家坝新区
管理单位：康县文体局
当前用途：公共建筑
建造时间：2011 年
简　　介：康县文化大厦（康县文化图书博物馆大楼），由文化馆、图书馆、博物馆三个项目整合建设，为中央灾后恢复重建基金项目。该项目总投资 1461 万元，占地面积 10 000 平方米，总建筑面积 5909.25 平方米，总高度 31.05 米，八层框架结构建筑，内设公共大厅、展厅和图书馆、文化馆、博物馆、白云书画院业务用房等设施。

0676 康县非物质文化遗产传习所

地　　点：陇南市康县白云山公园内
管理单位：康县文体局
当前用途：公共建筑
建造时间：2011 年
简　　介：康县非物质文化遗产传习所占地面积 6000 平方米，建筑面积 1000 平方米，项目总投资 370 万元。传习所依山而建，整体建筑风格以康县民间传统四合院民居为原型。2011 年 4 月开工建设，2013 年 8 月完成主体工程，2013 年 11 月完成附属设施建设，征集各类实物、文物 1400 余件。

(十三) 临夏州

0677 大西关清真寺
地　　点：临夏市大西关路15号
管理单位：临夏市宗教局
当前用途：宗教建筑
建造时间：始建于清末，1984年重建
简　　介：大西关寺因地得名，民国十七年（1928年）毁于兵燹，民国二十八年（1931年）重建，1985年被关闭，木器厂占用。"文革"中被拆除，1980年恢复开放，占地面积770.7平方米，1984年重建。礼拜殿为两层集中式，面积441平方米，殿顶呈方形平面，中间凸起圆形拱殿顶，东北南之出檐三出陛，有连通柱廊，前有水泥楼花护拦，尖拱形门窗中间圆拱为穿顶式，无天花遮掩，拱腰一固开窗采光，大殿明间有水泥雕刻对联，南北各有二层楼一栋，大殿对面为东墙，装成一幅影壁，壁端覆瓦起脊，为层楼竭止式。寺门之上为钢混结构五层圆顶式唤礼楼。现占地面积7720平方米，建筑面积14 127.7平方米。

0678 台子拱北
地　　点：临夏市红园路3号
管理单位：临夏市宗教局
当前用途：宗教建筑
建造时间：始建于1760年，1997年重建
简　　介：台子拱北因初建于大拱北西侧台子上，故称"台子拱北"。由韩玉锋初建，建有六卦金顶等主体建筑，民国十七年（1928年）毁于战火，民国二十三年（1934年）重建砖木结构两层六卦金顶，诵经殿，南客厅等，"文革"中建筑被拆除。1985年重建砖木结构两层六卦金顶，古典式南厅5间，砖木结构虎座式大门。1997年又进行重建。院内正北重建三层六卦金顶及诵经殿，金顶东、西侧为历代出家人墓亭，院东、西两面各建有10间起脊阴阳瓦房，南面为5间客厅，西南角为5间二层楼房，全部建筑采用中国古典式砖木结构。现拱北占地面积约3500平方米，总建筑面积约550平方米。

0679 太太拱北
地　　点：临夏市北宁路11号
管理单位：临夏市宗教局
当前用途：宗教建筑
建造时间：始建于1712年，1996年重修

简　　介：拱北几经历史变迁，原建筑全部被拆毁。1983年重建，为砖木建筑结构，北至北宁路，东至老拱北及巷道，西和南至居民区。1996年重修，1997年竣工。1999年动工修建"隐贤亭"。

0680　榆巴巴拱北（老拱北）

地　　点：临夏市北宁路9号
管理单位：临夏市宗教局
当前用途：宗教建筑
建造时间：1983年重修
简　　介：民国十七年拱北毁于兵燹，二年后重建。1958年又遭浩劫，被夷为平地。1983年开始先后修建南北八卦墓亭、诵经殿、客房、西楼等，2000年竣工。占地面积约10 000平方米（不包括北宁路巷道）。殿堂面积1097.2平方米，砖木结构。西楼、南楼、北房共计682平方米。厨房、水房、厕所共计345.5平方米。

0681　清真老王寺

地　　点：临夏市八坊街道办事处辖区王寺街72号
管理单位：临夏市宗教局
当前用途：宗教建筑
建造时间：始建于明洪武十年（1377年），1983年重建
简　　介：临夏清真老王寺是八坊十二寺之一，俗传由王氏倡议修建，故名王寺。民国三十七年（1948年）新王寺建立，遂称原寺为老王寺。清乾隆元年（1736年）地方绅士马朝佐出资扩建，翌年竣工，西建宫殿式礼拜殿，南北讲堂对称，唤礼阁飞檐翅角。1928年被焚毁。1933年重建大殿。1944年重建四层六角唤礼楼。1968年"文革"中被拆除。1979年该寺被批准恢复，1983年新大殿竣工。该寺占地4800平方米，建筑总面积4053.92平方米，大殿面积1107.25平方米。新建大殿为典型的庑殿式建筑，俗称"五间转七"，即前面5间卷棚套中间7间歇山式大殿，再套5间后殿，使三组单体建筑有机地连成一个整体。1992年建成幼儿园一所，2003年重建。现有房屋12间。2003年建女校，并重扩建教学楼，建筑面积为1859.75平方米。

0682　清真新华寺

地　　点：临夏市新西路方家河沿73号
管理单位：临夏市宗教局
当前用途：宗教建筑
建造时间：始建于民国三十五年（1946年），

1980年重建

简　　介：新华寺初建有土木结构起脊式礼拜大殿五间，两层四角亭式唤礼楼及学房等，1985年关闭，"文革"中被拆毁，1980年重建，先后建成礼拜大殿、唤礼楼、教学楼、住宿楼及附属建筑，礼拜大殿四面翘角，前为卷棚，后为正殿，单檐硬山顶、面宽五间，占地351平方米。1994年重建的礼拜大殿为两层框架式，方形集中式建筑，面宽七间，前檐饰仿木水泥石花，彩绘重描。门均镶以茶色玻璃，16根彩绘混柱迎门而立，建筑面积约1000平方米，东北处建二层转阁楼20多间，建筑面积300多平方米，顶建四层六角翘式唤礼楼，均为砖混结构，大殿南侧建二层楼房20间，为住宿、净水堂等。寺内有两幅十二米长的槛联。现占地面积1863.2平方米。

0683　清真魁星阁寺

地　　点：临夏市城关陈方村二社
管理单位：临夏市宗教局
当前用途：宗教建筑
建造时间：始建于民国三十五年（1946年），1982年重建

简　　介：魁星阁清真寺大殿为中国宫殿式"三转五"建筑，唤礼楼为两层土木结构，学房5间。"文革"中被拆毁。1982年恢复重建。礼拜大殿为砖木结构起脊式瓦房大三间，建筑面积120平方米，唤礼楼为钢混结构三层六面亭式，1997年重建礼拜大殿，为中国古典"三转五"式建筑，主体为砖木结构，建筑面积200多平方米。

0684　清真新王寺

地　　点：临夏市解放路87号
管理单位：临夏市宗教局
当前用途：宗教建筑
建造时间：始建于1946年，1980年重建

简　　介：清真新王寺与清真老王寺相距50米。1980年重建，占地面积1300平方米，大殿为二层楼，建筑面积773平方米，南面建有三层楼，为宿舍，东面建有净水堂、厨房。

0685　大西关锁麻寺

地　　点：临夏市大西关41号
管理单位：临夏市宗教局
当前用途：宗教建筑
建造时间：始建于清康熙五十八年（1719年），1982年重建

简　　介：系马明心（1719-1781年）故居，

民国六年（1917年）马元章出资主持修建静室及守护房，民国十七年（1928年）被烧毁，民国十九年（1930年）马和主持修建土木结构，寺址占地面积600多平方米，建有砖混结构宫，殿式三转五上下两层礼拜殿及教学楼等附属房层20余间。单流水静室4间，北房3间，东住房4间，南库房3间。1958年关闭，1968年部分建筑被拆除，部分成为居民住房。1982年在原址上重建，现占地665平方米，建有砖混结构平顶大殿一座，大殿两沿上建有小型圆拱顶2个，大殿对面建有砖混结构平顶楼一栋，前出檐，楼上为宿舍和教室，楼下为净水堂、库房等，大殿东侧建砖木结构楼房、教长室，大殿两侧为寺门重檐牌坊式结构，油漆彩绘，门内有砖雕影壁，建有临街铺面20间。1985年修建静室。2000年修建钢筋砖混和木质结构的古典式大殿，建筑面积230多平方米。2006年改扩建教室、宿舍、水房等，建筑面积达750多平方米。

0686 大拱北

地　　点：临夏市红园路
管理单位：临夏市宗教局
当前用途：宗教建筑
建造时间：始建于清康熙五十九年（1720年），1986年重建
简　　介：明末清初，增修、扩建纯木制结构的三层八卦金顶及牌坊门影壁、经堂院、礼拜殿、碑亭、客静室、花园等。包括园林、田亩等地，并建有台子拱北、大太爷拱北、古家拱北、国拱北等，构成具有伊斯兰教风格与中式古典建筑融为一体的古典建筑群，为河州名胜之最，故称尊为大拱北。民国十七年（1928年）毁于战火。1981年由杨世俊主持，耗资三百余万元，于1986年动工，1988年竣工，建成雕梁画栋飞檐翘角青砖碧瓦砖木结构三层八卦金顶，建筑面积168平方米，1988年至1996年建成正门、后门、金顶影壁为砖制一高一低，长27米，中间高16米，砖雕"五老观太"图案等图案。

0687 清真铁家寺

地　　点：临夏市新西路24号
管理单位：临夏市宗教局
当前用途：宗教建筑
建造时间：始建于明朝，1980年重建
简　　介：清真铁家寺为八坊十二古寺之一，初建有礼拜大殿、唤礼楼，礼拜大殿为"五转七"中国古典式建筑，唤礼楼为

三层六角亭式砖木结构。占地面积4600平方米。民国十七年（1928年）毁于战火，后重建，礼拜大殿仍为"五转七"宫殿式建筑，唤礼楼为三层六角亭式结构，南北两侧建客厅10间和净水堂等。"文革"中被毁，1980年重建。礼拜大殿占地600平方米，中心歇山式屋顶，起脊平直，垂脊有势，琉璃瓦绿印蓝天，背顶堆花，宝瓶上托云日，大殿两梢间为平顶，前殿为现代建筑，水磨石方形檐柱。东有教室、住房，楼中端开偏门，上托四层高21米唤礼楼。大殿北侧兴建正门，形为三字华式。另有住房、厨房、净水堂等。

0688 水泉清真大寺

地　　点：临夏市东关街水泉东二巷4号
管理单位：临夏市宗教局
当前用途：宗教建筑
建造时间：始建于清乾隆四十五年（1782年），1981年重建
简　　介：本寺旁边原有一口泉眼，故名水泉寺。民国十七年遭焚毁。1929年重建大殿，占地约350平方米，礼拜大殿为殿宇式建筑风格，1968年被拆除，1981年重建约580平方米的砖木结构礼拜大殿，后续建宣礼塔等。

0689 清真大祁寺

地　　点：临夏市八坊办事处辖区大南巷58号
管理单位：临夏市宗教局
当前用途：宗教建筑
建造时间：始建于明末清初（1460年），1984年重建
简　　介：清真大祁寺地处八坊中心。1984年重建，占地面积5000平方米，大殿、教学楼、净水堂等建筑面积为2604平方米。

0690 清真木场寺

地　　点：临夏市下木场街82号
管理单位：临夏市住建局
当前用途：宗教建筑
建造时间：始建于清初，1983年重建
简　　介：该寺系八坊十二古寺之一。原址在木场尕庄五道坝口，后被大夏河冲毁，寺址迁向西北侧后重建，民国十七年（1928年）再次被水冲毁，民国二十三年迁现址，建筑布局为一进三院，中国古典式土木结构三转

五起存飞檐平角礼拜大殿，木质结构三层六角磨坊亭唤礼楼及土木结构两流水阴阳瓦房北学房和住房各7间，土木结构一流水净水堂7间和厨房5间，小学院落在大殿院两侧，建有土木结构一流水东住房5间、西学房9间，女学院在大殿院西北侧，建有土木结构一流水瓦房6间，1958年被拆除，寺址被生产队占用。1983年在原址建成砖混仿木结构中国宫殿式五转七飞檐翘角红机瓦覆顶大殿，建筑面积400平方米。1985年大殿前方门顶建成砖混结构六角五层飞檐翘角亭式唤楼，1986年建成砖混结构二层教学楼北楼20间，砖木结构一流水东房9间，在大殿西北专设女学堂，建有砖混结构平顶式北楼及砖混结构平顶东房3间。占地217平方米，建筑面积113平方米。

0691 乾元塔

地　　点：临夏市北山公园

管理单位：临夏市宗教局

当前用途：公共建筑

建造时间：始建年代不详，1996年重修

简　　介：乾元塔始建于何时，文献未见著录。1996年重修。现今乾元塔呈八角基座，高45米，共九级，三台通体，为砼框架结构。塔身呈空心，内设钢筋扶梯可直上顶端，以琉璃瓦饰檐，青砖砌壁，座嵌砖雕，三级底座平台以栏相围，冠顶宝瓶，通体八角各悬挂砖雕风铃，八级塔身各开小牖，内取《水浒传》中的七十二名英雄豪杰之像设神七十二座。塔身第一级设有捐资建塔的经过等碑文。

0692 南龙牌坊门（世纪门）

地　　点：临夏市南龙街

管理单位：临夏市住建局

当前用途：公共建筑

建造时间：1999年

简　　介：为单排四柱、五层牌坊、框架式钢筋混凝土结构，砖木雕装饰。长30米，宽3.5米，主楼高16.45米，次楼高12.4米，屋盖采用斗拱结构，玻璃瓦屋顶，牌坊门装饰采用古建筑雕饰彩绘。

0693 红园广场影壁砖雕

地　　点：临夏红园广场北侧

管理单位：临夏州规划局

当前用途：公共建筑

简　　介：砖雕长80米，高7米，总投资195.3万元，于2005年制作完成。整个影壁分三段设计，突出临夏砖雕艺术，砖雕主题为大河之洲，反映黄河三峡风光，两边八幅图分别为松鸣叠翠、莲花露骨、南阳垂虹、高峡平湖、积石雄观、万顷麦浪、太子积雪、红园翠微。大河之洲，取于孔德良《而今黄河更风流》画卷部分。

0694 河沿头拱北

地　　点：临夏市红园新村

管理单位：临夏市宗教局

当前用途：宗教建筑

建造时间：1979 年

简　　介：该拱北建筑面积为 7000 平方米，是州内较大的拱北之一，拱北金顶有古建砖雕两层，木雕两层，共四层，大殿为古建式三间，东房五间，西房五间，内院包括东楼 15 间、西楼 15 间、南楼 12 间，包括水堂、厕所、厨房等。

0695 街子草滩庙

地　　点：临夏市枹罕镇街子村草滩

管理单位：临夏市宗教局

当前用途：宗教建筑

建造时间：1982 年

简　　介：该庙占地面积约 800 平方米，庙内重要建筑有：北面大殿 3 间、财神殿 3 间、东面土地神殿 3 间、厨房 3 间、南面山门 3 间、西面住房 2 间，所有建筑均为土木结构，总建筑面积为 192 平方米。

0696 刘家峡水电站

地　　点：临夏市永靖县刘家峡镇

管理单位：刘家峡水电厂

当前用途：工业建筑

建造时间：1974 年

简　　介：刘家峡水电站是我国第一座完全独立自主设计、施工、安装、管理的百万千瓦级大型水力发电站，总装机容量 135 万千瓦，年发电量 57 亿度，曾雄踞亚洲第一。现已成为黄河三峡风景名胜区内的主要旅游景点。1995 年被中共甘肃省委命名为全省爱国主义教育基地，2004 年被国家旅游局列为全国首批工业旅游示范点，2009 年入选新中国成立 60 周年"百项重大经典建设工程"名录。刘家峡水库蓄水容量达 57 亿立方米，水域面积达 130 多平方千米，呈西南—东北向延伸，达 54 千米。拦河大坝高达 147 米，长 840 米，大坝下方是发电站厂房，在地下大厅里排列着 5 台大型发电机组，总装机容量为 122.5 万千瓦，达到年发电 57 亿度的规模。刘家峡水电站主要有挡水建筑物、泄洪建筑物和引水发电建筑物三部分组成。设计灌溉面积 0.3 万平方米/小时。混凝土宽缝重力坝，最大坝高 55 米，水库总库容 2.79 亿立方米，水电站装机容量 35.2 万千瓦，年发电量 22.8 亿千瓦/小时。

0697 和政县古动物化石博物馆

地　　点：临夏市和政县梁家庄
管理单位：和政县博物馆
当前用途：公共建筑
简　　介：该馆是国家二级博物馆，分一期馆和二期馆两个部分，占地面积4.3万平方米，建筑面积8000平方米。馆藏各类古动物化石30 000多件。

0698 清虚塔

地　　点：临夏市和政县清虚观
管理单位：和政县宗教局
当前用途：公共建筑
建造时间：2011年
简　　介：仿古典明清风格，框架结构，六角九级塔一座，塔基12.3米塔身主体高51.6米。第一层直径8.8米，层高5.9米，二层以上直径和层高逐级递减。塔基四周安装狮子头汉白玉栏杆，踏步及地面铺设花岗岩，塔体照明亮化，建筑面积730平方米。

0699 城隍庙

地　　点：临夏市和政县清虚观
管理单位：和政县宗教局
当前用途：公共建筑
建造时间：1987年重修
简　　介：该城隍庙属三间转五、四翘阁，庙檐廊近深6米，6根廊柱用金黄色度光铁皮包裹，隍庙靠西建有冥府十殿，五间转七、两翘阁。隍庙对面建有戏楼一座，三间转五，圆脊六架四翘阁，属砖混加木顶式建筑，东西下坡有对称式山门一座，三间转五、四翘阁，观顶重建钟楼两座，均属十二翘阁，还有僧舍厢房等十余处，建筑面积185平方米。以上各式建筑都属明担架斗拱。

0700 松鸣岩大殿

地　　点：临夏市和政县松鸣镇
管理单位：和政县景区管理局

当前用途：公共建筑

建造时间：1985年重建

简　　介：松鸣岩佛寺初建于明永乐二年至正统二年(1404-1437年)，系河州都督刘昭自捐俸银并倡导民众捐钱修建，至清同治年间，先后建起大殿、二殿、三殿、玉皇阁、圣母宫、南无台及西方顶等处的殿宇，后来这些建筑大多毁于战乱，到民国十八年（1929年）建县时无一保存。1985年原址重建大殿、独岗寺、山门等，建筑面积120平方米。

（十四）甘南州

0701 舟曲县 8.8 泥石流抢险救灾纪念馆

地　　点：甘南州舟曲县城关镇南门
管理单位：舟曲县文广局
当前用途：公共建筑
建造时间：2011 年
简　　介：纪念馆占地面积 6535 平方米，建筑面积 1746 平方米，展厅面积 420 平方米，馆藏各类文物 143 件。举办有"甘肃舟曲特大山洪泥石流抢险救援纪念展"一个基本陈列，展览利用声、光、电等现代高科技水平和大量照片、实物、史料等，还原当时抢险救灾的真实场景，反映党和国家领导人及社会各界对舟曲救灾的关怀和支持，展示中华民族万众一心、共克时艰的坚强意志，弘扬伟大的抢险救灾精神。2011 年被中央宣传部特批为全国爱国主义教育示范基地。

0702 舟曲县非物质文化博物馆

地　　点：甘南州舟曲县峰迭新区
管理单位：舟曲县文广局
当前用途：公共建筑
建造时间：2011 年
简　　介：舟曲县非物质文化博物馆属 8.8 泥石流灾后重建的重要标志性建筑，建筑面积 8439 平方米。博物馆外观大角度坡屋面，白墙粉刷与底层毛石墙面的使用具有地域性。

0703 舟曲县民俗博物馆

地　　点：甘南州舟曲县春江广场人民会堂四楼
管理单位：舟曲县文广局
当前用途：公共建筑
建造时间：2006 年
简　　介：博物馆展厅面积 2400 平方米，馆藏各类文物 85 件，其中珍贵文物 19 件，以民族民俗文物为馆藏特色。举办有"舟曲境内出土文物和非物质文化遗产成果展"一个基本陈列。

0704 杨积庆烈士纪念馆

地　　点：甘南州卓尼县柳林镇

管理单位：卓尼县文广局

当前用途：公共建筑

建造时间：1998年

简　　介：纪念馆占地面积2000平方米，建筑面积600平方米，展厅面积420平方米，馆藏革命文物124件。举办有"杨积庆烈士事迹展"一个基本陈列。

0705 清真华大寺

地　　点：甘南州临潭县城关镇

管理单位：临潭县伊斯兰教寺管会

当前用途：宗教建筑

建造时间：始建于明洪武十三年（1380年），1985年重修

简　　介：临潭县清真华大寺，原名洮州礼拜寺，始建于明朝洪武十三年（1380年）。该寺初建时在洮州城中心，占地面积10 000平方米。历史上几经被毁，几经重修。1985年完工的大殿主体工程为混泥土结构，高26.5米，分为三层。一层为库房，高4米，面积为1000平方米；二层为礼拜大殿，高4米，殿内仅立两根大理石柱子，面积为1000平方米；三层圆顶高15.5米，面积为200平方米。1995年修建的南楼两层共14间，一层为大小净室及锅炉房，二层为教室。2002年维修北学堂和大门，总建筑面积为3568平方米。另有水房、学堂、讲经堂、宿舍等。

0706 慈云寺

地　　点：甘南州临潭县城关镇

管理单位：慈云寺管委会

当前用途：宗教建筑

建造时间：1997年

简　　介：寺院修有大殿五间，东西各三间偏殿，并有三间山门佛殿，占地面积3000平方米。大殿内供有兰州市佛协赠送的重约一吨的缅甸玉观世音佛一尊，另塑有释迦牟尼佛像。

0707 新城镇紫蟒山风景区

地　　点：甘南州临潭县新城镇

管理单位：临潭县新城镇

当前用途：公共建筑

建造时间：1988年

简　　介：紫蟒山风景区因远观形似螃蟹而得名，又名"雷祖山"。从1988年起兴建，前后兴建4次。1988年完成"玉清宫"主殿、戏台工程。第二期完成山门、两廊、厨房工程。三期完成了财神殿、各殿神像彩塑、灵官殿、客房等工程。四期完成了牌坊、客厅、台阶、各殿重画等工程，建筑面积5000平方米。

0708 东明山

地　　点：甘南州临潭县城关镇东明山
管理单位：临潭县住建局
当前用途：公共建筑
建造时间：始建于明初，2012 年扩建
简　　介：东明山俗称"拾儿山"，主要由山门、娘娘殿、魁星阁等组成，建筑面积6000 平方米，属于临潭县标志性建筑。

0709 洮州民俗博物馆

地　　点：甘南州临潭县冶力关镇黄龙山
管理单位：临潭县文广局
当前用途：公共建筑
建造时间：2004 年
简　　介：该馆是全县重要的文物收藏、保护、研究、展示机构及全州爱国主义教育基地，总占地面积 3400 平方米，建筑面积 670 平方米，其中展厅面积 586 平方米，内设"民族服饰""农耕文化和游牧文化""肋巴佛纪念厅""名人字画""根雕、刺绣及摄影"等五个展厅，现有馆藏文物 800 多件（套），重要革命文献资料 20 多件（套）。2011 年免费开放。

0710 临潭县革命纪念馆

地　　点：甘南州临潭县新城镇
管理单位：临潭县文广局
当前用途：公共建筑
建造时间：1991 年
简　　介：纪念馆占地面积 4200 平方米，建筑面积 2000 平方米，展厅面积 400 平方米，馆藏革命文物 37 件。举办有"馆藏革命文物展"一个基本陈列。

0711 毛主席在迭部雕塑

地　　点：甘南州迭部县
管理单位：迭部县住建局
当前用途：公共建筑
建造时间：2011 年 7 月
简　　介：雕塑高 15 米、宽 11 米，画面集中展现红军长征时期毛主席与藏族老阿爸、小女孩、藏族妇女、青年在一起的生动场景，再现当年红军长征时毛主席和迭部人民在一起的感人画面，充分表现了毛主席永远活在迭部人民心中和长征精神薪火不息、代代相传的主题。揭幕仪式后，还举行了中国工农红军甘肃迭部腊子口红军小学授旗、授牌及迭部县腊子口战役纪念馆爱国主义教育基地授牌和捐赠活动。该铜像雕塑规模大，人物形象生动。

0712 迭部腊子口战役纪念馆

地　　点：甘南州迭部县腊子口

管理单位：迭部县人民政府

当前用途：公共建筑

建造时间：2005 年

简　　介：2009 年，迭部腊子口战役纪念馆被公布为全国爱国主义教育示范基地。占地面积 12 000 平方米，建筑面积 3657 平方米，展厅面积 2000 平方米，馆藏革命文物 303 件。举办有"历史和红色革命文物展"一个基本陈列。

0713 迭部县文化馆

地　　点：甘南州迭部县中心广场东侧

管理单位：迭部县文化馆

当前用途：公共建筑

建造时间：2007 年

简　　介：该馆建于 2007 年 11 月，2008 年 12 月竣工，2011 年 6 月投入使用。建设规模为六层框架结构，建筑面积为 3966 平方米，高 21.6 米，长 50 米。文化馆大楼是集文化馆、图书馆、博物馆于一体的综合性办公楼。设有成人阅览室、少儿阅览室、电子阅览室、文化讲座室、文化娱乐室、舞蹈综合排练室。

0714 迭部县藏族中学大门

地　　点：甘南州迭部县腊子口路

管理单位：迭部县教育局

当前用途：公共建筑

建造时间：1984 年

简　　介：大门高 10 米，宽 20 米，在墙壁上方绘以吉祥图案，或者画蓝、绿、红三条色带，以寓意蓝天、土地和大海，门上或绘制日月祥云图，在当地具有一定的标志性。

0715　夏河烈士陵园

地　　点：甘南州夏河县拉卜楞镇来周村西
管理单位：夏河县人民政府
当前用途：公共建筑
建造时间：1966年
简　　介：1958年3月在全州发生武装叛乱，3月下旬兰州军区组成甘南平叛指挥部，开展平叛。平叛结束后许多烈士就地安葬。1966年夏河县政府在拉卜楞镇来周村西1000米原甘南师范西边，安葬了平叛牺牲的解放军官兵17人。现今被夏河县县委定为"全县爱国主义宣传活动基地"之一。

0716　桑科水电站

地　　点：甘南州夏河县桑科乡地仓村东
管理单位：甘南供电公司
当前用途：工业建筑
建造时间：1957年
简　　介：水电站由三部分组成，即桑科水库区、昂去乎发电区和洒河尔发电区。在解放前，夏河县没有动力照明电。1957年县上建成水力发电厂，1959年洒河尔电站正式投产，1959年2月7日送电，年发电量374千瓦。洒河尔电站位于县城西部2千米处的拉卜楞镇洒河尔村西头，占地面积10 000平方米。1976年为了适应不断增加的电量需求，并网建设桑科电站，水库设在桑科地仓村东桑曲河与大纳河交汇处。发电站建在桑科昂去乎村西北500米处的大夏河边。1983年运营。现今两座电站有四台发电机组共同工作，并与甘肃电网并网运行。

0717　白土坡水电站

地　　点：甘南州夏河县达麦乡白土坡村东100米处
管理单位：甘南州供电公司
当前用途：工业建筑
建造时间：1966年
简　　介：该水电站距离夏河县县城东20千米。1966年8月开工修建，1968年10月完成装机1560千瓦机组发电。担负合作市区、阿一山铜矿和夏河部分乡镇的生活、工农业用电，最高年发电800千瓦时。1985年与兰州电网联网运营。累计发电量为3.77亿千瓦时。

0718　夏河和平桥

地　　点：甘南州夏河王格尔塘洒索玛村西
管理单位：夏河县交通局
当前用途：公共建筑
建造时间：1959年
简　　介：1952年9月，因甘南剿匪的需要，为及时通车运送物资，在大夏河上修建洒索玛桥。1953年由西北交通部公路局设计负责完成图纸，3月开工，1953年底完成桥下部工作，1954年5月20日完工。建成为一孔跨径16米，桥面净宽7.2米，人行道宽0.8米，桥梁高度7.8米、全长44.5米的石木面苏式八字撑梁式桥。1958年4月28日被人为烧毁，1959年重建。新桥建成后改名为"和平桥"。当时新桥造价9万元。桥本体保存完整。

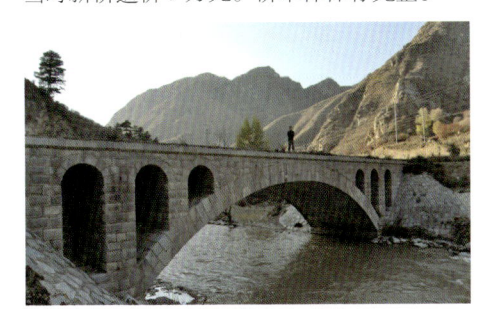

0719 夏河胜利桥

地　　点：甘南州夏河县拉卜楞镇柔扎村口
管理单位：夏河县交通局
当前用途：公共建筑
建造时间：1943年初建，1966年重建
简　　介：原为木桥，初建于1943年，在当时是通往兰郎、岷夏公路的主要桥梁。1952年7月6日报修，省交通厅拨款4000元修建。1953年夏修成，1966年重建。现存石拱桥全长40米，净宽10米，人行道净宽1米。现今桥梁仍是大夏河南北主要桥梁，1966年修建的"夏河县人民委员会"字样仍存。

0720 扎油寺

地　　点：甘南州夏河扎油乡娄玛塘村西北500米处
管理单位：夏河县宗教局
当前用途：宗教建筑
建造时间：始建于1683年，1982年重建
简　　介：扎油寺全称"扎油嘎丹群培琅"，1683年创建1982年重建。现占地面积33 300平方米，建筑面积19 000平方米。该寺主体建筑为大经堂，石木结构的藏式二层平房，保存完整，寺内存有大量经卷、唐卡、佛像等。

0721 南木拉寺

地　　点：甘南州夏河县王格尔塘镇崖玉村内
管理单位：夏河县宗教局
当前用途：宗教建筑
建造时间：始建于1760年，1986年重建
简　　介：南木拉寺离县城东面37千米。该寺现有经堂1座，佛殿1座，佛塔1座，僧舍30院。寺院占地面积14 000平方米，建筑面积6880平方米。

0722 扎西苏仑佛塔

地　　点：甘南州夏河曲奥日尕玛村东3000米处
管理单位：夏河县宗教局
当前用途：宗教建筑
建造时间：始建于1262年，1999年重建
简　　介：扎西苏仑佛塔东临临夏州临夏县马集镇，南连兰郎公路和大夏河，西距夏河县城70千米，北依葱花岭。佛塔相传是八思巴时期修建。1999年重建。在塔身底座有原石刻佛塔镶于此间，塔高12米，塔基为4米方形，内有佛经等宝藏，塔基西面有原塔石刻，塔的中部为圆形，内有佛像等，塔的上部为圆柱形，顶端为铜制镀金饰品。此塔供奉圣莲花生大师和《甘珠尔》《丹珠尔》等佛经。是建于临夏和甘南两地交界处的标志性建筑。

0723 博拉寺

地　　点：甘南州夏河县博拉乡加尔高村北
管理单位：夏河县宗教局
当前用途：宗教建筑
建造时间：始建于1758年，1988年重建
简　　介：全称"傲布唐噶丹谢珠达吉林寺"。1960年建筑大部被毁，1988年重建。寺院占地面积45万平方米，建筑面积35.5万平方米。主体建筑大经堂分前廊、经殿，藏式二层平顶式建筑，坐北朝南，建筑面积378平方米，平面呈"凸"字形，基高2.5米。前廊面阔8.9米，进深3米，明柱4根，柱距横向2.7米，纵向3米；经殿面阔17.9米，进深21米，明柱5排，每排4根，计20根，其中通柱2根，纵、横柱距均2.7米，"十"字形梁，横梁7根，纵梁4根。现存清代释迦牟尼像1尊。现有建筑保存完整，寺内有大量经卷、文物古迹、唐卡、壁画等。

0724 王府尼姑寺

地　　点：甘南州夏河县拉卜楞镇王府村西北10米处
管理单位：夏河县宗教局
当前用途：宗教建筑
建造时间：始建于1860年，1982年重建
简　　介：王府尼姑寺又称"觉姆寺"，坐落在"祁中噶尔"山腰，与拉卜楞寺隔山相依。据查1860年在夏河初建，1920年修建大经堂1座、僧舍90间。1958年被毁。1982年恢复修建。现有大经堂1座，僧舍56间。占地面积16 000平方米。建筑结构保存完整，主体建筑为藏式二层平顶石木房。

0725 麻龙寺

地　　点：甘南州夏河县唐尕昂乡麻龙村北山台地上

管理单位：夏河县宗教局

当前用途：宗教建筑

建造时间：始建于1659年，1983年重建

简　　介：麻龙寺东连太子山系，南临麻龙河谷，西接麻龙山谷。"文革"中被毁，1983年重建。该寺占地面积13 000平方米，建筑面积9144平方米。寺内主要建筑为大经堂，石木结构藏式三层建筑，即藏式依山式建筑。寺院整体保存完整，寺内有大量经卷和历史文物。

0726 作海寺

地　　点：甘南州夏河县甘加乡作海村东北

管理单位：夏河县宗教局

当前用途：宗教建筑

建造时间：始建于1027年，1981年重建

简　　介：作海寺全称"甘加见秀笨教寺"。东连麻当乡，西接甘加草原，北濒八角村。1958年被毁，1981年重建。主体建筑为大经堂、禅堂、四座万佛阁、三大活佛官邸等。其中大经堂分前廊、经殿，为藏式二层平顶建筑，坐北朝南，建筑面积为266平方米。平面呈"凹"字形。台基高1.5米。前廊面阔8.2米，进深3.6米，横柱2根，柱距2.5米；经殿面阔13.8米，进深14米，明柱16根，纵、横各4根，柱距均纵、横为2米，其中通柱2根。"十"字形梁，纵、横梁各4根。门宽1.8米。经堂两侧有平顶僧房60余间。

0727 拉卜楞清真寺

地　　点：甘南州夏河县拉卜楞镇塔哇贡玛88号

管理单位：夏河县宗教局

当前用途：宗教建筑

建造时间：始建于1854年，1983年重建

简　　介：拉卜楞清真寺东连塔哇秀玛村，南距夏河主街道200米，西距拉卜楞寺，北依觉姆山。1854年建简易清真寺。1933年扩建为350平方米，1970年左右被毁。1983年重建为511平方米的礼拜大殿和一座阁楼亭顶的四层宣礼楼，及其附属房舍。

0728 晒经滩寺

地　　点：甘南州夏河县曲奥乡尤改塘村东100米处
管理单位：夏河县宗教局
当前用途：宗教建筑
建造时间：始建于644年，1984年重建
简　　介：晒经滩寺东接土门关，南距直合拉马山200米，西至曲奥乡桦林村，北依葱花岭。唐贞观年间（644年）初建，1958年建筑全部被毁，1984年重建，现占地面积3600平方米，主体建筑为大经堂（藏式依山式建筑）坐北朝南。经殿面阔11米，进深16米，殿内有明柱16根。寺院结构保存基本完整。

0729 白石崖寺

地　　点：甘南州夏河县甘加乡白石崖村北300米
管理单位：夏河县宗教局
当前用途：宗教建筑
建造时间：始建于1644年，1982年重建
简　　介：白石崖寺藏语为"卡加直嘎尔桑俄莫吉林"。传说该寺位于离今寺址四百米处的溶洞内，在1000年左右建有静修院。1644年（清顺志元年）建无柱佛殿。在1958年和"文革"中被毁，1982年恢复重建。建有大经堂、佛殿、光日仓囊欠及僧舍。寺院占地面积240 000平方米，建筑面积121 000平方米。主体建筑为藏式二层平顶建筑，保存完整，寺内存有经卷和文物古迹。

0730 阿木去乎寺

地　　点：甘南州夏河阿木去乎克莫尔村东南200米
管理单位：夏河县宗教局
当前用途：宗教建筑
建造时间：始建于1760年，1981年重建
简　　介：阿木去乎寺藏语称"噶丹曲科林"，意为"足喜法轮洲"。占地面积52万平方米，建筑面积45.9万平方米。该寺初建于清乾隆二十五年（1760年），是原阿木去乎上下寺（夏卜旦寺、续部寺）合并后建立。1958年和"文革"期间，寺院严重破坏，停止寺教活动，1981年重新开放。寺院有经堂1座，学院4座，分别为闻思学院、续部学院、时轮学院、夏卜旦学院。佛殿2座。寺院主要建筑为土木和石木结构的藏式大屋顶式建筑，斗拱飞檐，顶脊装有宝瓶、法轮等雕饰物，两侧墙壁嵌有砖雕饰画。该寺为夏河乡镇寺院规模最大的一座寺，寺内有许多唐卡、壁画和文物古迹。

0731 塘赛尔寺

地　　点：甘南州夏河县吉仓乡加尔高村西北 200 米

管理单位：夏河县宗教局

当前用途：宗教建筑

建造时间：始建于 1687 年，1987 年重建

简　　介：又称"开木去乎"寺，占地面积 2 万平方米，建筑面积 1.5 万平方米。塘赛尔寺全称为"麦西塘赛尔寺噶丹扎西曲培琅"，1687 年合并永龙寺、西小尼仓寺、高求达部寺、老措热尼玛等寺建成塘赛尔寺。修建大经堂、弥勒佛殿等。之后修建有阿莽、麦西木道仓、安果娘仓 3 个佛殿、另有大经堂 1 座、弥勒佛殿、护法殿和菩提佛塔。主体建筑采用土木和石木结构的藏式大屋顶式建筑。该寺 1966 年被毁，1987 年重建。

0732 关帝庙

地　　点：甘南州夏河县拉卜楞镇柔扎村东

管理单位：夏河县宗教局

当前用途：公共建筑

建造时间：始建于 1883 年，1983 年重建

简　　介：关帝庙东南靠曼达拉山，西北接拉卜楞寺，北距夏河主街道 300 多米。始建于 1883 年，"文革"中被毁，1983 年恢复重建。属道教庙观。主供关羽，又称为财神庙。包括大殿、三霄殿、三神殿、过殿、钟鼓楼。现占地面积 3000 平方米。该庙结构为汉式歇山式大屋顶建筑。结构保存完好。

0733 格尔迪寺

地　　点：甘南州夏河县麻当乡新兴村东北 200 米处

管理单位：夏河县宗教局

当前用途：宗教建筑

建造时间：始建于清代，1987 年修复扩建

简　　介：该寺占地面积 8000 平方米。坐北朝南，一进两院，前院三面为僧房 20 多间，后院主体建筑为大经堂，左、右两侧各有僧房三间。大经堂平面呈"凸"字形，基高 0.6 米。分前廊、经堂，总建筑面积 342 平方米，藏式二层平顶建筑。前廊面阔 11.8 米，进深 4.1 米，有明柱 4 根，柱距 2.6 米；经殿面阔 17.9 米，进深 15.9 米；共计有明柱 12 根，柱排成边长 2.7 米的正方形网格，东西 6 间，南北 2 间，经堂两侧围墙各开一侧门，正门宽 1.9 米。

0734 拉恰格尔寺

地　　点：甘南州夏河县达麦乡尕寺村北
管理单位：夏河县宗教局
当前用途：宗教建筑
建造时间：始建于1711年，20世纪80年代重修
简　　介：主体建筑大经堂分前廊、经殿，为藏式二层平顶建筑，坐北朝南，台基高1.5米，平面呈"凸"字形。前廊面阔9.2米，进深3.4米，明柱4根，柱距横2.3米，纵2.1米；经殿面阔14.6米，进深10.4米，置明柱12根，其中通柱2根，纵、横分别为3根和4根，柱距纵2.5米，横2.6米；纵横梁分别为3根和4根，高2层，经堂两侧有僧房10余间。

0735 扎西南林杰寺

地　　点：甘南州夏河县唐尕昂乡唐尕昂村南200米处
管理单位：夏河县宗教局
当前用途：宗教建筑
建造时间：始建于清代，1993年重建
简　　介：该寺占地面积8000平方米，建筑面积4398平方米。主体建筑大经堂分前廊、经殿，为藏式二层平顶建筑，坐西朝东，建筑面积342平方米。平面呈"凸"字形，基高1米。前廊面阔9.5米，进深5.6米，横柱4根，柱距2.8米，纵柱2根，柱距2.7米；经殿面阔15米，进深16米，置明柱5排，每排4根，其中通柱4根，柱距横2.9米，纵2.3米。"十"字形梁，纵、横梁各4根，二层藏式平顶。

0736 王府红教寺

地　　点：甘南州夏河县拉卜楞镇红教寺村东
管理单位：夏河县宗教局
当前用途：宗教建筑
建造时间：1946年扩建
简　　介：寺院占地面积2800平方米，建筑面积2800平方米，后经修缮，现有大经堂、护法殿、僧舍56院、藏戏戏台等。

0737 孜合孜寺

地　　点：甘南州夏河县麻当乡孜合孜村北
管理单位：夏河县宗教局
当前用途：宗教建筑
建造时间：始建于1823年，1983年扩建
简　　介：主体建筑为大经堂，基高3米，由前廊、前殿、后殿三部分组成，为藏式二层平顶，平面呈"十"形。前廊面阔10.9米，

进深 8.23 米，明柱 2 排，计 8 根，横柱距 2.8 米，纵柱距 2.65 米；经堂面阔 20.8 米，进深 21.7 米，明柱 6 排，每排 6 根，计 36 根，柱距横 3.08 米；纵 2.8 米，通柱 8 根，门宽 1.97 米；后殿，面阔 16.59 米，进深 6.35 米，横柱 6 根，柱距 3 米。

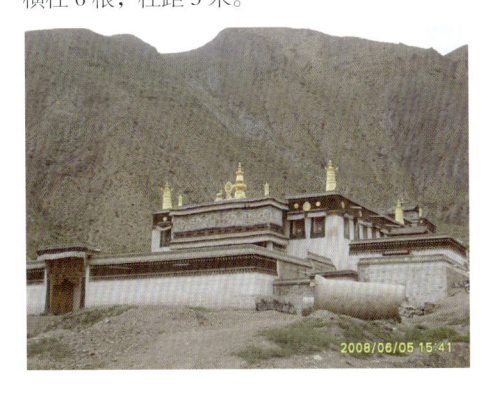

0738 科才寺

地　　点：甘南州夏河县科才乡格个贡巴村西北 500 米

管理单位：夏河县宗教局

当前用途：宗教建筑

建造时间：始建于 1760 年，1982 年初重建

简　　介：该寺位于县城西南 98 千米处。又称"嘎丹曲沛林"，1958 年被毁，1982 年重建。现有经堂 1 座，佛殿 2 座，僧舍 75 院，寺院占地面积 24000 平方米，建筑面积 18900 平方米。平面呈"凸"字形，台基高 1.2 米。前廊面阔 9.5 米，进深 6.5 米，横柱 4 根，柱距 2.8 米；经殿面阔 16 米，进深 17 米，共置明柱 5 排，每排 4 根，计 20 根，柱距纵 2.4 米，横 1.9 米，其中通柱 6 根。"十"字形梁，纵、横梁分别为 5 根和 4 根，高 2 层。后殿面阔 9.1 米，进深 4.5 米，后殿供无量寿佛 3 尊、弥勒佛 1 尊、玛吉拉佛像 1 身。

0739 德尔隆寺

地　　点：甘南州夏河王格尔塘洒索玛村北 400 米处

管理单位：夏河县宗教局

当前用途：宗教建筑

建造时间：始建于宋代，1980 年重建

简　　介：全称"德尔隆益嘎曲增林"。主体建筑大经堂分前廊、经殿，为藏汉合一建筑。坐北朝南。建筑面积 355 平方米。平面呈"凸"字形。台基高 1.5 米。前廊面阔 8.5 米，进深 2.8 米，明柱 4 根，柱距横 2.5 米，纵 2.8 米；经殿面阔 12.7 米，进深 8.2 米，明柱 8 根，纵、横分别 2 根和 4 根，柱距纵 2.8 米，横 2.2 米。"十"字形梁，为平顶加覆单檐歇山顶。殿后壁佛龛，内塑佛像。

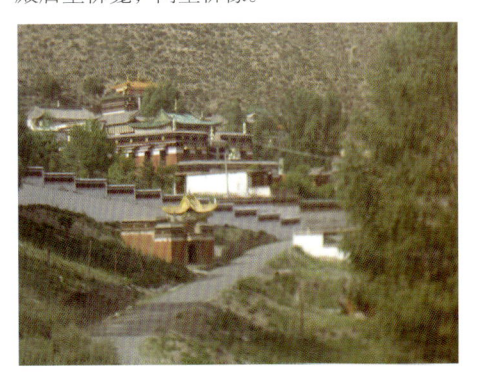

0740 甘坪寺

地　　点：甘南州夏河甘加乡仁爱村西北 1000 米处

管理单位：夏河县宗教局

当前用途：宗教建筑

建造时间：始建于1685年，1990年重建

简　　介：该寺1958年被毁，1990年恢复重建。该寺占地面积20000平方米，建筑面积6504平方米。现有经堂1座，佛殿2座，佛塔1座，僧舍25院。寺院结构完整，主体为藏式二层平房，寺内存有文物。

甘肃省文化资源名录

第二十五卷 建筑、自然景观文化

自然景观文化

(一) 森林景观
(二) 草原景观
(三) 沙漠景观
(四) 湖泊景观
(五) 河流景观
(六) 泉水景观
(七) 地质景观
(八) 冰雪景观
(九) 山地景观
(十) 湿地景观
(十一) 其他

（一）森林景观

0741 兴隆山

级　　别：国家 AAAA 级景区　国家级自然保护区

位　　置：兰州市榆中县

简　　介：兴隆山旅游区是国家 AAAA 级景区，国家级自然保护区，省级风景名胜区，面积 295.84 平方千米。位于榆中县城东南 6 千米处。是集自然景观、人文景观为一体的山岳型风景旅游区。兴隆山属祁连山的东延余脉，由马衔山北延的东、西两条支脉组成。东山海拔 2800 米，西山海拔 3021 米，东西山之间的大峡谷有众水中流。兴隆山自然植被非常丰富，被誉为"陇右第一名山"。

0742 吐鲁沟国家森林公园

级　　别：国家级森林公园

位　　置：兰州市永登县

简　　介：吐鲁沟国家森林公园地处甘肃省永登县连城林区腹地，距省城兰州市、青海省西宁市均为 160 千米，属祁连山脉的东麓，总面积 58.484 平方千米，海拔 1998~3165 米。吐鲁沟地貌构造奇特，是一处集"幽、秀、险、奇"于一身而毫无人工斧凿痕迹的自然风景区。全园可划分为前吐鲁沟森林风景区、三岔旅游村、大吐鲁沟地貌风景区、小吐鲁沟森林风景区和吐鲁沟掌草原游乐区五大景区。有天窗眼、藏龙洞、半月天、灯杆石、驼峰岭、三峰竞秀、幽谷琴音、石壁泻珠、通天门、百鸽堂、练功台、林海卧狮、青蟾观瀑等 20 多个主要景点。园区生物资源丰富，植物种类达 1600 余种，有星叶草、桃儿七、羽叶丁香、黄芪、苁蓉等国家珍稀濒危保护植物。

0743 徐家山国家森林公园

级　　别：国家级森林公园

位　　置：兰州市城关区

简　　介：徐家山国家森林公园位于兰州市区黄河北岸 3 千米处，距航空港中川机场 40 千米，是离市区最近的全开放式森林公园，交通便利。公园依山傍水，山势起伏、坪沟交错，人文景观丰富，公园内的多处纪念林、纪念碑最有特色。

0744 石佛沟国家森林公园

级　　别：国家级森林公园

位　　置：兰州市七里河区

简　　介：石佛沟国家森林公园位于七里河区兰阿公路16千米处的岘口子山中，总面积63.73平方千米。因有汉白玉石佛雕像而得名。这里原为佛教胜地，现为自然性城郊公园。

0745 连城国家级自然保护区

级　　别：国家级自然保护区

位　　置：兰州市永登县

简　　介：连城国家级自然保护区地处黄河流域湟水主要支流大通河中下游，属祁连山东南部冷龙岭余脉山地。行政区划属兰州市，保护区在永登县境内，距兰州市160余千米，总面积479.3平方千米。保护区大部归连城鲁土司和附近寺院所有，目前区域内遗存有许多不同时期的各类寺院、道观、陵墓、城堡及鲁土司衙门等文化遗迹。连城自然保护

区融自然、人文景观于一体，是具有悠久历史特色的西北森林区域。

0746 五一山森林生态旅游区

级　　别：国家AAA级景区，省级森林旅游区

位　　置：兰州市城关区

简　　介：五一山森林生态旅游区是国家AAA级景区，省级森林生态旅游区。旅游区总面积0.89平方千米，126路公交车直达山脚下，交通十分便利，是兰州市久负盛名的"绿色氧吧"。

0747 世界第一古梨园

级　　别：世界第一古梨园

位　　置：兰州市皋兰县

简　　介：什川位于兰州市区东北、皋兰县城东南，总面积405平方千米，具有得天独厚的地理和区位优势，平均海拔1500米，被誉为"兰州最美丽乡村"。什川历史悠久，是黄河文化孕育的杰作。黄河东奔出小峡后向北以s型环绕什川而流，然后折向东进入大峡谷，造就了酷似太极的什川盆地。什川以万亩梨园、梨花、梨果、半岛、黄河、绿

洲为旅游元素，素有"塞上小江南"之称。同时，因梨树古老、树龄在 300 年以上，先后获得"国家级生态乡镇""世界第一古梨园""国家重要农业文化遗产"和"影响世界的中国文化旅游名镇"等称号。

0748 南山省级森林公园

级　　别：省级森林公园

位　　置：兰州市西固区

简　　介：西固作为古丝绸路上的著名商埠重镇，是兰州直通青、藏、蒙、新的必经之地。西固南山省级森林公园依偎在母亲河臂弯闻名遐迩的"西固石化城"南山地带。总面积 2.33 平方千米。该园地势南高北低，由东向西依次坐落的是石头坪森林公园、兰州石化南山林场、西固区元峁山造林站。地理坐标为东经 103°36′11″—103°37′33″，北纬 36°5′15″—36°5′20″。

0749 石头坪省级森林公园

级　　别：省级森林公园

位　　置：兰州市西固区

简　　介：石头坪省级森林公园位于兰州市西固区南山前沿，距市区近，交通方便。公园自 1991 年建成以来已形成绿化和生态环境改善业、优质果品生产业、休闲旅游服务业三类产业。

0750 北山凤凰台森林公园

级　　别：省级森林公园

位　　置：兰州市城关区

简　　介：凤凰台森林公园隶属于迭部林业局兰州南北山林业实验总场，地处兰州市城关区大沙坪 109 国道 5 千米处。兴建于 2003 年初，同年 8 月被批准为省级森林公园。当年投入 300 多万元硬化了园内路面，建成了凤首山庄、凤鸣山庄、凤舞山庄、垂钓山庄等休闲娱乐场所。

0751 兰山山地生态公园

位　　置：兰州市城关区

简　　介：兰山山地生态公园依山布景，总面积 0.19 平方千米，楼台亭阁，错落有致，满目苍绿，有山有水。目前有三台阁、普照寺、知春园、牡丹园、水景、生态广场、石牌坊、兰山钟院等主要人文园林景观，其标志性建筑三台阁始建于明初。兰山烟雨为兰州新老八景之一，兰山晨钟、夜观魁星、文化长廊、山地园林、跌水瀑布、疏林草地等构成景区特色景观。主要娱乐设施有兰山索道、滑道、空中飞索等。"碧起兰山，缭绕金城抱"，自古以来公园深受名人雅士和文人墨客的垂青，是一处汇集兰州历史文化体验、人工造林绿色成就展示、城市景观观赏、市民休闲游憩为一体的城市山地生态风景区。

0752 龙头山林场森林生态园

位　　置：兰州市城关区

简　　介：龙头山森林生态园位于兰州市城关区大砂坪126号，是洮河林业局斥巨资打造的全国首家森林生态园，首家无公害，无污染，食品标准化，集餐饮、休闲于一体的大型餐饮机构。园区面积0.015平方千米，可同时容纳1500人就餐，园内配置纯净水供应系统、空气水帘过滤系统、空气更换系统，温度适宜，卫生条件好，园内环境优美。

0753 七道梁景区

位　　置：兰州市七里河区

简　　介：七道梁景区面积为15.047平方千米，其中核心景观区面积0.225平方千米，一般游憩区面积8.645平方千米，管理服务区面积0.088平方千米，生态保育区面积6.089平方千米。七道梁景区以森林植物（花灌木为主）峰峦岩石景观取胜。通过对七道梁景区自然景观和人文景观的挖掘和整理，目前七道梁景区有景观（10处）：七道梁、七道梁隧道、摩云关、仙人洞、马王庙、松树湾、水岔石群、水岔古泉、沙棘林、纯杨林。

0754 关山森林公园

级　　别：省级森林公园

位　　置：兰州市西固区

简　　介：关山森林公园位于兰州市西固区南20千米处，属省级森林公园。园内有燕子山、龙山、虎头山等名山。山顶平台有英国传道士于光绪年间建造的消夏别墅，山上还有历史碑文、展览厅等古迹和丰富的动植物景观。

0755 石洞寺森林公园

位　　置：兰州市皋兰县

简　　介：石洞寺森林公园是2011年启动

实施的惠民工程，该工程重点以县城东山为主线，着力营造以石洞寺为中心的宗教文化区、以平豁岘至石岘为主的民俗文化区、以石岘至古墓沟为主的生态休闲区、以古墓沟至中岔沟为主的造林绿化试验区，旨在为县城居民提供一个休闲、娱乐、健身的场所。

0756 酒泉市敦煌西湖国家级自然保护区

位　　置：酒泉市敦煌市

简　　介：保护区位于敦煌西部，西邻库姆塔格沙漠和罗布泊，南接阿克赛哈萨克族自治县，北连新疆维吾尔族自治区。总面积6600平方千米。经甘肃省政府批准，保护区于1992年成立为省级自然保护区，2003年经国务院批准晋升为国家级自然保护区。

0757 金塔潮湖省级森林公园

级　　别：省级森林公园

位　　置：酒泉市金塔县

简　　介：金塔潮湖省级森林公园，位于古丝绸之路西北端甘肃省金塔县城西北8千米处，由金波湖胡杨林核心游览区、沙枣林观光区、瀚海红柳林狩猎区、沙漠康体理疗区和芦苇湿地迷宫五个功能区组成，占地面积46.67平方千米，园内分布着西北地区最大的"化石级植物"万亩人工胡杨林，极具观赏价值。

0758 梧桐苑

位　　置：酒泉市肃州区

简　　介：梧桐苑坐落于工业园区中心区域，规划占地0.20平方千米，分为门前景观区、民俗展览区、休闲娱乐区和园林区四部分。门前景观区由广场、千年梧桐、"引凤"雕塑、十二生肖十四个板块构成，门前广场为梯形，以彩色花砖铺筑，进入广场后映入眼帘的是两棵人工做成的千年梧桐树。

0759 胡杨林

位　　置：酒泉市玉门市

简　　介：成片的胡杨林把甘肃玉门市黄花农场青山水库装扮得美丽如画。树枝上一片片金黄色的树叶，古老的杨树，湛蓝的天空与胡杨林相映相成，显得格外美丽壮观，游客纷纷来此地赏景拍照。

0760 东门绿色长廊

位　　置：酒泉市敦煌市

简　　介：东门绿色长廊景观林带建设项目是敦煌市委、市政府确定的重点造林绿化工程，计划建设期限为5年，项目建设区为国道313沿线道路两侧，东起伊塘湖开发区入口，西至市区东门，全长27千米，总面积2平方千米。

0761 望杆子胡杨林

位　　置：酒泉市瓜州县

简　　介：瓜州县胡杨采种基地位于瓜州县西湖乡西侧50千米望杆子至断线子一带，母树林面积达到3平方千米，每年可产优质胡杨种子300千克以上，是全县胡杨种植资源的主要来源。瓜州县望杆子胡杨采种基地省级林木良种基地的评定，将会极大地保护优良乡土树种种质资源，加快胡杨这一珍贵树种的种质优化进程。

0762 祁连山国家级自然保护区

级　　别：国家级自然保护区

位　　置：金昌市永昌县

简　　介：祁连山国家级自然保护区位于河西走廊祁连山中部，冷龙岭北麓，永昌县东大河、西大河中游。东西长120千米，南北宽20~50千米不等。林区地形为祁连山山地，地势呈南高北低，海拔一般为2400~4000米，坡度20°~40°。气候为典型的大陆性高寒半湿润气候，本区河流主要有东大河、西大河。东大河自然保护站管护的祁连山水源涵养总面积345.60平方千米，其中林业用地144.926平方千米，非林业用地20.0674平方千米。林区内树种单一，林分结构简单，森林生态圈主要由青海云杉林、高山灌丛林和中低山灌木林等森林生态系统所组成。野生动物较多，国家一级保护野生动物有麝，国家二级保护野生动物马鹿、猞猁、雪鸡、蓝马鸡等十余种。

0763 永昌县豹子头省级森林公园

级　　别：省级森林公园
位　　置：金昌市永昌县
简　　介：豹子头省级森林公园位于永昌县境内的祁连山。传说20世纪50年代此山有豹子出没，故起名"豹子头"。公园面积17.80平方千米。距永昌县城22千米，交通便利。地形为祁连山山地，地势呈南高北低，海拔2400~4000米，坡度20°~40°。气候为典型的大陆性高寒半湿润气候，年平均气温1.9℃。豹子头森林公园地理位置优越，是金昌市境内唯一的生态公园。公园既是一幅博大精美的画卷，又是一个生物物种资源库和生物遗传基因库，也是一座天然固体水库，具有丰富而独特的自然景观资源。

0764 东大河自然保护区

位　　置：金昌市永昌县
简　　介：东大河自然保护区位于河西走廊祁连山中部，冷龙岭北麓，永昌县东大河、西大河中游。东大河林场管护总面积540.588平方千米。林区内野生动物较多，其中较为珍贵的动物有熊鹿、獐子、青羊、雪鸡、蓝马鸡等。

0765 小陇山国家森林公园

级　　别：国家级森林公园
位　　置：天水市麦积区
简　　介：小陇山国家森林公园位于甘肃省东南部，渭河、嘉陵江、西汉水上游，东至天水市张家沟，西至天水市水杉沟，南至两当县张家庄，北至天水市太碌村，总面积196.70平方千米，行政区跨甘肃省天水市麦积区和陇南市两当县。公园隶属甘肃省小陇山林业实验局。地处我国南北分界线的秦岭山脉，横跨长江、黄河两大流域。小陇山国家森林公园是一个以森林景观为主体，以人文景观和自然景观为依托，集观光、休闲、养生、度假、自然资源保护于一体的多功能综合性大型国家级森林公园。2005年12月经国家林业局批准晋升为国家级森林公园，由桃花沟、金龙山、黑河、碧峪、百花、龙门等六大景区构成。

0766 麦积国家森林公园

级　　别：国家级森林公园
位　　置：天水市麦积区
简　　介：麦积国家森林公园位于秦岭西段的甘肃小陇山林区，以得天独厚的森林资源成为黄土高原上的一颗绿色明珠，总面积92.15平方千米。这里土壤肥沃、植物荟萃、山奇林幽、碧水长流，是一处秀美的游览胜地。麦积国家森林公园不但自然景观奇美无比，而且人文内涵传奇丰富。这古老的土地，是一部贯穿上下五千年的历史长卷。它具有地域文化、民俗文化、宗教文化的广度和深度。它以厚重的历史积淀、神奇的自然景观、淳朴的民俗文化而享誉国内外。

0767 秦州野生动物保护区

级　　别：国家级自然保护区

位　　置：天水市秦州区

简　　介：甘肃秦州珍稀野生动物自然保护区位于天水市秦州区娘娘坝镇境内，是2010年7月经甘肃省人民政府批准建立的省级自然保护区。保护区地跨长江、黄河两大流域，属秦巴山区西秦岭北部，也是秦岭山地和黄土高原的交汇地带保护区。保护区内冬无严寒，夏无酷暑，四季分明，森林覆盖率达70%以上，环境优美，生态环境基本处于自然状态。保护区内物种资源丰富，兼具长江与黄河两大流域交汇点物种分布的多样性。保护区总面积30.10平方千米，分为大鲵片区和秦岭细鳞鲑片区两部分。2013年12月，保护区顺利通过第五届国家级自然保护区评审会的评审，成为我省继漳县珍稀水生动物自然保护区之后第二个国家级自然保护区。

0768 三皇谷省级森林公园

级　　别：省级森林公园

位　　置：天水市清水县

简　　介：三皇谷省级森林公园位于牛头河上游、清水县山门镇东部，主要以卢子滩景区为主，距县城30千米，海拔1700~1800米，森林面积占地近2平方千米，森林覆盖率71.6%，这里针叶林与阔叶林纵横交错，青山叠翠，草场开阔，山光水色，四季各异，并时有珍稀禽兽出现。年均气温10℃左右，相对湿度70%。

0769 渗金山省级森林公园

级　　别：省级森林公园

位　　置：天水市秦州区

简　　介：天水渗金山省级森林公园位于天水市南郊13千米处，占地面积约4.6平方千米。隶属于天水市果树研究所，主要包括有渗金山、湫子湾、槐花沟和林果科研四个景区。森林公园申请建设以后，分年度建设了生态餐厅、森林游览景区、时令鲜果采摘景区、科学试验示范景区、旅游综合服务景区、居民生活区、历史文化保护景区、农家乐景区、观光果园景区、入口景区、停车场、渔歌晚唱景区、樱桃山谷景区、种质资源保护区、山地果园游览景区、生态景观林培育区等景区景点。

0770 云凤山森林公园

级　　别：省级森林公园

位　　置：天水市张家川县

简　　介：云凤山省级森林公园于2007年3月由甘肃省林业厅批准成立，位于北纬34°44′30″—35°48′44″，东经106°28′42″—106°35′39″之间，属六盘山南延余脉，陇山地段。森林公园地处马鹿林场辖区腹地22~36林班，北以田家磨为界，东、南到陕甘交界，西至张家川与清水交界。

0771 李子园森林公园

位　　置：天水市秦州区

简　　介：李子园森林公园位于天水市秦城区南约20千米处，公园总面积35.60平方千米。地处嘉陵江上游，是兼有我国南北特点的典型次森林区。林区内植物种类繁多，物产资源丰富，溪水潺潺，四季景色宜人。园内有白云山、白云洞、白云寺等主要景点，是观光避暑、休闲度假的理想胜地。

0772 太阳山森林公园

位　　置：天水市秦州区

简　　介：太阳山森林公园位于天水市秦州区南侧太阳山林区，距天水市24千米，距316国道3千米。公园总面积54.86平方千米，由太阳门、石门、关陵河景区组成。公园内野生动植物种类繁多，有动物357种，植物2700种，森林覆盖率达69.1%，空气清新，环境优美。以"幽、奇、峻、险、秀"而闻名。

0773 绣经山森林公园

级　　别：省级森林公园

位　　置：天水市秦州区

简　　介：绣经山森林公园位于天水市郊南山，其中有林地面积约3平方千米。东起吕二沟，西至玉泉镇暖和湾村，北临羲皇大道，南至绣经山主峰，主要景区有豹子沟珍稀植物园、绣经山宗教基地、暖和湾生态旅游区和周边森林生态绿化区等。

0774 麦积植物园

位　　置：天水市麦积区

简　　介：麦积植物园是麦积国家森林公园四大景区之首，麦积植物园地处天水市麦积区麦积镇境内。距天水火车站20多千米，与中国四大石窟之一的麦积石窟毗邻，处于佛教、道教等宗教旅游胜地的中心地带。地跨黄河、长江两大流域，植物资源非常丰富，素有"西北林泉之冠"及"西北第一园"之称誉，是收集西北地区珍稀濒危植物资源、研究天然林物种演替多样化的基地；该园以其优越的地理位置和植物种群，1991年与北京、南京、昆明植物园一起被国际植物园保护联盟（BGCI）接纳为国际会员。园内人文和自然景观交相辉映，是甘肃省最早开展森林生态旅游的著名景区，也是天水发展旅游业的重要依托，已成为"丝绸之路麦积百里生态风景旅游线"的主打景点。

0775 放马滩

位　　置：天水市麦积区

简　　介：放马滩是天水麦积山风景区的一部分，总面积5.30平方千米。因传说秦始皇先祖嬴非子在此地为周王室牧马而得名。这里碧野连天，风景优美。由于20世纪曾出土战国秦汉时期的木板地图、竹简、纸地图等一大批重要文物而被当时的考古学家誉为先秦考古文化的圣地，有"天水放马滩，云梦睡虎地"之称。放马滩位于天水市东南56千米处党川燕子关，是通往石门景区后山的必经之路。

0776 桃花沟

位　　置：天水市麦积区

简　　介：桃花沟位于天水市麦积区小陇山林业实验局东岔林场的桃花沟森林公园境内，总面积7.46平方千米。景区内交通便利，陇海铁路和310国道横穿其中，西距天水市110千米，距甘肃林业职业技术学院80千米，东临陕西宝鸡市64千米，东南与宝鸡市通天河森林公园接壤，西南与麦积国家森林公园相通。有着独特的地理位置和丰富优质的森林旅游资源，是森林生态旅游的理想场所。

0777 仙人崖

位　　置：天水市麦积区

简　　介：仙人崖距麦积山石窟15千米，由三崖、五峰、六寺所组成。翠峰高耸于崖顶，寺观修建于峰顶或飞崖之间，颇有雅趣。三崖依方位，名曰东崖、西崖、南崖。五峰即玉皇峰、宝盖峰、献珠峰、东崖峰和西崖峰。六寺为木莲寺、石莲寺、铁莲寺、花莲寺、水莲寺和灵应寺。"五峰"和罗汉沟群峰众相参差罗列，姿态万千，若揖拜"玉皇峰"，人称"十八罗汉朝玉帝"。仙人崖的寺宇总名叫华严寺，到明永乐十四年，明成祖朱棣把华严寺改名灵应寺，主要是把仙人崖的庙宇划拨给韩开府（明韩王朱松的府第），变成了韩开府朱家私人家庙了。故一般人把仙人崖和灵应寺往往互称。"仙人送灯"为秦州十景之一。

0778 凤山森林公园

位　　置：天水市秦安县

简　　介：凤山森林公园位于秦安县境内，总面积16.15平方千米，是宗教文化、山林野趣、民俗风情和田园风光体验地，也是生态旅游、保健、度假式森林公园。凤山公园充分利用独特的自然风景和人文景观资源，以森林景观和生态环境为主体，融合人文景观，利用森林的多种功能，以开展森林旅游为宗旨，为人们提供具有一定规模的游览、度假、休憩、保健疗养、科学教育、文化娱乐的场所。森林公园包括凤山、高庙和青林沟三个景区，三个景区各自独立，凤山景区距青林沟景区51千米，高庙景区距青林沟景区23千米，凤山景区距青林沟景区17千米。

0779 甘谷海潭寺

位　　置：天水市甘谷县

简　　介：甘谷海潭寺距甘谷县城西南约34千米处，占地面积1.33平方千米。海潭寺依山而建，绿树掩映，山清水秀。内有"飞来峰"，俗名"尖山"，建有太极宫，为古亭式建筑，玲珑剔透，可供游人眼观六路风景，耳听八方松涛。亭北侧悬崖上，有回心石、通天桥等数处刻石，香客至此，游目骋怀，无不为海潭寺的清幽而称绝，叹羡之声不绝于耳。海潭古刹林幽泉甘，周围有乌龙江环绕而过，淙淙流水在山谷和林海间产生共鸣，江中有脚蹬石、磨针石、三潭映月之景。

0780 尖山寺

位　　置：天水市甘谷县

简　　介：尖山寺又称灵凤山。位于甘谷西南25千米的尖山之上，最早古迹建于汉魏六朝时期。全山有森林3.33平方千米，1995年1月被甘肃省林业厅命名为尖山寺省级森林公园。公园面积16.08平方千米，其中有林地 5.82 平方千米。境内山青水秀，峰峦叠嶂，山势雄伟，森林茂密，气候宜人，风光旖旎。保护完好的天然次生林和人工林形成了园内别具一格的特色。

0781 老君山森林公园

位　　置：天水市武山县

简　　介：老君山森林公园位于武山县城南 2.5 千米处，紧靠 316 国道和陇海线铁路，它西望古刹木梯寺，北瞰仙境水帘洞，南临温泉，园内山势雄伟、峰峦秀丽、乱石林立、古松参天，为古宁八景之一。

0782 关山云凤风景区

位　　置：天水市张家川

简　　介：关山云凤风景区地处张家川回族自治县马鹿林场辖区，占地 57.68 平方千米，北以田家磨为界，东南至陕甘交界，西至张家川与清水交界，属关山高原地貌，以低山峡谷、天然森林、草场和溪流为景观特色，以宗教和民俗文化为内涵。风景区山峦叠翠，水碧林郁，怪石嶙峋，群峰千姿百态，"清、幽、秀、雅、雄、奇、峻、险"各呈异彩，相映成趣。

0783 天祝三峡国家森林公园

级　　别：国家级森林公园

位　　置：武威市天祝县

简　　介：天祝三峡国家森林公园位于天祝县西南部，距兰州和武威均 100 千米，是丝绸之路的要冲，312 国道穿境而过，交通方便。公园面积 1387.06 平方千米，这里群山起伏、地形复杂、森林茂密、河流遍布，自然风光秀丽迷人，人文景观独特深厚，是旅游、观光、疗养、避暑的理想之地。天祝三峡国家森林公园分为一城（即天祝县城）、一沟（即石门沟）、三峡（即金沙峡、朱岔峡、光明峡）、一滩（即抓喜秀龙滩）、一岭（即乌鞘岭）五大景区。

0784 冰沟河省级森林公园

级　　别：省级森林公园

位　　置：武威市天祝县

简　　介：冰沟河省级森林公园总面积 93.33 平方千米。境内有乔木树种青海云杉、青杨、祁连圆柏、白桦分布，灌木丛有金露梅、杜鹃花、高山柳、锦鸡儿和颜色各异的树木混杂繁生，景色艳丽多彩，空气清爽宜人。景区内以独特的森林景观为主体，融合了寺庙古迹等人文景观，具有完整的旅游资源体系。该公园共分为桃园休闲、林海遨游、草原揽胜、雪山观池、原野探险五大风景区，可游览观赏雪山天池、森林草原、奇峰异石、河流峡谷以及三姊妹峰、兄弟峰、骆驼峰、回音壁、牛形山、恋人石、卧狮等自然景观和水母娘娘庙、青羊寺遗址等人文景观。

0785 酿酒葡萄示范区

位　　置：武威市凉州区

简　　介：凉州区属温带大陆性气候，光照条件充足，昼夜温差大，葡萄酒酿造技术历史悠久，凉州区威龙、莫高、皇台系列葡萄酒口感甘醇，回味悠长。图为皇台集团酿酒葡萄栽植基地，总面积57.68平方千米。

0786 古浪县昌岭山林场

位　　置：武威市古浪县

简　　介：昌岭山位于祁连山东麓北端，因山上旧有文昌宫和灵隐寺而得名，俗称"西北小武当"。东南与景泰县寿鹿山相连，北距腾格里沙漠仅8千米。林分以青海云杉为主，有少量油松、杨类等；灌木主要是爬地柏、锦鸡儿、蔷薇、小檗、金银露梅等，草本植物有蓼、草莓豆、冰草、醉马草、还有野菊等。植被以芨芨草、骆驼蓬、叶蒿为主，还有马先蒿、禾本科草类等。

0787 民勤县辉煌生态园

位　　置：武威市民勤县

简　　介：辉煌生态园是石羊河流域重点治理中重点建设的原煌辉村生态移民及关井压田生态治理综合示范区。位于青土湖东南边缘、民勤县西渠镇北端，总面积8平方千米。为了缓减湖区生态压力，促进青土湖周边地区生态恢复，2007年启动实施辉煌生态园综合治理工程。辉煌生态园综合运用人工造林、补播、围栏封育等技术，为湖区生态恢复、全县同类地区生态治理探索路径，树立样板，进而推进全县生态治理步伐。

0788 张掖森林公园

级　　别：国家级森林公园
位　　置：张掖市甘州区
简　　介：张掖森林公园是1992年10月经省林业厅批准，成立的国家AA级森林公园，总面积11.33平方千米。位于张掖市东郊9千米处，甘新公路、兰新铁路从旁而过，交通十方便利。这里地貌独特，地势开阔，林茂水秀，花繁草盛，是丝绸古道上文化名城的又一新型风景游览热点。

0789 焉支山森林公园

级　　别：AAAA级风景区
位　　置：张掖市山丹县
简　　介：焉支山森林公园位于张掖市山丹县境内南部的大黄山林区，属祁连山冷龙岭分支，是祁连山国家级自然保护区的组成部分。焉支山自然风光秀美，境内被茂密挺拔的原始森林所覆盖，园区植物有1000多种，是我国内陆荒漠化区极为珍贵的原始森林，也是当地极为重要的水源涵养林。焉支山有始建于唐天宝元年的钟山寺和明万历年间的玉皇观，为宗教活动场所，每年农历六月初六日为焉支山庙会地方民俗节日，2010年开始每年举办焉支山生态文化旅游观光节。1993年由甘肃省林业厅批准成立了焉支山省级森林公园，2007年焉支山被甘肃省政府命名为省级风景名胜区，2008年山丹县被确定为甘肃省县域旅游示范县。2010年焉支山被评为国家AAAA级旅游景区，2011被评为全国生态文明教育示范基地。

0790 皇家马场旅游区

级　　别：AAAA级旅游景区
位　　置：张掖市山丹县
简　　介：山丹皇家马场位于焉支山和祁连山之间的盆地间，地跨甘肃、青海两省、毗邻三市六县，总面积2196.93平方千米，是目前世界上最大的皇家马场，被《中国国家地理》评为中国最美的六大草原之一，素有"丝路绿宝石"之称和"祁连明珠"等美誉，拥有2100多年的养马历史和全国最大的油菜籽连片种植基地。境内雪山、湖泊、森林、草原、河流一应俱全，旅游资源主要由草原型综合类自然风光、大型机械化农业观光和山丹马种群及马运动项目观赏三部分组成。

0791 黑河森林公园

级　　别：AA级旅游区
位　　置：张掖市甘州区
简　　介：黑河森林公园位于甘州城区西郊、国道312线2737千米处的黑河滩林区，中国第二大内陆河—黑河萦绕而过，这里树木郁郁葱葱，泉流清澈见底，鸟鸣清脆悦耳，奇花异草争奇斗艳；春绿如茵，夏凉风徐，秋红似火，冬静情幽，自然景观独具特色。公园始建于1996年6月，占地面积3.76平方千米。现已建成人工湖、露天游泳池、环形跑马场、围猎竞射场、珍禽观赏园、儿童乐园、垂钓池等观赏娱乐项目和以汉、回、蒙、裕固族风俗为主的地方民俗风情帐篷、蒙古包及林间卡厅、度假村等一批休闲餐饮景点。1997年被评为甘肃省B级森林公园，2001年被评为国家AA级旅游景区。

0792 山丹城西植物园

位　　置：张掖市山丹县

简　　介：城西植物园始建于2009年，地处山丹县，占地面积0.05平方千米。经过几年建设，如今植物园内共栽植各类适生绿化树种及花灌木40余个品种2.58万余株，种植草坪5000平方米，修建仿生态大门、人工湖、六角亭、仿木屋管护房、游园小径等各种园林建筑，将原来植被荒芜、垃圾成堆的地段建成了花草相间、绿树成荫、小径交错、园林小品镶嵌其中的集休闲、娱乐、苗木繁育等为一体的景观地段，彻底改变了脏、乱、差面貌。

0793 海潮湖生态旅游区

位　　置：张掖市民乐县

简　　介：海潮湖生态旅游区位于民乐县西南部，距民乐县城19千米；旅游区南北长15千米、东西宽2千米，总面积30平方千米，因其松林如海、松涛如潮、山水一色、碧波荡漾而得名。旅游区由海潮坝水库游览区、沙沟休闲度假区和祁连山原始森林雪原冰川景观游览区三大景区组成，主要有海潮坝水库、海潮坝河、海潮寺等景点。1998年被评为甘肃省A等森林公园；2012年3月被张掖市文明办、张掖市委共青团评为张掖市青少年生态文明教育基地。

0794 临泽县大沙河景区

位　　置：张掖市临泽县

简　　介：临泽县大沙河景区始建于2009年，总面积51.14平方千米。景区北起大沙河兰新铁路桥，南至连霍高速公路，全长6.5千米。分为一期工程和二期工程。一期工程绿化分为两段，即四辆桥以南为一段，桥北为一段。四辆桥以北河道宽阔，东西两岸绿化主要与宽阔平坦的河道相互映衬,基本保留原来的柳树,两岸坡面以耐旱植物红豆草和松塔景观为主。

0795 胡杨林

位　　置:张掖市高台县

简　　介:胡杨在高台县有大面积的天然分布,总面积约1.33平方千米,主要分布于黑河两岸的沙地。黑泉乡十坝村的成片胡杨林面积0.20平方千米,生长年限为150年,林木树高15~20米。胡杨根蘖能力强,大树周边串生出许多小树,高低搭配,形成独特的自然森林景观。林地紧靠天合公路,可由公路直接进入。胡杨为杨柳科树种,其叶片因树龄不同而呈现为长条形、卵圆形、圆形等不同形态,高台县当地群众俗称"梧桐",取吉祥之意。高台县高度重视胡杨林资源的保护工作,对十坝胡杨林采取了围栏、固定护林员管护、防虫、灌水等措施,以促进胡杨林健康生长,保持自然景观。

0796 大野口森林公园

位　　置:张掖市肃南县

简　　介:大野口森林公园是1999年经肃南县政府批准建立的县级森林公园,位于肃南县马蹄乡境内,黑河、大野口内陆水系从境内绵延流淌而过。公园内森林茂密,环境优美,景观独特,地形起伏,基岩裸露,岩壁如削,有"直入青云势不休"之势,令人倍感神奇。神奇的自然景观与独特的人文景观融汇和谐,丰富的地貌景观与珍奇的森林景观错落分布,极具游览观光、度假休憩、科学研究、宣传教育价值。

0797 寿鹿山国家森林公园

级　　别:国家级森林公园

位　　置:白银市景泰县

简　　介:寿鹿山国家森林公园是国家AAA级旅游景区,位于甘、蒙、宁三省(区)交界处,西距景泰县城39千米,公园总面积10.86平方千米。公园地处腾格里沙漠与黄土高原的过渡地带,周围被荒漠戈壁所包围,享有"戈壁绿岛"之美誉。

0798 法泉寺省级森林公园

级　　别:省级森林公园、省级文物保护单位

位　　置:白银市靖远县

简　　介:法泉寺位于靖远县城东约10千米的红山岔,始建于北魏,距今已有1500

多年的悠久历史，与陕西法门寺、宁夏景云寺同承一脉，文化价值极高，同敦煌莫高窟、天水麦积山石窟、永靖炳灵寺石窟媲美陇上，溢彩塞北，位列中国佛教百大名寺第39位，是省级文物保护单位和省级森林公园。公园总面积3.90平方千米，寺内现存有价值连城的达摩洞唐代佛像、窟壁纯阳真人吕祖乩书真迹、大佛殿顶壁藻井唐代彩画、来自缅甸的玉石佛像等彩绘、雕塑60多处，还有彭泽、刘果斋、于右任、张大千、张云锦、范振绪、陈国均等历代文人墨客留下的墨宝和脍炙人口的赞美诗篇。法泉寺集佛教、道教、儒教于一寺，融建筑艺术、雕塑艺术、园林艺术、文学艺术于一体。

0799 哈思山省级森林公园

级　　别：省级森林公园

位　　置：白银市靖远县

简　　介：哈思山省级森林公园位于靖远北部，林区分布在石门乡的哈思山、双龙乡的泰和山、永新乡的雪山寺，总面积41.83平方千米。是甘肃中部干旱地区罕有的天然次生油松纯林。主峰大峁槐山海拔高3017米，为靖远县内第一峰，在其支脉松山、泰和山、雪山等山峰上，生长着大片的天然林，苍松翠柏、树木葱郁，为干旱荒芜的黄土高原凭添一方绿洲，不仅是当地面积最大的原始树林遗存，而且成为一方稀有的自然景观，它曾被誉为靖远古八景之一的"雪岭堆银"。哈思山森林区山势宏伟，树木葱郁，四季长青，有极高观赏价值的迎客松。自然资源风景主要由山、林、自然地貌以及天象景观组合而成，在苍松的森林背景下，山体岩石显得红如鲜血、光彩夺目。花草树木随季节变换着色彩，构成了一幅幅风格各异的自然风景画。

0800 铁木山省级森林公园

级　　别：省级森林公园

位　　置：白银市会宁县

简　　介：铁木山位于会宁县城西北70千米汉家岔乡与头寨子镇交界处，国道309线绕山腰通过，交通便利。主峰海拔2404米，是会宁境内最高山峰。其山脉南接定西青岚山，北接郭城清凉山，主峰位于头寨子镇香林村。登临山顶，东瞰屈山，西眺马啣山，无限风光，尽收眼底。铁木山省级森林公园是林木葱笼之中一块恬静的旅游胜地，总面积502.80平方千米。

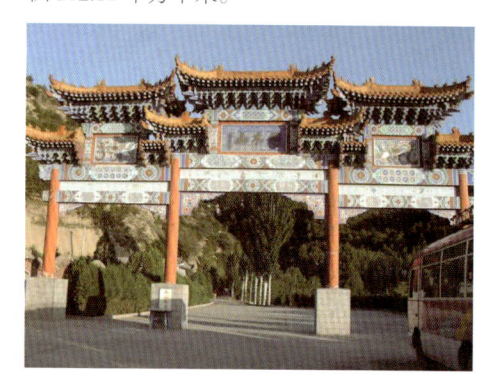

0801 桃花山省级森林公园

级　　别：省级森林公园

位　　置：白银市会宁县

简　　介：桃花山耸立于县城东侧，总面积7.67平方千米，为省级森林公园，国道312线从山下通过。桃花山山势突兀挺拔，苍翠秀丽，峰顶高1944米，两翼呈北南、西南走向。其势为鹊鹏展翅，待冲云霄；其色艳似桃花绽红，烟霞流丹，故名桃花山。

0802 铁木山自然保护区

位　　置：白银市会宁县

简　　介：铁木山位于陇西黄土高原西北边缘，深居大陆腹地，地处会宁县头寨镇和汉家岔交界处，总面积7.49平方千米，主峰海拔2404米。保护区辖区山大沟深，地形破碎复杂，水源缺乏，属温良干旱山区，地貌由前赛武系结晶和汉古生代花岗岩组成，出露面积约为4平方千米，山坡为黄土所覆盖，是白银市境内黄土地区唯一的一座秀色基岩山地。是一处具有悠久历史的集文化遗产、人文景观和自然景观为一体的旅游胜地。

0803 会宁县东山森林公园

位　　置：白银市会宁县

简　　介：东山，巍然屹立于会宁县城东边，主峰海拔2100多米，形如虎踞。西、南与华家岭支脉西岩山、桃花山隔河相望。山脉绵远，余脉北至仓下河沟，南缘祖河，东则蜿蜒起伏，犹如长龙，经会宁县王家庙、八里湾、老君坡、平头川一直绵延至宁夏西吉县。在会宁境内南北宽17.5千米，东西长37.5千米，总面积626.25平方千米，俨然是会宁县城的绿色屏障。

0804 云崖寺森林公园

级　　别：国家级森林公园

位　　置：平凉市庄浪县

简　　介：云崖寺国家级森林公园占地面积146.67平方千米，包罗了东北、华北、喜马拉雅、中亚热带以及黄土高原等区系的11 000多种维管植物，有1100多种珍禽异兽。云崖寺自然景观地处陇东，属六盘山系关山支脉褶皱带，岩石坚硬，以砂岩、砾岩、页岩、石灰岩为主，新构造运动山体继续隆起而形成高山峭壁及深邃的峡谷地貌和丹霞地貌，悬崖峭壁、奇峰险岭举目可见。公园内林地面积大，森林类型分界不明显。区域石窟群在我国石窟艺术中占据着重要位置，石窟群始建于北魏时期，历经唐、宋、元、明、清历代修葺，依次有竹林寺、大寺、西寺、朝阳寺、金瓦寺、佛沟寺、三教洞、罗汉洞以及红崖寺等组成的石窟群，云崖寺是中国石窟营造史上大规模开窟造像之风的最后止息地。

0805 调令关森林公园

级　　别：省级森林公园

位　　置：庆阳市正宁县

简　　介：调令关森林公园因位于子午岭主峰、秦直道雄关——调令关而得名，2004年3月由甘肃省林业厅批建省级森林公园。西距正宁县城33千米，东至陕西铜川市93千米，省道S303线穿境而过，地理位置优越。公园总面积93平方千米，森林覆盖率93.5%，由调令关、中湾、高凤坡、西牛庄四个景区组成。景区内层峦叠翠、空气清新、森林生态景观独特，有秦代的重要军事通道——秦直道；古时南下关中、北去边塞的重要关隘——调令关，被史家称为千古之谜的黄帝冢遗址及不少古代烽燧遗迹、蒙恬庙等历史文化遗迹。公园以森林生态旅游为主要特色，有直道林荫、调令松涛、黄帝遗冢、古关日出、八仙洞府、子午烟雨、森林氧吧、黄帝升天峰、犀牛望月、观光植物园等二十多个景点。

0806 唐帽山

级　　别：省级森林公园

位　　置：平凉市崇信县

简　　介：唐帽山位于崇信县新窑镇西部，距县城40千米，南北走向。东西宽12.5千米，南北长20千米。北邻芮水，气势雄伟，主峰水泉岭海拔1712米，为崇信境内最高峰。东有仙姑山，若侍女以待；西有五龙峰像金童屹立，北有崇邑山川尽收眼底，整座山峰岭嵯峨，古树参天，林深似海，松涛奔流，景色宜人。山上有成片的天然次生林，植被良好，土地肥沃，土层厚度多在13米左右，是重要的林业基地，丰富的天然牧场。其中栖居着豹、鹿、麝、獐等珍稀动物，还有多种野生药材。

0807 莲花台风景名胜区

级　　别：省级森林公园

位　　置：平凉市华亭县

简　　介：莲花台风景名胜区位于华亭县西部关山林区，东南与陕西省陇县的关山草原景区交界，西南与天水张家川接壤，西北与庄浪县的云崖寺相邻，总面积118.80平方千米。据考证为古"西镇吴山"，即今华亭"五台山"南麓深处的"青龙山"。核心景区距县城42千米，莲花台入口处距省道304线10千米，有观赏价值区域约118.8平方千米。莲花台旅游区1995年被省政府批准为省级森林公园，2004年又被批准为省级风景名胜区，主要景点有四道坪草场、燕麦河药园茅庵、幽谷迷宫、上時、下時、鬼门关景区、拴马桩、饮马池、将军峰、菩萨头、藏虎崖、古铜矿遗址、古栈道遗址、秦御道、汉回中道、海龙洞、玄峰山等。

0808 官山林场生态旅游区

位　　置：平凉市泾川县

简　　介：官山林场是泾川县唯一的县属国有林场，总面积14.27平方千米，森林覆盖率93%。2015年以来，充分利用生态资源优势，按照"组装项目，配套设施，完善功能，拓展服务"的要求，规划实施生态旅游开发二期工程。

0809 玄峰山景区

位　　置：平凉市华亭县

简　　介：玄峰山景区位于秦皇祭天广场正西，距祭天广场4千米，山峰玄妙，险要奇峻，山上庙宇道观星罗棋布，景色秀美，因唐太宗李世民战乱时避难于此而闻名。近年来，县委、县政府按照国家4A级景区创建标准，投资2000万元，实施了玄峰山景区开发建设工程。

0810 米家沟生态园

位　　置：平凉市华亭县

简　　介：米家沟森林公园位于县境东北部，自然环境优美，动植物资源丰富，人文历史悠久。内有各类植物35科60属87种，森林覆盖率达61.88%。有野生动物30多种，其中国家二级保护动物有红腹锦鸡、麝两种，国家三级保护动物有金钱豹、水獭、青羊三种。公园内地貌景观有"观日峰""摩天峰""东峡"等；各类古墓葬群、石窟、石佛、石刻、古烽燧等历史遗址10余处；发掘古生代泥盆地鱼、蕨类植物化石2处，新生代地三纪古脊椎动物三趾马动物化石群1处。位于公园内东峡林场西侧的主景区米家沟生态园，已建成了弥勒佛、儿童游乐园、蒙古包、休闲屋、茅草屋、吊桥、石拱桥、人工湖、啤酒广场、叠水台、乌篷船、朝圣区小广场等景点。是休闲度假、旅游观光的理想之地。

0811 周祖陵森林公园

级　　别：国家级森林公园、AAAA级旅游景区

位　　置：庆阳市庆城县

简　　介：周祖陵森林公园位于甘肃省庆城县，总面积6.50平方千米，东邻革命胜地延安，西接古丝绸之路，南与古都西安相望，北靠塞上江南银川，是周边多条精品旅游线路必经之地，地理位置优越，交通便捷。青兰高速、国道211、309和省道202线贯穿全境。相距西安、银川、延安均为300千米左右，距咸阳机场200千米，距庆阳机场28千米，航线直达北京、西安、兰州。景区自1994年开发建设以来，以周祖农耕文化和岐黄中医文化为依托，先后建成了周祖文化区、孝道文化区、岐伯圣景区、《黄帝内经》千家碑林、农耕文化产业园和岐黄中医药文化生态园六大景观区，建成景点140多处。2005年被评定为国家级森林公园，2009年被评定为国家AAAA级旅游景区，并先后获得"国家中医师承基地""国家中医药养生保健旅游创新区""全国休闲农业与乡村旅游示范点"等称号。

0812 东老爷山森林公园

级　　别：全国重点文物保护单位、AAA级旅游景区、省级森林公园

位　　置：庆阳市环县

简　　介：东老爷山位于环县东北部陕、甘、宁三省（区）交界处，海拔1774米，是闻名遐迩的道教名山。这里有"鸡鸣听三省"的美誉，有轩辕黄帝升天、周太子降生、金公鸡叫鸣、狐大仙选址、关老爷显灵、林道士成仙的神奇传说，有毛泽东、周恩来、彭德怀、叶剑英、李富春等领导带领红军长征留下的历史足迹，有天造地设的"二龙戏珠"山体景观，有错落有致、古朴典雅的15座元、明、清古建和21座新建庙宇楼阁及景点，有苍松翠柏、绿树满目的自然风光，是休闲观光、红色教育、宗教旅游胜地，现为国家AAA级旅游景区、全国重点文物保护单位、省级森林公园、市级爱国主义教育基地。

0813 双塔森林公园

级　　别：AA级风景旅游区

位　　置：庆阳市华池县

简　　介：双塔森林公园位于华池县城东山林区，占地面积2.10平方千米，始建于1997年，以东山良好的森林源资为基础，以双塔寺搬迁保护为依托，是华池县委、县政府历时多年、集全县之力累计投资近亿元人民币修建的一处集旅游观光、避暑度假、文化娱乐于一体的休闲游乐场所。这里有典型独特的自然生态系统，峰峦迭翠，林木繁郁，气候宜人，风光引人入胜。2006年被评定为国家AA级旅游景区。

0814 夏家沟森林公园

级　　别：AA级风景旅游区

位　　置：庆阳市合水县

简　　介：夏家沟森林公园是一处集观景、度假、避暑、游乐、餐饮、住宿、休闲于一体的综合性旅游景区，位于合水县太白镇境内，地处309国道南侧，占地30平方千米。全园规划有管理服务区、餐饮娱乐区、自然景观区、养鹿场、植物花卉园、度假山庄等12个区域。2007年被评为国家AA级旅游景点。

0815 罗山府岐黄养生谷

位　　置：庆阳市宁县

简　　介：罗山府岐黄养生谷位于子午岭腹地罗山府林场，东接陕西省富县，南与国营梁掌林场接壤，北靠合水林业总场大山门林场，西至盘克林界，距白吉湖景点5千米。总面积153.33平方千米。谷内动植物资源丰富，自然风光秀丽，人文景观众多。

0816 桂花园森林公园

位　　置：庆阳市宁县

简　　介：桂花园森林公园位于宁县九岘乡境内，总面积14平方千米，是以生态保护、科普教育、观光旅游、休闲度假为主要内容的森林生态型旅游公园。

0817 巴山林场

位　　置：庆阳市庆城县

简　　介：巴山林场始建于1987年，在太白梁乡境内，隶属庆城县林业局林科所。成林地0.67平方千米，其中油松林0.33平方千米，刺槐、山杏等用材林0.33平方千米，育苗地0.02平方千米。该区域位于庆城县最北边，气温相对较低，苗木长势良好，森林覆盖率高，适宜休闲旅游。

0818 潜夫山森林公园

位　　置：庆阳市镇原县

简　　介：潜夫山森林公园位于县城北约1千米处，距今约有1900多年的历史，由于东汉末年著名思想家、政论家王符在此隐居著书《潜夫论》而得名。公园占地面积7.2万平方米，绿化面积4.7万平方米，设有两个大门，西北两侧遗存古镇原城墙遗址。园内包括烈士陵园、悠园、沁园、怡园、王符纪念馆、潜夫厅、杏花厅、佑德观、通明宫、书画展览厅、休闲娱乐广场等景观，东边建成潜夫园宾馆。公园四季常青，三季有花，环境优雅，设施齐备，是集旅游观光、休闲娱乐、避暑度假一体的综合性园林景区。

0819 东山森林公园

位　　置：庆阳市环县

简　　介：东山森林公园是集环境治理和地域特色文化于一体的综合性生态旅游景区，总面积4.30平方千米。景区的开发建设有两项目标，基础目标是"生态环境治理目标"，终极目标是"文化产业开发目标"。2014年完成一座古烽火台保护利用开发，并在"边塞文化"主景区新建两座烽火台，同时完善环山公路、人行步道、围栏工程等景区基础设施，形成一处自然风光优美、地域文化独特的经典景区。

0820 贵清山旅游风景区

级　　别：国家级森林公园，国家AAAA级旅游景区

位　　置：定西市漳县

简　　介：贵清山史称"贵清仙境"，由贵清山、贵清峡两个景区组成，是西北首屈一指的自然山水风景名胜区，距漳县县城36千米。景区内群峰耸立、千姿百态、古木参天、林海苍郁、汇集了诸多的飞瀑流泉，栖息着多种珍禽异兽。区内有乔灌木29科99种，药用植物500余种，仅禅林就有千年古松0.13平方千米。有金钱豹、狗熊、苏门羚、红腹锦鸡、蓝马鸡等国家保护动物20余种。

0821 遮阳山旅游风景区

级　　别：国家级森林公园、国家 AAAA 级旅游景区

位　　置：定西市漳县

面　　积：36 平方千米

简　　介：遮阳山因"日出而为山所蔽"而得名。位于漳县西南部大草滩乡境内，国道212线（甘川公路）196千米处，距县城29千米，景区地处秦岭西端与岷山交汇地带，海拔高度在2200米至2800米之间，总面积36平方千米，由西溪、东溪、夷门山三个景区组成。景区之间紧紧相连，构成一个统一的整体。境内不仅有大量绮丽的岩壑和岩洞，而且有大面积的针阔叶混交森林，还有豹、苏门羚、香獐、蓝马鸡等数十种珍稀异兽栖息。这里较多地保存了古代文化遗迹，这里是一个自然风光极其秀美、人文资源极其丰富的旅游胜地。宋、元、明时期，就是驰名陇上的旅游胜地，这里有留存的佛教梵文经板，宋、明两代名人题刻等文物古迹，更有宋平、雷洁琼等当代领导人的题词；有道教"八仙"之一的吕洞宾"三醉石"遗迹，更有武当道教创始人张三丰千古失踪之谜等优美传说。

0822 渭河源国家级森林公园

级　　别：国家级森林公园

位　　置：定西市渭源县

简　　介：渭河源森林公园位于甘肃省中部、定西市西南部，地理位置在东经104°08′—104°20′，北纬34°57′—35°02′之间，公园总面积79.17平方千米，有天然林41平方千米，有各类乔木树种30科、43属、126种，草本植物69科、435种，有国家二、三类保护动物100余种。该公园距省城兰州174千米，距陇海铁路陇西火车站55千米。这里景色秀美，交通便利，区位优势优越。公园由莲峰山、天井峡、首阳山（国家 AAA 级景区）、石门水库等景点组成。旅游资源丰富，莲峰山以奇秀著称，天井峡以险峻闻名，首阳山以神奇名贯古今，这些景点各具特色，又遥相对应，置身其中，如临仙境。

0823 岳麓山国家森林公园

级　　别：国家级森林公园

位　　置：定西市临洮县

简　　介：岳麓山国家森林公园位于临洮县城以东 0.5 千米处，因宋代山上修建东岳庙而得名，至今已有一千多年的历史，神鹿雕塑，群鹿展蹄腾空，栩栩如生。公园主要景点有姜维墩、东岳庙、椒山书院、甘南农民起义纪念碑、县博物馆，是集休闲度假、娱乐健身、苗木繁育、花卉生产于一体的现代化林业博览园。

0824 鹿鹿山省级森林公园

位　　置：定西市通渭县

简　　介：鹿鹿山省级森林公园占地面积 20 平方千米，是华家岭与新景乡高庙山的风水岭，山上森林茂密，青草茵茵，被群众称作通渭县城的"后花园"。鹿鹿山在华家岭—鹿鹿山—高庙山梁岭的中部，园内平均海拔为 2200 米，年平均降水量为 530 毫升左右。

0825 仁寿山森林公园

级　　别：AAA 级旅游景区、省级森林公园

位　　置：定西市陇西县

简　　介：仁寿山森林公园地处渭水之滨，距陇西县城 1 华里，占地 5.2 平方千米，东西走向，海拔 1904.5 米，是一座名闻遐迩、历史悠久的文化名山，素有"天边仁寿"之称。是甘肃四大文化之一陇西李氏文化的象征，"陇西堂"为世界李氏族人祭祖和研究陇西李氏文化架起了联谊桥梁。雄踞仁寿山巅的魁星楼，古朴、典雅，登上楼顶，东西两川尽收眼底，巩昌古城一览无余。陇西碑林碑刻石雕收藏丰富，是收藏、研究和保护陇西碑刻的艺术博物馆。园内如一阁、迎宾楼、大佛殿、西进亭、瑞亭、仰云亭、烈士陵园、李家花园等景点各具特色。

0826 通渭县南屏山森林公园

级　　别：省级森林公园

位　　置：定西市通渭县

简　　介：南屏山省级森林公园位于县城西南方的南屏山和清凉山，属平襄镇城关、西关2个行政村所辖，北靠牛谷河，南至退耕还林工程外围，西以清凉山荒山造林外缘为界，东接南屏山嘴头家属住宅区，总面积12平方千米。园内现有革命烈士纪念碑、佛教协会建筑群、城隍庙建筑群、关帝庙建筑群、"八景园亭"建筑群等人文景观和民间佛教道观建筑，建筑面积为2694.6平方米，现有人工林10.67平方千米，有耕地0.15平方千米，有简易公路两条，总长度2.67千米，占地0.01平方千米，但路面狭窄，无边沟排洪管道，建有提灌工程二处。

0827 岷县二郎山省级森林公园

级　　别：省级森林公园

位　　置：定西市岷县

简　　介：岷县二郎山省级森林公园东接叠藏河，北临洮河。公园总面积1.51平方千米，森林覆盖率达66.2%。主要由二郎山景区、南川景区和北郊景区三部分组成，其中，二郎山景区占地0.47平方千米，森林覆盖率达90%以上，人文资源丰富，是集生态文化于一身的综合类景区。

0828 霞布山

位　　置：定西市漳县

简　　介：霞布山，又名青龙山，在距县城25千米的四族乡牙里村境内，山势逶迤如龙，山巅有青崖、高险奇秀，悬崖有霞布灵湫大爷洞，为石灰岩溶洞；青泉悬瀑从峭壁上形成。

0829 通渭县秦嘉徐淑公园

位　　置：定西市通渭县

简　　介：秦嘉徐淑公园位于县城西南方的南屏山和清凉山脚下，占地0.1平方千米，东西长500米，南北宽190米，以通渭南屏山森林公园为生态环境大背景。整体构思以秦嘉、徐淑的历史事迹及其诗词作品为文化主线，把诗词书法和园林建筑小品有机结合起来，通过碑刻的形式表现通渭书法艺术的文化内涵和高深境界。

0830 雷公峡

位　　置：定西市漳县

简　　介：雷公峡位于西秦岭边缘的露骨山中，在殪虎桥乡沙沟台村境内，入口处在国道212线182千米处，距离兰州182千米，距离县城30千米，总面积20平方千米，海拔2540~3941米。雷公峡怪石多姿，异卉多彩。雷公洞、水帘洞、阴阳洞，洞洞深邃乾坤大；大象峰、莲花峰，峰峰险峻壮阔。杜鹃丛丛，紫桦婷婷，地生良木近百种。山间麋鹿、野羊、梅花鹿竞奔；林中雪鸡、马鸡、四音鸟共舞。悬崖上有林麝，清溪里有娃娃鱼。冬日的雷公峡，白雪皑皑，冰清玉洁，好一派北国风光。为考察、写生绝美地，是旅游休闲好去处。

0831 岷县双燕山自然保护区马烨风景区

位　　置：定西市岷县

简　　介：岷县双燕自然保护区马烨小区东距212国道线5~10千米不等，南界、西界以卓尼、迭部县界为边线，北界从马烨仓经立林到麻子川至宕昌县界；总经营面积394.6平方千米。

0832 南屏山景区

位　　置：定西市临洮县

简　　介：南屏山景区位于临洮县城南35千米处，离兰临高速公路终点25千米，平均海拔高度2900米，景区占地6平方千米，是临洮县南部海拔最高、植被覆盖程度最好的区域，山上原始植被保存完好，山间自然风光秀美。

0833 紫松山景区

位　　置：定西市临洮县

简　　介：紫松山景区是莲花山的姊妹山，是南屏山生态旅游区靓丽的一笔。山上不仅有挺拔的松柏，而且有大佛殿、玉皇殿。这里的山以雄、奇、幽、朴取胜，整个山形远远望去犹如一座屏风高高矗立，近观则见座座苍山千姿百态，直插云霄。山上植被葱绿，空气清新，山下沈河水掀浪吐玉，波光粼粼。临洮民间花儿主要分布在南部多民族聚居区，南屏山恰好位于洮岷北路花儿与临夏河州花儿的交叉地带，这里的花儿会异彩纷呈，独领风骚。

0834 文县天池国家森林公园

级　　别：国家级森林公园

位　　置：陇南市文县

简　　介：文县天池国家森林公园位于文县北部，南起白马村、北至舟曲县、西起陇南第一高峰雄黄山，东到交接沟；总面积143.38平方千米；地形东南低、西北高，园区入口洋汤寨最低海拔1233米，园内雄黄山主峰最高海拔4187米，海拔相对高差2954米。这里是典型的暖温带过渡区，立体垂直气候明显，加之地形地貌的复杂和生物种类繁多，构成了风烟多变化、一里不同天的自然奇观。园内多民族杂居，藏汉文化交融，形成了独特的民俗民情。

0835 官鹅沟国家森林公园

级　　别：国家级森林公园、AAAA级风景区

位　　置：陇南市宕昌县

简　　介：官鹅沟国家森林公园位于甘肃省陇南市宕昌县城郊，距省会兰州市340千米，总面积419.96平方千米。地处青藏高原东部边缘与西秦岭、岷山两大山系支脉的交错地带，公园毗邻中国革命历史文化名镇哈达铺，衔接世界文化遗产九寨沟风景名胜区。1999年经甘肃省林业厅批准，建立省级森林公园。2003年10月，晋升为国家级森林公园。2007年被评为AAAA级风景区。

0836 鸡峰山国家森林公园

级　　别：国家级森林公园

位　　置：陇南市成县

简　　介：鸡峰山国家森林公园位于甘肃省东南部的成县境内，距县城15千米，全长19千米，最大宽度9千米，园区总面积42平方千米，主峰嵋洛峰海拔1917米，公园地处麦积山至九寨沟的黄金旅游线上，为陕、甘、川三省的结合部，其自然景观丰富，人文景观独特，佛教活动历史悠久。

0837 云屏省级风景名胜区

级　　别：国家级自然保护区

位　　置：陇南市两当县

简　　介：云屏风景名胜区位于两当县城以南20千米处，属小陇山国家级自然保护区，

境内森林覆盖率高达93%,山川兼具"奇、险、幽、秀"于一体。该景区是一个面积达178平方千米的大景区,又分为"云屏三峡"和"黄疙瘩"两个较大的支景区,由60多处大大小小的景点构成,景区内有双乳峰、黑水田园、360°看云屏、阴坡河峡谷等著名景点,负氧离子含量多达4万余个,是名副其实的"天然氧吧"。景区内民风淳朴,有独特的号子文化和地方土酒,备受游客青睐,是集休闲、度假、观光、运动、疗养、体验于一体的旅游最佳目的地。

0838 白云山森林公园

级　　别:省级森林公园
位　　置:陇南市两当县
简　　介:白云山森林公园坐落于康县县城南侧,始建于1984年,包括白云山景区和娃娃岩景区,总面积21.53平方千米。2003年2月,白云山公园被甘肃省林业厅批准为省级森林公园。

0839 尖山子森林公园

级　　别:省级森林公园
位　　置:陇南市成县
简　　介:尖山子省级森林公园位于甘肃省成县东南方城关镇、红川镇、店村镇、宋坪乡四乡(镇)交界处。地理坐标介于东经105°45′—105°56′,北纬33°40′—33°43′之间。东起红川镇甸山,南与宋坪乡康湾村、田柳村相接,西至城关镇龙峡村青泥河,北连店村镇店村村。

0840 五凤山森林公园

位　　置:陇南市武都区
简　　介:五凤山原名真武山,相传古时曾有5只凤凰落在山巅,故名五凤山。距武都区北郊3千米,海拔2265米,垂直高度1200多米,巍峨高峻,耸入云霄。山巅茫茫松林间,殿阁重重,画栋流云,飞檐落霞,是驰名陇南的古迹名胜。现为县级文物保护单位。

0841 米仓山森林公园

位　　置:陇南市武都区
简　　介:米仓山森林公园位于武都区安化镇米仓山马黄沟一带、江武公路边,距武都城区20千米,海拔约2000米,四季分明,气候宜人，光照充足，年日照时数1500多个小时，平均气温在6℃~8℃之间，最热季节月平均气温在18℃~20℃之间，有大片人工森林，荒山0.18平方千米，山地0.09平方千米，总面积1.03平方千米。

0842 裕河金丝猴自然保护区

位　　置：陇南市武都区

简　　介：裕河位于洛塘山区东部，与康县阳坝梅园沟相接，南与陕西宁强、四川青川林区接壤，全乡总面积264.7平方千米，森林覆盖率高达75.5%，距县城118千米，这里地处亚热带，它集九寨之水、桂林之山、南方的灵秀之美于一体，是陇南的"西双版纳"和"甘肃名茶之乡"。游客置身峰林山水之中，沿途可欣赏到枫叶林、明镜高悬、仙女浴池、犀牛望月、恐龙吸水、骏马展蹄、美女仰泳、黑龙潭瀑布、青龙潭、绿鱼潭及碧绿滴翠的茶园风光等举不胜举的自然景观，游客在此可以尽情地享受浓郁的亚热带田园野趣。

0843 东月沟森林公园

位　　置：陇南市武都区

简　　介：东月沟森林公园位于洛塘山区西北部，地处月照、琵琶、洛塘三乡镇结合部，总面积13平方千米，从武都县城出发沿甘川公路而下经麻崖梁到月照乡马楞东行5千米即可到达。区内气候宜人，山青水秀，林木高大通直，古朴自然，风光绮丽，动植物资源丰富。以桦树、落叶松、华山松、麦吊云杉等为主的针阔混交林和以太白冷杉、秦岭冷杉为主的亚高山针叶林与散布其间的奇花异草共同构成了这里与众不同的"四季画面"。

0844 成县泥功山森林公园

位　　置：陇南市成县

简　　介：泥功山森林公园位于成县县城西北部的二郎乡境内。公园东与王磨镇陈庄村、祁坝村相连，南至药家大山，西至西和县和成县相接的海韭山脉，北至西成县界，公园总面积27.28平方千米，主要由泥功山风景名胜景观区、烂泥山珍稀植物园区、曹家山笼峡地貌观览区、玉皇山森林休闲度假区、二郎坝休闲娱乐服务区、大黑山森林生态保护区、阶梯水库风光观览区、特色种养农业观光区八大景区组成。

0845 甸山景观

位　　置：陇南市成县

简　　介：甸山，在成县红川镇境内，距县城22千米，背倚西秦岭余脉，俯瞰甸河和广袤的田野，海拔约1000米。因奇峰峻拔，树木葱茏，状若游龙，当地百姓又称为苍龙岭。甸山方圆不足5平方千米，但峰壑纵横。

0846 张家黑河森林公园

位　　置：陇南市两当县

简　　介：张家黑河森林公园位于小陇山张家林区，与陕西省凤县毗邻，是著名电影《白莲花》的拍摄地。景区总面积23.2平方千米，以森林资源为主体，苍山奇峰为骨架，清溪碧潭为脉络，古迹文化为点缀，雄、险、奇、幽、秀兼备，代表景点有洗心池、苍窿山、幽峡谷、卧虎寺等。该景区目前已建成旅游便道、上山石台阶、凉亭、湖面廊亭、观景台、鱼池、休闲园等，有黑河森林公园避暑山庄、黑河风情度假山庄两处接待站。

0847 张果老登真洞景区

位　　置：陇南市两当县

简　　介：张果老登真洞景区位于县城东部13千米处。总面积0.23平方千米，是传说中八仙之一张果老修行悟道的地方，景区内分布有亚洲面积最大的白皮松天然林，群山蜿蜒连绵，层林气象万千，若遇雨季，云山雾海，美不胜收。代表景观有"凤凰观景台""张果老登真洞""故道松涛""鸳鸯仙山"等，洞内有张果老倚塌、八仙聚会与董真人造访等群塑，形象逼真，各具姿态，意趣盎然。虽经千年变迁，洞内还保存着唐、宋以来各个时期记述张果老在此修仙悟道、造楼建阁的记述碑文以及历代文人墨客为登真洞题写的诗碑。

0848 三滩风景名胜区

位　　置：陇南市徽县

简　　介：三滩风景名胜区主要包括72滩保护区和北部天子山景区。72滩保护区位于三滩风景名胜区的腹地，面积60.41平方千米，是小陇山国家级自然保护区核心区的主要组成部分。天子山景区面积63.3平方千米，有长巴子梁、面条树丛、令旗峰、菊花台、卧龙潭、拦马墙、龙潭坝等景点。72滩保护区景观独特，各种景源组成的景群、景点及景物有较高的欣赏价值、生态价值和科研价值，是重要的野生动物栖息地。北部天子山景区为三滩风景区的飞地，是由天水旅游线路到徽县旅游的第一站，具有极其重要的战略性地位。

0849 西和县隍城森林公园

位　　置：陇南市西和县

简　　介：西和县隍城森林公园以生态环境建设为主，融历史文化游览、休闲观光于一体，总面积2.57平方千米。公园于2002年开始筹建，成立隍城森林公园管理站；2003年秋，县委、县政府决定大力开发兴建隍城森林公园，对隍城风景资源、人文景观进行全方位开发。整个公园按规划分四区一址，即小隍城观光区、休闲娱乐区、大隍城佛教观光区、公园管理区、十二连城遗址。

0850 西和县观山植物园

位　　置：陇南市西和县

简　　介：观山常年苍柏葱郁，景色清幽，风光秀美。观山之巅，地势开阔，在其最高处建有朝阳观。近年来，西和县委、县政府将观山作为重点休闲旅游基地，逐步将观山定位为植物观赏园进行建设。按照规划观山植物园由斑竹园、月季园、牡丹园、桃园、柳园、海棠园、雪松园、国槐园、香花园、李子园、杏园等组成。

0851 礼县翠峰观

位　　置：陇南市礼县

简　　介：礼县翠峰观景区位于县城东南约7千米处，"翠峰松涛"为礼县古八景之一。近年来，礼县县委、县政府高度重视翠峰观景区旅游开发，依托优美的自然风光、邻近县城的资源优势，做出了把翠峰观打造成礼县县城后花园的战略决策。

0852 洮坪原始森林景区

位　　置：陇南市礼县

简　　介：洮坪原始森林景区位于县城西南的洮坪和上坪乡境内，小陇山林业实验区洮坪林场境内，总面积30平方千米。这里野生动、植物种类繁多，木本植物达300余种，动物有林麝、马麝、青羊、红腹锦鸡、云豹、毛冠鹿、羚羊、熊等50余种。林海茫茫，盛产各种野生药材，山岩峻秀，形若麦积，水流清清，溪流穿石，这里有大宝山、宝瓶口、双塔崖等景点，是旅游避暑的好去处。

0853 平河坝原生态旅游区

位　　置：陇南市康县

简　　介：平河坝原生态旅游区位于阳坝镇太平村的下平河坝，属平河坝沟系，位于阳坝梅园沟景区的西南部，处在东经105°32′－105°53′，北纬32°53′－33°06′之间，与梅园河以南的小馍馍山（海拔2299米）和横担梁（海拔2141米）相隔，沟内地势较为平坦，河水发源于大、小馍馍山境内的平河坝，贯通整个平河坝沟内，流经太平阴坝村（海拔960米）汇入太平河，河流长度地图上水平距离约15千米，实际距离约40千米左右。年平均降雨量在814毫米至1051毫米之间，森林覆盖率高达83.15%以上，境内属北亚热带湿润区气候，原始林木茂密，山泉溪水密布，负氧离子含量极高，空气清新明朗，四季温和湿润，原生态旅游资源极为丰富。

0854 白云山森林公园

位　　置：陇南市康县

简　　介：白云山森林公园位于县城燕子河南岸的白云山麓，总面积21.53平方千米。一条盘山公路通向龙城演艺广场，每逢雨过天晴，有团团白云从山腰徐徐升起，形成"云海仙境"，故名白云山。

0855 清河原始森林

位　　置：陇南市康县

简　　介：清河原始森林风景区位于康县南部的两河镇，距康县县城50多千米，同岸门口、白杨乡相毗连。林区总面积165.27平方千米，其中，天然次生林约2.8平方千米，属亚热带阔叶针叶混交林。风景区内，气温湿润凉爽，古木参天，绿荫蔽日，千峰叠秀，沟谷幽深。溪流纤尘不染，清澈透明；水质清凉甘甜，砭骨劲寒。由于河道蜿蜒，河床多奇石，滩中多游鱼，景色极美，有"十瀑百溪千滩"之说。

0856 文县尖山自然保护区

级　　别：省级自然保护区

位　　置：陇南市文县

简　　介：文县尖山自然保护区于1992年成立，位于甘肃文县境内，总面积100.4平方千米，是以保护大熊猫及其栖息地生物多样性为主的省级自然保护区。保护区内动植物资源丰富，有大熊猫、羚牛、林麝、黑熊、鬣羚、毛冠鹿、斑羚、红腹锦鸡、蓝马鸡等珍稀脊椎动物190种，有红豆杉、独叶草、厚朴、连香树、水青树、岷江柏木等各类植物2000余种。保护区内自然风光雄奇秀美，"文县八景"之"尖山卓笔""晴霓瀑布"就在其间，另外还有古文县城之"北大门"、宋元古战场"火烧关"遗址、"鲁班石"、"神仙洞"等景点。

0857 牛头寺公园

位　　置：陇南市宕昌县

简　　介：牛头寺位于宕昌县东部韩院乡境内的良恭山南麓群峰之中，西接毛羽山万亩林带，东连菜地湾万亩林区，属长江上游三江源头绿色水库之一。整个景区东西长10千米，南北宽7.5千米，由无数奇峰秀水、古刹亭阁、参天古柏、小桥人家等构成，景区内有各种乔灌木百余种，药用植物500余种，有金钱豹、红腹锦鸡等珍稀动物30余种。1997年被宕昌县列为县级森林公园。牛头寺兼华山之险，崆峒之奇，桂林之秀，鸡峰之美，是天（水）—宕（昌）道上一处不可多得的旅游胜地。

0858 松鸣岩国家森林公园

级　　别：国家级森林公园

位　　置：临夏州和政县

简　　介：松鸣岩国家森林公园位于临夏州和政县南25千米处的太子山林区。距临夏65千米，康乐35千米，兰州150千米。兰郎公路就近而过，蒿临公路横穿其中。这里风景秀丽、气候宜人、峰凝翠黛、幽壑藏云、碧流飞泉、林木蓊翳。自古就是人们朝圣、游览的胜景。松鸣岩因每当风起、松涛大作、奔腾砰訇、如战鼓擂响、似万马奔腾而得名。松鸣岩有三座并峙的山峰，为南天台、西方顶、独岗岭，峰形奇特、芙蓉俊貌，宛如三位潇洒飘逸的仙女耸立在群山峻岭之中，是历代殿宇楼阁、亭榭飞桥荟集之地。早在元代，就有人在此凿洞塑佛，修庙建寺，修行隐居，明代初具规模，为古河州八景之一。

0859 莲花山国家森林公园

级　　别：国家级森林公园

位　　置：临夏州康乐县

简　　介：莲花山国家森林公园位于康乐、临潭、卓尼、渭源、临洮交界处，距康乐县55千米，距兰州市167千米，洮河、冶木河流经此地。公园总面积48.73平方千米，有着丰富的人文景观和悠久历史，早在明代就辟为道、佛教名山，有"西崆峒"之美称。

0860 吧米山省级森林公园

级　　别：省级森林公园

位　　置：临夏州永靖县

简　　介：吧米山省级森林公园位于刘家峡大坝以东12千米，是陇上名山马衔山脉尾端，总面积83平方千米。地理位置为东经103°25′—103°37′，北纬35°20′—36°02′。公园东起烂柴沟、西接兰州市西固区，南临洮河，北至大地掌。由吧米山、神树岘和抱龙山三处景区组成。

0861 红园

位　　置：临夏州临夏市

简　　介：红园位于临夏市西郊，与北塬万寿观俯仰相望，相映成趣，原为洪水河畔的草树滩，1958年开辟为园林。全园占地面积46 200平方米，其中建筑面积4500平方米，水上面积5200平方米。红园面积虽小，但建筑紧凑，游览项目丰富，地方特色突出，被誉为甘肃城市名园之一。全园由牌坊门、清晖门、石拱桥、风凌阁、如意湖、团结堂、怡乐厅、动物园等九大部分组成，是一所融古典建筑、花卉盆景、动物飞禽及各种游乐设施于一体的综合性公园，也是人们休闲、旅游的好去处。

0862 南龙山森林公园

位　　置：临夏州临夏市

级　　别：省级森林公园

简　　介：南龙镇尕杨家辖区内的南龙山森林公园为省级森林公园，1995年6月建成并命名，以南龙山为主体，东起四家咀村，西到临夏县榆林乡陈家台，东西长9千米，南北宽约1.2千米，总占地面积3.33平方千米，森林覆盖率达42.3%。公园牌坊门高18米，宽16米。牌坊门前有两座镇山狮，雕刻精美，气势雄伟。

0863 关滩沟风景区

位　　置：临夏州临夏县

简　　介：关滩沟风景区地处临夏县西南部麻尼寺沟境内，面积225平方千米，沿沟可以直上海拔4700米的临夏高峰"雾山池"，俗称五山池，现在这里已成为太子山天然林保护局的封山育林之地，也是临夏关滩沟生态旅游经济开发有限公司所开办的鹿场和旅游之地。这里水草丰美，环境幽雅，交通便利。

0864 麻山峡

位　　置：临夏市康乐县

简　　介：麻山峡位于太子山自然保护区中段，峡谷由东北向西南延伸，约20千米。峡区内山势陡峭，沟壑深幽，草木茂密，溪流淙淙，两岸林青滴翠，山花烂漫，鸟语花香，是优良的天然牧场。海拔3900米的白石山直插云霄，奇峰林立，山腰云雾缭绕，苍松呼啸，暑天峰顶白雪皑皑，风光旖旎。

0865 药水峡森林公园

位　　置：临夏市康乐县

简　　介：药水峡森林公园距省会兰州市150千米，是太子山自然保护区的重要组成部分，总面积20平方千米。传说，此地是药王孙思邈普渡众生、济世救人的风水宝地。整个峡谷呈南北走向。由于受地质褶皱变化的影响，群峰突兀，山势陡峭，峡谷幽深，四季分明，气候凉爽湿润，孕育了典型而丰富的生物种群。这里山水花草、飞禽走兽互相依赖，和谐共存，构成了自然生态的生物链。

0866 后墩湾

位　　置：临夏市康乐县

简　　介：后墩湾位于太子山自然保护区腹地，距县城35千米，占地面积77.65平方千米。林区主要以乔木和灌木相间，峡内山清水秀，林木茂盛，动植物资源丰富。处处披翠挂绿，危崖自林间耸起，在崖谷之间，环周奇峰绝壁，参差耸立，溪水潺潺，近观峰峰挺拔，远观群峰簇拥；景区内原始森林遮天蔽日，谷深岩陡，众多的溪流、飞瀑流淌涌动，青山绿水相互映衬，上有云雾缭绕，下有溪水盘旋。峡口地势平坦、开阔，给人以世外桃源的感觉。

0867 寺沟

位　　置：临夏州和政县

简　　介：寺沟是夹在狮子峰和象山之间的峡谷，位于县城西13千米处的葱花岭下，在峡谷中建有佛寺，景色优美，玲珑别致。寺沟又称"小普陀山"，又有"普陀仙境"之美誉。景区瀑布飞流入潭，雾气冲天，瀑声如雷，形成"十"字形幽池，称为"十字玉渊潭"。

0868 湫池沟

位　　置：临夏州和政县

简　　介：湫池沟位于县城东北4千米处三合镇之董家、杨家和曹家三山之间，是和政又一著名的花儿会场，左依铁公山，右靠古宁河八景之一的"赤壁晚照"——金剑山。景区内长有漫山遍野的花椒树、杏树，山青水秀，鸟雀和鸣，建有银霄娘娘殿、戏台等古建筑，香火旺盛，每年农历5月1-3日举办宗教活动，念经唱戏，同时举办花儿会。

0869 铁沟

位　　置：临夏州和政县

简　　介：铁沟风景名胜区位于县城南部太子山麓，在新营乡境内，距县城20千米。景区呈峡谷状，纵深15千米，峡口有炼铁遗迹，故名铁沟，又称炉子滩。原藏传佛教铁铧寺就建在此处，后毁于战乱，再未修复。铁沟风景区交通方便，和合公路是和政至合作的一条带动和政经济、交通、旅游业的南北公路大动脉，和合路贯穿铁沟风景区。景区内修建有一座古典式牌坊门。

0870 三岔沟

位　　置：临夏州和政县

简　　介：三岔沟风景名胜区位于和政县罗家集乡，距县城20千米，黄罗公路可直通景区，交通条件十分便利，近年来这片美丽的风景区吸引着众多游客前来游览观赏。

0871 冶力关风景区

级　　别：AAAA级风景旅游区

位　　置：甘南州临潭县

简　　介：冶力关风景区总面积794平方千米，是一个以林间生物多样性、生长环境稀有性、独特性为特征的天然动植物乐园。它像一颗流光溢彩的绿色宝珠，镶嵌于景区西部，这里森林覆盖率达87%，依然保存着黄涧子至柏松沟大片未开一斧的原始森林，显示着大自然的亘古造化。

0872 腊子口国家森林公园

级　　别：国家级森林公园

位　　置：甘南州迭部县

简　　介：腊子口国家森林公园总面积486平方千米，包括铁尺梁、一线天、腊子河和腊子口战役纪念碑四个主要景点。铁尺梁海拔从1950米一直上升到3000余米，在铁尺梁上放眼南望，浩瀚的千里迭山，犹如盘龙巨蟒横卧天际，巍峨壮观。主要景点有迭山云海、雪横迭岭、远山空翠、出路村寨、万亩红军纪念林等。本公园由甘肃省人民政府于1980年8月21日修建，现为省级重点文物保护单位。

0873 大峡沟国家森林公园

级　　别：国家级森林公园
位　　置：甘南州舟曲县
简　　介：大峡沟森林公园地处青藏高原东缘的南秦岭西翼和岷山山脉的交汇地区，居长江支流白龙江的中上游，东距舟曲县城7.5千米。公园总面积为4070平方千米，分为磨沟、庙沟等景区，呈枝状分布。公园地处白龙江畔（南岸），属典型的岷山山系北支的高山峡谷地貌，具有亚热带、暖温带和冷温带三种气候垂直变化的特点，特殊的自然环境和气候特征，形成得天独厚的生态旅游资源。

0874 沙滩森林公园

级　　别：国家级森林公园
位　　置：甘南州舟曲县
简　　介：沙滩国家级森林公园地处甘南藏族自治州舟曲县武坪乡境内，为全州十大香巴拉旅游王牌景区之一，东邻武都、南与九寨沟接界，距212国道80千米，总面积300平方千米。行政上隶属甘肃省白龙江林业管理局，地理上属岷山山脉。沙滩森林公园主要包括花草坡、人命池、苜蓿滩、嘎河坝、那下桥、江边沟六大景区，可供游人游览的景点达80余处。目前已开发的有花草坡、人命池、苜蓿滩三大景区。沙滩森林公园属地质史侏罗纪至第三纪湖海沉积地，由于地壳抬升、岩溶沉积，于是形成了周峰环绕的坦阔湿地。景区雨量充沛，日照充足，分布着种类繁多的珍稀动植物群种。各类植被垂直分布，广泛完整，植物群落结构完备，地形地貌优美，自然景观独特。

0875 大峪国家森林公园

级　　别：国家级森林公园、AAAA级风景区
位　　置：甘南州卓尼县
简　　介：大峪国家森林公园地处青藏高原东北边缘与黄土高原的交汇地带，位于甘南州卓尼县境内，公园总面积276.25平方千米，平均海拔2400~4920米，森林覆盖率达86.7%，年平均气温8℃-9℃，气候湿润，景色宜人。它不仅有丰富的旅游资源，而且蕴涵着早期藏羌的原始文明，是一处资料丰

富的地质博物馆；同时也是一处具有历史文化价值、科考价值及自然风光观赏价值的国家级森林公园。2002年经国家林业局批准建设，2002年10月17日，被甘肃林业厅批准为省级森林公园，2003年12月23日，被国家林业局批准为国家级森林公园，2006年被省国土资源厅批准为省级地质公园，2007年被省旅游局评为甘肃省十大自然风景区，2007年被国家旅游局评为AAAA级风景区，同年被甘南州旅游局评为甘南州十大王牌景区。

0876 大峪沟

级　　别：AAAA级风景名胜区
位　　置：甘南州卓尼县
简　　介：大峪沟国家AAAA级景区于2003年申请成为国家森林公园，现为国家AAAA级旅游区、国家级森林公园、甘肃省地质公园，是甘南州的十大王牌景点之一，也是省旅游局推出的王牌景区之一。

0877 拉尕山景区

位　　置：甘南州舟曲县
简　　介：拉尕山景区位于舟曲县城以西33千米，主景区面积约25.71平方千米，海拔2800-2900米，包含长虹卧波、赤壁神窟、神水经纶、日月潭、桦树坪等26个子景点。景区内草甸、森林相间，游客置身其间可充分感受天然幽谷、奇峰绝壁、绿草如茵、松林怀抱的美景，外围悬崖如天然屏障将拉尕山寨环抱其间。在拉尕山景区可感受到大自然欧式风貌，欣赏藏族服饰、歌舞表演，品尝舟曲县藏族饮食，了解藏民族风情，领略藏族人民多姿多彩的文化艺术和不同风格的建筑艺术。

0878 博峪乡卧欧诺村生态文化旅游园区

位　　置：甘南州舟曲县
简　　介：博峪乡生态文化旅游园区（包括博峪乡驻地）平均海拔2050米，属亚热带过渡型气候，地形复杂，周峰环拱，山势高峻，气候垂直变化明显，是休闲、登山、赏景最惬意的季节；7、8月气候凉爽，为避暑最佳季节。博峪自古以来有着藏民族固有的优秀的民间文化和民俗风情。还有那古老质朴的古风习俗，以它惊人的魅力，至今在人民群众中沿袭下来；特别是生活、服饰、婚丧等方面仍保留着独特的原始风俗。

0879 翠峰山景区

位　　置：甘南州舟曲县

简　　介：翠峰山屹立于县城北擂古山南麓群峰环抱之中，离县城 5 千米，海拔 2100 米，占地面积约 0.17 平方千米。景区景观有平沓田园、松林绝壁、黝林坡、曲径十八转、峰麓林亭、潦望亭、养心亭、寺风殿宇、攀天梯、迎客松、古柏争雄、擂古横雪、幽壑奇观、西山观翠峰、"妖气洞"云上游、千丈壁等。其末尾延伸部分的二郎山公园位于县城内，省道 313 线由此经过，交通便利。

0880 瓜子沟村原生态景区

位　　置：甘南州舟曲县

简　　介：瓜子沟村风景区位于曲告纳乡东南方，藏族村落民俗风格独特，交通便利，距离武都区两水镇 12 千米。距瓜子沟村上方 10 千米处有一片原始森林区，里面物种丰富，景色宜人，是休闲度假、旅游看景、游山玩水的好去处。

0881 茶坪村木头岭生态观光区

位　　置：甘南州舟曲县

简　　介：茶坪村木头岭风景区位于曲告纳乡西南方，距离乡政府 12 千米。那里有树木繁育基地（林场苗圃），有连绵不断的原始森林，森林深处植物遮天蔽日，生长着花、木、乔、灌、草等高级植被 700 多种，其中药用植物 500 余种，观赏植物比比皆是。山中鸟、虫、畜、兽等野生动物 100 余种，狍、獾、野猪、野羊等珍惜动物 30 余种，雉鸡、秃鹫、猫头鹰等稀有鸟类 80 余种。由于地形封闭，生态环境处于原始状态，自然景观千姿百态、特色鲜明，有奇峰怪石陡崖峭壁千余处，溪泉瀑潭多条，增添了江南绿山秀水之灵气。

0882 黑水沟风景区

位　　置：甘南州舟曲县

简　　介：黑水沟风景区位于舟曲县与迭部县交界处，由省道 313 线 73 千米处进黑水沟 7 千米，就到了青山绿水的黑水沟风景区，风景区距离县城 60 千米，是避暑、旅游、休闲、娱乐的好去处。每年农历五月初五这天，巴藏乡后北山村及其附近洛大等乡村藏族同胞们就到后北山举行朝水节，在朝水节上要举行煨桑、颂经、念玛尼、跳罗罗舞、摆阵等活动。

0883 勒地别龙王沟

位　　置：甘南州舟曲县

简　　介：龙王沟生态风景区位于白龙江流域舟曲县南峪乡勒地别村境内，风景面积约10.56平方千米，景区聚居着80余户淳朴勤劳的藏族人家。藏语称其为"勒迭巴"，意为龙王居住的地方，故名"龙王沟"。龙王沟群山环绕，空谷幽深，大沟小涧，峰峦叠嶂，险山秀水，置身其中，如临仙境，令人心旷神怡。

0884 卡车沟

位　　置：甘南州卓尼县

简　　介：从卓尼县城沿洮河逆流西行，约20千米的路程，就到了卓尼的卡车沟口。进入卡车沟不远，两岸青山相对，处处花艳鸟鸣。这里是花的世界，鸟的天堂，珍稀树种的乐园。省级紫果云杉自然保护区就在左侧的支沟——郭乍沟内，目前封山保护，由专业人员看管守护。

0885 车巴沟

位　　置：甘南州卓尼县

简　　介：位于卓尼县西南部的车巴沟景区，辐射扎古录、刀告、尼巴三乡镇。景区中心麻路小镇地处岷麻公路江迭公路的交汇点，距临潭县城30多千米，距卓尼县城50多千米，距州府所在地合作市70千米。这里交通便利，气候宜人，景色秀美，是夏季避暑、旅游、休闲观光的理想之地。

0886 拉力沟

位　　置：甘南州卓尼县

简　　介：拉力沟距县城15千米，总面积约154.10平方千米。这里古杨遒劲，松柏参天，泉流纵横，芳草铺地，百鸟和鸣。拉力沟融农、林、牧风情于一体，有草原游牧的声声牧歌，有原始森林的参天古木，更有觉乃藏族姑娘秀美多情的风姿。这里既是人们观光旅游、休闲度假的"世外桃源"，又是人们探究觉乃藏族这个古老民族的最佳去处。

0887 鹿儿沟森林公园

位　　置：甘南州临潭县

简　　介：鹿儿沟森林公园位于县城南部 15 千米的术布乡境内，森林、草山面积 480 平方千米，境内自然资源丰富，气候温和湿润，凉爽宜人，森林中有蕨菜、蘑菇、圆顶羊肚菌、木耳等，景区内有中型水电站两处。

（二）草原景观

0888 坪城乡草原
位　　置：兰州市
简　　介：坪城以地势平坦、筑有明代城堡而得名。坪城草原总面积333.33平方千米，是兰州市最大的天然高山草甸牧场，冬春漫长、寒冷，夏秋短暂、凉爽，自然植被良好。这里黑褐色的沃土适于种植燕麦、豌豆等饲料作物。

0889 马啣山风景区
位　　置：兰州市榆中县
简　　介：马啣山风景区地处兴隆山南侧，距兴隆山18千米，总面积3.98平方千米，最高海拔3670米，年平均气温1℃。马啣山地貌景物奇特，既有冻溶地貌和永冻地层，又有古冰缘遗迹，是考察冰川冻土地貌的重要地点。马啣山气候、植被垂直性分布非常明显，既有森林资源，又有高山草甸，每年盛夏可见到山顶白雪飘、山腰百花艳、山下绿波荡的奇妙景观，真可谓"一日历四季，十里不同天"。马啣山历史悠久，文化灿烂，留传有大石马、小石马、石棺材、金龙池等民间传说。

0890 马衔山风景区
位　　置：兰州市榆中县
简　　介：马衔山为甘肃省榆中县与临洮县的分水岭，地处兴隆山南侧，呈西北、东南走向。山顶如平川，宽约8至10千米，长约40至50千米。其高耸的地势和严寒的气候条件，使马衔山的地貌景物与周围截然不同，而与号称地球三极的青藏高原类似。马衔山四个独特景观：一是高，二是寒，三是奇，四是特。半山腰的金龙池、金龙庙，以及山顶的导航站，亦是马衔山风景区的主要景点。

0891 石家滩草原

位　　置：兰州市永登县

简　　介：这是一处风景秀丽、山川壮美的自然生态奇观，这里风景优美、鸟语花香、藏民族风情浓郁。

0892 布隆吉大草原

位　　置：酒泉市瓜州县

简　　介：布隆吉位于瓜州县中东部，南依皑皑祁连雪山，北靠巍巍马鬃山，草原辽阔，地势平坦，兰新线贯穿而过。布隆吉，蒙语布隆吉尔，意为"水草丰美的地方"。布隆吉的草，就像一挂巨大的绿毯，柔软而丰满地铺在辽阔的大地上，茂盛的芨芨、低矮的湖草，都给人一种美的享受。

0893 青山子草原

位　　置：酒泉市瓜州县

简　　介：万亩草原与傲然屹立在荒漠戈壁上的胡杨交相呼应，胡杨枝干挺拔苍劲，岁月和自然的严酷，在它的躯干上刻上了奇形怪状的纹沟。最奇特的是叶子，同一棵树就有好多形状。幼树幼枝叶细如柳，树冠上部的叶是卵圆状披针形，而树冠中下部的叶则呈卵圆状三角形和元宝形。顽强的生命力，使它在极恶劣的生态环境中也照样蓊蓊郁郁。每当秋日来临，枝叶均呈艳丽的明黄色，宛如盛开金花朵朵。

0894 黑河两岸湿地

位　　置：酒泉市金塔县

简　　介：黑河流域是我国西北地区第二大内陆河，发源于祁连山北麓中段，流域南以祁连山为界，北与蒙古人民共和国接壤，东西分别与石羊河流域相邻，西与疏勒河流域相接，北至内蒙古自治区额济纳旗境内的居延海，与蒙古人民共和国相接壤，涉及青海、甘肃、内蒙三省（区）。黑河流域有35条小支流。随着用水量的不断增加，部分支流逐步与干流失去地表水力联系，形成东、中、西3个独立的子水系。黑河干流全长821千米，出山口莺落峡以上为上游，河道两岸山高谷深，河床陡峻，气候阴湿寒冷，植被较好，多年平均气温不足2℃，年降水量350毫米，是黑河流域的产流区。莺落峡至正义峡为中游，两岸地势平坦，光热资源充足，但干旱严重，人工绿洲面积较大，部分地区土地盐碱化严重。正义峡以下为下游，大部分为沙漠戈壁，气候非常干燥，干旱指数达47.5，属极端干旱区，风沙危害十分严重，为我国北方沙尘暴的主要来源区之一。

0895 海子草原

位　　置：酒泉市阿克塞县

简　　介：海子草原地处阿克塞自治县的南部，东西两侧以敦格千米和冷湖公路为界；北靠当金山南坡，南与赛什腾山相连，面积158.46平方千米。因草原西部大小两个海子（大、小苏干湖）相连而得名。地势东部微高，西部稍低，平坦辽阔；地下水位高，泉水露头多，大小水泽相通，湖泊和水流贯通交织，牧草稠密，生长旺盛。海子草原地域辽阔，地势平坦，生物种类多，与大小苏干湖相连，旅游资源类型丰富。

0896 花草滩草场

位　　置：金昌市永昌县

简　　介：花草滩草场位于永昌县北部草原，属于温性荒漠化草原草场，占地面积373.33平方千米，占全县草原总面积的12.59%，海拔为2100~2700米，西与山丹县接壤，草场植被以驴驴蒿、珍珠、红砂、盐爪爪、木紫苑等旱生植物为主，对维护生态环境、促进经济发展、提高农牧民收入起着重要作用。近几年，为了更好地保护草原植被，维护草场生态平衡，先后在花草滩草场实施了"天然草原植被恢复与建设""草原无鼠害示范区建设""退牧还草工程建设"等多个项目，这些项目的实施对保护草场植被、维护生态平衡、促进经济可持续发展起到了显著的示范和推动作用。

0897 南部草甸草场

位　　置：金昌市永昌县

简　　介：南部草甸草原位于永昌县南部草原，属于高寒草甸草原，总面积466.67平方千米，占全县草原总面积的15.82%，海拔为2700~3500米，其植被组成主要是冷生多年生草本植物，植物种类繁多，禾本科、莎草科以及杂类草都很丰富。南部高寒草甸草原的群落结构简单，层次不明显，生长密集，植株低矮，有时形成平坦的植毡，步行其上，感觉柔软而富于弹性。

0898 古坡草原

位　　置：天水市秦州区

简　　介：秦州区位于甘肃省东南部，是以传统农业为主的典型雨养农业区，地处秦巴山区西秦岭北部，属黄土高原梁峁沟壑区，横跨黄河、长江两大流域。关子、杨家寺、藉口三乡镇境内的九墩牧场和古坡草原是面积较大且连片集中的重要牧场，牧场属林、灌、草过渡地带，自然风景优美，具有得天独厚的自然生态优势。

0899 甘谷县古坡草原

位　　置：天水市甘谷县

简　　介：古坡草原位于甘谷县南部藉河上游，总面积132.8平方千米。古坡风景区以草原风景为主，草原面积占总面积的34.2%，并有石鼓山、黑潭寺、石门峰、龙台峰、花园崖、老虎崖等几十处景点。其中，位于朱圉山主峰之上海拔2625米的石鼓山，因郦道元《水经注》中有"有石鼓不击鸣，鸣则兵起"的记述，而备受史学家重视。建于元至正年间的黑潭寺，傍山取势、葱林环抱，寺潭相依，典雅之至。古坡景区内有93.33平方千米的天然牧场，这里森林茂密，水甜草茂，物产丰富，牛羊满坡，是现代旅游"回归自然、享受自然"的理想胜地。

0900 非子牧场

位　　置：天水市清水县

简　　介：非子牧场旅游区地处清水县东北部，距县城有45千米，天水市北道区72千米，秦安102千米，张家川回族自治县22千米，陕西陇县86千米，兰州420千米，西安380千米。处于清水、张家川和陇县的交汇地带，是天水市旅游区、宝鸡旅游区和丝绸之路的重要组成部分。非子牧场旅游区主要的植被区属温带落叶阔叶林，树种以兴安辽东栎为主，其次为白桦、山杨、槭、华山松。除地带性原生植被类型外，有天然和人为活动后形成的次生白桦、山杨与落叶松混交林，林下有各种灌木丛和禾本科植物。

0901 武山大草原

位　　置：天水市武山县

简　　介：武山大草原位于温泉乡南部，南与礼县接壤，东与甘谷毗邻。主峰海拔约2600米，面积约20平方千米，是聂河流域的发源地，是优良的夏季牧场，也是武山县唯一的浅滩草坪保护区。

0902 白石咀牧场

位　　置：天水市张家川县

简　　介：白石咀牧场地处平安乡磨马村，位于张家川县东北部，距县城17千米，海拔2560米，平均气温6℃，年均降雨量700毫米，无霜期148天。有天然草场面积120平方千米。区域内植被为山地草原，以禾本科、莎草科牧草为主。白石咀牧场天然草原广阔，草场草根密结，草质好，集中连片，是优良的夏季牧场，也是张家川县唯一的浅滩草坪保护区。

0903　祁连乡布尔智草原

位　　置：武威市天祝县

简　　介：布尔智草原位于天祝县祁连乡境内，距古凉州武威约40千米，距天祝县城华藏寺160余千米，系祁连山脉褶皱系，草原总面积约32平方千米。祁连雪山是石羊河流域、黑河流域的生命之源，她浇灌了丝绸之路的文明，也孕育了河西走廊的璀璨文化。美丽的布尔智，是一处"天苍苍、野茫茫、风吹草低见牛羊"的神奇之地，雪山、森林、草原、溪流，构成了布尔智独特的自然风光，多姿多彩的祁连民族部落风情，使这里成为一处不可多得的旅游、探险胜地。

0904　西大滩草原

位　　置：武威市天祝县

简　　介：西大滩草原为西大滩乡的南半部分，面积112.91平方千米。西大滩乡位于毛毛山北麓，东邻东大滩，西靠朵什乡，南连柏林乡，北接古浪县黄羊川镇。西大滩有丰富的动植物资源，肥沃宽广的黑土地，得天独厚的自然景点，能歌善舞的强悍民族，林海草原的天然之作，世间珍奇的白牦牛，穿梭于林间的婉转公路和争奇斗艳、色彩斑斓的奇花异草。

0905　抓喜秀龙草原

位　　置：武威市天祝县

简　　介：抓喜秀龙乡地处乌鞘岭—歪巴郎山—代乾山及马牙雪山之间的金强河谷及其支流的狭长地带，地势西北高东南低。海拔在2878~3425米之间，地势比较平坦，草原广阔，牧草丰富，山水宜人。抓喜秀龙草原属高寒湿润气候，粮食作物以青稞为主，经济作物有油菜籽等，畜牧业以细毛羊、白牦牛为主，是天祝县重点牧区之一。这里有宋、元时期的马营口沟大营盘古城和代乾古城遗址，属县级文物保护单位。

0906 松山草原

位　　置：武威市天祝县

简　　介：松山草原位于天祝县城东部17千米处，东北与古浪县接壤，东南与景泰县、永登县接壤，西邻县城华藏寺，天干公路穿境而过，交通便捷。总面积100平方千米，属干旱草原植被，主要为草本植物和灌木。松山草原是天祝最大的草原盆地，也是天祝县主要的畜牧业产地之一。松山古城遗址被列为省级保护文物，保存完好。其他文物古迹有华尖鱼儿山、地沟梁一带古脊椎生物化石和红石堡子、藏民堡子遗址和达隆寺等。

0907 中华裕固风情走廊

位　　置：张掖市肃南县

简　　介：中华裕固风情走廊是集冰川雪山、原始森林、天然草原、湿地湖泊、瀑布河流、峡谷深涧、丹霞地貌于一体的地貌景观大观园，是张掖国家地质公园的重要组成部分。景区起点距张掖市区38千米，沿祁连山腹地公路，串联裕固印象、裕固历史、裕固风情、裕固盛世四大片区。中华裕固风情走廊以康乐特色旅游文化集镇商业水街建设工程为起点，至肃南县城所在地为终点，全长近80千米，面积约880平方千米。沿榆康公路经万佛峡、马场滩、牛心墩、柏杨河、孔岗木、海牙沟至肃南县城，是最能体现"山水肃南·裕固家园"特色品牌内涵的精品旅游线路。2013年底11月，肃南县中华裕固风情走廊景区被全国旅游景区质量等级评定委员会评定为国家AAAA级旅游景区。

0908 皇城夏日塔拉景区

位　　置：张掖市肃南县

简　　介：皇城夏日塔拉景区位于肃南县最东端的皇城镇境内，景区内皇城草原又叫夏日塔拉草原，意为"金色的草原"，面积为3830平方千米，曾被中国地理杂志评为全国最美的六大草原之一。这里曾是一代天骄成吉思汗后裔永昌王铁木儿避暑和牧马的封地，皇城草原因留存皇家城池而得名。

0909 关山草原

位　　置：平凉市

简　　介：关山草原所属草场面积约为20平方千米，可利用面积在70%~80%之间，大约能够放牧的草场有11~13平方千米。草场植被优良，草层茂密，水分充足，覆盖度高，各类草的总覆盖度用针刺法测定约在80%~95%之间。

0910 穆桂英挂帅跑马梁

位　　置：庆阳市合水县

简　　介：穆桂英挂帅跑马梁又称子午岭大草原，位于合水县太白镇境内，地处子午岭腹地，马蹄泉山顶，总占地5.6平方千米，因穆桂英操练十万大骑而得名。常年郁郁葱葱，是人们休闲娱乐和观景的好去处。

0911 北崖梁

位　　置：定西市漳县

简　　介：北崖梁是一片辽阔广袤的秦岭山地中的高原，面积约400平方千米，占全县总面积的五分之一。这里平均海拔2700米，最高海拔2800米以上，站在梁顶，漳县十三个乡（镇）尽收眼底：东部与铁笼山遥遥相望，西面露骨山白雪皑皑，俯视贵清遮阳，鸟瞰千峰万壑。北崖梁为石灰崖地质的山原地貌，草场分类上属于山地森林草原，为阴湿气候区，土壤类别为草原化褐土，生长期为180~200天。盛夏的北崖梁是理想的避暑胜地。

0912 马营草原

位　　置：陇南市武都区

简　　介：马营草原位于武都西北部，距离武都城区37千米，与礼县接壤，海拔高度在2400~3300米之间，总面积50.67平方千米。该区域内矿产资源丰富，龙沟煤矿、金厂小金矿就分布在其中。该草原春季草长莺飞，夏季繁花遍野，秋季草木摇落，冬季白雪皑皑。每年的七、八月间，是草原上最美丽的时节，每到这时，草原上的十多处度假村就热闹起来，篝火晚会、民族歌舞、赛马、射击、射箭、滑翔机等娱乐项目应有尽有。可以品尝到烤全羊、奶茶、奶风味食品。

0913 前坝草原

位　　置：陇南市武都区

简　　介：前坝草原位于武都区东南部，距县城30千米，海拔在2100~3090米之间，总面积67.15平方千米，其中草地53.33平方千米，林地13.33平方千米，其他0.5平方千米，地形为东西狭长，为22千米，南北距离17千米，境内以八坝、八坑、三坪、二池而负盛名。

0914 后坝草原

位　　置：陇南市武都区

简　　介：后坝牧场位于武都区西北部，距县城30千米，海拔在2100~2790米之间，总面积63.53平方千米，其中草地53.33平方千米，灌木林草地10.2平方千米，东至鸡窝旋、西至大垭河、南至红崖坝、北至北草坡。牧草主要以菊科、豆科和禾本科为主，牧草生长期长达6个月之久，草原植被良好，牧草生长茂盛。

0915 种畜场

位　　置：陇南市礼县

简　　介：礼县种畜场位于礼县上坪乡，草原景区总面积137.33平方千米，旅游季节平均气温在18℃左右。草原风景漂亮，夏季天蓝欲滴，碧草如翠，云花清秀，野芳琼香；金秋时节，万山红遍，野果飘香；冬季白雪皑皑，玉树琼花。

0916 大河边草原

位　　置：陇南市礼县

简　　介：大河边草原位于县城西南75千米处的上坪乡境内，草原面积达133.33平方千米。这里水草丰茂，牛羊成群，生活着数千来自甘南、陇南等地的藏、汉牧民。建于草原上的马场，可给游人提供马匹和帐篷，游人骑着马匹放任思绪在草原上奔驰，可领略草原独有的风光，体验牧民生活，感受大自然的美妙。

0917 黄草坪草原

位　　置：临夏州积石山县

简　　介：黄草坪位于小积石山麓，海拔在2300到2600米之间，为高山草甸草原，面积约28平方千米，地势西高东低，呈东西走向，地形以黄土峁为主沟梁相间，山坡较缓，草场面积大，植被发育好，地下水丰富，是积石山县主要牧场之一。这里气候宜人，对生活在都市里的人来说，这儿是天然的氧吧，免费的空调，是回归自然、休闲旅游的好去处。在这农牧交错带，您可以体会到草原生活的独特情趣。

0918 当周草原景区

位　　置：甘南州合作市

简　　介：当周草原景区离合作市有 2.5 千米，占地面积 4.8 平方千米，核心景区面积 1.48 平方千米，海拔 3000 多米，2005 年该景区被评为国家 AA 级景区。景区内草原与森林相互衬托，形成独具特色的组合景观。景区内目前拥有草原旅游度假村 7 家，可以为游客提供餐饮、娱乐等服务。目前，是甘南州集生态旅游、休闲娱乐于一体的自然旅游景区。

0919 大峪沟旗布草原

位　　置：甘南州卓尼县

简　　介：旗布草原位于大峪沟景区内，那里宽阔平坦，碧草铺地，鲜花斗妍，彩蝶缤纷，百鸟和鸣。犹为壮观的是，每当这里阵雨过后，便有色彩艳丽的七色彩虹桥飞架于天空，给旗布草原平添了几分神秘、几分瑰丽。2000 年首届卓尼风情旅游艺术节和 2007 年第八届九色甘南香巴拉旅游艺术节和 2014 年第十五届中国甘南九色香巴拉艺术节，第二届卓尼旅游节暨卓尼白家狂欢节均在此举办。

0920 扎尕梁

位　　置：甘南州卓尼县

简　　介：位于洮河林区腹地的扎尕梁又被称为甘肃南部的"小可可西里"，这里风光秀丽，牧草肥美。

0921 西麦朵合塘景区

位　　置：甘南州玛曲县

简　　介：西麦朵合塘意为"吉祥花滩"，位于县城以西 120 千米处的欧拉秀玛乡，地处西柯河景区，因每年 7、8、10 月分别盛开三种不同的吉祥花而得名。面积约 64 平方千米。滩西大积石山群山对峙，绵延不尽，中间河谷滩地，地势平坦，牧草丰茂，无数的溪流漫延其中，美不胜收。

（三）沙漠景观

0922 敦煌阳关沙漠森林公园
级　　别：国家级沙漠森林公园
位　　置：酒泉市敦煌市
简　　介：阳关沙漠森林公园位于敦煌市西南80千米处的南胡林场附近，距阳关古城10千米。1993年开始，在原南胡林场的基础上，当地有关部门陆续建成了葡萄长廊、葡萄观赏区、沙生植物园、动物园、游泳池、儿童娱乐场和南湖度假别墅，总面积16.7平方千米，这里已成为国家级沙漠森林公园，是敦煌——阳关旅游线上的重要一景。

0923 极旱荒漠自然保护区
级　　别：国家级自然保护区
位　　置：酒泉市瓜州县
简　　介：安西极旱荒漠自然保护区位于亚洲中部温带荒漠、极旱荒漠和典型荒漠的交汇处，是青藏高原和蒙新荒漠的结合部，其荒漠生态系统具有一定的典型性和代表性，保护区于1987年建立，1992年10月批准为国家级自然保护区，面积8000平方千米。主要保护对象是戈壁荒漠草场及珍稀动物。是中国目前第10位的大型自然保护区，也是目前中国唯一以保护极旱荒漠生态系统及其生物多样性为主的多功能综合性自然保护区。

0924 鸣沙山
级　　别：国家AAAAA级景区
位　　置：酒泉市敦煌市
简　　介：鸣沙山是国家级重点风景名胜区，位于敦煌市南郊7千米的鸣沙山北麓，面积约200平方千米，东起莫高窟崖顶，西接党河水库，整个山体由细米粒状黄沙积聚而成，鸣沙山有两个奇特之处：人若从山顶下滑，脚下的沙子会呜呜作响；白天人们爬沙山留下的脚印，第二天竟会痕迹全无。鸣沙山沙峰起伏，山"如虬龙蜿蜒"，金光灿灿，宛如一座金山。鸣沙山曾被称为"沙角山"。处于腾格里沙漠边缘，与宁夏中卫县的沙坡头、内蒙古达拉特旗的响沙湾和新疆巴里坤哈萨克自治县境内的巴里坤镇同为我国四大鸣沙山之一。敦煌鸣沙山是国家级重点旅游风景名胜区，位于祖国西北，是丝绸之路上神奇瑰丽的旅游景点。

0925 半截墩沙滩植物观光区

位　　置：酒泉市肃州区

简　　介：上坝镇长沙岭有一烽火台，取名半截墩，保存基本完整。周围有沙丘、湿地草滩，风景美丽、壮观。去该景点的道路非常方便，适宜开发成沙漠草原风光观光区。

0926 库姆塔格沙漠

位　　置：酒泉市敦煌市

简　　介：库姆塔格沙漠位于中国西北干旱区。十余条重要地表径流曾穿过沙漠汇集于罗布泊洼地。巨厚的出露地层和地表沙丘的分布格局详尽地记录了西北干旱区气候、水系及地理环境演化历史。揭秘这一系列地理、地质信息对西北干旱区形成和演化过程及对研究全球气候变化和青藏高原隆起的响应有着深远的科学价值和理论意义。库姆塔格沙漠的主体在新疆，在甘肃境内分布有47%的面积。库木塔格沙漠风沙地貌、景观类型齐全。沙漠地形地貌有沙窝地、蜂窝状沙地、平沙地、波状沙丘地、鱼鳞纹沙坡地、沙漠戈壁混合地等。沙丘轮廓清晰、层次分明；丘脊线平滑流畅，迎风面沙坡似水，背风坡流沙如泻。站在大漠深处沙山之巅，可静观大漠日出的绚丽，目睹夕阳染沙的缤纷，赞叹"大漠孤烟直，长河落日圆"的壮景。

0927 沙漠公园

级　　别：国家AAAA级旅游风景区

位　　置：武威市凉州区

简　　介：沙漠公园在武威市区东南21千米处，占地面积7.5平方千米，于1987年正式对外开放，是世界上第一座以沙漠风光旅游为主题，集民俗风情、科普教育、生态保护、园林雅趣于一体的综合性公园。沙漠公园是国家AAAA级旅游景区，甘肃省"沙生植物保护区"、甘肃省"绿化先进单位"，武威市"环保先进单位""青少年科普教育基地""青少年国防教育中心""定点旅游单位"。

0928 神州荒漠野生动物园

级　　别：国家 AAAA 级旅游风景区
位　　置：武威市凉州区
简　　介：国家林业局甘肃濒危动物保护中心是 1987 年经原国家林业部和甘肃省人民政府批复成立的县级事业单位。2002 年加挂"神州荒漠野生动物园"牌子，2005 年与钱学森沙产业中心实验室合署，主要从事濒危动物保护繁育研究、沙漠生态综合治理等工作。被评为全省绿化模范单位。动物园被评定为国家 AAAA 级旅游景区和甘肃省生态文明教育基地。挂牌建设甘肃省青少年教育活动武威基地，被中央精神文明建设指导委员会授予"全国未成年人思想道德建设工作先进单位"称号。2012 年被敦煌行·丝绸之路国际旅游节组委会授予"第二届敦煌行·丝绸之路国际旅游节先进单位"荣誉称号。2012 年被武威市委宣传部评定为"武威市第二批爱国主义教育基地"，2013 年挂牌建设甘肃省青少年生态保护教育基地。目前，中心已成为对外展示我国保护濒危动物成果的窗口、西部乃至全国荒漠治理示范区、省内独具特色的生态观光旅游景区和青少年素质教育基地。

0929 马路滩沙漠生态旅游区

级　　别：国家 AAA 级旅游景区、全国农业旅游示范点
位　　置：武威市古浪县
简　　介：马路滩沙漠生态旅游区隶属于马路滩林业总场，位于古浪县东北部的腾格里沙漠南缘，景区总面积 186.67 平方千米。2003 年以来，初步建立了以农业观光、治沙成果展示、原生态自然风光三大景区，生态休闲、生态文化、治沙成果展示、沙漠动感和绿色行动五个地带为主题的旅游发展框架。目前，旅游区产生了可"防"（防沙治沙）、可"产"（贸工林农牧相协调的特色产业）、可"看"（沙漠生态旅游业）、可"学"（生态教育基地和各类示范基地）的综合经营效益，形成了以生态建设带旅游、旅游反哺生态建设的良性循环，现为"全国农业旅游示范点""全国乡村旅游观光百强"和国家 AAA 级旅游景区。

0930 腾格里沙漠

位　　置：武威市凉州区
简　　介：腾格里沙漠是中国四大沙漠之一，面积约 3 万平方千米，在凉州区境内 1346.67 平方千米。沙漠海拔 1200~1400 米左右。腾格里蒙古语意为"天"，寓意茫茫流沙如渺无边际的天空，因此得名。腾格里沙漠中还分布着数百个存留数千万年的原生态湖泊。湛蓝天空下，大漠浩瀚、苍凉、

雄浑，千里起伏连绵的沙丘如同凝固的波浪一样高低错落，柔美的线条显现出它的非凡韵致。

0931 凉州区防沙治沙成果展示区

位　　置：武威市凉州区

简　　介：多年来，凉州区把治沙造林构筑生态防护体系纳入经济社会发展的全局，在治理规模、治沙网格设置、树种配置、新材料新技术应用、治理成效等方面实现了突破。

0932 老虎口防沙治沙示范区

位　　置：武威市民勤县

简　　介：老虎口沙区是民勤绿洲西线最大的风沙口之一，南起大滩乡上泉村，北至泉山镇新西村，全长37千米，流沙面积达113.33平方千米。区内沙源深广，沙层深厚，沙丘星罗棋布，纵横交错，沙患严重影响沿线及周边5个乡镇农业生产、交通通讯、水电设施的安全。为了治理沙患，改善沿线生态环境，县委、县政府将老虎口列为全县防沙治沙重点区域，采取工程与生物措施相结合的办法，集中治理，局部生态环境得到初步改善。

0933 民勤县国家全球摄影生态拍摄基地

级　　别：国家摄影全球摄友AAAAA级生态拍摄基地

位　　置：武威市民勤县

简　　介：2013年6月28日下午16时，国家摄影和保护地球行动组织联合授予中国甘肃省民勤县"国家摄影全球摄友AAAAA级生态拍摄基地"称号。

0934 民勤连古城濒危物种迁徙保护植物园

位　　置：武威市民勤县

简　　介：为保护目前受到威胁的、具有繁育研究价值的珍稀濒危野生植物，采取了封禁围栏、分类整地、配套设施、保护性迁地栽植、繁育等措施，在保护区新建迁地保护和繁育区1处、面积0.013平方千米，其中迁地保护区0.01平方千米、珍稀濒危物种繁育区 0.003 平方千米。

0935 民勤县沙生植物园

位　　　置：武威市民勤县

简　　　介：沙生植物园建立在巴丹吉林大沙漠的东南缘，占地面积为 4 平方千米，是中国第一座沙漠植物园，始建于 1974 年。该园先后建有植物标本室、植物生理实验室、中心化验室、植物蒸腾耗水量观测场和气象观测站。甘肃民勤沙生植物园以沙生、旱生植物的种驯化为中心，主要从事发掘沙区野生植物资源、选育良科、繁殖推广等工作。同时开展荒漠植物的生理学、生态学的观察，测定及探索其经济利用途径等试验研究，为发展荒漠地区的林、牧、农副业提供优良种苗、技术措施和科学依据，是改造和利用沙漠的科研基地。现是甘肃省科普教育基地、武威市青少年科普教育基地，是目前国内最具规模的荒漠植物种植资源立体基因库。

0936 民勤县青土湖景区

位　　　置：武威市民勤县

简　　　介：青土湖位于民勤县西渠镇北部，北至白土井，东西介于东平湖井与西河井之间，曾是石羊河的尾闾湖，明清时期有水域面积 400 平方千米，1924 年以来，再无较大洪水汇入。解放初期，水域面积仍有 120 平方千米，至 1959 年完全干涸，水干风起，流沙肆虐，形成了长达 13 千米的风沙线，成为民勤绿洲北部最大的风沙口，两大沙漠在这里呈合围之势。2007 年 10 月 1 日，温总理视察民勤青土湖时指出，石羊河流域综合治理要打好三套"组合拳"，上游涵养水源，中游管理调度，下游注水恢复，将恢复生态、结构调整、脱贫致富相结合，建设全国节水模范县和防沙治沙示范县。为了全面贯彻温总理讲话精神，进一步遏制沙患，阻隔两大沙漠合拢，开展了大规模的生态治理活动。通过采取工程压沙、人工造林、围栏封育等各项治理措施，青土湖的生态植被得到有效恢复，地下水位缓慢上升。青土湖内群鸟飞翔、野鸭长鸣，周边区域已是植被丛生，青土湖局部生态环境得到大幅改善，成为重要的生态警示旅游基地。

0937 张掖国家沙漠体育公园

级　　　别：国家沙漠体育公园

位　　　置：张掖市甘州区

简　　　介：张掖国家沙漠体育公园已建成国际赛车场，环沙越野观光车道全线贯通，启动沙漠卡丁车、CS 实战、滑沙、沙滩射箭、驼队探险和沙滩排球 6 项体育游乐项目。建成"全民健身户外基地"和"青少年户外体育活动营地",2011年8月被命名并挂牌为"国家沙漠体育公园"。公园以创建国家级沙漠体育公园和国家"5A"级旅游景区为目标,按照"一轴、一环、二廊、五区加多点"的架构进行规划布局。一轴即以沙漠体育公园的南北向为轴线,轴线以东为探险、体验功能区,轴线以西为综合服务、运动观光、生态科普功能区。一环即环沙漠建设越野观光车道。二廊即在沙漠东侧建设戈壁景观廊道,在沙漠西侧建设绿洲景观廊道。五区即综合服务区、运动观光区、沙漠探险区、戈壁体验区、生态科普区五个功能区。多点即在沙漠边缘科学合理设置景点,以彰显公园的特色性、观赏性和实用性。

0938 锁龙潭

位　　置:张掖市临泽县

简　　介:锁龙潭距县城30千米,该区域属巴丹吉林沙漠余脉,它像一条巨龙,横卧在古汉长城脚下,占地面积1.5平方千米,其中水域面积约0.2平方千米。景区内能看到沙漠与清泉相伴为邻的奇景,景区素有"小月牙泉"美誉。境内分布连绵起伏的新月形沙丘链,有梭梭、红柳、长棒、沙拐枣等天然及人工植被,形成独特的沙漠绿洲、沙漠龙潭、沙漠烽燧等特色景观。

0939 明海大漠风光景区

位　　置:张掖市肃南县

简　　介:明海大漠风光景区位于肃南裕固族自治县明花乡西北方,明花乡地处河西走廊中部、巴丹吉林沙漠边缘,平均海拔1300~1450米,年降水量66~87毫米,年平均蒸发量达2800毫米,属典型的内陆沙漠型气候,是肃南县唯一的平川地区,也是全县主要的生态移民安置区。是一个以裕固族为主,汉、藏、回、蒙、土等民族居住的多民族聚居地。在明海大漠风光景区,浩瀚的沙海,似条条黄龙,绵延无边。大漠边缘的明海湖、莲花湖,四周沙丘环绕,裕固人称为东、西"海子",这里碧波荡漾,水草丰美,宛如镶嵌在大漠中的两颗碧绿的宝石,可与敦煌月牙泉相媲美。

（四）湖泊景观

0940 水车博览园

位　　置：兰州市城关区

简　　介：2005年8月26日，被誉为"水车之都"的兰州建起了一处水车博览园，再现了50多年前黄河两岸水车林立的壮观景象。兰州水车博览园位于百里黄河风情线滨河东路黄河南岸。东连中立桥码头、体育公园；西接亲水平台、兰州港、中山桥、白塔山公园等景点。兰州水车博览园由水车园、水车广场、文化广场三部分组成，是一个展现水车文化的主题公园。

0941 八盘峡库区

位　　置：兰州市西固区

简　　介：八盘峡旅游度假区位于兰州市西固区新城镇，312、109国道和兰青铁路紧邻旅游区，距市中心约40千米，交通便利。度假区现有绿地面积12万平方米，水库面积6平方千米。库区水面开阔，周边芦苇丛生，绿树成荫，风景优美。该度假区依托八盘峡水电厂，基础设施良好，是投资开发工业旅游、生态旅游和特色旅游的胜地。

0942 河口峡水库

位　　置：兰州市西固区

简　　介：河口峡水库位于黄河兰州段干流上，上游距八盘峡水电站8千米，下游距柴家峡水电站10千米，距兰州市区仅45千米。河口水电站以发电为主，兼有一定的灌溉、供水、发展旅游及改善周边生态环境等综合效应。

0943 兰州新区石门沟水库

位　　置：兰州新区

简　　介：石门沟水库位于秦川镇石门沟村以北3.6千米处，距兰州新区中心35千米，是一座峡谷型注入式水库，项目总投资9600万元，总库容为630万立方米，年供水能力3500万立方米。工程为Ⅳ等小（1）型工程，主要由水库大坝和引水、输水系统组成，大坝高45.44米，坝顶长256米，坝顶宽6米。水库运营后，完全可以满足兰州新区近期建设、生活、工业、生态用水和秦王川周边地区6万多人的用水需求，对于加快兰州新区开发建设、促进"兰白都市圈"发展、提高居民生活水平、改善区域生态环境、推动全省经济转型跨越发展具有重要的长远的基础性作用。

0944 兰州新区 2# 滨湖区

位　　置：兰州新区

简　　介：2 号湖滨区项目于 2012 年 4 月 2 日正式开工建设，于当年 7 月初完成 1、2 号单体湖防渗工程，于当年 7 月 25 日完成 3 号单体湖防渗工程，并按期注水，三个单体湖总蓄水量约 50 万立方。兰州新区规划利用引大入秦和黄河提灌工程，在现有湿地资源的基础上，开发建设生态湖区，把新区打造成宜居宜业、碧水环绕的现代化新城。兰州新区 2 号湖滨区项目包括 2 号湖滨区土建、景观项目、2 号湖滨区环湖道路项目、2 号湖滨区音乐喷泉项目，是兰州新区建设"多湖水域，生态绿城"目标任务的重要组成部分，也是新区实施的重点建设项目。初具雏形的多湖水城项目，让昔日水资源匮乏的秦王川上，既有美景，也不缺水。

0945 兰州新区尖山庙水库

位　　置：兰州新区

简　　介：尖山庙水库位于兰州市西北约 55 千米、中川机场以北 7.2 千米处的秦王川盆地。水源引自引大入秦工程东一干渠，是一座注入式水库，总库容 104.2 万立方米，最大坝高 19.38 米，年调蓄能力 800 万立方米。水库项目总投资 2064 万元，2006 年 10 月开工兴建，2007 年 10 月建成蓄水试运行，2008 年 6 月正式投入运营。尖山庙水库工程等级为 V 等小（2）型，坝型为均质壤土分区土坝，设计防洪标准 20 年一遇，设计地震烈度为 VII。

0946 兴隆峡

位　　置：兰州市榆中县

简　　介：兴隆峡位于南大河上段，属宛川河一级支流，发源于兴隆山北麓，兴隆峡呈西南向东北走向，沿途经马场沟、谢家岔、茨沟岭、万家庄等村庄，由万家庄峡口汇入南大河，流经城关镇、三角城乡、清水驿乡。最终由三角城乡下彭家营汇入宛川河。流域呈扇形分布，内有天然林及灌木丛分布，植被良好。上游名红庄子沟，汇集了马衔山主峰北麓及兴隆山南坡的水流，北流横穿兴隆山，形成长 8 千米的兴隆峡，主河道长 15.2 千米，河道纵坡 20‰~100‰，流域面积 92.8 平方千米，年径流量为 715.5 万立米。兴隆峡有十分出名的陇上第一山之称的兴隆山。兴隆山两峰对峙，两峰之间的山泉淙淙潺潺，春夏奔流，山泉水色如画，水质清澈。2013年开始建南大河段的南河公园段河堤，已治理河堤2.16千米，其中南岸1.08千米，北岸1.08千米。南北河道平均宽度为140米。河道两侧已建成了南河公园、南河人家，内设有水景区、体育广场、儿童园地、戏台武园、农家乐等五大景区。

0947 禹苑水利风景区

级　　别：国家水利风景区
位　　置：酒泉市肃州区
简　　介：禹苑水利风景区位于酒泉、嘉峪关两市之间，距嘉峪关市8千米，距酒泉市13千米，离312国道1.5千米。景区历史文化景观丰富，水利工程景观优美，植被景观别具一格。景区建成观光游览、餐饮住宿、垂钓划船、儿童乐园、植物识别等多个休闲娱乐项目，是集旅游、休闲、娱乐、度假于一体的旅游风景区。2005年8月31日被水利部命名为第五批国家水利风景区。

0948 赤金峡水利风景区

级　　别：国家水利风景区
位　　置：酒泉市玉门市
简　　介：赤金峡水利风景区位于酒泉市境内，玉门市东北50千米，距连霍高速公路12千米，东西与嘉峪关、敦煌莫高窟遥相呼应，是疏勒河流域水资源管理局花海灌区管理处依托赤金峡水库水利工程和峡谷优势、自然景色开发建设的集旅游、度假、餐饮、住宿、健身、休闲、娱乐和会议于一体的多功能旅游风景区。2004年7月9日被水利部命名为第四批国家水利风景区。

0949 鸳鸯池水利风景区

级　　别：国家水利风景区、国家AAA级风景区
位　　置：酒泉市金塔县
简　　介：鸳鸯池水利风景区位于金塔县城西南12千米处的夹山峪谷中，酒航公路从景区中段横穿而过，距酒泉市38千米、距中国酒泉卫星发射中心179千米，其中水域面积20平方千米，主要依托鸳鸯池水库群雄伟的水工建筑物和优美的山水自然风光建设而成。工程建筑规模浩大，大坝雄伟壮观，湖面开阔，岸边群山环抱，山峰错落、峭壁凌空，景色各异。景区内山环水绕、白杨参天、绿柳拂地、自然环境秀美怡静。2002年9月15日被水利部命名为第二批国家水利风景区；2005年被国家旅游局、省旅游局评审命名为国家AAA级风景区。

0950 瓜州苑水利风景区

级　　别：国家水利风景区

位　　置：酒泉市瓜州县

简　　介：景区位于河西走廊西端，扼古丝绸之路要冲，东望嘉峪关，西接敦煌。景区依托中雍湖优美的山水自然风光和小西湖的水景建筑而建成。景区自然景色与人工点缀相得益彰，妙趣横生。中雍湖为纯泉水湖泊，古柳倒映其中，湖岸蜿蜒曲折，小西湖景色优美，树木郁郁葱葱，夕阳西下，在大片原始红柳林的映衬下，在风电场的点缀下形成了一道亮丽的风景。景区是全国唯一的国家级极旱荒漠自然保护区，周边名胜古迹众多，主要包括全国唯一保存完整的汉唐古城——锁阳城，敦煌莫高窟的姊妹窟——榆林窟等。2005年8月31日被水利部命名为第五批国家水利风景区。

0951 金山湖水利风景区

级　　别：国家水利风景区

位　　置：酒泉市阿克塞县

简　　介：金山湖水利风景区位于阿克塞哈萨克族自治县县城西南侧，是阿克塞"自然生态、民族文化旅游区"，占地面积40万平方米，由金山湖、水上乐园、植物园三个景区组成。景区内湖面碧波荡漾，飞鸟嬉戏，鸟语花香，是集绿色生态、城市美化、娱乐休闲、旅游观光等多功能于一体的综合性水利风景区。2009年8月25日被水利部命名为第九批国家水利风景区。

0952 金泉湖畔旅游度假区

位　　置：酒泉市肃州区

简　　介：金泉湖畔旅游度假区是一个以天然湖泊、湿地资源为依托建设的集湿地保护、文化旅游、房地产开发、酒店、餐饮服务业为一体的高标准生态旅游产业区建设项目。项目总投资10亿元，是酒泉市乃至河西地区投资最多、建设规模最大的以湿地资源为主的生态旅游开发项目。项目建设内容包括土地整理工程、河道水系整治工程、房屋建筑工程、环湖大堤改造工程、道路工程、生态环境整治及景观、绿化工程、公用工程等。该项目建成后，可以极大地拓宽旅游业的广度，为旅游活动增添新景观，并且有助于本地生态保护和环境优化。

0953 昌马水库

位　　置：酒泉市玉门市

简　　介：投资4.5亿元、总库容1.94亿立方米的昌马水库，在严寒的冬季，就像含羞的少女一样宁静而庄重。目前，昌马水库与下游的双塔水库、跨流域的赤金峡水库控制灌溉面积达到706.67平方千米，占玉门市总灌溉面积的61.6%。这三座水库联合运行、优化调度，形成了蓄水、输水、农业灌排、水力发电、防洪、工业和城镇供水、养殖、旅游、生态环境保护等全方位开发的水利水电产业，成为甘肃省水利设施较为完备的大型自流灌区。

0954 党河水库水利风景名胜区

位　　置：酒泉市敦煌市

简　　介：党河水库是敦煌市境内最大的水库，控制总灌溉面积近266.67平方千米，占到敦煌市总灌溉面积的90%以上，党河被敦煌人民亲切地称之为"母亲河"。党河水库始建于1975年，每年都有很多群众自发组织到党河水库参观游览，也因此被敦煌市列为爱国主义教育基地。水库依山傍水，水源丰富，河道曲折，奇石遍布，有着天然的探险条件。每年都有很多群众来到党河水库放生，行善义之举。

0955 黄水坝水库

位　　置：酒泉市敦煌市

简　　介：黄水坝水库位于市区西南70千米处的阳关镇，始建于1938年，是由群众自发堆起的一水塘坝，后经逐年加固而成，为泉水湖泊型水库，属重点小（1）型水库，年径流量900万立方米。水库依山傍水，距阳关镇政府约3千米，每年都有很多群众到水库参观游览，控制灌溉面积21.33平方千米，为南湖灌区最大的水库。

0956 清河湾水库

位　　置：酒泉市金塔县

简　　介：青河湾（东）水库位于河西走廊中部，黑河正义峡以下20千米处的冲积扇地带，呈带状形分布在黑河两岸，位于金塔县鼎新镇双树村西北部，在大墩门渠首以下的黑河东岸，距鼎新镇23千米。

0957 芨芨水库

位　　置：酒泉市金塔县

简　　介：芨芨水库位于河西走廊中部，黑河正义峡以下20千米处的冲积扇地带，呈带状形分布在黑河两岸，位于金塔县鼎新镇以南，距金塔县城85千米。

0958 高腰墩水库

位　　置：酒泉市金塔县

简　　介：高腰墩水库位于河西走廊中部，黑河正义峡以下20千米处的冲积扇地带，呈带状形分布在黑河两岸，水库位于金塔县鼎新镇芨芨村以南，上游距大墩门渠首22.4千米。

0959 北海子自然生态保护区

位　　置：酒泉市金塔县

简　　介：金塔县北海子自然生态保护区位于金塔县西北部，距县城60千米，是讨赖河水系金塔段西线的尾闾、鸳鸯灌区的自然生态保护屏障，总面积约360平方千米，区域内89%的面积是戈壁、沙漠、石质山和石质丘陵，北海子水域面积在40平方千米以上，地下水位较高，周边植被繁茂。

0960 焦家大湖水库

位　　置：酒泉市金塔县

简　　介：焦家大湖水库位于河西走廊中部，黑河正义峡以下20千米处的冲积扇地带，呈带状形分布在黑河两岸，位于金塔县航天镇以南，距县城80千米。

0961 红砂墩水库

位　　置：酒泉市金塔县

简　　介：红砂墩水库位于甘肃省河西走廊中部，黑河正义峡以下20千米处的冲积扇地带，呈带状分布在黑河两岸，位于金塔县城以北,距县城 75 千米。面积 2.7 平方千米,水域面积 0.76 平方千米。

0962 北河湾水库

位　　置：酒泉市金塔县

简　　介：北河湾水库位于河西走廊中部,黑河正义峡以下 20 千米处的冲积扇地带,呈带状形分布在黑河两岸,位于金塔县鼎新镇以西,距县城 70 千米。

0963 海湾湖水库

位　　置：酒泉市金塔县

简　　介：海湾湖水库位于河西走廊中部,黑河正义峡以下 20 千米处的冲积扇地带。水库工程于 1956 年 8 月动工兴建,1959 年 10 月建成,大坝为黄土均质坝,最大坝高 3.2 米,坝长 4.2 千米,总库容 233 万立方米,是一座以灌溉为主的小(1)型水库。

0964 沙枣墩水库

位　　置：酒泉市金塔县

简　　介：沙枣墩水库位于河西走廊中部,黑河正义峡以下 20 千米处的冲积扇地带,呈带状分布在黑河两岸,位于金塔县鼎新镇以南,距县城 80 千米。

0965 金鼎湖旅游风景区

位　　置：酒泉市金塔县

简　　介：金鼎湖位于县城西南 5 千米处,东壤戈壁,西邻解放村水库,南连鸳鸯池水库,北接工业园区,周边与酒航公路、酒金公路、县城至鸳鸯池道路相连接,占地面积 3 平方千米,四周为沙砾石及砂岩层地貌,位置优越,地势独特,是极具开发潜力的旅游休闲景区。金鼎湖规划以原有的湖面为中心,以环湖道路、湖内小岛为景观轴线,将各功能区连接为一个有机整体,在功能区结构上重点体现五大功能区,分别是中心水域区、管理服务区、民俗休闲区、亲水娱乐区和生态观光区。

0966 军民水库

位　　置：酒泉市金塔县

简　　介：军民水库位于河西走廊中部，黑河正义峡以下20千米处的冲积扇地带，呈带状形分布在黑河两岸，水库位于金塔县航天镇以东，距县城85千米。

0967 黄鸭池水库

位　　置：酒泉市金塔县

简　　介：黄鸭池水库占地面积1.5平方千米，水域面积0.48平方千米。水库工程于1958年8月动工兴建，1958年10月建成，大坝为沙壤土均质坝，最大坝高3.2米，坝长2.2千米，总库容56万立方米，是一座以灌溉为主的小（2）型水库。

0968 金沙湖

位　　置：酒泉市金塔县

简　　介：金沙湖水利风景区位于金塔县城南7千米解放村水库驻地。为纪念2008年8月1日全球日全食最佳观测点临时"天文首都"金塔盛况空前的景象，由中国科学院国家天文台捐资，金塔县人民政府实施建设，在解放村水库建成了水利风景区——金沙湖。金沙湖景区风光独特，气候宜人，这里楼亭花坛，赏心悦目，草木葱葱，生机盎然。金沙湖景区主要建有太阳岛广场、问天台（主雕塑）、日全食观测纪念碑（日晷）、听涛轩、把酒亭、望湖阁等观景亭、十二星座、长廊等建筑物，同时对景区所在的水库大坝防浪墙进行了美化，架设观景灯149盏，观景灯带4.5千米。建成14千米的环湖观光道路。绿化1.2平方千米，定植各类苗木70万株，是集科普宣传、生态保护、旅游观光于一体的新型水利风景区。

0969 桥子东坝

位　　置：酒泉市瓜州县

面　　积：30平方千米

简　　介：瓜州县桥子东坝位于距瓜州县城68千米的锁阳城镇境内，南距国家级文物保护单位、省级重点旅游景区锁阳城7千米，东南距国家级文物保护单位西夏壁画艺术宝库东千佛洞28千米，是一处绝佳的原始生态风景区。这里汇集了无数露头泉水，流经数十千米，在这里形成了一个月牙形的湖湾。

一年四季，都能领略到这里不同于一般的边塞风光。夏日的东坝更是别有一番景象，棵棵高大的百年古树，或耸立、或斜依、或相拥，盘根错节，像一把把巨大的绿伞，依偎在碧波荡漾的湖边。

0970 双塔湖

位　　置：酒泉市瓜州县

简　　介：双塔湖位于瓜州县城东50千米，始建于1958年，是甘肃省最大的农业灌溉水库，该库有效库容1.15亿立方米，水域面积13.33平方千米，灌溉下游120平方千米。312国道由水库北侧穿过，是通往敦煌、嘉峪关、酒泉这条旅游热线上的必经之地，这里丰富的古文化遗存和独特的旅游资源，为发展旅游事业提供了良好的条件。瓜州县委、县人民政府已把这里作为开发休闲度假旅游的重点景区，进行了大规模的开发投资建设，目前已初步建成休闲度假、河滩浴场、水上游艇、水上垂钓、餐饮、娱乐等综合服务项目。

0971 大苏干湖

位　　置：酒泉市阿克塞县

简　　介：大苏干湖候鸟自然保护区坐落在阿克塞县城以南100千米的海子草原西端。海拔高度在2790～2810米之间。水域面积108平方千米，保护面积为6平方千米，其中核心区面积为4平方千米，缓冲面积为0.5平方千米，实验区面积为1.5平方千米。大苏干湖景区的地域特点：一是鸟类资源丰富，二是湿地面积大，三是夏秋两季景色独特。

0972 小苏干湖

位　　置：酒泉市阿克塞县

简　　介：小苏干湖候鸟自然保护区位于阿克塞哈萨克族自治县以南80千米的海子草原西北端，海拔高度2800~2851米之间，水域面积15平方千米，缓冲区面积为1平方千米，实验区面积为1.5平方千米。与大苏干湖相距20千米，中间有一条河流相连，地类、植被类型相同。湿地类型主要有沼泽湿地、河流湿地、湖泊湿地等自然湿地，其中湖泊湿地面积相对较小，占总湿地面积的5.6%。鸟类品种繁多，分布数量约为1万只左右。被列入《国家重点野生保护动物目录》的鸟兽类有11种，其中一级保护的有2种，二级保护的有9种。近年，飞临苏干湖的候鸟数量不断增加，苏干湖已经可以称得上是"甘肃的鸟岛"了。

0973 德若淖尔湖

位　　置：酒泉市肃北县

简　　介：在肃北为数不多的湖泊、天池中，德若淖尔清澈得像一面明镜。德若淖尔在海拔3000多米的高山群岭中，面积约3万多平方千米，湖水及其两岸的景色是原始、粗犷、质朴的，而且湖水吸引了很多候鸟，周围是典型的高原牧场，羊群像珍珠般洒在那里，两边的雪山上长着雪莲、当归等名贵药材。湖边风景宜人、气候凉爽，每年的6至8月间这里成为人们避暑、观光、游弋自然的理想地。

0974 平草湖

位　　置：酒泉市肃北县

简　　介：平草湖地处党河南山和野马南山之间，宽约3千米，长约6千米，是沉积宽谷，党河河水至此变宽，分岔形成湖状沼泽地，坦荡如砥，水草丰美，为良好的天然牧场。

0975 金川公园

级　　别：国家AAA级景区

位　　置：金昌市金川区

简　　介：金川公园位于城市中心区，公园路中段，庆阳路北侧，总占地面积29.9万平方米，其中水域面积3.5万平方米，绿地面积18.9万平方米，是集休闲、娱乐、运动健身、旅游观光等多功能于一体的综合性公园，是全市进行爱国主义教育的重要基地。金川公园享有"河西第一园""塞上明珠"和"沙海园林"之称。2012年7月被评为国家AAA级景区。

0976 金水湖景区

级　　别：国家AAA级景区

位　　置：金昌市金川区

简　　介：金水湖景区位于新华路东端以南，常州路以东，环城东路一线以西的范围内，交通便利。占地总面积2.36平方千米，水面面积0.6平方千米，蓄水容量约230万立方米，绿地面积1.01平方千米，湿地0.035平方千米。城市管道网及配套实施齐全，供水、供电、排水设施齐全。景区由五个湖面组成，各湖之间由两条带状湿地水系连接，在充分挖掘金昌浓厚的文化底蕴基础上营造出"万方安和、飞龙点滩、骊轩烟云、者来静泊、水木自清、渔舟唱晚"等具有地方特色的景观，并设有儿童活动区、老年康体中心以及生态教育区；景观以历史文化、人文环境为主题，创造城市标志性环境、色彩体系、建筑风格，形成有地域特征的城市景观，营造优美的城市环境。金水湖景区经过了数次扩建，现已形成以湖泊、湿地为基础的自然景观，具有储存、调蓄、景观三大功能的城市景观工程，成为人与自然协调发展的风景区，是理想的旅游、休闲、健身、娱乐、教育的景区。2012年7月被评为国家AAA级景区。

0977 仙人湖

位　　置：天水市麦积区

简　　介：天水仙人湖位于天水市东南65千米处的麦积山风景名胜区，是仙人崖景区的知名景点，仙人崖地势险要，群峰峦嶂，岩石万仞，松桧成林，鸟语花香。奇山、秀水、绿树、野花相映，涉足其间，确有身临仙境之感。"仙水湖光"就是仙人崖景点以仙人湖为观赏景区而命名的，在仙人湖坐船行驶可以一览仙人崖所具有的北方的雄奇和南方的秀丽。仙人湖依仙人崖，背靠麦积山，具有得天独厚的地理位置，可以欣赏到深蓝干净的天空下，深绿油沁的山和波光粼粼的湖水。

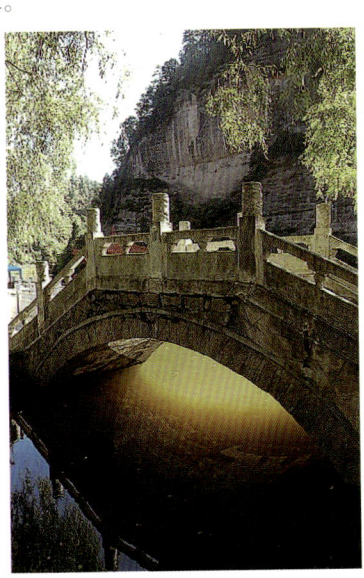

0978 苏家峡水库

位　　置：天水市秦安县

简　　介：苏家峡水库位于秦安县中山乡苏家峡村王家村河下游。1958年动工，1962年建成，1972年又延长了给水卧管，加高了大坝，并增建了侧槽和溢洪道。汇水面积67.5平方千米，总库容820万立方米。坝顶宽7米，坝顶长140米，坝高24米。该水库是以灌溉为主，结合防洪养鱼等综合利用的水库。

0979 林士峡水库

位　　置：天水市甘谷县

简　　介：林士峡水库位于清溪河上游，在武山、甘谷、通渭三县交界处，大坝高32.5米，顶宽5米，坝长105米，总库容349万立方米，灌溉通渭、甘谷两县土地约13.33平方千米。

0980 天梯山水利风景区

级　　别：国家水利风景区

位　　置：武威市凉州区

简　　介：天梯山水利风景区位于河西走廊东端，武威市城东南50千米处，南临白雪皑皑的祁连雪山，北为连绵起伏的峰峦，南依峻峭挺拔的山崖，凭借黄羊水库得天独厚自然水情、依托天梯山石窟深刻的历史人文底蕴形成依山傍水的秀丽风景区。天梯山山峰巍峨，陡峭峻拔，高入云霄，山有石阶，拾级而上，道路崎岖，形如悬梯，山巅常年积雪，俗称"天梯积雪"，为凉州八景之一；天梯山石窟是我国早期的石窟之一，山下碧波荡漾，薄云缠绕其身，构成了一幅山、水、佛、云浑然一体的壮观奇景，是凉州颇负盛名的旅游胜地。2003年12月29日被水利部命名为第三批国家水利风景区，现已被甘肃省旅游局定为旅游定点单位。

0981 红崖山水库旅游景区

级　　别：国家水利风景区、国家AA级旅游景区

位　　置：武威市民勤县

简　　介：红崖山水库位于河西走廊东北部，石羊河下游，是沙漠地区的一座中型注地蓄水工程，正常蓄水面积25平方千米，设计库容9930万立方米，控制流域面积13 400平方千米。水库只有西面依红崖山而建，其他三面都是人工所筑，而且又修建在沙漠中，这在全国甚至全世界都是罕见的，属亚洲最大的人工沙漠水库，1979年被中央电视台列为"中华之最"，被人们誉为"瀚海明珠"。2011年被评为国家水利风景区，国家AA级旅游景区。

0982 金塔河南营水库

位　　置：武威市凉州区

简　　介：南营水库位于武威市城区西南18千米处的新华乡南营村，地理坐标为东经102°31′，北纬37°48′，水库始建于1958年，1970年基本建成蓄水。是一座以防洪为主，结合灌溉、发电的中型水库，总库容2000万立方米，南营水库坝址以上流域属大陆温带干旱气候，具有寒冷、干燥、多风等特征。四季分明，海拔高，日照长，太阳辐射强，蒸发量大，昼夜温差悬殊，降雨稀少，降水随地形高度增加而增大，高寒山区降水较丰富，可达600毫米以上。南营水库独特的地理位置，东可一览武威城区及村庄农田美景，西可眺望白雪皑皑的祁连雪山，南北可直连绵起伏的祁连。形成了以蓝天、群山为刚毅，碧水、河流为柔韧，鱼、鸟、虫、草、林为烘托的别致景色。

0983 东湖沟水库

位　　置：武威市凉州区

简　　介：东湖沟水库位于丰乐镇昌隆村，总库容25.61万立方米，设计灌溉面积1.67平方千米，是西营灌区一座以灌溉为主，兼顾防洪、农村人饮综合利用V等小（2）型水库。

0984 西营水库
位　　置：武威市凉州区
简　　介：西营水库位于武威市凉州区城西南40千米的西营河四沟咀，是一座以灌溉为主，兼顾发电、防洪的中型水库，水库于1970年3月动土，1973年底基本建成。

0985 曹家湖水库
位　　置：武威市古浪县
简　　介：曹家湖水库位于古浪县城东南15千米的古浪河系黄羊川河支流上，距兰新铁路、甘新公路约4千米。水源发源于毛毛山北麓，水库控制流域面积403平方千米，多年平均流量0.84立方米/秒，多年平均径流量2650万立方米。该地自然环境优美，山水相映，气候宜人，是炎热夏季避暑、度假的胜地。

0986 柳条河水库
位　　置：武威市古浪县
简　　介：柳条河水库位于县城西南18千米处柳条河上，是一座以灌溉防洪为主的不完全年调节小（1）型水库。水库始建于1978年，1982年竣工，2002年除险加固。集雨面积34.5平方千米，总库容111.16万立方米，多年平均径流量1052万立方米，防洪标准为30年一遇设计，500年一遇校核。水库由主坝、输水洞、溢洪道组成。

0987 二郎池
位　　置：武威市天祝县
简　　介：二郎池位于天祝县西大滩乡政府向南约10千米处。深藏在祁连山脉的毛毛山腹地。具有旅游价值的二郎池，处处透露着自然和原始的美，它始终以自己清、秀、奇、神的特点在一年四季里迎接着五湖四海的游客。二郎池水还有一个神奇的特点，不管是夏雨连绵还是冬雪纷纷，一池水总是一点不多、一点不少，二郎池中有无数个泉眼，昼夜不停地冒，并且还有几股山泉水日夜不停地注入二郎池，但它从来没有溢出过一滴水，也没有干枯过一次。得天独厚的自然景点，形成了集宗教、风情、民族特色于一体的旅游胜地。

0988 毛藏寺水库

位　　置：武威市天祝县

简　　介：毛藏寺水库位于天祝藏族自治县毛藏乡境内，武威市城区东南60余千米处。毛藏寺水库是一座兼具发电、灌溉、防洪等功能于一体的中型水利工程。

0989 马牙雪山天池

位　　置：武威市天祝县

简　　介：古人有诗赞曰："马齿天成银作骨，龙鳞日积玉为胎。"神奇的马牙雪山被藏族人民尊为神山、圣山，它千姿百态，气象万千。时而剑峰兀起，直插云霄，令人敬畏，时而像一座座白色的水晶宝塔，闪动七彩的光环与阳光争辉，时而似一位披着薄纱的美女，婀娜多姿，分外迷人。当行至马牙雪山3800米的地方，就到了有着神秘传说的马牙雪山天池。马牙雪山天池东西长约250多米、南北宽约150多米，就像一弯月牙静静地镶钳在雄奇的雅布山和银木山之间，清澈明亮，柔美静谧，在阳光的照射下闪烁着蔚蓝的光芒。

0990 二坝湖旅游风景区

位　　置：张掖市甘州区

级　　别：国家水利风景区、国家AAA级旅游景区

简　　介：二坝湖旅游风景区位于碱滩镇二坝村境内，山丹河中游，是在二坝水库基础上建设而成，为平原型洼地水库，始建于1958年，水库东西长1.5千米，南北宽0.3~0.6千米，水深0.5~6米，总面积1.8平方千米（包括水库、鱼塘、芦苇湿地），其中水域控制面积0.93平方千米，设计库容400万立方米，正常蓄水296万立方米，不仅是一座集防洪、水产养殖、补充地下水为一体的综合型水库，而且是一处风景秀丽的游览胜地。景区北距兰新铁路0.5千米，南距连霍高速公路1千米，距张掖市区15千米，有国道312线和张碱公路及旅游专线相通，对外交通十分便捷。该景区于2006年8月被国家水利部评为国家水利风景区，于2011年5月被甘肃省景区质量评定委员会评定为AAA级旅游景区。

0991 李桥水库水利风景区

级　　别：国家水利风景区

位　　置：张掖市山丹县

简　　介：景区位于素有"走廊蜂腰，甘凉咽喉"而闻名遐迩的山丹县境内，距县城南31千米。景区坐落在西部名山焉支山脚下，南依山丹军马场，北面龙首山，东靠窟窿峡。

李桥水库库容1540万立方米,水面面积224万平方米。景区内森林覆盖率达80%,水、山、林、草等风景资源组合和谐,生态环境良好,形成水天一色、水秀山青的壮丽景观,呈现出"湖光山色渠蜿蜒,鸟语林静花飘香,胭脂松林雾弥漫,无限风光在李桥"的和谐画卷。2009年8月25日被水利部命名为第九批国家水利风景区。

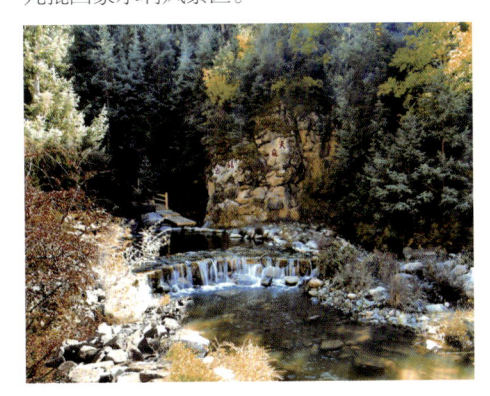

0992 平川水库水利风景区

级　　别:国家水利风景区
位　　置:张掖市临泽县
简　　介:景区位于临泽县城北,距县城25千米。水库库容120万立方米,水域面积7.5万平方米,占地面积0.81平方千米,库区每年有大量野鸭、大雁、天鹅和其他候鸟在此栖息、繁衍。景区自然风光秀丽,生态环境良好,现已建成湿地保护区面积5万平方米,建成1000米绿荫长廊、餐饮娱乐中心等基础设施配套完善。2008年9月22日被水利部命名为第八批国家水利风景区。

0993 双泉湖水利风景区

级　　别:国家水利风景区
位　　置:张掖市临泽县
简　　介:景区位于临泽县城西北郊,距县城、兰新铁路、国道312线5千米。景区总面积3.36平方千米,其中,水库面积0.86平方千米。景区自然环境幽雅秀美,风光旖旎,湿地资源丰富,有久负盛名的二眼涌泉,湖岸蜿蜒曲折,湖面波光粼粼,古柳倒映,郁郁葱葱;湿地生态环境良好,野生鸟类栖息繁衍;亭台楼阁、曲径长廊、观景台、码头、酒店等基础设施配套,是生态观光和休闲度假的旅游胜地。2006年8月16日被水利部命名为第六批国家水利风景区。

0994 大野口水库旅游风景区

位　　置:张掖市甘州区
简　　介:大野口水库旅游风景区位于张掖市肃南裕固族自治县境内的红石峡,距张掖市区50千米,交通、通讯便利,区位优势明显。库区水域面积0.3平方千米,控制流域面积80平方千米。景区植被丰富,草场茂密,是黑河和大野口河重要的水源涵养地。景区内有深峡幽谷、苍翠欲滴的自然景观,有绿草如茵、牧歌飘扬的裕固族草原风情,有以香喷喷的手抓肉、酥油茶为特色的民族饮食文化。有国内海拔最高的浆砌石重力大坝,有配套齐全的住宿、餐饮及服务设施,是旅游休闲、盛夏避暑胜地。

0995 鸢鸟湖

位　　置：张掖市山丹县

简　　介：鸢鸟湖位于山丹马场一场南面窟窿峡上游，因每年都有许多飞鸟在这个湖中嬉戏，人们就把它叫做鸢鸟湖（鸢鸟是传说中比凤凰还大的神鸟，羌人崇拜鸢鸟，把它视为力量的象征。附近有鸢鸟城遗址）。鸢鸟湖地处雪域高原，清澈如镜，神秘幽深。雪山倒映其中，朦朦胧胧，若隐若现，蓝天白云，雪山草原，湖水涟漪，菜花铺金，令人心旷神怡，浮想联翩，流连忘返。

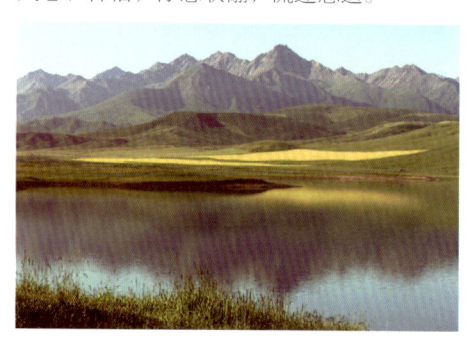

0996 圣天寺旅游景区

位　　置：张掖市民乐县

简　　介：圣天寺景区位于民乐县城西区洪水河畔，占地面积0.8平方千米，主要人文景观是陇上第一大尼姑庵圣天寺，依托已建成的民乐公园、圣天寺和规划建设的圣天文化佛教产业园，按照"一园、一寺、一河"总体布局，以城市休闲和佛教文化为重点，将园林区、圣天寺文化旅游区、商业区和滨河景观带"三区一带"融为一体，彰显生态、文化、宜居宜游特色。

0997 刘家深湖水库

位　　置：张掖市高台县

简　　介：刘家深湖水库始建于1958年，该水库地处黑泉乡黑泉村，总库容110万立方米，是一座从黑河开口引水的调节性洼地水库，由高台县大湖湾水管所管理。该水库承担着高台县黑泉乡小坝、镇江、胭脂堡三个村农田的调蓄灌溉任务，在调节农田灌溉的基础上发展养殖业，1991年对坝墙进行了加固加高处理，形成现状规模。经多年的运行，水库部分坝段出现渗漏、滑坡等不安全因素，严重影响水库的正常蓄水和下游3个行政村3.33平方千米农田及1200人的生命财产安全。2007年列入《全国病险水库除险加固专项规划》，2008年省水利厅批复水库除险加固初步设计。2009年7月开工建设，2010年6月通过了省水利厅组织的竣工验收。

0998 后头湖水库

位　　置：张掖市高台县

简　　介：后头湖水库地处黑河中下游，罗城乡花墙村以西、高罗公路以北，西至罗城黑河大桥，水库北坝墙紧靠黑河南岸，属平原洼地小（1）型水库，距高台县城40千米，罗城乡政府7千米，是罗城灌区一个以灌溉为主、兼顾水产养殖的水库，承担着罗城乡河西村2平方千米农田的灌溉任务。

0999 明塘湖水库

位　　置：张掖市高台县

简　　介：明塘湖水库始建于1957年，地处黑河中下游，东至罗城乡河西村，西至罗城乡常丰村，高石公路南边，距县城67千米，距罗城乡政府28千米，属平原洼地小（1）型水库，库容290万立方米，坝长7.1千米，坝高3.5米，坝型为均质土坝，水库主要由大坝、进水闸、输水洞等建筑物组成。

1000 夹沟湖水库

位　　置：张掖市高台县

简　　介：夹沟湖水库地处高台县宣化镇乐一村，属于四等小（2）型水库，是大湖湾灌区一个以农业为主的平原洼地水库。

1001 马尾湖水库

位　　置：张掖市高台县

简　　介：马尾湖水库地处黑河中下游，东至黑泉乡镇江村，西至罗城乡张墩村，南面与沙漠相接，北靠高罗公路，属平原洼地水库，总库容724.62万立方米。

1002 天城湖水库

位　　置：张掖市高台县

简　　介：天城湖水库位于罗城乡下庄村西北，黑河北岸，水库北面紧临天合公路，东至罗城村，西至万丰草湖，南坝墙紧靠侯庄干渠，距县城47千米，距罗城乡政府5千米。属黑河流域系列，是罗城灌区一个以灌溉为主、兼顾渔业养殖的平原洼地水库，承担着罗城乡侯庄、天城两个村19个社、4平方千米亩耕地的灌溉任务。

1003 鲍家湖水库

位　　置：张掖市高台县

简　　介：鲍家湖水库位于高台县城东南32千米处临泽县蓼泉镇新添村。始建于1954年9月，于1956年9月建成运行，总投资34.035万元。水库总库容447万立方米，是一座以灌溉为主的小（1）型旁注式平原洼地水库。水库由大坝、进水闸、放水洞组成。由柔远渠系巷道乡、宣化镇17个村和2各国营农场受益，有效灌溉面积18.85平方千米。

1004 芦湾墩上水库

位　　置：张掖市高台县

简　　介：高台县芦湾墩上水库位于高台县城以东15千米处高台县与临泽县交界处的下庄村和渠口村之间。水库始建于1952年6月，于1955年1月建成运行，总投资23.97万元。水库总库容280万立方米，是一座以灌溉为主的小（1）型平原洼地水库，水库由大坝和放水洞组成。

1005 西腰墩水库

位　　置：张掖市高台县

简　　介：西腰墩水库地处高台县宣化镇上庄村，距县城西北8千米，是一座以农业灌溉为主的小（1）型洼地水库。该水库始建于1958年，1991年9月加固加高，总库容110万立方米。水库承担着黑泉乡永丰、阴沟桥、新开3个村4.13平方千米农田的灌溉任务。水库主要由大坝、输水洞、引水渠、进水闸组成。西腰墩水库的蓄水主要通过乐善渠从黑河引水，由大湖湾水管所负责管理。该水库于2007年列入《全国病险水库除险加固专项规划》，2008年省水利厅批复水库除险加固设计，2009年7月开工建设，12月完工，2010年6月通过了省水利厅组织的竣工验收。水库下游影响1个行政村1.33平方千米农田及500人的生命财产安全。

1006 小海子水库

位　　置：张掖市高台县

简　　介：小海子水库位于高台县城东南15千米处，是一座从黑河引水旁注式调节性洼地水库。

1007 芦湾墩下水库

位　　置：张掖市高台县

简　　介：芦湾墩下水库位于高台县城以东5千米处的高台县巷道乡渠口村境内，北靠黑河。始建于1958年4月，于1960年9月建成运行，工程总投资18.755万元。是一座以灌溉为主的小（1）型平原洼地水库，总库容132万立方米，水库由大坝和放水洞组成。

1008 摆浪河水库

位　　置：张掖市高台县

简　　介：摆浪河水库位于肃南裕谷族自治县大河乡西岔河村，由高台县新坝水管所管理，水库位于摆浪河上游，北距高台县城68千米，水库现状总库容715.5万立方米，兴利库容677.5万立方米，属四等小（1）型工程，2008年7月进行加固后设防标准由原来的7级提高到8级。

1009 月牙湖公园

位　　置：张掖市高台县

简　　介：月牙湖公园位于县城西郊1千米处，素有高台县"后花园"之称。经过多年的开发建设，公园配套设施更趋完善，年接待游客能力达到10多万人，是一处旅游休闲、商务洽谈、餐饮娱乐的理想胜地。

1010 公家墩水库

位　　置：张掖市高台县

简　　介：公家墩水库位于高台县城西北7千米处，始建于1958年，1990~1991年对水库进行了加固加高处理，形成了现状规模，水库坝体为均质土坝，平均坝高2.8米，总库容50万立方米，是一座以灌溉为主的小（2）型旁注式平原洼地水库。主要建筑物有主坝、输水洞等。该水库主要存在以下问题：一是坝体渗漏严重；二是淤积严重。水库有效灌溉面积2.27平方千米，水库下游影响1.69平方千米农田、5千米公路和1000多人安全。水库由高台县水务局六坝水管所管理。

1011 水关河水库

位　　置：张掖市高台县

简　　介：水关河水库位于高台县红崖子乡东南约8千米的水关河出山口处，距高台县城72千米，工程始建于1968年，1974年、1988年相继对坝体进行了加固加高，1991年至1997年先后对前坝脚设置混凝土防渗墙防渗，坝面用塑料薄膜防渗。

1012 黑达坂水库

位　　置：张掖市肃南县

简　　介：黑达坂水库位于肃南裕固族自治县水关乡水关村，水库总库容53立方米，始建于1958年，属小（2）型工程，1984年被省水利厅列为病险库除险加固，1985年秋在省、地、县水利部门的大力支持下，经过红沙河人民的艰苦奋斗完成除险加固，修建了目前的黑达坂水库，该水库现有受益面积3.3平方千米。

1013 大河峡水库

位　　置：张掖市高台县

简　　介：大河峡水库位于张掖市肃南裕固族自治县大河区境内的大河出口处，距高台县城76千米，水库距肃南大河区公路2.5千米，是一座以灌溉为主的山谷水库大河峡水库于1968年开始建设，1975年竣工并投入运行，当时该水库是以五等工程设计，最大坝高22.2米，坝长120米，坝顶宽度3米，总库容18万立方米，灌溉面积1.67平方千米。

1014 古城水库

位　　置：张掖市高台县

简　　介：古城水库位于高台县新坝乡西大村水关河水库下游，始建于1972年，总库容45万立方米，兴利水库40万立方米。属Ⅳ等小（2）型工程水库，承担着红崖子灌区西大、东大、黄蒿、古城、六洋等5个村3.82平方千米农田灌溉和0.1543万人、2000多头牲畜的饮水任务，是一座以农业灌溉为主、兼顾人畜饮水的小（2）型水库。

1015 石灰关水库

位　　置：张掖市高台县

简　　介：石灰关水库位于肃南县大河乡石灰关清水崖，距高台县城75千米，是一座以灌溉和防洪为主的山谷水库，1978年年底建成并投入运行，属四等（Ⅰ）型工程，原设计总库容256万立方米，兴利库容232万立方米，灌溉面积15.67平方千米。

1016 崆峒水库水利风景区

级　　别：国家水利风景区

位　　置：平凉市崆峒区

简　介：崆峒水库水利风景区位于平凉市以西12千米处。景区与崆峒山一衣带水，是依托崆峒水库宽阔的水面及十万亩大峡谷原始森林开发建成的亲水、生态文化、观光旅游景区。景区水库容积2970万立方米，水面面积30平方千米，现建成观光游船航道12千米，有观光快艇5艘，游船码头3座，主要包括大峡谷原始森林、崆峒水库、崆峒山的王母宫、问道宫等六处自然水利工程和人文景观。2003年被水利部命名为第三批国家水利风景区。

1017 竹林寺水库水利风景区

级　　别：国家水利风景区、国家AAAA级旅游景区

位　　置：平凉市庄浪县

简　介：竹林寺水库水利风景区位于庄浪县城东28千米处的关山（又称陇山）西麓，是古"丝绸之路"西出之要塞。景区集奇险灵秀的自然景观、古朴精湛的石窟艺术和湖光山色的水域风光于一体，登临景区最高峰玉皇绝顶极目远眺，其间峰峦雄峙，危崖耸立，似鬼斧神工；林海浩瀚，烟笼雾锁，如缥缈仙境；高峡平湖，水天一色，有漓江神韵；凝重典雅的"五台八大寺十六峰十八景观"，气魄宏伟，底蕴丰厚。景区先后被列为国家级森林公园、全国重点文物保护单位、国家AAAA级旅游景区、省级风景名胜区和省级地质公园。2004年7月9日被水利部命名为第四批国家水利风景区。

1018 莲花湖公园

级　　别：国家AAA级旅游景区

位　　置：平凉市华亭县

简　　介：莲花湖公园位于县城西区，占地面积0.09平方千米，交通十分便利，宽阔的仪洲大道直通景区。公园依山傍水，背靠风景优美的雷神山生态园，脚临碧波盈盈的汭河水。景区内水波荡漾、微风拂面，远看小舟轻盈、杨柳依依。湖边曲桥栈道、假山阁亭、园林小品、雕塑群等让人目不暇接，流连忘返。

1019 关山天池朝那湫

位　　置：平凉市庄浪县

简　　介：海拔2800米的关山天池朝那湫，属渭河发源地之一，是黄土高原上罕见的山顶湖泊。朝那湫位于庄浪县境内郑河上寨村桃木山，由前后两湫组成，相距不足半里，广约0.03平方千米。目前依托云崖寺风景名胜区旅游总体规划暨重要节点修建性详细规划，以文化养身、康体疗养为主要功能，融合文化体验、康体、生态、养生等发展理念，打造一处集伏羲文化内涵、健康、时尚性于一体的医疗度假和养生保健区。

1020 东峡水库

位　　置：平凉市静宁县

简　　介：东峡水库位于静宁县城以东3千米的司桥乡境内，地处葫芦河一级支流南河（亦称渝河）上，是20世纪50年代末期修建的一座中型水库。水库始建于1958年，1960年建成并蓄水运行，是一座以防洪为主，兼灌溉、城市供水和旅游等多重功能的综合型水库。水库水利风景区保护范围为锋台山、店子山、司桥乡和东峡水库等区域内的自然、生态、人文等景观的核心区域和保护区域，整个景区面积为150.7平方千米，平定高速公路和312国道通过，具有发展成为集旅游、度假、休闲等于一体的水利风景区的优越条件。

1021 天湖公园

位　　置：庆阳市西峰区

简　　介：天湖公园于2003年4月开工建设，2004年6月建成蓄水。项目位于西峰新城区董志镇北门村，占地0.11平方千米，集雨面积1.22平方千米，湖面面积0.04平方千米，平均水深3.66米，总容积13.28万立方米，年复蓄雨洪水40万立方米，完成投资605万元。主体工程由三个大小不等的蓄水湖组成，平面呈"品"字形布局，三湖之间采用排空管及溢流堰连接。2005年以来，按照建设"水利工程风景区"的标准，对湖区进行了绿化、硬化、亮化等环境方面的建设，提升了工程品味，现已成为城区居民休闲的场所。

1022 庵里水库

位　　置：庆阳市正宁县

简　　介：庵里水库位于子午岭山麓，泾河一级支流四郎河上游的西坡乡石家湾子村，距正宁县城20千米。1958年动工兴建，1960年建成，1972年、1979年两次对大坝作了加固加高，2004年至2005年再次对大坝进行了除险加固。坝体长420米，宽6米，高33米，坝顶高程1221米，总库容833万立方米，控制流域面积150平方千米。目前已发展成为集防洪、灌溉、城区供水、水产养殖于一体的综合性水库。控制农田灌溉面积10平方千米，保灌4.67平方千米，水产养殖面积0.35平方千米。解决县城2.5万人口的生活用水和工业用水，有效地促进了正宁县工农业生产及城区建设和经济的发展。属正宁县唯一的一座小型水库。

1023 白吉湖生态旅游度假区

位　　置：庆阳市宁县

简　　介：白吉湖生态旅游度假区处于子午岭腹地，坐落于宁县盘克镇宋庄村境内。白吉湖依山傍水，风光旖旎，山水融合，高原自然景观与历史文化相映成辉，生态旅游资源得天独厚，63万平方米的天然生态水域和0.13平方千米人工养鱼池首尾相接，水美鱼肥，景色宜人，荷塘泛舟，乐享天然。近年来，盘克镇充分挖掘旅游资源，注册成立白吉湖生态旅游服务有限责任公司，规划分期建成水上游乐、休闲垂钓、养生健身、森林观光、农业采摘五大主题旅游功能区。目前，已初步建成了集休闲、娱乐、垂钓、观光、避暑为一体的综合性旅游度假服务区，为广大游客提供了一个体验山水之旅，享受自然风光的最佳场所。

1024 翟池风景区

位　　置：庆阳市镇原县

简　　介：翟池风景区距镇原县城35千米，媚肖省道从旁边穿过。传说大禹治水有功，大禹死后，三个貌若天仙的女儿继承父志，在此筑堤蓄池，保护农耕，形成今之"三池"（翟池、太阳池、白马池）。翟池池面东西宽200米，南北长800米，水深16米，蓄水量104.5万立方米。四周群山环抱，绿树成荫，鸟语花香，环境怡人。景区建有水上人家宾馆、中高档客房、露天游泳池、多功能大厅、停车场等设施，开设划船、游泳、垂钓等20多个游乐项目，是旅游观光、避暑度假、休闲娱乐的好去处。

1025 太阳池生态旅游风景区

位　　置：庆阳市镇原县

简　　介：太阳池生态旅游风景区距镇原县城32.5千米，媚肖省道从旁边穿过。据考证，太阳池成池已有1000多年，池面长970米，水深14.5米，蓄水量218万立方米。四周群山环抱，绿水成荫，碧水蓝天，环境幽雅。目前景区建有高档宾馆、美食娱乐城等设施，开设游泳、划船、垂钓、赛艇等多种水上娱乐项目，是集观光旅游、休闲度假于一体的生态风景区。

1026 庙儿沟水库

位　　置：庆阳市环县

简　　介：环县庙儿沟水库位于环县环城镇张滩行政村庙儿沟自然村的庙儿沟沟口，距环县5千米，庙儿沟水库主要由土坝和泄洪排沙洞（兼作输水）二部分构成。

1027 貂蝉湖国家AA级景区

级　　别：国家AA级景区

位　　置：定西市临洮县

简　　介：貂蝉湖AA级景区位于临洮县城以西的洮河岸边，近靠兰临高速公路，总占地面积0.15平方千米，其中水域面积0.13平方千米。园内建有儿童游乐园、老年活动中心、划船池、观鱼池、钓鱼池和名贵鱼种繁育池，貂蝉湖景区是临洮古洮阳八景之一"西湖晚照"的实景地。公园是一个集休闲、游乐、度假于一体"水上游乐城公园"，水面广阔，空气清新，风景宜人，是全县唯一的"水上游乐城"，是陇中地区夏季休闲避暑的理想胜地。

1028 锦屏水库

位　　置：定西市通渭县

简　　介：锦屏水库位于渭河支流散渡河上游的牛谷河上，距离通渭县城16千米，坝址位于东经105°05′30″，北纬35°14′44″。锦屏水库坝址以上主河道长24.6千米，流域面积191平方千米。流域内多年平均降雨量425毫米，年蒸发量1396毫米、径流深32.5毫米、径流总量620万立方米。流域内共建成自动化管理调度中心站1处，双中继站1处，水位雨量遥测站13处，大坝工情观测站1处，库区内图像监视系统3处。

1029 石门水库

位　　置：定西市渭源县

简　　介：石门水库位于渭河南部支流蒲川河上游，地处渭源县蒲川乡境内，在渭源县城正南25千米。渭源县石门水库坝址以上河道长11.5千米，集水面积42平方千米。流域内植被良好，多为灌木杂草复盖，水土流失轻微。流域多年平均降雨量650毫米，多年平均径流量971.37万立方米，平均海拔2587米。库区地震裂度为Ⅷ度。石门水库总库容525万立方米，属Ⅳ等小（1）型水库，主要由大坝、输水洞、溢洪道三大建筑物组成。

1030 峡口水库

位　　置：定西市渭源县

简　　介：峡口水库位于渭河上游支流清源河上游的五竹镇鹿鸣村峡口社，坝址位于东经104°05′38″，北纬35°02′09″，距渭源县城16千米。大坝坝址以上集水面积34.7平方千米，占清源河渭源站控制面积114平方千米的30%。流域属渭源南部山区，地势高低不平，植被良好，森林覆盖率占80%左右，水土流失轻微。

1031 三荣农业观光休闲苑

位　　置：定西市临洮县

简　　介：三荣农业观光休闲苑位于县城北部，距临洮县城26千米、西部是临夏回族自治州，北部是兰州市。该苑是一家集休闲娱乐、观光旅游、休闲度假垂钓于一体的观光苑。

1032 晚霞湖水利风景区

级　　别：国家水利风景区

位　　置：陇南市西和县

简　　介：晚霞湖水利风景区位于西和县县城西部5千米处姜席镇境内，晚霞湖水库水域面积1.2平方千米，库容1023万立方米。景区已形成布局合理、功能齐全的大型综合性水上景区，环湖花香四溢、绿荫夹道、湖水浩淼、波光粼粼、群鸟翔集，已成为陇东南地区一处颇为诱人的水上公园。2008年9月22日被水利部命名为第八批国家水利风景区。

1033 文县天池

级　　别：国家森林公园

位　　置：陇南市文县

简　　介：文县天池，又称"洋汤天池"，坐落在距文县县城80多千米的万山丛林中。天池有九道大湾和一百零八个小湾，汇成了状如葫芦的一湖碧水，方圆20千米，水深97米，水域面积0.8平方千米。天池风光优美，景色如画，为文县八景之一。湖面景象变幻无穷，或清澈如镜，碧波不兴，或波光鳞鳞，耀金泻银。湖畔多奇峰怪石、茂林修竹，在池水中留下倒影，湖光映衬、山光水色、相得益彰。天池四季景色各异，春色恬静，夏季如黛，秋韵斑斓，冬景圣洁。

1034 贾坝水库

位　　置：陇南市成县

简　　介：贾坝水库位于成县索池乡贾坝村，东距县城30千米，系长江流域犀牛江水系二级支流洞沟上的一座小（1）型水库。

1035 裴公湖

位　　置：陇南市成县

简　　介：裴公湖，俗称莲花池，在成县县城西隅。唐天授年间（690～692年），成州刺史裴守贞创建，故名。明万历年间成县知县黄泳，先后组织民力增补修葺，扩大池塘，增建景观，使公园规模更加扩大，成为布局别致、风光绮丽的陇南小西湖。

1036 文家池

位　　置：陇南市徽县

简　　介：在徽县西南方，距离县城约10千米的山上，有一天然高山湖泊，名文家池，它坐落在三座突起的山峰之间，是一个古火山口形成的天池，湖面约0.1平方千米，湖水清澈，四季水位平稳，冬不干涸，夏不涨溢。金秋月夜，白露洇洇，湖月同色。冬雪皑皑，银装素裹，唯池水如玉珠一颗，镶嵌于天地之间，蔚为壮观。

1037 西汉水水面景观

位　　置：陇南市礼县

简　　介：礼县城区西汉水生态环境综合治理一期工程位于礼县东新大桥至南大桥之间，工程由河道整治、左（南）岸景观和右（北）岸景观三部分组成。主要景点有"盛世欢歌""燕逢西汉""枫林晚渡"。次要节点有生态迷岛、柳荫绿堤、滨水栈道。综合治理河道854米，其主要节点为盛世欢歌，是人们滨水休闲活动的主要空间，以音乐喷泉为核心展开系列的空间布局。布置有生态观演台、休闲步道、亲水平台等。盛世欢歌节点为300米，绿化面积为34 000平方米，水体面积25 000平方米，水体宽度为40米。该项目的建成，提高了西汉水城区防汛能力，极大改善了人居环境，成为城区一道靓丽的风景线。

1038 秦皇湖

位　　置：陇南市礼县

简　　介：秦皇湖位于礼县城东北50千米处的红河乡双石沟，该湖是利用红河水库发展起来的融度假、避暑、水上娱乐为一体的风景区。湖区周边有天台山、方口寺、慈祥观、金山、窑洞等旅游景点，自然、人文景观相映成趣，已是目前全市十大重点旅游景区和陇东南最大的人工湖。

1039 苗河水库

位　　置：陇南市礼县

简　　介：苗河水库全流域面积764.7平方千米，流域海拔高程1400~2875米，主河道长68.3千米，河床平均比降1.9%，坝址以上流域面积421平方千米，海拔高程1600~2875米，河床平均比降1.94%。为了充分利用红河水库资源优势，加快旅游产业开发，礼县立足先秦文化，三国文化遗存等人文资源，坚持生态环境建设、水保工程和旅游开发相结合，体现生态、社会、经济三大效益，现将苗河水库建成一个山林叠翠，层林尽染，环境优美，三季有花，四季常青，集种植、养殖、休闲、旅游、度假、娱乐于一体的旅游胜地。

1040 天鹅湖

位　　置：陇南市康县

简　　介：天鹅湖位于美丽的梅园沟中部，湖长1000米，宽处达500米，湖水清澈见底，湖岸簇拥着墨绿的森林，古柳垂丝，竹海听涛，波光粼粼，自古以来就是白天鹅等珍贵名鸟栖息地，故名天鹅湖。湖岸的麻柳树千姿百态，草坪如绿色的地毯，如诗如画，如梦如幻，为梅园沟著名景点之一。

1041 月牙潭

位　　置：陇南市康县

简　　介：月牙潭位于梅园沟中部，远看湖水犹如一弯月牙，故名"月牙潭"。它像一弯新月横卧在梅园沟的中部，又像少女闪亮的眸子，也有人说它是梅园沟的海子，由复杂的地貌造就，水域内中间低、四面高，河水流经这里，自然形成如一弯新月的湖泊，湖长100余米，最深处10多米，宽40余米。两岸峰峦叠嶂，青山滴翠，花堤柳岸，湖水荡漾，波光粼粼，古柳成行，景象万千。

1042 黄江水库

位　　置：陇南市西和县

简　　介：黄江水库位于长江流域嘉陵江水系西汉水支流的漾水河上，距县城以南约15千米，属何坝镇辖区。大坝地理位置为东经105°14′、北纬33°56′。水库于1959年3月动工修建，1960年7月竣工并投入运行。工程主要由大坝、输水洞及溢洪道三部分组成。坝型为土石混合坝，坝长45米。黄江水库水源保护区面积23.5平方千米，正常蓄水位相应水面面积0.4平方千米。当前，水库运行良好，是一座具有防洪、灌溉、养殖等功能的综合性水库。其景色秀丽，空气清新，展现了一片秀美的山水田园风光。

1043 刘家峡水库

位　　置：临夏市临夏县

简　　介：刘家峡水库位于黄河上游，永靖县城西南1千米处，距兰州市75千米，是第一个五年计划期间，中国自己设计、自己施工、自己建造的大型水电工程，竣工于1974年。水库湖面辽阔，风光旖旎，气候宜人，环境优雅，水质好，无污染，是甘肃省最大的水产养殖基地和水上度假旅游胜地。刘家峡水库既是一个良好的生态观光地，也是游览炳灵寺的必经之地。向阳码头以东，10里河岸白沙展露，绿柳婆娑，被称为十里柳林，景观奇妙，带给人一种回归自然、人在画中游的美好氛围。

1044 槐树关水库

位　　置：临夏市临夏县

简　　介：槐树关水库属于Ⅳ等（I）型工程，主要建筑物包括太子山水库大坝、左岸溢洪道、右岸输水泄洪洞、上坝公路等。2011年10月14日供水工程开始向临夏市供水。槐树关水库供水范围为临夏市及临夏县南部七个乡（镇），供水人口达40万人。

1045 柳梅滩

位　　置：临夏市和政县

简　　介：柳梅滩风景名胜区位于县城以南的太子山下，距和政县城25千米，包括柳梅滩、大湾滩、麻崖等风景点。

1046 尕海国家级自然保护区

级　　别：国家级自然保护区

位　　置：甘南州碌曲县

简　　介：尕海湖景区距碌曲县城48千米，藏语称"姜托措柑"，意思是"高原古湖"，当地牧民群众称其为"高原神湖"，又称"勒加秀姆"。尕海湖海拔3480米，湿地总面积 431.96 平方千米，其中湖泊 25.13 平方千米，河流湿地 2.01 平方千米，洪泛地 122.81 平方千米，沼泽湿地 28.70 平方千米，高山湿地 148.82 平方千米，泥炭地 104.29 平方千米，泥炭储量达 2 亿立方米以上。尕海湖是甘肃第一大淡水湖，在应对气候变化中发挥着重要作用，湖水周围区域是青藏高原东部的被称为"地球之肾"的大片湿地，是亚洲最好的草场，盛产冬虫夏草，被誉为高原上的一颗璀璨明珠。1982 年，被评为省级候鸟自然保护区；1998 年，与则岔石林一同被批准为国家级自然保护区；2006 年，被评为国家 AA 级自然保护区。

1047 天池冶海

位　　置：甘南州临潭县

简　　介：天池冶海位于冶力关镇北 7 千米处，当地群众称"常爷池"，藏语称之为"阿玛周措"，即母亲湖。相传明代大将军常玉春率军西征时曾在此饮马，故而得名。池在高山峡谷之中，是一片天然淡水湖，水域面积 12 平方千米，平均水深 30 余米，南北长 3.5 千米，湖面海拔 2610 米。池东青石崖和白石山相对矗立，池水青中泛绿，山峦树木倒映池中，山、水、云、天浑然一体，随池摇曳，景致异常壮观。"常爷池"池水常年清澈甘冽，饮之通身清爽，沁人心脾。常爷池久负盛名，还在于三奇：一奇是冬日满湖结冰，冰层厚逾 1 尺，冰面平整光洁，冰层中呈现出千万种图案，形如花草树木，山水人物，农具家什等，形象逼真，是绝无仅有之奇观，世称古洮州八景中的"冶海冰图"；二奇是数九隆冬，池覆严冰，而从池南石门坎下流出的池水却雾气蒸腾，长流不息，永不结冰；三奇是池水无论旱涝，始终和石门槛齐平，暴雨连绵，浪涛翻卷，终不见溢出，烈日曝晒，旱象连连亦不见其竭，石门坎下渗流始终如常，更不见聚变，其奥秘何在，千百年来无人能解，当地各族群众称其为神池，四季祭祀，香火不断。

1048 观音湖

位　　置：甘南州卓尼县

简　　介：观音湖是利用深邃河道，在峡口筑高坝蓄水而形成的葫芦状人工湖泊。由于大峪国家森林公园植被完好，水土流失轻微，因此注入湖泊的水在 1.5 米之下晶莹透亮，可一眼望到河床的岩石沙砾；水深 2 米以上，颜色变得葱茏碧翠，远看近瞧都似流动的琼浆玉液；水深超过 3 米，色泽又变为海蓝，在九曲十八湾湖泊里流淌的碧水，又似一块硕大无朋的天蓝色绸缎在顺沟飘逸。水流翻过拦湖大坝，晶莹透明的水体形成宽幅达 10 米，高 7 米左右，状如玉帝雪缎的巨大瀑布飞泻而下，发出的冲天吼啸，崩溅的浪花水珠，升腾的氤氲水汽，日照形成的光团彩晕，一起给这里的阁、桥、林、崖诸景观蒙上了扑朔迷离、雄宏壮观、妙不可言的奇幻色彩。

1049 卓玛拉措湖

位　　置：甘南州卓尼县

简　　介：卓玛拉措湖原称为"神女潭"，这里的潭水清洌潺缓，碧透可鉴，潭边有天然"梳妆台"掩映在绿树碧草间。

1050 录坝湖

位　　置：甘南州迭部县

简　　介：录坝湖景点位于洛大乡录坝村下，距巴代公路5千米处，意为"山谷湖"。是迭部县最大的一处高山堰塞湖，分上下两个姊妹湖，两湖相距约300米，中间建有2座平轮水磨。上湖面积20 000平方米，最深处10多米，下湖面积约2500平方米，湖深约6米多深。湖面碧玉晶莹，湖水清澈见底，是天工绘就的一幅山水彩画，可与九寨沟山水相媲美。

1051 骨麻湖

位　　置：甘南州迭部县

简　　介：骨麻湖以地名骨麻山而命名。位于桑坝乡境内西北部的高山半腰处。其西北为迭山山脉的第二高峰骨麻山，海拔4781米。主峰超出雪线，岩石裸露，嶙峋巍峨。高山对峙的峡谷四周山溪汇集，在相距几千米处，有一股大水滂沱而出，形成一高山湖泊。湖面呈椭圆形，面积约1.4平方千米，水深四五米。因湖色碧绿而又被当地藏族群众称永措，即为玉湖之意。湖四周是茂密的原始森林，有大片的古柏、杜鹃林、平坦的草场。邻近湖面，高山森林倒映湖中，水天一色，使人顿觉天地难辨，海阔天空美不胜收。湖水出入自控，始终保持不涨不落的状态。相传骨麻湖中有龙，若临近湖面，不能高声疾呼，否则惊怒圣湖，刹时间乌云翻滚、电闪雷鸣，暴雨倾盆、冰雹突袭，堪称一大自然奇观。

1052 克琼湖

位　　置：甘南州玛曲县

简　　介：克琼湖位于玛曲县城以西50千米的欧拉乡政府东侧。湖面形似"L"型，水深2~3米，湖东、南、西三面为丘陵草原，北与黄河隔滩相望。湖西山坳有年图寺。湖水自东、南、西环绕北流注入黄河。湖旁灌木丛生，柳树葱郁，湖水清澈碧蓝，许多珍贵鸟类和高原鱼类栖息其中，形成奇异的自然景观。1926年，中共甘肃省特别支部负责人宣侠父同志在这里与第五世嘉木样及其父黄位中会面，并在此起草了著名的"甘青藏民大同盟"宣言书，联合甘青川藏族各部落共同反对西北军阀马麒的欺压凌辱，一时轰动全国，因此，本湖具有革命纪念意义。

1053 当庆湖

位　　置：甘南州玛曲县

简　　介：当庆湖，藏语意为"大海螺山湖"，位于玛曲县城以西100多千米处。在西柯河风景区的当日山下，湖面呈"V"字型。常年平均深度2米，夏季深为3米，面积约25万平方米。传说此湖久雨不溢、久旱不涸，湖底还藏有许多珍宝异石。湖畔栖息着许多珍贵的鸟类，清澈见底的湖水中生活着大量的高原黄鱼。当庆湖是欧拉部落的圣湖之一，当地牧民群众每三年一祭，极具民俗特色。湖边岩石上有僧侣修行的岩洞遗迹、宗教石雕，方圆数百里的佛教徒，常常不避风雨，不辞山高路远，前往朝拜。湖四面皆山，巍峨峭拔。湖畔灌木丛生，高山郁郁葱葱。从远处眺望当庆湖，仿佛是一个美丽的仙女，悄然地沉睡在阿尼玛卿山脉的崇山峻岭中。每当初夏来临，她开始脱去银装素裙，穿上绿色翠衣，别有一番景致。

（五）河流景观

1054 颐园小游园

位　　置：兰州市城关区

简　　介：颐园地处兰州市城关区南滨河路东段，是南滨河路绿地上重要的景观节点。游园东临市民广场，西与南滨河路绿地相接，北临黄河，南与南滨河东路相接，东西全长400米，占地面积20 213平方米，在满足市民休闲娱乐需求的同时，给大家提供了一处展示兰州民俗文化的大众舞台。

1055 月亮岛

位　　置：兰州市西固区

简　　介：月亮岛位于柴家台村对面，岛屿总面积0.07平方千米，滩涂面积8000平方米，现绿树成荫，鸟语花香。未来可将月亮岛建成集观赏、娱乐、休闲、度假于一体的"现代伊甸园"，打造成兰州市及周边地区的周末度假休闲中心。

1056 太阳岛

位　　置：兰州市西固区

简　　介：黄河中心岛屿，乃是鸟的天堂。泥沙日积月累，沉淀着丰富的矿物质，当地人称其岛屿为夹滩，而又美其名曰"太阳岛"。中心岛屿一分为二将黄河之水隔离，是黄河旅游风景线上的独特景观。

1057 蛤蟆滩

位　　置：兰州市西固区

简　　介：蛤蟆滩景点位于西固区柳泉乡境内，有514.80亩宜种宜养、傍山依水的土地资源。建有鱼池水面0.12平方千米，约0.2平方千米果蔬园地。西固区计划用两年的时间将该处建成集养殖、观光旅游于一体的综合基地。

1058 夹滩岛

位　　置：兰州市西固区

简　　介：夹滩岛位于新城桥东黄河中心，四面环水，一条缆绳船与外界连接，是兰州最早的缆绳船。夹滩岛的地理位置很奇特，据说是黄河水涨，岛也涨，1968年、1980年黄河两次涨水，水位甚至涨至黄河铁桥，而此岛依然未受任何影响，因此民间称它为"神岛"。岛上总面积有0.4平方千米，可供开发的有0.21平方千米，另有0.19平方千米是果蔬基地，春、夏、秋三季，该岛春意盎然，绿树成荫，再加上它依山傍水，风光秀丽，是一处不可多得的旅游胜地。

1059 庄浪河景观

位　　置：兰州市永登县

简　　介：庄浪河对于河口乡来说很重要，因为有了庄浪河，河口才成为河口乡。庄浪河位于黄河中游左岸，发源于祁连山东段冷龙岭，穿过河西走廊以东的乌鞘岭峡谷，从河口乡投向黄河的怀抱，全流域长度为179千米。

1060 大峡峡谷风光旅游景区

位　　置：兰州市皋兰县

简　　介：大峡峡谷风光旅游景区位于什川小峡—大峡之间，峡谷全长21千米，以其雄、奇、险、秀著称。峡谷千曲百折，两岸高山耸立，层峦叠嶂，奇峰怪石连绵不绝，有气势磅礴的猛虎啸天、雄狮卧谷；有活灵活现的神龟望月、仙翁对弈；亦有惟妙惟肖的情人吻别、老鹰捕食；有凌空飞架的天桥；亦有直刺云天御笔峰。区内景点星罗棋布、惟妙惟肖，同时流传着鲁班石、骆驼石的传说等许多美丽动人的传说。天造地设的胜景和峡谷湿地风光令人无不为大自然的神奇所震撼，为美丽动听的传说而感动，是大自然对人类的恩赐与馈赠，具有很大的开发利用价值。

1061 庄浪河橡胶坝景观

位　　置：兰州市永登县

简　　介：庄浪河橡胶坝景观工程自2011年10月19日开工建设，2014年11月30日全面完成了工程建设任务。当夜幕徐徐降临，橡胶坝景观工程按钮启动后，灯光齐聚、焰火腾空，庄浪河上空顿时被装扮得流光溢彩。

1062 庄浪河

位　　置：兰州市永登县

简　　介：庄浪河位于永登县境内，属于黄

河干流水系，是黄河的一条重要支流，在河口达川乡附近汇入黄河。庄浪河北以雷公山、乌鞘岭、毛毛山与古浪河流域为界，东以大松山、小松山与腾格里沙漠为界，西以朱固大阪、黑剌山、马营山、马牙山与大通河流域为界。流域长度为179千米，平均宽度仅23千米，北宽南窄，全部流域成为狭长三角形。

1063 敦煌市党河风情线国家水利风景区

级　　别：国家水利风景区
位　　置：酒泉市敦煌市
简　　介：党河是敦煌唯一的一条地面径流，年均径流量3.02亿立方米，灌溉266.67平方千米农田，养育敦煌20万儿女，是敦煌的母亲河。党河风情线水利风景区于2006年10月开工建设，历时八年，投资1.6亿元，建设完成了长4千米的滨水景观带、40万平方米的水域面积、20万平方米的园林景观和生态湿地面积。2010年9月被评为省级水利风景区，2011年11月被评为国家水利风景区。

1064 玉门市赤金峡景区

位　　置：酒泉市玉门市
简　　介：赤金峡景区依山傍水，风景独特秀丽，气候宜人，自然景观和人文景观较多，有6平方千米的水面，雄伟壮观的水库大坝、气势恢宏的坝后水电站，库区不同类型水池8个，贯穿景区小溪3条，有红柳湾、月季坛、玫瑰园，具有神奇传说的黑石仙山、妖魔山及窟窿山三山环抱景区，有公元前121前最早的玉门关遗址（现已恢复）、赤金断水碑记，有林则徐等名人途经赤金峡留下的传说和千古绝句。

1065 党河

位　　置：酒泉市肃北县
简　　介：党河是肃北境内的第二大河，是肃北的母亲河。历史上有关党河的记载已有两千多年，汉朝时名"氐置水"，出南羌中，东北入泽，灌溉家园，就是指党河而说的。到唐朝时，又把党河叫作"都乡河"，五代史说："沙州，西渡都乡河，至阳关。"后来又叫甘泉水。"党河"是蒙语"党金果勒河"的简称。党河全长390千米，在肃北县境内径流长250千米，党河水浇灌了肃北、敦煌、阿克塞3县2万多平方千米的农田、林草地，还解决了农牧区人畜饮水问题。在党河中游建有三座梯级小型水电站。奔腾不息的党河以最大的内在潜力，为这一带人类和生物的延续发挥着巨大的作用。

1066 疏勒河

位　　置：酒泉市肃北县

简　　介：疏勒河，又名昌马河，是肃北四大河流中最大的河。其流量和水势较其他三条河流都大。有关资料记载，这条河流的补给冰川融水多年平均为 3.19 亿立方米，昌马峡的集水面积 13 405 平方千米，年径流量 9.98 亿立方米，平均流量 31.646 立方米/秒。近几年，甘肃省抓住西部大开发的机遇，在加大保护疏勒河水利资源的基础上，加大开发力度，扩大了疏勒河灌区面积，建立了移民基地，使疏勒河发挥了更大作用。

1067 马营河

位　　置：酒泉市肃州区

简　　介：马营河发源于祁连山，多年平均来水量 1.1 亿立方米，七、八月份径流量占全年总流量的 70%，而灌溉期四至五月份来水量只占年流量的 5%。因无水库调蓄，严重影响农林牧业生产。灌区内现有土层原土质好、待开垦的宜农荒地约 60 平方千米，有较大的发展潜力。

1068 夹山子水库

位　　置：酒泉市肃州区

简　　介：夹山子水库坐落在砂砾强透水地层上，是酒泉市洪水片地质结构的代表和缩影。水库采用大面积塑膜铺设库底防渗透技术，这在全国尚属首例。这项技术将为今后在干旱砂砾层地基上建库蓄水提供技术资料和科学依据，填补了国内技术空白。

1069 石油河

位　　置：酒泉市肃北县

简　　介：石油河发源于肃北县境内祁连山脉的石油河垴和鸭儿河垴冰川。河流以冰川融水、泉水及降雨入渗的形式补给径流。石油河较大支流有红窑子、南北天生圈沟等。河流由南向北流，在柏树洼以上为深山峡谷，渗漏较小，以下河床砂砾层较厚，水量损失很大。多年平均径流量为 0.255 0 亿立方米。石油河全长 104 千米，横穿著名的石油城玉门流入花海，是玉门市工业用水和生活用水的主要水源。

1070 榆林河

位　　置：酒泉市肃北县

简　　介：榆林河，又名踏实河，是肃北境内第三大河。鸟瞰榆林河，宛若一块明镜，河水清澈见底。在石包城乡一年四季都可以看到不结冰的流水。榆林河的水质也非常好，汇入榆林河的泉水明清以前称药水泉。榆林河起源于大雪山北坡和野马山北坡的冰川群，这是有大黑沟、白石头沟、虎洞沟、小龚岔、大龚岔、石坂墩等沟潜流三四十千米，由石包城盆地底部溢出地表，以泉水汇流成河，流向西北，经水峡口、万佛峡、蘑菇强子、榆林水库注入安西县踏实盆地，全长60千米，肃北境内长12千米，集水面积约2470平方千米，年径流量0.65亿立方米，平均流量2.06立方米/秒。

1071 颖川河水利风景区

级　　别：甘肃省水利风景区

位　　置：天水市麦积区

简　　介：颖川河水利风景区位于陕甘川之要冲，麦积区中部、渭河南岸。景区由颖川河、东柯河两个流域组成，总面积263平方千米。景区内建有麦积山石窟文化观光区、温泉养生度假区、曲溪山水畅游区、石门景区、仙人崖景区及净土寺、蛟龙寺、石莲谷、双玉兰堂、杜甫草堂、麦积山等景点。景区内有小陇山天然次生水源涵养林、阔叶落叶混交林带，环境优越、气候适宜，适应于多种鸟类栖息繁殖，是一处集旅游度假、生态保护于一体的自然风光游览景区。2013年11月27日被甘肃省水利厅命名为甘肃省水利风景区。

1072 南小河

位　　置：天水市秦安县

简　　介：南小河，《水经注》与《秦安志》有记载。南小河发源于清水县远门乡安野峡村，自兴丰乡陈大村进入秦安县境内，自东而西，流经兴丰、古城乡后，于兴国镇南侧的丰乐村汇入葫芦河。南小河全长26.9千米，流域面积342.3平方千米。南小河的主要支沟有14条，其中3至5千米的5条，6至10千米的4条，大于10千米的5条。沟壑总密度2.7千米/平方千米。川区沿河两岸可抽水灌溉和自流灌溉，面积约6平方千米。

1073 清水河

位　　置：天水市秦安县

简　　介：清水河，旧称略阳川水，因冬春清澈而得名，清水河发源于张家川县北麓张棉驿乡境内，流经张家川川王乡、张家川龙山镇、秦安陇城镇、秦安五营乡、秦安莲花六乡镇，进庄浪县、静宁县交界而入葫芦河后，经渭水而流入黄河。清水河可谓黄河支流的支流，可就是这清水河谷，却是华夏古老文明的源头，历代兵家必争的战略要地。略阳川流域辖龙山、陇城、五营和莲花四地，却是有着8000年中华史前文明的源头，位于略阳川中游的五营乡发掘了著名的大地湾遗址，成为中华文明之光。

1074 西小河

位　　置：天水市秦安县

简　　介：西小河一名束龙峪，一名金黑水，俗称西小河。西小河发源于甘谷县大庄乡和秦安县王铺乡交界的青林沟，流经甘谷县的大庄、西坪两乡后，在王窑乡的小湾河进入秦安县境内，流经王窑乡和西川镇，在西川镇的辛家沟东侧汇入葫芦河，全长48.9千米，秦安境内长17.8千米，流域面积119平方千米，年径流量523万立方米，年输沙量101万吨。

1075 锁子峡

位　　置：天水市秦安县

简　　介：锁子峡距县城以北5千米处，是兴国盆地和叶堡盆地的必然通道，峡长3千米、峡宽200~300米。锁峡秋光为明志"八观十二咏"之一，此地有游夫沟（民间传说孔夫子游学所经之地）、神仙塔道观（峡谷中短处）、"天开石镜"摩崖（民国叶昌炽《缘都庐日志》记载，摩崖为清道光后期秦安县知县吴世春所书）。

1076 锦带峡

位　　置：天水市秦安县

简　　介：锦带峡地处平凉市静宁县仁大川与天水市秦安县安伏乡之间，全长约5千米，峡宽300米左右，为石质峡谷，每当葫芦河汛期，水流湍急，吼声振谷，摄人心魄。

1077 葫芦河生态公园

位　　置：天水市秦安县

简　　介：葫芦河生态公园建设工程于2010年启动，占地面积18万平方米，建设内容包括绿化、亮化、园路、节点广场、喷泉、小品雕塑、文化墙、健身设施、休闲设施等项目。生态园总体印象是多元素的融合,有现代物质元素,也有大地湾文化广场、女娲文化广场、三国文化广场等秦安历史文化的元素。

1078 显亲河

位　　置:天水市秦安县

简　　介:显亲河位于甘肃省秦安县北部魏店、千伏、郭嘉、叶堡等乡镇境内,发源于秦安、通渭县交界处的高山之中,向南最后流入葫芦河。这条河养育了沿岸的众多村镇,所以被叫作母亲河。

1079 渭河

位　　置:天水市甘谷县

简　　介:渭河是黄河的一级支流,是横贯甘谷县东西的过境水流。渭河发源于甘肃省渭源县南谷山和鸟鼠山,沿途经陇西、武山,从洛门东进入甘谷县,在渭水峪出县境,流入麦积区,多年平均流量22.94立方米/秒。县境内集流面积625.645平方千米,河道长度41.6千米,河床比降8.5/1000,多年平均过境水32 650万立方米,多年平均自产水4192万立方米,多年平均输沙量312.82万吨。

1080 散渡河

位　　置:天水市甘谷县

简　　介:散渡河是渭河的主要支流之一,发源于通渭华家岭和牛营大山,通渭县以上叫牛谷河,河源地势海拔2510米,河长1415千米,总落差1247米,河道平均比降0.579%,集水面积2485平方千米,在甘谷县境内叫散渡河,经渭阳乡大王庄汇入渭河。

1081 黄羊水库天梯山水利风景区

级　　别:国家水利风景区

位　　置:武威市凉州区

简　　介:天梯山水利风景区位于河西走廊东端,武威市城东南50千米处,南临白雪皑皑的祁连雪山,北为高低起伏的峰峦,南依峻峭的山崖,是一个依山傍水的秀丽风光景区。创建于2000年7月,隶属于凉州区水务局黄羊河水利管理处。天梯山风景旅游区自创办以来,成为凉州区一处避暑、休闲、娱乐、人文瞻仰、观光旅游的游览胜地,

2002年被省旅游局确定为旅游定点单位，2003年评为国家水利风景区，现已成为城乡居民休闲娱乐、避暑休闲、观光旅游的游览胜地。

1082 民勤县红崖山水库风景区

级　　别：国家水利风景区

位　　置：武威市民勤县

简　　介：红崖山水库坐落在丝绸之路重镇武威北60千米，距民勤县城30千米处，水库东西两面被腾格里和巴丹吉林两大沙漠相挟，三面环沙而建，设计库容9930万立方米，正常蓄水面积30平方千米，被誉为亚洲最大的沙漠水库，是国家水利风景区、国家AA级旅游景区，1979年被中央电视台列为"中华之最"，被人们誉为"瀚海明珠"。红崖山水库以自然景观为主体，资源储藏丰富，是一处融江南秀色与塞外壮景于一体的"瀚海明珠"。

1083 黄羊河

位　　置：武威市凉州区

简　　介：黄羊河发源于祁连山北坡双龙山——黑沟山一线，由哈溪河、峡门河汇流而成，流经天祝进入张义盆川，是河西走廊内陆河流域石羊河水系的四大支流之一，河床内山高谷深，岩石裸露，阴坡多为松柏、杨树及酸刺类灌木，是黄羊河水库的泄洪河道。黄羊河属大陆性温带干旱气候，具有寒冷干燥、多风、四季分明、海拔高、日照长、太阳辐射强、昼夜温差悬殊等特征。黄羊河有凉州八景之"天梯古雪""黄羊秋牧"，形成了水甜、景美、人靓的独特人文、自然景观。

1084 金塔河

位　　置：武威市凉州区

简　　介：金塔河发源于祁连山冷龙岭北坡的牛心山、藏南山的冰川、积雪融水带，是河西走廊内陆河流域石羊河水系的第四大支流，上游山区河流主要有大水河、冰沟河两条干流组成。河流由南向北带状延伸，是城市防洪的南大门，也是南营水库的骨干泄洪河道，主干流长约27.6千米，断面最宽处320米，最窄处88米。金塔河既有独特的自然风景雪山、森林、布尔智草原，又有悠久历史名胜——弘化公主墓和凉州八景之一的

"金塔晴霞"。

1085 大通河景观

位　　置：武威市天祝县

简　　介：大通河属黄河流域，地处青藏高原东北边缘，是黄河的二级支流，大通河天祝段处于整个流域的中段，是甘肃、青海两省之间的界河，河段长35.2千米，流域面积2190平方千米。河谷呈U型，多年平均流速为78.8立方米，年径流量为2.85亿立方米，落差230米。

1086 海潮湖水利风景区

级　　别：甘肃省水利风景区

位　　置：张掖市民乐县

简　　介：海潮湖水利风景区位于民乐县境内海潮坝河流域，距民乐县15千米，依托海潮坝水库而建，是以原始森林、海潮湖、海潮溪为背景的绿色生态旅游区，因松林如海、松涛如潮而得名。景区自然风景资源优美，生态环境良好。景区建成水上游乐小区、沙沟度假村小区及海潮坝原始森林、雪原、冰川游览区，野生动物驯养狩猎场，干石河原始林探幽小区，犁铧山北坡冰川景观浏览区及人文景观海潮音寺等景点。2012年被省水利厅命名为甘肃省水利风景区。

1087 流沙河

位　　置：张掖市临泽县

简　　介：流沙河位于县城东入城口，是临泽的"母亲河"。流沙河水利风景区是一个以流沙河流经县城的6.7千米水域景观带为依托，以梨园口战役纪念馆、县博物馆、天鹅湖、颐和度假村及脆香四合院等为节点，连体打造的彰显戈壁水乡特色，集河道水域美景观光、红色圣地瞻仰、民俗民风展览、休闲餐饮娱乐于一体的综合性文化旅游风情线。

1088 鹦鸽嘴水库

位　　置：张掖市临泽县

简　　介：临泽县鹦鸽嘴水库，是在梨园河上拦河筑坝而建成的中型峡谷水库，位于临泽县城南40余千米的祁连山中，四周群山环绕，一泓碧水，清波粼粼。梨园河，古称哼啰河，清谓响山河。因河谷两岸群山对峙，河道中间一块突兀耸立的圆柱状岩体挺拔耸立，岩体顶部形如伞盖，岩体中下部与西侧台地相连，远远看去，整个岩体好似一只鹦鹉，突出的岩顶好似鹦鹉的嘴巴，于是人们就把这块巨大的岩石称为"鹦鸽嘴"。

1089 摆浪河

位　　置：张掖市高台县

简　　介：摆浪河发源于祁连山北麓天涝池一带，属内陆河流域黑河水系，地形地貌复杂，山坡坡度陡，坡面植被少，河道比降大（25‰），西岔河、花石头河、二湾沙河、三湾沙河、漫淌河、东马莲沟、鹿角沟等多个支流汇流后自南向北至四湾进入高台县新坝乡，前山为摆浪河，山高谷深，系玉门砾岩山体，河道穿行于峡谷之中，至五湾长约33千米，上游流域面积221平方千米。

1090 黑河

位　　置：张掖市高台县

简　　介：黑河发源于青海省内的祁连山与托赖南山、大通山之间，上游分东西两岔，流经青海省的祁连县，于黄藏寺汇合后向北从莺落峡出山进入河西走廊，经甘州、临泽后入高台县境内，流经合黎、城关镇、巷道、黑泉、宣化、罗城等6个乡（镇）部分村社和正义峡，由大墩门出境，经酒泉地区金塔县入内蒙古额济纳旗的居延海，全长821千米，流域面积约14.3万平方千米。

1091 大河峡水库

位　　置：张掖市高台县

简　　介：大河峡水库又名西大河、大河渠，发源于肃南裕固族自治县大河区即祁连山北麓天涝池一带，西邻摆浪河，东与梨园河西流沟相邻。大河有大河沙沟、小河沙沟、大河沟、小黑沟、大河和小洞沟等支流汇集，出山口处于新坝乡暖泉村，洪水汇流出山后，流经高台县新坝乡暖泉、新购、顺德、下坝村汇入山水河后泄入黑河。平常洪水亦没于元山子一带戈壁滩。河流水源主要是高山积雪、冰川融化和降水补给，多年平均流量为576万立方米。

1092 景泰川电力提灌工程水利风景区

级　　别：甘肃省水利风景区

位　　置：白银市景泰县

简　　介：景区位于兰州市以北180千米的景泰县境内。景区依托景泰川电力提灌宏伟工程打造而成。在景区水源泵站，有被群山环抱、回身展开的黄河母亲的浩渺水面，它是母亲河用丰厚的乳汁哺育众生、施恩中华儿女的绝妙象征；在景区千亩枣园、万亩果园，间以花朵盛开、飞鸟翔空，宏大的景象让人心旷神怡；在景区边缘，风沙移动的广漠地带中，暗渠带着河水，走沙漠越沙丘，不舍昼夜，把黄河母亲的恩惠送向遥遥远方，让游人心生震撼。2011年被省水利厅命名为甘肃省水利风景区。

1093 景泰西部民俗文化生态谷水利风景区

级　　别：甘肃省水利风景区

位　　置：白银市景泰县

简　　介：景区位于白银市景泰县芦阳镇，西距景泰县城10千米。景区总面积2平方千米，其中水域面积约0.4平方千米，荒山荒地绿化1.6平方千米。景区自然风景秀丽，生态环境良好，餐饮住宿等基础设施完善，游乐项目独特，是白银市一处集观光、休闲、娱乐于一体的多功能旅游景区。2011年被省水利厅命名为甘肃省水利风景区。

1094 白银黄河大峡旅游风景区

位　　置：白银市白银区

简　　介：闻名遐迩的黄河大峡蕴秀于壮丽的神州山河，雄踞于中华大西北的白银市西南。万顷黄河波涛从皋兰县什川镇河口涌入大峡，翻卷着汹涌地穿过31.5千米的峡谷，奔腾到水川镇西峡口冲泻而出。黄河大峡以其峡长、峡奇、峡险堪称神州九曲之最。峡谷千曲百折，最窄处仅30米，谷中水流湍急，汹涌澎湃，涛声如雷。

1095 乌金峡旅游风景区

位　　置：白银市白银区

简　　介：乌金峡，白银七峡之一，位于白银区水川镇五柳村盐沟口至靖远县平堡乡金峡村峡门口之间，与上游黄河大峡相距23千米。因峡壁由斜长的花岗岩体构成，岩石风化后多呈黑色，形似乌金，故名乌金峡。

乌金峡略呈"S"形，全长 8.9 千米。两岸有先秦烽燧、秦代边城、汉祖厉故城、明代边墙及"平滩堡城"等遗迹，还有历代庙宇、牌亭、楼阁等古建筑遗存以及钟、磬、碑等多种文物。

1096 田家沟水土保持生态水利风景区

级　　别：国家水利风景区、AAAA 级旅游风景区

位　　置：平凉市泾川县

简　　介：景区位于泾川县城以北 3 千米处，总占地面积 28 平方千米，其中主景区面积 7.5 平方千米，景区内建成观光游览、餐饮住宿、垂钓划船、儿童乐园、动物观赏、植物识别、骑马攀岩、茶艺表演等多个休闲娱乐项目，是一处集生态旅游、文化展现、休闲度假和科技示范于一体的生态风景旅游区。2004 年被水利部命名为第四批国家水利风景区。2010 年被国家旅游局评审为国家 AAAA 级旅游风景区。

1097 龙泽湖水利风景区

级　　别：甘肃省水利风景区

位　　置：平凉市崇信县

简　　介：景区距崇信县城 1 千米，紧依国家 AAAA 级旅游风景区龙泉寺。景区由龙泽湖一期、二期、三期工程组成，总面积 1.23 平方千米，其中水域面积 0.47 万平方千米，蓄水量 80 万平方米。景区内自然风景资源和人文风景资源丰富，景观独特，旅游基础设施配套完善。景区四周为广阔的农田、林带和绿地，环境优越、气候适宜，适合多种鸟类栖息繁衍，是一处集农业灌溉、休闲观光、旅游度假、生态保护于一体的人工湖游览景区。2013 年被甘肃省水利厅命名为甘肃省水利风景区。

1098 策底河

位　　置：平凉市华亭县

简　　介：策底河发源于泾源县新民乡童家山，至河西乡河西村南与发源于山寨红崖山的山寨河相汇，至安口镇石堡子又与汭河相汇，长 33.54 千米。河床比降 1/133，平均流量 1.13 立方米 / 秒，流域面积 426 平方千米。已形成小规模休闲垂钓场所。

1099 南汭河

位　　置：平凉市华亭县

简　　介：南汭河，发源于草滩，至东华石嘴子，长 22.01 千米，河床比降 1/56，平均流量 0.66 立方米 / 秒，流域面积 109 平方千米。

现已从西华镇蔺家沟桥头直东华镇月圆村沿线形成小规模休闲娱乐场地，有待下一步开发。

1100 北汭河

位　　置：平凉市华亭县

简　　介：北汭河发源于马峡孟台，名马峡河，至马峡与发源于牛心山的车厂沟河相汇，至东华石嘴子又与南汭河相汇，长13.62千米。河床比降1/70，平均流量1.08立米/秒，流域面积166平方千米。已形成小规模观光农业及垂钓、休闲场所。

1101 南川河

位　　置：平凉市华亭县

简　　介：南川河发源于上关涝池滩，至安口小庄子，长33.54千米。河床比降1/77，平均流量0.84立方米/秒。未来拟发展相应的观光农业，在即将修建的天平高速公路、天平铁路沿线形成特色。

1102 葫芦河

位　　置：平凉市静宁县

简　　介：葫芦河发源于宁夏回族自治区西吉县月亮山，经单家集到静宁八里乡阎庙村入境，流经八里、城关、城川、威戎4个乡（镇），地势开阔，两岸是二阶台地，在威戎镇东南的岷州寨子入受家峡、麻家峡，沿后梁、雷大、余湾3乡入静宁县的阳川乡，至高家峡又入静宁仁大川，经伏家峡入秦安至天水市三阳川汇入渭河。在静宁段全长64.5千米，在静宁县境内流域面积413.69平方千米。

1103 甘渭河

位　　置：平凉市静宁县

简　　介：甘渭河发源于六盘山西麓隆德县山河乡。流经隆德山河、桃山、温堡和静宁曹务、古城、石咀于威戎新华汇入葫芦河。在静宁县境内流域面积为153.71平方千米，河长60千米，多年平均径流量662.3万立方米，年输沙量58.6万吨。

1104 巴家咀水库

位　　置：庆阳市西峰区

简　　介：巴家咀水库位于蒲河中游，西峰区以西20千米的后官寨乡与镇原县太平镇接壤处。1958年兴建，1962年7月建成。是一座集供水、防洪、灌溉及发电于一体的水利枢纽工程，由一座黄土均质大坝、一条输水洞、两条泄洪洞、一条溢洪道、两级发电站、九级电力提灌工程和庆阳市城区供水工程组成，水库控制流域面积3478平方千米。

1105 南小河沟

位　　置：庆阳市西峰区

简　　介：南小河沟位于西峰区西13千米，为泾河支流蒲河左岸的一条支沟，属黄河水土保持西峰治理监督局的一个综合治理示范点。它北倚青山，南拥松树林，山青水秀，风光旖旎，可以见百鸟、视游鱼。南小河沟是一片绿色的海洋，林种复杂，景观多样，以南小河沟为中心，拥有近三千亩的各类林地，以春花、秋叶吸引游客；上游有花果山水库水面0.09平方千米，中游修成垂钓鱼池11个，下游有"陇东第一坝"。独特的自然环境，旺盛新鲜的水源和良好的植被，使南小河沟成为黄土高原区域较为典型的天然旅游避暑胜地和一块区内罕见的水上乐园，被誉为"黄土高原上的一块翡翠"。

1106 刘巴沟水库

位　　置：庆阳市庆城县

简　　介：刘巴沟位于庆城县玄马镇境内，坐落在泾河二级支流柔远河上游左岸支沟的刘巴沟，距县城20千米，流域面积102平方千米，沟道长19千米。水库于1971年动工兴建，1974年竣工。总库容500万立方米，其中属小（1）型水库。

1107 雷旗水库

位　　置：庆阳市庆城县

简　　介：雷旗水库位于庆城县环江河右岸支沟的卅铺镇雷旗沟口，是一座集防洪、灌溉于一体的综合性小（2）型水库。

1108 新庄西沟

位　　置：庆阳市庆城县

简　　介：西沟，地处南庄乡新庄村境内，距南庄乡政府12千米，是十多年前为防止水土流失，由庆城县水保局和南庄乡政府共同建成的水坝。其水域面积达4万平方米，水深达15~20米。该坝所处地域四面环山，山势险峻，其所向之路亦树木茂盛，有曲径通幽之感。

1109 马蹄泉

位　　置：庆阳市合水县

简　　介：马蹄泉因形似马蹄而得名。位于合水县太白镇境内，211公路沿线，总面积0.5平方千米，传说是黄帝在此乘上自己的坐骑踏地成泉、上天而去之地。该泉常年碧水荡漾，永不干枯，四周草木浓郁葱茏，泉水清澈甘甜，富含丰富的矿物质，已成为当地主要的饮水来源。目前，已成为合水县一处集休闲、垂钓、游乐、观景、度假于一体的综合性旅游景区，是人们休闲的理想之地。

1110 漳河

位　　置：定西市漳县

简　　介：漳河发源于甘肃省漳县木寨岭，自西南向东，流经漳县境内大草滩、殪虎桥、三岔、盐井、武阳五个乡镇，于孙家峡流入天水市武山县，属渭河支流。河流全长为83.7千米，其中漳县境内61千米。

1111 滴水崖

位　　置：定西市漳县

简　　介：滴水崖位于漳县城南40千米的新寺乡马家门村西侧。滴水崖崖颠森林茂密，溪水从双峰之间飞流而下，形如素练。瀑高20多米，宽约5米，它从北崖的千仞岗绝壁石壑中破壁而出，水珠溅落到数米之外，四处水汽弥漫，声闻远近。在瀑布附近的石壁上有石刻数处，约三百余字。落款有"北宋徽宗政和年间题刻"字样也有清代及民国年间的石刻。有一巨大的"佛"字摩崖石刻，字大如斗，动人心弦，落款为"嘉泰四年（元元1204年）二月刊"，可知它系南宋时的文物古迹，南谷瀑布为古代漳县八景之一。

1112 龙川河

位　　置：定西市漳县

简　　介：发源于岷县红土岘梁，自西向东，流经漳县石川、四族、马泉、新寺4个乡，在新寺乡晋坪村各河社与榜沙河汇合流入武山。河流全长为 60 千米。绵延的龙川河水穿峡而过，峡内奇峰耸立，流水潺潺，风景秀丽。

1113 渭源县渭河翻板闸坝

位　　置：定西市渭源县

简　　介：渭源县渭河翻板闸坝工程由翻板闸坝和河堤护岸工程组成，由甘肃省甘兰水电设计院完成设计，总投资 2380 万元，建设资金来源为县财政自筹。

1114 渭河源景区

位　　置：定西市渭源县

简　　介：渭河发源于渭源县城西南，渭源境内长 50 千米，是中华文明的重要发祥地之一。这里是华夏文明的血脉之源，是秦陇大地的情感之源，现为国家 AAAA 级景区。

1115 洮河流珠

位　　置：定西市临洮县

简　　介：洮河源于碌曲县西南部的西倾山东麓，境内的自然风光是洮河缀起的一颗颗明珠，岳麓山、南屏山、紫松山、玉井峰、卧龙寺等人文自然景观星罗棋布，相映成趣；临洮花卉、姹紫嫣红，遍地春潮；洮河奇石是大自然赐予的瑰宝，秀色斑斓，光彩夺目。数九寒天，朔风呼啸、白雪皑皑、大地一片苍茫。令人惊奇的是，洮河奔腾的不是冰凌，而是一簇簇、一串串浑圆晶莹、玲珑剔透的冰珠，一河浪花携带着满河冰珠熙熙攘攘、浩浩荡荡随波而去，这便是堪称天下奇观的"洮河流珠"。

1116 云屏河水利风景区

级　　别：国家水利风景区

位　　置：陇南市两当县

简　　介：云屏河水利风景区位于嘉陵江上游，两当县南部的云屏乡，依托自然河流云屏河而建，为自然河湖型水利风景区，景区总面积 118.9 平方千米，其中水域面积 0.63 平方千米。景区地处西秦岭南坡的峡谷中，由土地峡、观音峡、西沟峡三个峡谷组成，集潭、池、瀑、森林、峡谷、奇峰等动、静态景观于一体，组合成神妙、奇幻、幽静、怡爽的自然山水风光。景区于2014年9月被水利部批准为国家水利风景区。

1117 阳坝水利风景区

级　　别：国家水利风景区

位　　置：陇南市康县

简　　介：阳坝水利风景区位于长江上游，康县东南80千米处，陕、甘、川三省交汇地带，依托阳坝河自然河流和自然风景资源打造而成。包括阳坝河主、支流域范围，景区植物覆盖率85%，总面积504.93平方千米。景区建成梅园沟生态旅游区、托河地质奇观旅游区、太平天国民俗文化体验区等自然景观和人文景观，并配置度假村、民族餐饮、演艺场等永久性旅游接待设施，是集观光、休闲、度假、游乐于一体的多功能旅游风景区。2013年10月15日被水利部命名为第十三批国家水利风景区。

1118 白龙江

位　　置：陇南市武都区

简　　介：白龙江属于嘉陵江的一级支流，流域面积31 800余平方千米，河长570余千米，天然落差约2780米，水能理论蕴藏量约430余万千瓦。流域处于青藏高原与川西北高原交错地带。干流发源于甘肃省碌曲县郎木乡，于四川广元县昭化镇汇入嘉陵江。流域内高山起伏，水系不对称，支流大部分布在右岸，干流河道平均坡降约为4.8‰。两河口以上属山原地区，北面上段以迭山山系与黄河支流洮河分水，西南面与黄河支流黑河相邻，地势由西北向东南逐渐降低。

1119 嘉陵江

位　　置：陇南市徽县

简　　介：风景区内水资源丰富，南部主景区内地表水主要为嘉陵江，嘉陵江在景区内江面宽47~50m，流速0.6/秒，景区内山泉众多，水质优良，其中头滩、风垭子和月亮峡有三处泉水经化验达到矿泉水指标；北部天子山景区内地表水主要为太子河，发源于天子山的太子河为永宁河一级支流，大部分为地下泉水，水质清澈，常年流量稳定。

1120 北峪河

位　　置：陇南市武都区

简　　介：北峪河是白龙江最大的支流，与白龙江一起被称为武都的母亲河。北峪河源于牛蹄关，经樊家坝，合赤砂水，水变浑浊。流经鱼龙、安化、柏林、马街、汉林、城关等乡镇，流至城关清水沟以下折向西南，汇入白龙江，长达65千米，流域面积415平方千米。

1121 姚寨河

位　　置：陇南市武都区

简　　介：姚寨河风景区位于武都城区以南城郊乡姚寨沟流域，这里历史悠久、文化底蕴深厚，既有古羌、藏民族纯朴遗风，又有古羌族的遗址。景区内山岭叠翠，森林茂密，碧波荡漾，飞瀑流云，奇石耸立，鸟语花香，堪称人间"瑶池天堂"。

1122 橡胶坝

位　　置：陇南市西和县

简　　介：橡胶坝于2009年4月开工建设，是西和县的重点建设项目之一，是城市规划中"一轴"的核心工程，现已基本建设完毕。此工程南起西和县体育场，北至卢河河口。橡胶坝的建成使县城的防洪能力达到二十年一遇的国家标准，保证了城区的防洪安全；推动了城北大片土地整合，加速城区的南扩北拓，促进构建西和城区新框架；建造了一条水碧岸绿、人水和谐的漾水河生态景观长廊。

1123 天鹅湖

位　　置：陇南市康县

简　　介：天鹅湖位于阳坝镇美丽的梅园沟中部，湖长约1000米，宽处150米，平均水深10米，湖水常清如镜，湖岸拥簇着大片的茶园和茂密的森林，古柳垂丝，竹林亭亭玉立；湖岸栈道逶迤环绕，宛若瑶池仙境，自古以来就是白天鹅、鸬鹚等珍贵鸟类的栖息地，也不时有金丝猴、白猴等珍稀动物光临，是梅园沟景区的重要景点。

1124 黄河三峡风景名胜区

级　　别：全国工业旅游示范点

位　　置：临夏州永靖县

简　　介：黄河三峡风景名胜区位于黄河上游，甘肃中部西南，临夏回族自治州北部，贴近欧亚大陆桥。素以刘家峡水电站、炳灵寺石窟闻名于世。黄河以"S"形流经县域107千米，形成了炳灵峡、刘家峡、盐锅峡三大峡谷景观，构成了214平方千米的黄河三峡风景名胜区。景区旅游景点星罗棋布，古今文化交相辉映；以国家首批重点文物保护单位、世界文化遗产炳灵寺石窟为代表的佛教文化历史悠久；以炳灵石林为代表的石林状丹霞地貌地面积达30平方千米，被古人称为"天下第一奇观"；以炳灵湖为代表的"高峡平湖"水域面积220平方千米，是打造黄河上游水上项目的最佳基地；以刘家峡水电站为代表的水电工程代表了六七十年代亚洲水电建设的最高水平，被称为共和国水电事业的摇篮，被国家旅游局列入全国首批工业旅游示范点。

1125 大夏河水利风景区

级　　别：甘肃省水利风景区

位　　置：临夏州东乡县

简　　介：景区位于黄河上游，临夏州东乡族自治县西北部，大夏河东岸，刘家峡水库南侧，景区总面积43.46平方千米，其中水域面积11.09平方千米。景区内有奔驰沟丹霞地貌、黄龙伸爪等自然景观，民族建筑雕梁画栋，飞檐翘角，河滩库区鸥鸟群集，水鸭嬉戏，桃林茂密，椒树映红，山清水秀，空气清爽，形成别具一格的田园风光。2013年被甘肃省水利厅命名为甘肃省水利风景区。

1126 槐树关河

位　　置：临夏州临夏县

简　　介：槐树关河发源于太子山的卡家沙格山北麓，北流汇瓦唐、玛玛科东沟等支流，在双城附近汇入大夏河，全长42千米，流域面积238平方千米。

1127 牛津河

位　　置：临夏州和政县

简　　介：牛津河发源于和政县南部太子山石山林区，河源海拔高程2612米，上游称其大雄河，在和政县罗家集乡小滩村关口与三岔沟河汇合后，称为牛津河。牛津河流经和政县罗家集、马家堡两乡后，进入临夏县境内，流经黄泥湾乡，最后在临夏市南龙注入大夏河。

1128 海甸峡

位　　置：临夏州康乐县

简　　介：海甸峡在康乐县径流长20千米，这里水面宽阔、风景秀丽，附近有莲花山森林公园和迷人的冶木峡风光，旅游资源非常丰富。海甸峡库区总面积1.84平方千米，其中陆地面积1平方千米，水域面积0.84平方千米。库区容量1741平方立米，坝高54米。这里山环水抱，高峡平湖，青山苍翠欲滴，洮水清明如镜，天水一色，美不胜收。

1129 广河城区景观

位　　置：临夏州广河县

简　　介：广河县城区景观工程由县水务水电局建设，总投资2389万元，主要建设拦蓄水坝、附属交通桥、泄水闸、消力池等建筑物。该工程全面建成后，有效缓解了广河新旧城区交通拥堵状况，改善了河道现状条件，有效提升了县城品味。

1130 红水河

位　　置：临夏州积石山县

简　　介：红水河又名津水河，是一条季节性河道，大夏河一级支流，源头海拔高程2694.1米，汇入大夏河口处海拔高程1860米，相对高差834.1米，流域主沟道长24.1千米。整个流域西高东低，呈狭长形，中上游为山区，沟壑纵横，地形支离破碎，是主要的产洪区，下游为川区，地势平坦，是主要的受灾区。

1131 大河家黄河水利风景区

位　　置：临夏州积石山县

简　　介：大河家黄河水利风景区位于积石山县北部的大河家镇，是甘青两省三县（积石山、民和、循化）的交通要道，有着独特的区位优势。黄河是中华民族的"母亲河"，黄河流经积石山县长达43千米，大河家黄河水利风景区总面积52平方千米，流经积石山县大河家镇的黄河是大禹治水的源头。

1132 老鸦关河

位　　置：临夏州积石山县

简　　介：老鸦关河发源于积石山县达里加东麓的达里加措（亦称五山池），东流汇集石门沟、南岔沟、东来乌龙沟等支流，经临夏县麻尼寺沟乡和韩集镇，在双城村场棚沿汇入大夏河。

1133 洮河水利风景区

级　　别：国家水利风景区

位　　置：甘南州卓尼县

简　　介：景区位于甘南藏族自治州东部的卓尼县。景区范围为全县境内的174千米洮河水体，洮河一级支流车巴河、卡车河、大峪河范围、县城区域以及康多峡周边区域，总面积5419平方千米。景区内自然景观有古雅山森林公园和亚高山草甸草场及森林草场；人文景观包括牛头城、什古城、羊巴古城、卓尼古城等古城遗址，以及明长城遗址、土司衙门遗址等。2013年被水利部命名为第十三批国家水利风景区。

1134 冶力关水利风景区

级　　别：国家水利风景区

位　　置：甘南州临潭县

简　　介：景区位于甘南藏族自治州临潭县

东北部，景区面积300平方千米，景区内交通便利，气候宜人，被誉为"山水冶力关，生态大观园"。境内有莲花山国家级自然保护区、冶力关国家森林公园、省级地质公园。主要景点有莲花山、森林公园、冶海、冶木河大峡谷、赤壁幽谷、十里睡佛、天下第一阴阳石等。景区内有原始森林、高山湖泊、喀斯特地貌、草原峡谷、佛教寺庙等诸多各具特色的自然景观和人文景观。2010年12月15日被水利部命名为第十批国家水利风景区。近年来，连续获得"甘肃省十大旅游景区""中国西部十大旅游景区""中国优秀旅游景区"等多项殊荣，被美国最具权威的旅游杂志《视野》《探险》评选为人一生要去的世界五十个地方之一。

1135 白龙江腊子口水利风景区

级　　别：国家水利风景区

位　　置：甘南州迭部县

简　　介：景区位于甘南藏族自治州迭部县境内。景区总面积约为595平方千米，包括白龙江（电尕镇至代古寺段）与腊子河（美路沟至代古寺段）两侧河谷地带以及老龙沟、朱力沟和美路沟峡谷区域。景区森林密布、地貌独特，生态环境良好，涵盖了原始森林、喀斯特地貌、草原峡谷等诸多各具特色的自然景观和人文景观，主要景点有天险腊子口、老龙沟、朱力沟、美路沟峡谷自然景观以及次日那毛主席故居、俄界会议遗址等人文景观，是红色观光、绿色休闲度假的理想旅游胜地。2010年被水利部命名为第十批国家水利风景区。

1136 黄河首曲水利风景区

级　　别：国家水利风景区

位　　置：甘南州玛曲县

简　　介：景区位于玛曲县境内。景区依托流经玛曲县433千米的"天下黄河第一弯"打造而成，包括玛曲全境的黄河干流、一级支流（尕鲁曲、交藏曲、当莫曲等）两岸以及多处湖泊和湿地等区域。景区内植被覆盖率85%，自然、人文景观多达20多处。主要景点包括"黄河第一桥"之称的首曲第一桥，自然景观"六字真言"的察干尼玛外香寺，景色秀丽的贡赛尔喀木道湿地，美不胜收的当庆湖，有"聚宝盆地"之称的宗喀石林，形态各异的七仙女峰，黄河最迷人的"采日玛日出"等景观。2012年被水利部命名为第十二批国家水利风景区。

1137 大峪河

位　　置：甘南州卓尼县

简　　介：大峪河是洮河南岸主要支流。全长81千米，流经大峪沟，集水面积654平方千米，多年平均径流量3.85亿立方米，水质清澈，景色美丽。

1138 车巴河

位　　置：甘南州卓尼县

简　　介：车巴河是洮河南岸主要支流。全长82.8千米，流经尼巴、刀告、扎古录三乡镇。集水面积1076平方千米，多年平均径流量2.83亿立方米，水质清澈。

1139 卡车河

位　　置：甘南州卓尼县

简　　介：洮河南岸主要支流。全长43.4千米，流经卡车乡，集水面积585平方千米，多年平均径流量2.05亿立方米，水质清澈。

1140 洮河

位　　置：甘南州卓尼县

简　　介：卓尼县属于洮河上游区（洮河在岷县西寨以上为上游），洮河分两段流经县境，流经距离174千米，占洮河上游长度46%。河谷开阔，两岸分布森林、草原、山谷，植被覆盖率高，水源涵养能力强，洪水小，含沙量低，水流稳定，水质清亮，割切侵蚀微弱，水力资源丰富。洮河风光最美在上游，上游风光最美在卓尼。

1141 九甸峡

位　　置：甘南州卓尼县

简　　介：九甸峡景区位于藏巴哇乡境内。洮砚、柏林（现规划藏巴哇乡）两乡共同组成卓尼东北部之"飞地"。九甸峡蕴藏着丰富的水力资源，险峻的高山峡谷为修建水电工程提供了得天独厚的条件。2002年12月，九甸峡水利枢纽和引洮工程建设拉开了序幕，该工程东至葫芦河，南至渭河，北至黄河，涉及甘南州和定西的10余个国扶重点县。

1142 大水泉

位　　置：甘南州玛曲县

简　　介：大水虹鳟鱼场位于县城以东郎玛公路（郎木寺至玛曲）20千米处，这里草原壮阔，风景奇丽，帐篷点点，牛羊成群，犬吠马嘶，到处呈现出典型的藏族游牧生活景象。1979年，玛曲渔场试验并成功培育了原产于美国加利福尼亚的虹鳟鱼。冬季，玛曲千里冰封，气候奇寒，但虹鳟鱼竟然培育成功，为省内外人士称奇。如今，在泉水下围墙蓄水，建置了楼阁。渔场每年产鱼约2万多公斤，成为我国西北高原上最大的虹鳟鱼生产基地。

（六）泉水景观

1143 摸子泉

位　　置：兰州市城关区

简　　介：摸子泉位于五泉山地藏寺旷观楼下摸子洞内。地藏宫大殿供地藏菩萨，东殿供送子将军，西殿供观世音菩萨。寺西南角一门可通掬月泉。摸子洞深14米，两侧石壁上凿有佛龛，到洞最里面之后，再下5级台阶，就到了泉边。泉为方形，水深0.4米。以前寺内僧人在泉中置石子和瓦片，说求子者摸到石子生男，摸到瓦片生女。常有信男善女钻进洞中，用手在泉水中摸索，摸着石头则得男，摸着瓦片则生女。刘尔炘曾在洞门口书一对联，嘲讽这种迷信行为是"糊糊涂涂将佛脚抱来，求为父母；明明白白把石头拿去，说是儿孙"。

1144 三眼井

位　　置：兰州市城关区

简　　介：三眼井位于兰州市解放门以东，今临夏路西关清真大寺附近。兰州因处黄土峁梁之上，土层深厚，所以打井不易。昔日用水极为困难，好在母亲河——黄河穿城而过，因此就派生出了以担挑黄河水贩卖为职业的"水客子"。但是当时民间又流传着"水客子不去西稍门（今临夏路一带）"的说法。这其中的主要原因是，在这里开凿有一眼井，这就是三眼井。因三眼井水质清冽，所以也就不会有人再买浑浊的黄河水食用了。三眼井据说开凿于明朝洪武年间，距今已有600余年的历史了。兰州虽说打井不易，但也有人不畏艰苦打井，兰州地下水多含卤碱，所打井水都极为苦涩，唯独三眼井的井水甘冽异常。据说，用三眼井的井水煮的羊杂，味道极为鲜美。

1145 甘露泉

位　　置：兰州市城关区

简　　介：甘露泉是五泉山上五泉中海拔最高的一眼，源流较细，据说它"久雨不盈，大旱不干"，味道甘甜，就像甘露。甘露泉在清虚府西南角的山崖下，为五泉中地势最高的泉。在明代时水量充沛，山泉漱石，飞珠溅玉，称为漱玉泉。清中叶以后，泉流变小，纤细无声，却经年不涸不溢。因所处地势最高，离天较近，便于祈求天降甘露，遂改为甘露泉。光绪时，陕甘总督左宗棠曾经在此祭祀过泉神、雹神。现泉为圆形，直径2.1米，深入地表3米，水深0.3米，在泉上建有六角攒尖顶亭护泉。

1146 蒙泉

位　　置：兰州市城关区

简　　介：蒙泉在五泉山东龙口之南，与东龙潭之间只隔着一个子午亭。清中叶被山洪淤塞，1955年疏通。泉长1.8米，深入地表1.4米，水深0.4米。五泉山的水都有一点咸味，唯有蒙泉清纯甘冽，用蒙泉泡茶，茶味正而香浓。四川名山蒙山之巅产茶，茶清而香，用蒙泉泡茶，茶味可与蒙顶茶媲美，故名蒙泉。

1147 惠泉

位　　置：兰州市城关区

简　　介：惠泉在五泉山西龙口下的企桥南端谷底，泉圆形，水净沙明，清澈见底，味甘美，宜于烹菜，且有灌溉之利，有惠于民，故而得名。

1148 掬月泉

位　　置：兰州市城关区

简　　介：掬月泉和其他几眼泉不同，说它是泉，其实更像井，泉水聚在一眼井样的深洞中，距地面深约1.6米。每逢月夜，月影直投泉心，如掬月于盘中，"掬月"雅名由此而来。掬月泉乾隆时在东麓，是五泉山最早得月处，月出东山，天上一轮明月，泉中一轮明月，泉中之月伸手可掬，月在泉中也好像将月掬于银盘之中，故名掬月泉。此泉曾干涸。光绪时又在文吕宫东墙下出一泉，直径 1.1 米，深入地表 2.35 米，皓月当空，月入泉中，明月伸手可掬的佳景遂又重现。

1149 七星泉

位　　置：兰州市七里河区

简　　介：《皋兰县志》载"石佛沟有一眼七星泉，水深不可测，干旱之年祈雨时时常取神水于此"。今日七星泉尚存，泉旁边有道光三年立的一块七星泉大石碑，尚完好无缺。七星泉传说是，每当月明之时，北斗七星便映在泉水之中，因而得名。如今慕名瞻仰此泉者络绎不绝。

1150 福康泉

位　　置：兰州市西固区

简　　介：福康泉又名金马泉。早在中世纪，这里森林茂密，风景怡人，山间多泉，四季泉水流淌，鸟语花香，而此泉以水量丰实、水质甘甜堪称一绝，系山中高僧及周边群众饮水之源。乾隆年间大将军福康安两次来关山拜会高僧，听说此神泉后，亲临品尝，并拨款修复。当地群众为表感谢，称其为"福康泉"。

1151 神泉

位　　置：兰州市西固区

简　　介："神泉"位于关山东侧山麓龙虎燕子山一带，泉水清澈见底、甘甜可口，常年丰盈。每逢干旱年份，众百姓尽皆斋戒沐浴，焚香叩拜、虔心祈雨，过后必将应验，大雨不期而至。世人为感谢神泉送雨、护佑百姓的恩典，特立碑以示纪念。由于年代久远，碑身已无从寻找，现仅存碑文拓片可供赏鉴。

1152 河儿坝清泉

位　　置：兰州市永登县

简　　介：河儿坝清泉位于永安河儿坝社，坝分上、下，水面阔约八亩，深丈许，清澈见底，水草碧绿，鱼翔其间，四周绿树成荫，甚为幽静。《明史·地理志》称清水河。诗云："鸳鸯湖畔四徘徊，碧水澄澈宝镜开。忽见水底飞鸟过，笑看枝头游鱼来。林下泉声响沟洫，水心云影待楼台。有朝一日楼台起，人坐翠微乐蓬莱。"

1153 河桥药水沟温泉

位　　置：兰州市永登县

简　　介：河桥地区是永登县经济发达的地区之一，也是旅游资源富集的地区，位于河桥境内的药水沟温泉自然温度为38℃~42℃之间。1990年国家地矿部、卫生部、核工业部组织有关专家进行了评审鉴定，结论为该泉水各项指标符合国家饮用矿泉水的标准要求，富含锶、硅酸钾等人体所需的多种微量元素和成份，对急性肠炎、细菌性痢疾等多种疾病有良好的疗效，具有很好的开发利用价值。

1154 龙泉

位　　置：兰州市永登县

简　　介：龙泉文化是丝绸古道上的一道风景。甘肃大地是龙文化发祥地，甘肃因龙而得名的山水村镇更是不计其数，永登龙泉寺镇就是其一，因该地有龙泉并建有龙泉寺而得名，龙泉古称圣泉，在今龙泉寺镇龙泉村、水槽沟村境内。龙泉周围分布有众多马家窑文化遗址，李家坪、杨家营、柴家坪、葛家湾砂沟等遗址，面积达100万平方米，是距今5000~4000年前原始先民生活墓葬区，出土了丰富的彩陶。

1155 复兴药王泉

位　　置：兰州市永登县

简　　介：复兴药王泉是造福一方的神泉。药王泉位于祁连山脉永登境内南麓香炉山下，泉水四季清凉洁净，流量充沛。水温长年保持在8℃左右，秒流量为1.3立方米。20世纪80年代又成为虹鳟鱼养殖基地，药王泉水养育的名贵鳟鱼成为永登一大品牌。

1156 药水沟温泉

位　　置：兰州市永登县

简　　介：相传古时候称为热水沟、热水泉。自隋唐以来，周围百姓缺医少药，无处求医治病，有些病人到热泉中饮浴，偶然得知泉水能治病，后喝水治病者纷纷而至，且颇见疗效。周围百姓在此修药王庙一座，龙王宫一处，敬养二王。至清朝同治年间，由于战乱，这两处建筑被毁坏，此后几年，周围百姓复修药王庙一座，无力修建龙王宫。至1958年大炼钢铁时，因采矿炼铁，药王庙又被毁掉，山中林木悉被砍伐，药泉依在，洗浴治病者仍然不断。每逢六月初六，远近慢性病人会同好游者集于药水沟，游山玩水，不亦乐乎。1993年以来，曾多人建议复修名胜古迹并纷纷捐资，不少人无偿劳动复修药王庙一座，并塑药王像，同时绿化也初见成效。

1157 月牙泉

位　　置：酒泉市敦煌市

简　　介：月牙泉位于敦煌市西南5千米处，是一处神奇的漫漫沙漠中的湖水奇观。鸣沙山下，泉水形成一湖，在沙丘环抱之中，因酷似一弯新月而得名月牙泉。鸣沙山和月牙泉是大漠戈壁中一对孪生姐妹，"山以灵而故鸣，水以神而益秀"。游人无论从山顶鸟瞰，还是泉边畅游，都会骋怀神往。确有"鸣沙山怡性，月牙泉洗心"之感。近年随着旅游事业的蓬勃发展，当地政府对风景区采取了各种建设和保护措施，使其面貌大为改观，同时还开展了沙疗、滑沙、滑翔跳伞，骑驼遨游等沙漠娱乐项目，游人趣味盎然，络绎不绝。

1158 麒太温泉度假山庄

位　　置：酒泉市肃州区

简　　介：酒泉麒太温泉度假区是酒泉市、肃州区两级政府"十二五"期间重点开发建设的旅游项目，已列入酒泉市十大旅游项目，由酒泉市麒太地热能源有限公司开发建设。利用该区域丰富的地热能源，开发建设以温泉为主题的大型旅游景区，主要建设温泉山庄、温泉浴场、温泉度假酒店、游泳馆和温泉度假公寓等，公司麒太温泉旅游度假区总占地面积约0.67平方千米。

1159 海马泉旅游风景区

位　　置：酒泉市肃州区

简　　介：海马泉位于铧尖乡，距肃州城区15千米。海马泉由5个自然形成的小湖首尾相连而成，有泉2000多眼，水域面积0.63平方千米。泉水常年喷涌，不干不涸。泉边水草茂盛，水芨、蒲草、芦苇等水生植物生长旺盛，堪称一绝，是一道天造地设的自然景观。海马泉景区内现有星级度假村1家，集餐饮、娱乐观光于一体。

1160 塔儿湾

位　　置：酒泉市瓜州县

简　　介：塔尔湾的泉水由东南向西北流，水草丰美，红柳丛生，芦苇两人高，南北山峦叠嶂，好似一幅水墨画，是天然的生态园，充满了原始美和古朴美。近年来，锁阳城镇借瓜州县旅游局开发建设"东巴兔塔尔湾旅游景区"的有利时机，充分利用生态资源优势，打造以农耕文化、田园风光为特色的休闲观光点，引导农民发展农家山庄等特色产业，促进农民持续增收。

1161 浪柴沟

位　　置：酒泉市瓜州县

简　　介：东巴兔为蒙古语，是"绿色草原"的意思。位于县城南65千米，浪柴沟是东巴兔的一个小山沟。这里山势陡峭，一抹清溪跳荡于十里长谷，浸润着山外的茫茫戈壁。

1162 曲溪

位　　置：天水市麦积区

简　　介：曲溪位于天水市麦积区东南方向，距离火车站60千米，距麦积山东南约20千米。景区内纯自然风情极浓。那里清清溪流，九曲十八弯，一步一景。河石、草坪、沙滩、湖光、林木交相辉映，置身其间，如在画中。曲溪景区经国家建设部、中国林学会、清华大学园林专家及学者考察，认为"山秀、林茂、水美，风光奇异迷人，胜似江南"，游人经此，有"水如青罗带，人在画中游"之神奇意境。

1163 街子温泉

位　　置：天水市麦积区

简　　介：街子温泉南临麦积山，北依东柯河，西迎仙人崖，东眺卦台山。物华天宝、人杰地灵。街子温泉，水温40.5℃，矿物质含量极为丰富，沐浴之后，肌肤滑若凝脂。昔日温泉仅为帝王将相独享，而今已为寻常百姓乐见。泉水更兼保健医疗之功效，于冠心病、糖尿病、皮肤病、类风湿关节炎等多种常见疾病疗效显著。

1164 街亭温泉

位　　置：天水市麦积区

简　　介：街亭温泉，距街亭古镇约4千米，由于地处两大地质构造带交接部位，降水渗入后经构造余热或花岗岩余热加热后形成地下热水，该泉常年水温40℃左右，水量较丰，日出水量3600立方米，水质富含氡、硅、锂、硼、钼、钴等19种微量元素，是优质的矿泉水，用该温泉水洗浴后皮肤光滑细嫩，身心舒畅，对治疗神经衰弱、失眠、高血压、心脏病和脑溢血后遗症等颇有疗效，而且对关节炎、皮肤病等医效更显，具有极好的医疗保健作用。

1165 清水县温泉旅游景区

位　　置：天水市清水县

简　　介：清水温泉又称"轩辕汤浴温泉"，为全国十三大名泉之一，位于县城东北约7千米的汤浴河畔，距天平铁路清水站7千米。温泉距天水市66千米，距省会兰州市395千米，距陇海线铁路48千米，距陕西关山牧场60千米，距甘肃著名风景区——麦积山80千米。乘火车至天水后转乘汽车就可到达温泉景区，交通便捷，交通区位、客源区位条件良好。温泉水为高热矿泉水，水温54℃，富含人体必需的多种微量元素，尤其被誉为"生命之花"的锌含量居全国之冠，具有极高的医疗保健功能和矿泉水开发价值。

1166 龙泉

位　　置：天水市秦安县

简　　介：龙泉地处陇城镇中心（龙泉村），俗称官井。传说，此泉为女娲氏造人时取水之处，四季不涸，当地村名以泉而得。现在泉上建有凉亭，亭旁存有代表生殖崇拜的石杵、石磙。目前，虽逢久旱，而泉水水量丰沛，水质优良。

1167 可泉

位　　置：天水市秦安县

简　　介：可泉地处兴国镇邢泉村村坪沟，自上而下分布有七处自然泉水，有"七穴"之称，分别为："老虎穴""白大碗""消食化饮""炕眼门""鸡婆窝""烟洞眼""滴檐水"，其中"消食化饮"为当地2000多人饮用水水源。

1168 武山温泉

位　　置：天水市武山县

简　　介：武山温泉度假村在温泉乡境内的青山绿水之间，这里山峦环抱，碧树清流，鸟语花香。武山温泉以全国五大名泉——氡泉为主要成分，含有丰富的放射性氡、碳酸氢钠和硫化物等38种微量元素，是国内外少有的复合型矿泉，全国著名的医用温泉之一，具有放射、离子、红外线及机械按摩等作用，是全国矿泉疗养的向往地之一，每年的春、夏、秋季是疗养康复和旅游的最佳时期。

1169 西营镇五沟药泉

位　　置：武威市凉州区

简　　介：凉州区西营镇药王温泉位于城市西南35千米处西营镇五沟村，211省道穿境而过，交通便利，这里地热资源丰富，是理想的旅游、疗养、避暑之地，占地面积0.04平方千米。这里地下热水具有承压性质，水头高出地面10米，孔口水温55℃，自然流量达358立方米/日，水温特适宜药浴，理疗温度大于48℃，水内氧、偏硅酸、氡、锂、氟含量较高，并含有溴、碘、偏硼酸、砷、铂、锌、铁、铜等多种微量元素，水质极好，矿化物质极为丰富。

1170 药水神泉

位　　置：武威市天祝县

简　　介：药水神泉在石门沟内药水山下，从巍峨的药水山脚下汨汨涌出的清流，形成数十眼大小不同、形状各异的小泉。据说，药水泉有108眼，一眼泉有一眼泉的功能，有治眼睛的，有治风湿病的，还有治胃的……，个个有名堂，泉泉有特色。泉水旁边的巨石上，还刻有明清时期的古藏文，更为药水神泉的神奇功效提供了佐证，也为药水神泉增添了更加神秘的色彩。

1171 二郎池

位　　置：武威市天祝县

简　　介：二郎池为一天然涝池，像一块美丽的蓝宝石镶嵌在西大滩，二郎池池名源于天神二郎，当地藏人认为是格萨尔王。每年五月初五端午节，本地人民在此煨桑祈求，向池内撒花，并唱歌跳舞，野炊游山。二郎池到底有多深，一直是游客心中的一个谜。

1172 甘泉公园

级　　别：国家AAA级旅游景区

位　　置：张掖市甘州区

简　　介：甘泉公园位于城区中心，规划面积0.1960平方千米，人工湖面积0.04平方千米。公园建于1984年，规划有精品花园区、儿童游乐区、水上游乐区、休闲避暑区、垂钓娱乐区、餐饮服务区等功能区。建有"甘泉别沅""曲港荷枫""绿坪春晓""获塘枫晚""甘岭霁雪""绿绮清心""别有洞天""荅桥"等景点。

1173 双泉湖

级　　别：国家 AA 级旅游景区
位　　置：张掖市临泽县
简　　介：双泉湖位于临泽县城北 5 千米，景区内交通便利，地势平坦，空气新鲜，环境优美。总面积 3.36 平方千米，其中水域面积 0.86 平方千米，属国家水利风景区和国家 AA 级旅游景区。

1174 小暖泉

位　　置：张掖市高台县
简　　介：小暖泉塘坝位于高台县城南 48 千米处，地处新坝乡暖泉村四社。该塘坝始建于 1972 年，库容 3 万立方米，经多年运行，工程老化失修，淤积渗漏严重，致使塘坝蓄水量减少，严重影响了灌溉效益的正常发挥。2004 年，对该塘坝进行了加固，解决了暖泉村四社 0.16 平方千米耕地的灌溉和 28 户 118 人、54 头大牲畜、2200 只小牲畜的人畜饮水问题。塘坝由新坝暖泉村负责管理，由新坝水管所监督管理。

1175 龙泉寺

级　　别：国家 AAAA 级旅游景区
位　　置：平凉市崇信县
简　　介：龙泉寺原名殿子坡，名芮谷，位于芮河之滨，距崇信县城 1 千米，国家 AAAA 级旅游区、甘肃省风景名胜区、省级地质公园。龙泉寺因泉水而闻名，由贯珠泉和浓露泉组成，清水从龙岩中沥出，流珠溅玉，于岩下汇而成泉。龙泉寺经历代前人修建，除八景（莲台晓日、高远秋风、内谷烟霞、双桥步月、古柏龙蟠、瀑珠听雨、秋池霖雨、灵沼鱼化）之外，尚有旷观台、观沩峰、古槐峰、纵壑林、迷溪林、密林渡、横蹊渡、柳盖亭、幕石洞、石穴藏书、更上坂、摩云顶、碣石峡、盘石蹟、振衣岗、石柱峰大小几十个风景点。景区内芳树碧藤成荫，泉溪湖桥相连，亭台殿阁相望，道观洞府相毗，秀甲陇右。集旅游观光、休闲度假、文化交流、宗教活动等功能于一体。

1176 玉皇沟旅游度假村

位　　置：庆阳市宁县

简　　介：玉皇沟旅游度假村位于宁县早胜镇院子村，距县城19千米，以始建于20世纪70年代的院子大坝为依托，整合大坝周边土地、林木、自然地貌、历史文化遗迹等资源所新建的旅游景点。奇特的地形与山水有机结合，形成原始自然之美。大坝是由沟底五眼泉水汇聚而成，素有"玉泉沟"之美誉。

1177 野王温泉度假村

位　　置：庆阳市宁县

简　　介：野王温泉度假村位于长庆桥镇西北部，蒲河川下游。蒲河经五道弯贯穿全村而过，村中整体地貌呈"S"型奇特分布。野王村整体处于群山环抱之中，傍山依水，水依山而娇美，山傍水而奇险。崖头山为该村第一高山，山顶古城堡残垣犹存。立于此山之上可一览全村山水之秀美。环视左右，但见北部后河山似海龟仰头；南面鱼儿山如鲤鱼静卧；东南老城山巍然屹立，山上坚城残在；西面将军山高大雄伟，又名"三合口"，敬德城坐落其上，江山险固，大有"一夫当关，万夫莫开"之势。

1178 通渭温泉度假区

位　　置：定西市通渭县

简　　介：通渭温泉位于县城西南8千米处的汤池河谷中，地表水温53.9℃，饮浴效果独特，浴可医治百病，饮可提神美容。其水温高、水量大，水质优而居西北温泉之首，有"陇上神泉"之美誉。

1179 品字泉

位　　置：定西市渭源县

简　　介：品字泉包括遗鞭泉、吐云泉和禹仰泉，因三泉形如"品"字而得名。遗鞭泉是唐太宗李世民遗失马鞭的地方，因唐王写过"遗鞭"二字而得名。吐云泉是渭河龙王的"龙池"，也是渭河龙王行云布雨的地方。旧时，每当这个泉中冒泡的时候，天就要下雨；每遇旱情，当地群众常来此求雨。禹仰泉传说上古时代，大禹治水过程中，将士们喝了此泉之水，打败了水神共工。为此，大禹在此设坛祭奠，称其为神泉。

1180 飞燕崖瀑布群

位　　置：陇南市康县

简　　介：飞燕崖瀑布群位于康县阳坝国家AAAA级旅游景区梅园沟刘家坝下沟里，溪水发源于西北至东南走向的横担梁（海拔2141米），沟深水平距离约4.5千米，山坝相对高度达1016米；沟内脊槽纵横，多悬崖峭壁、原始森林，林木茂密，无人居住，支流较多，险潭众多，溪流落差较大，有20多处大小不等的飞瀑流泉。目前尚未开发。

1181 桃园瀑布

位　　置：陇南市康县

简　　介：桃园瀑布位于阳坝梅园沟景区内16千米处，因谷内春天桃花盛开，故名桃园瀑布。这里常年溪水奔流不息，林木茂密，道路曲折，深幽迂回，桃园瀑布藏于谷内，瀑布分为上下两层，高约50米，又称世外桃源双叠泉。

1182 海棠谷瀑布

位　　置：陇南市康县

简　　介：海棠谷位于阳坝梅园沟18千米的西南隅，沟长2.5千米，位于梅园沟中部梅园河南端的一条幽深狭长的侧沟，紧靠馍馍山，因谷内有众多的野生海棠树而得名。谷内曲径通幽，溪流纵横，处处可听到鸟的鸣叫、水的欢歌。海棠花、瀑布、茶园、青苔构成了美妙的旋律。行至山谷中部，一道银练似的瀑布挂在高高的山岩上，飞溅出如雾似雨的水花，这道名为海棠瀑布的景观，为阳坝的风景增添了灵动和丰腴之感。

1183 响水泉

位　　置: 陇南市康县

简　　介: 响水泉位于康县铜钱乡，据考证：在南宋绍兴二十年，公元1151年，朝廷选择这个地方成立铸造所铸造铜钱，铜钱乡由此得名。铜钱响水泉位于铜钱乡东南2千米处，一股山泉从数十米高的悬崖飞流直下，坠入深幽的泉中，发出"叮咚"的响声，泉声永不间歇地在幽谷中回荡，响水泉由此得名，泉旁悬崖边挂满古藤，林荫处相伴古树，盛夏之际，气温不超过20℃，享有天然空调之美喻，的确是一个怡情养性的好去处。

1184 暖水泉

位　　置: 陇南市西和县

简　　介: 暖水泉位于西和县卢河乡玉明村，距离县城3千米。这里环境优美，空气新鲜，民风纯朴。坐落在村中央的暖水泉清澈美丽、生机盎然。最神奇的是，春夏的暖水泉清纯透澈，人们站在岸上能清晰地看见水下郁郁葱葱的水草，清新透绿。鱼儿在水草间穿梭、飘游、戏耍。而冬季只见一弯玉泉里烟雾蒸腾，从石缝里喷涌而出的一股暖流，其水流淙淙，亲切悦耳。暖水泉是玉明村里一汪美丽的清泉，它不仅是一眼远近闻名的独泉，而且是村民饮用生活的主要水源。

1185 九眼泉

位　　置: 陇南市西和县

简　　介: 九眼泉位于十里乡梁集村横岭山，那里山清水秀，泉水长流不干，每年的七月七日都有各个村的乞巧表演队来到这里迎神水，到时候都会吸引很多的游客来到这里参观、游玩。

1186 沙滩森林公园泉瀑景观

位　　置: 甘南州舟曲县

简　　介: 沙滩森林公园位于舟曲县西部，

距212国道80千米，总面积300平方千米。公园内花草坡景区内森林、草原相得益彰，悬崖、瀑布奇石，点缀其间。主要景观有雾雨山、老鹰崖、壶瀑、害羞女八瀑、扎嘎纳雪山、人命池、八老笑谈峰、沙滩麦积石、神女懒卧泉、青松三瀑、弥勒雪山、杜鹃林等二十多个。苜蓿滩景区以峡谷风景为主，主要景点有滴水崖、绝壁林海、白练泻山涧、九曲十八弯、水漫苜蓿滩、森林景观等。该园区雪山险峰、天然湖泊、瀑布群落等自然景观星罗棋布，具有重要的旅游价值。

1187 九眼泉

位　　置：甘南州卓尼县

简　　介："九眼泉"位于麻路镇东2千米，绝壁石崖，冬季冰瀑尤为壮观，泉顶为"九龙山"旅游景点。

（七）地质景观

1188 兰州白塔山公园

级　　别：国家 AAAA 级旅游景区

位　　置：兰州市城关区

简　　介：白塔山公园位于兰州市北，濒临黄河北岸，海拔 1700 多米。山下有金城、玉迭二关，为古代军事要冲。白塔始建于元，现存的白塔系明景泰年间为镇守甘肃内监刘永成重建。清康熙五十四年（1715）巡抚绰奇补旧增新。塔七级八面，上有绿顶，下筑圆基，高约 17 米。塔的外层通抹白灰，刷白浆，故俗称白塔。山上有一、二、三台建筑群，飞檐红柱，参差绿树丛中，亭榭回廊连属，四通八达。三台建筑群的迎面是白塔山主峰，山势陡峭，古代建筑。

1189 兰州五泉山公园

级　　别：国家 AAAA 级旅游景区

位　　置：兰州市城关区

简　　介：五泉山因有甘露、掬月、摸子、惠、蒙五眼清澈甘美的泉水而得名。相传汉武帝元狩三年（公元前 20 年）霍去病征西，曾驻兵于此，士卒疲渴，霍去病手着马鞭，连击五下，鞭响泉涌，遂成五泉。这虽属神话，但五泉山"五泉"的神奇绝妙确为世人瞩目。

1190 天斧沙宫地质公园

级　　别：省级地质公园

位　　置：兰州市安宁区

简　　介：天斧沙宫地质公园景区是全国离省会城市最近，具有陡峻奇特的各种地面造型的景区，以红色砂砾岩经风蚀水蚀而形成的丹霞地貌为主要特色。地质公园东临兰州市植物园，西接仁寿山风景旅游区，距北滨河路约 3 千米，距兰州市区约 15 千米，交通十分便利。地质公园一、二级保护区（核心旅游区）占地约 11.51 平方千米。天斧沙宫地质公园于 2013 年 3 月 25 日经甘肃省国土资源厅批准成立为省级地质公园，主景区丹霞地貌主要发育于古今系红色砂砾岩。

1191 吐鲁沟省级地质公园

级　　别：省级地质公园

位　　置：兰州市永登县连城镇

简　　介：甘肃省吐鲁沟省级地质公园位于甘肃省兰州市永登县西部，行政区划属甘肃省永登县连城镇管辖，土地权属归甘肃连城国家级自然保护区管理局管辖。距兰州市区约160千米，总面积66.35平方千米。吐鲁沟地质公园地处东部祁连山地与陇中黄土高原的过渡地带，属青藏高原东北边缘区。园内山峦起伏，连绵不断，沟壑纵横交错，地势由西北向东南倾斜。地形受北祁连加里东构造带影响，多悬崖绝壁、高山峡谷。根据地质景观分布、发育特征，将该公园类型定位为"峰丛地貌"类地质公园。

1192 水岔沟

位　　置：兰州市七里河区

简　　介：兰州石佛沟国家森林公园水岔沟旅游景区位于兰州市七里河区南郊，距市区20千米，景区规划面积1.15平方千米。依据景区自然地理状况及项目发展需要，将景区划分为旅游观赏区、休闲娱乐区、探险区、疗养区等景点36处，并建设给排水工程、林区游览道路等。

1193 白垩纪河口群

位　　置：兰州市西固区

简　　介：白垩系在西固地区出露广泛，尤其在河口乡一带发育最好，层次较全，故民国36年（1947年），孙健初、王尚文在此调查后创建"河口群"，时代定为早白垩纪。

1194 苦水丹霞地貌

位　　置：兰州市永登县苦水镇

简　　介：苦水丹霞地貌位于永登县苦水镇，东西两山不同面积的丹霞，在太阳光照射下，在池水的映衬显得格外妖娆。方圆两山一百平方山地丘陵地带，有造型奇特、色彩斑斓、气势磅礴的丹霞地貌。

1195 敦煌雅丹地貌国家地质公园

级　　别：国家地质公园

位　　置：敦煌市

简　　介：敦煌雅丹国家地质公园是目前亚洲规模最大、地质形态发育最成熟、最具观赏价值的雅丹地貌群落。景区分南北两区，东西长约 25 千米，南北宽约 18 千米，总面积达 346.34 平方千米。敦煌雅丹气势磅礴，造型精美且内容丰富多彩，是罕见的地质奇观。同时，它还是重要的地质地貌和生态环境研究的科学探索园地。2001 年 11 月，国土资源部批准成立了敦煌雅丹国家地质公园。公园内集中连片地分布着各种各样造型奇特的风蚀地貌，整体像一座中世纪的古城。这座特殊的城市，有城墙、街道、大楼、广场、教堂、雕塑；其形象生动，惟妙惟肖，令世人瞠目。世界许多著名建筑都可以在这里找到它的缩影。置身其中，会让您感觉进入了建筑艺术的展览馆，目不暇接。等到夜幕降临之后，尖厉的劲风发出恐怖的啸叫，犹如千万只野兽在怒吼，令人毛骨悚然，又因为距离玉门关近，当地人一直称之为"玉门关雅丹魔鬼城"。

1196 玉门油田国家矿山公园

级　　别：国家矿山公园

位　　置：玉门市

简　　介：玉门油田是"中国石油工业的摇篮"，也是"铁人王进喜的故乡"。矿山公园包括"两点一园区"，总面积 103 平方千米。"两点"分别指位于新市区的石油文化公园（包括游客服务中心、石油公园、矿山公园博物馆、国际石油交流中心）和位于赤金镇的铁人王进喜故居纪念馆（含金玉阳光旅游度假村）。矿山公园是以展示和弘扬"石油文化"和"玉门（铁人）精神"为宗旨，以科学保护和利用矿业遗迹、改善矿山生态环境、科学普及石油文化为目的，依托丰富的石油勘探开采、运输化工、油田作业、机械制造、供水供电等矿业遗迹资源，并结合周边的自然及人文资源，打造的集科普、红色教育、观光游览、文化体验、文化创意、休闲娱乐、生活居住等多重功能于一体的综合型国家矿山主题公园。

1197 鸣沙山·月牙泉省级地质公园

级　　别：省级地质公园

位　　置：酒泉市敦煌市

简　　介：鸣沙山月牙泉这一奇特的自然景观在世界上具有唯一性，它和沙山东麓的莫高窟艺术景观融为一体，千百年来"山泉共处、沙水共生"，泉光山色相映成趣。"山以灵而故鸣，水以神而益秀。"其独特的地貌奇观，实为国内外所罕见，堪称塞外风光之一绝。

1198 玉门硅化木省级地质公园

级　　别：省级地质公园

位　　置：玉门市

简　　介：甘肃玉门硅化木地质公园位于玉

门市西北约80千米的红柳峡，距离最近的赤金镇约30千米。这里集中连片分布的硅化木是主要的地质遗迹，与硅化木一并产出的其他地质遗迹也非常丰富，有古植物和古无脊椎动物化石点、白垩纪剖面、沉积构造、古近系红砂岩地貌、新近系洪积扇群、阿尔金断裂、白垩纪破火山口等，还点缀有红柳峡石窟、丹霞地貌等人文景观。玉门市硅化木省级地质公园地质遗迹还具有保存完好、基本未遭人为破坏、正常沉积岩型为主、独特的炭化石英硅化木等特点，是一处具有较高科学研究、旅游和观赏价值的、集自然景观与人文景观于一体的地质公园。

1199 嘉峪关戈壁大峡谷省级地质公园

级　　别：省级地质公园

位　　置：嘉峪关市

简　　介：嘉峪关戈壁大峡谷地质公园地理上处于河西走廊西段，酒泉盆地西南缘的讨赖河出山后形成的巨大的洪积戈壁上，区内总体地势由西南向东北倾斜。讨赖河在茫茫戈壁上由西南向东北流，形成戈壁大峡谷景观。根据地质遗迹景观分布、发育特征，将该公园类型定位为"戈壁峡谷地质地貌"地质公园。

1200 红山寺

位　　置：玉门市

简　　介：红山寺始建于隋唐时期，是河西走廊著名的佛教胜地之一，历史悠久，1994年整修寺院白塔，是玉门唯一的佛教活动场所，每到夏季都会有很多游客到此拜佛。

1201 火烧沟原始部落村

位　　置：玉门市

简　　介：整个遗址主要是墓葬群，分为上、中、下3层。最上面的一层，离地面约有30到100公分；处在中间的一层，离地面约1到2米；最下面的一层，基本都在2米以下。考古工作者对上、中、下3层墓葬进行了清理，共出土了312座古墓。据考古专家推断和碳同位素测定，处在上面的一层，主要是魏晋墓和汉代墓；处在中间的一层，多数是汉代墓；而最下面的一层，为新石器时代后期的墓葬，距今约3700年左右，约与夏代同时。因此，火烧沟遗址最有价值的部分是它的第三层。专家们认为，这一文化遗址基本上属于齐家文化类型，但有些方面又很独特，便因其地名将其命名为火烧沟文化。

1202 昌马石窟

位　　置：玉门市

简　　介：昌马石窟开凿于五代宋初，后来元明时期又有续凿和修复。原有石窟共计24座，分为上窖石窟和下窖石窟，分布在昌马乡水峡村的上窖山和下窖山一带。昌马石窟具有较高的艺术价值，从洞窟开凿形式上看，与敦煌莫高窟、安西榆林窟及新疆的石窟寺相似之处很多；从艺术价值上说，其彩绘和彩塑的手法新颖，形象逼真，大多数壁画入选《河西石窟图谱》，其精彩壁画还常作为《中国美术史》的封面出版；从洞窟的壁画和雕塑内容看，主要反映了当时社会的生产和生活状况，当然在其中也渗透了较为浓厚的佛教思想。其艺术手法与敦煌及新疆等古丝绸之路的石窟艺术手法极为相似。有些已经达到了极高的艺术境界。

1203 骟马城

位　　置：玉门市

简　　介：骟马城位于玉门市白杨河侧的清泉乡，312国道3018千米处北侧，因城临骟马河（白杨河支流）而名。骟马城建筑年代不祥。但从城内的大量出土的汉代砖瓦、遗物和城郊分布的汉墓推测，恐是一座汉代遗址。有专家据其地理位置认为，该城系东汉（公元25年）所属延寿县遗址。在元至清代的史料中，多有关于该城的记载。骟马城有东、西二城，两城间相隔百余米。东城紧傍20余米高的骟马河西岸，除东垣随河岸坍塌于骟马河中外，北、西、南三面墙体基本完整。南北63米，东面58米，基宽8米，残高约9米，四角有高大角墩，南垣开门，宽4米。城外三面存宽约10米的护城壕残迹，城壕内侧还筑有残高1米多的矮墙。西城遗址东西280米，南北230米，仅见断续残垣和西南角墩，城内地区已被辟为农田。

1204 中国第一口油井的故乡——玉门老井

位　　置：玉门市

简　　介：戈壁腹地，祁连山下，坐落着中国石油工业的"摇篮"——玉门油田，这里诞生了新中国第一口油井、第一个油田、第一个石化基地。自1957年12月，新中国宣布第一个石油工业基地在这里建成以来，玉门油田便作为中国石油工业的大学校、大试验场、大研究场所，担负起了"出产品、出人才、出经验、出技术"的历史重任，为中国石油工业的发展做出了重大贡献。

1205 敦煌西湖雅丹地貌

位　　置：酒泉市敦煌市

简　　介：雅丹地貌遍布敦煌西湖自然保护区，是本保护区典型的一种风蚀地貌类型，是远古时期气候、地貌演化、河流变迁至今，并在风、雨等条件作用下，遗存下来的湖积、洪积地质构造。由于地势平坦，分布区域广阔，一座座形似"堡垒"或古城堡。在保护区，分布最为集中和壮观的有崔木土古阳关道雅丹群、崔木土沟雅丹群、马迷兔雅丹群、土豁落雅丹群、天桥墩雅丹群、弯腰墩雅丹群、艾山井子雅丹群等。其中阳关古道雅丹群、崔木土沟雅丹群最具观赏价值。

1206 沙枣园子雅丹地貌

位　　置：酒泉市金塔县

简　　介：沙枣园子雅丹地貌区位于金塔县西北约50千米处，由于道路不畅通，很少有人涉猎其中，迄今为止，还保持着自然、原始的风格，受人为破坏程度很轻。身处广袤无垠的戈壁之中，强劲的西北风刮走了戈壁表面的细沙，仅留下青灰色的粗沙粒，使其表面呈现出青色的波浪，一座座土黄色的古城堡耸立在青灰色的戈壁之上，衬以蓝天白云，显得分外妖娆。如果登上高处，向下俯瞰，又好似无数岛屿耸立在波涛汹涌的海面上，真是海走山飞、气势如虹。当置身于这座规模宏大的"古城"之中，确有一种震撼人心的力量，天是那么的高，地是那么的阔，人又是那么的渺小，那种神奇的感受真是难以言表。

1207 金塔黑河地质公园

位　　置：酒泉市金塔县

简　　介：金塔黑河地质公园位于酒泉市金塔县东部的鼎新镇大墩门黑河河谷，东距金塔县县城41千米、酒泉市市区82千米、嘉峪关市市区118千米。境内交通较为便利。鼎新机场是金塔与国内外联系的空中通道，穿越境内的嘉—策铁路与兰新铁路接轨，横贯全境的S214（酒—额）、酒—航公路南端连接312国道，直通全国各地。自景区北侧有县乡公路和黑河灌渠公路与省道214及酒航公路相接，距离约60千米，东侧有简易公路与金—常县级公路相连，距离约23千米；规划中的金塔县城—大墩门水库公路距离约40千米。

1208 雅丹地貌

位　　置：酒泉市瓜州县

简　　介：雅丹地貌是一种典型的风蚀地貌，又称风蚀垄槽，在极干旱地区的一些干涸的湖底，常因干涸裂开，风沿着这些裂隙吹蚀，裂隙愈来愈大，使原来平坦的地面发育成许多不规则的背鳍形垄脊和宽浅沟槽，这种支离破碎的地面成为雅丹地貌。有些地貌外观如同古城堡，俗称魔鬼城。

1209 踏实秋容

位　　置：酒泉市瓜州县

简　　介：出瓜州县城往南，穿过十工山，往前行约3千米，可见到这里一望无际的红柳林和草原风光，这便是瓜州老八景之———踏实秋容。据安西旧县志记载："踏实最多柽柳，秋霜微染，一望红林，流泉环绕，掩映如画。"

1210 党河峡谷

位　　置：酒泉市肃北县

简　　介：沉雄浑厚的党河在野马山和党河南山间一路东冲西撞，桀傲不驯，出了党城湾却又一头扎入戈壁，冲刷出了蜿蜒20多千米的党河峡谷。党河峡谷物产丰富，景色万千，形成茫茫戈壁上一处奇观。沿沙肃公路出肃北县城5千米，到芦草湾便进入了党河峡谷。芦草湾谷地宽阔、土地肥沃，是峡谷中最大的冲积扇。出了芦草湾，峡谷逐渐收缩，水流加急，河道曲折多变。党河时而奔腾穿越茂林密草，时而环绕悬崖峭壁。雄险处泥龙飞舞、气贯长虹、声如洪钟，在石丛中搏击。有的地段百米之内落差达10米以上，水力资源丰富，肃北县在这里兴修水电站，出现了"截断巫山云雨"的人文景观。峡谷两岸的悬崖经长年风雨剥蚀和水流冲刷，自然形成奇山异峰，造形各异。

1211 红柳沟丹霞地貌

位　　置：酒泉市阿克塞县

简　　介：红柳沟丹霞地貌坐落于阿尔金山主峰脚下，县城西部，距离县城50多千米，呈南北走向，全长约6千米，以柱廊、宫殿等形状为主。丹霞地貌壮观美丽，堪称鬼斧神工。2007年经有关丹霞地貌专家考察，确定其为柱廊状宫殿式丹霞地貌。在奇山异峰的环绕下，数以千计的悬崖、山峰在雨后夕阳下全部呈现出鲜艳的丹红色，有的似高耸入云的柱子，有的似形态各异的佛像，造型十分逼真，具有很高的考察、旅游、观赏价值。

1212 金龟迎客

位　　置：金昌市永昌县

简　　介：位于圣容寺西侧，路边伏着一只形象逼真的巨大石龟，头向前伸，背壳隆起，爪子紧紧抠在石头上，恰似在迎接远方的客人，其形态憨态可掬，可爱之极。该景点为加里东期花岗岩风化形成。由于花岗岩节理裂隙发育且不均匀，受长期风化剥蚀、水流冲蚀影响，沿节理裂隙形成深浅不一的沟槽，把岩体切割成大小不等的块体，同时，细小的颗粒被水流逐渐带走，部分风化体逐渐剥落，呈现出神似金龟的景观。

1213 双面人

位　　置：金昌市永昌县

简　　介：圣容寺东侧路边，有一块奇石，从一面近观似一张憨厚的面容，另一侧又是一张安逸祥和的面容，宛若一个"双面人"，神态逼真，惟妙惟肖。再前行十余米远观，又似一探头的玉兔。"远近高低各不同"在此得到了很好的体现。该景点为加里东期花岗岩风化形成。由于本区花岗岩节理裂隙发育，受风化剥蚀、水流冲蚀影响，沿节理裂隙形成深浅不一的沟槽，把岩体切割成大小不等的块体，块体间的细小颗粒被水流逐渐带走，表层的风化层逐渐剥落，坚硬的块体被保留下来，形成拟人拟物的景观。

1214 望月石

位　　置：金昌市永昌县

简　　介：圣容寺以西1千米处有一奇石，宽10米，高约6米，下部浑厚阔大，上面逐步缩窄渐细，年久日曝，风化拆裂，似多块组合，结构和谐而美观。游人至此，从任一角度观看，都能得到美丽的形象、不同的幻感。正视，峭崖与其连同一体，平地怒拔，若城垣屹立，高不可跻。细细揣摩，犹似佛像盘坐。在夕阳压山之际，背后登高视之，颇似一老者面向东南抬头望月，十分生动。侧视又似一神龟伏地。

1215 孕育生命

位　　置：金昌市永昌县

简　　介：圣容寺以西0.8千米处的一处岩壁上，印衬着这样一个美丽的故事。有一夫妇结婚3年未能得子，为此两人经常吵闹。一日玄奘师徒经过，得知情况后，让此夫妇去圣容寺祈福1年，便能怀子。夫妇应了玄奘的话，祈福1年后，果然有了喜。怀胎10月，妇人肚子奇大无比，丈夫在外焦急等待，但妇人产子时没有丝毫的痛苦。这个孩子天资聪颖，力大无穷，后来成为一位镇守边关的骁勇将军。

1216 次级断层挤压带
位　　置：金昌市永昌县
简　　介：位于金川河右岸，为寒武系地层，岩层局部近于直立，局部倾斜，断层挤压带岩层破碎，是进行科普教育的极佳场所。

1217 九井八涝池
位　　置：金昌市永昌县
简　　介：为县志记载胜景之一，共有九口井及八个涝池，为沿花岗岩裂隙出露的九眼泉和受水蚀形成的八个冲蚀坑。当地传说此景为宋代杨家将出兵至此，天气炎热，士兵缺少饮水，杨满堂见此情景，便策马踏地，踏出井及涝池，解决了饮水问题，军队士气大振，打败了敌军。

1218 圣鼠
位　　置：金昌市永昌县
简　　介：由于本区花岗岩节理裂隙发育且不均匀，受长期风化剥蚀、水流冲蚀影响，把岩体切割成大小不等的块体，强度较低的块体逐渐剥落，细小的颗粒被水流逐渐带走，坚硬的块体被保留下来，呈现出神似圣鼠的景观。当地传说当年如来佛祖有一盏油灯，里面的两个灯芯不合，经常斗法，一日它们斗法时不小心打翻了油灯，灯油洒落在一座山上，恰好被一只百年老鼠偷吃，老鼠偷吃了神油变成了仙，佛祖便让它成了这里的守山大神。

1219 下北山断层
位　　置：金昌市永昌县
简　　介：位于寒武纪地层之中，为一正断层（上盘下降、下盘上升）。断层大致呈北西向，断层带内为断层角砾岩及糜棱岩非常发育，是科普教育的理想场所。

1220 断层角砾岩

位　　置：金昌市永昌县

简　　介：断层角砾岩是指在应力作用（断层作用）下，断层上下两盘之间的岩石不断被揉合，原岩破碎成角砾状，断层带内被破屑充填胶结或有部分外来物质胶结的岩石。其厚度取决于破碎的强度，有时可厚达数百米，延伸数十至数百千米。

1221 石蛋

位　　置：金昌市永昌县

简　　介：为花岗岩体上发育的受岩性、裂隙控制形成的地貌景观。花岗岩具块状构造，多致密坚硬，抗蚀力强，因此常形成陡峻的山地。花岗岩风化物，又多具砂性，疏散易蚀，因此花岗岩山坡又常易引起严重的水土流失。在松散的风化碎屑被剥蚀之后，常在山顶或山坡出露由花岗岩球状风化形成的大小不等的石蛋，圆石堆叠，形成奇特的花岗岩石蛋地貌，远观似群山孵卵。地质学上将这个过程称之为"球状风化"，将形成的球状岩块称之为"石蛋"，将含有石蛋的松散的砂土层称之为"风化壳"。

1222 北山狮伏

位　　置：金昌市永昌县

简　　介：永昌县城北狮伏山上，有很多石矶、石岗和巨岩形如雄狮，形态各异，有的俯卧酣睡，有的待卧欲立，有的仰首望月，有的警惕地观察着周围的一切。这些无声的石狮形象，就是永昌八大景观之一的"北山狮伏"。

1223 神驼峰

位　　置：金昌市永昌县

简　　介：位于圣容寺东侧，远眺酷似一峰骆驼趴伏，头东尾西。相传这头"骆驼"是北魏高僧刘萨诃首次从佛国游回时所乘神驼。高僧朝拜御山寺，神驼卧山脚，拜毕，高僧欲出御山关往故地传经说法，神驼不愿前往，便永远留在了御山脚下。

1224 西夏石刻

位　　置：金昌市永昌县

简　　介：地处御山峡谷圣容寺对面的崖壁上，刻于西夏时期，内容是藏传佛教六字真言，即："唵嘛呢叭咪吽"。共有六行文字，第一行为八思巴文、第二行为回鹘文、第三行为西夏文、第四行为汉文、第五行为梵文、第六行为藏文。除敦煌莫高窟有类似文字外，别处至今再未发现，是丝绸之路上的稀有文物。

1225 五指冠石

位　　置：金昌市永昌县

简　　介：五指冠石位于圣容寺塔西北侧。传说当年玄奘师徒在此打坐，突然玄奘眼前现金光，见佛祖，玄奘虔诚诵经，顿感如兰清风，片刻，佛光消失，五指冠不见了，师徒找寻，发现在玄奘刚才打坐的地方，突现了一块酷似僧帽的巨石。如今，那尊五指冠石成了见证佛教因缘故事的圣物。

1226 金蟾望月

位　　置：金昌市永昌县

简　　介：金蟾望月为加里东期花岗岩差异风化形成。由于本区花岗岩节理裂隙发育且不均匀，受长期风化剥蚀、水流冲蚀影响，把岩体切割成大小不等的块体，强度较低的块体逐渐剥落，坚硬的块体被保留下来，呈现出神似金蟾的景观。传说很久以前，御山峡谷的溪水洞中住着一只百年金蟾，已修炼成精，喜欢听泉赏月。每当皓月当空，皎洁的月光洒满大地，金蟾都要跃出水面赏月，目不转睛、如醉如痴。有一年八月十五的晚上，金蟾蹦跳到一座山头上后，看着圆圆的月亮，倾听潺潺的溪水，感到十分高兴和满足，再也不想下山了。寒来暑往，久而久之，便化成了"金蟾望月石"。

1227 侵入岩脉

位　　置：金昌市永昌县

简　　介：位于圣容泉北侧，相传圣容泉因为水清味醇，前来取水者络绎不绝。御山峡里的妖怪为了独占泉水，就兴风作浪，危害百姓。观音菩萨知道后，命巨石大仙除妖，大仙将几块巨石抛向妖怪，妖怪挣扎，巨石抖动，大仙又用岩浆封严缝隙，镇住了妖怪。

1228 丹霞地貌

位　　置：金昌市永昌县

简　　介：分布于御山峡谷龙人门附近，由距今约2亿年的三叠系以红色调为主的砂岩、砾岩等碎屑岩系组成，在降水量小、蒸发量大的干旱条件下形成的红色调"丹"以及顶平—身陡—麓缓的丹霞地貌特征。在近在咫尺的汉明长城映衬下，又似大自然缔造的一段"悬臂长城"。

1229 狮子山

位　　置：金昌市永昌县

简　　介：位于御山峡谷圣容寺对面，属花岗岩地貌，呈褚红色。分头、身二部分，尤其头部狮口、鬃毛、眼睛、栩栩如生、活灵活现。沟谷对面为一翘首观望的天狗，既似在观望来往的游人，又似在镇守这里的每一寸土地，是一处不可多得的花岗岩差异性风化形成的奇观。

1230 卧佛金阳

位　　置：金昌市永昌县

简　　介：卧佛金阳为加里东期花岗岩体在后期风化、剥蚀、冲刷等多种作用下形成。长约30米，呈东西朝向侧卧，其头部天庭饱满，闭目垂帘，表情似抿嘴含笑，形态十分逼真。头部以下的纵横状自然石纹，好像卧佛身披袈裟，神态逼真，惟妙惟肖。

1231 水帘洞丹霞地貌省级地质公园

级　　别：省级地质公园

位　　置：天水市武山县

简　　介：武山县水帘洞地质公园坐落在武山县城东北约25千米处的钟楼山，其气势之磅礴、场面之壮观、造型之奇特、色彩之艳丽令人惊叹，属大自然鬼斧神工。其中，水帘洞石窟始建于十六国时期的后秦，经北魏、北周、隋、唐、五代、宋、元历代修建，主要有水帘洞、拉梢寺、千佛洞、显圣池等著名景观，尤以拉梢寺、千佛洞的摩崖题记、雕塑作品、壁画等最为珍贵，是丝绸之路上一颗璀璨的明珠。该石窟现为国家级文物保护单位。

1232 清水县花石崖地质公园

位　　置：天水市清水县

简　　介：花石崖，位于甘肃清水县陇东乡。在县城东南28千米的陇东土寨村之间沟河下游，渭河北岸盘龙山中段，西北向支峰南坡，海拔最高处1823米，山对面下到五里处为310国道。这里峰峦叠嶂、翠柏掩映，清泉流水，春花秋实，万紫千红，故称万紫山，又因悬崖峭壁，山石花纹五颜六色，又名花石崖。

1233 鲁班山地质公园

位　　置：天水市武山县

简　　介：鲁班山坐落在县城东北约20千米处，与水帘洞相连，古今以来为兵家重地，是中原通往西域的古丝绸之路要道，也为古宁远胜景之一。相传鲁班用利斧将此山劈成三段，故名"鲁班山"。这里崖壁升斧，峡壑险邃，酷似锯口，远望只见一线苍天，故又名"一线天"。鲁班山由"鲁班试斧""松林晓月""仙人送子""五虎出山""东坡夜游""李白醉酒""笔峰独秀""驼群远行"等25处景点组成，景点各具特色。生长在悬崖绝壁石缝中的白皮松树姿奇特，形态各异。静坐松下，放眼远望，但见渭河如练，婉蜒蛇行。山上有石窟二百余处，据考始建于北魏、唐、五代、宋时增建，元、明以后屡有兴废。清乾隆、嘉庆年间二次增建，曾有大小庙宇31座。

1234 喇嘛帽

位　　置：天水市张家川

简　　介：喇嘛帽位于张家川回族自治县境东部27千米的北关山、平安乡、张棉乡境内，面积5平方千米，为红岩溶洞地带，有动人的神话传说。道路崎岖，溶洞密布，有大小洞窟40座，最大溶洞高30米，长50米，最小溶洞几十厘米。这里山青柏翠，景观奇特，西面与庄浪县省级文物保护单位（国家级森林公园）云崖寺相连。

1235 天祝马牙雪山峡谷省级地质公园

级　　别：省级地质公园

位　　置：武威市天祝县

简　　介：天祝马牙雪山峡谷省级地质公园位于天祝藏族自治县境内，行政区划隶属天祝县打柴沟镇、石门镇、天堂镇、炭山岭镇及赛什斯镇。地处甘、青两省交界处的大通河北岸，北起马牙雪山，南至大通河畔，西起天堂寺，东至石门寺；总体呈较规则的菱形，总面积约1224平方千米；地理坐标为：东经102°30′-103°00′；北纬36°45′-37°09′。地质公园与"天祝三峡国家森林公园"叠加，由以朱岔峡、金沙峡、先明峡为代表的"峡谷"地质—地貌景观区，马牙雪山"天池"冰川地貌景观区，石门三岔枕状熔岩—海相火山岩地质—构造景观区，本康丹霞地貌景观区，石灰沟龙凤泉及瀑布，小药水沟"药水神泉"景观点以及五台岭观景台等地质和自然地理景观组成，还包括以天堂寺、石门寺、先明寺和引大入秦水利枢纽工程及先明峡亚洲第一倒虹吸景观、石门沟民族文化风情园、农家乐度假村等为代表的人文景观区。

1236 古浪峡

位　　置：武威市古浪县

简　　介：古浪峡地处河西走廊东段，在青藏、蒙新、黄土三大高原交汇地带，处于阿拉善板块与祁连山北部、加里东板块缝合线一带，地质构造分为3个构造层，地势南高北低，海拔1550~3469米之间，地跨祁连山、河西走廊、腾格里沙漠三大地貌单元。长约20千米、宽约1千米，南接乌鞘岭，北连泗水和黄羊，势似蜂腰，两面峭壁千仞，形成一条险关隘道，扼控兰州、武威，兰（州）新（疆）铁路、甘（肃）新（疆）公路和古浪河横穿而过，地势十分险要。峡内宽窄不一，最宽处不过一里，狭窄处仅几十米，峡口有边墙凸与古龙山分置东西，俨然如守卫谷口的两位巨人。入峡至十八里堡，可遥见一座陡峭奇峰，直插云空，独冠群山。在滴泪崖和铁柜山之间，峰陡峡窄，高崖坠石，两山夹水，风寒云低，水恶浪险，构成雄伟险关，确有"一夫当关，万夫莫开"之势。

1237 古浪县丹霞地貌

位　　置：武威市古浪县

简　　介：丹霞地貌是指红色砂砾岩经长期风化剥离和流水侵蚀而形成的孤立的山峰和陡峭的奇岩怪石。古浪县窟窿山丹霞地貌奇观形成于约200万年的前侏罗纪至第三纪，位于横梁乡团庄村大靖峡水库西南角，长3千米，宽约3.5千米，面积10.5平方千米，距县城约60千米，有公路通过，交通便利，属祁连山丹霞地貌群，主要以第三纪泥岩、砂砾岩、砂岩为主，岩层水平。呈红色、暗紫色，风蚀洞穴发育良好，岩层水平分蚀明显，由于风力作用对胶结松散的砂砾层作用形成，彩色丘陵色彩之缤纷，层级错落交替、岩壁陡峭、气势磅礴、形态丰富、色彩斑斓而称奇，有七彩屏、大扇贝、火海、刀山等奇妙景观。

1238 本康丹霞地貌

位　　置：武威市天祝县

简　　介："本康"丹霞地貌群是天祝县最富有特点的一处丹霞地貌，位于天堂乡境内，距天堂寺4千米，大通河东侧，与大通河西侧青海互助县的丹霞地貌一脉相承。"本康"丹霞地貌由亚系下统红色中厚层状及块状砂砾岩夹小量薄层泥质砂岩组成，地层基本水平倒缓倾斜，倾角5度至15度左右，分布范围约6平方千米，大片出露在科拉沟内、大通河两岸，海拔2460~2530米，相对高差240米左右，丹霞地貌集中分布在本康村。现已被命名的景点有本康喇嘛、神箭洞、本康宝顶、壁虎盗仙草、本康麦积、大象山、风骨山、猿人山等。沿大通河上行，岸边还有金鸡报晓、大拇指山。自然天成的大自然景观和著名的佛教胜地天堂寺浑然一体，交相辉映，具有很高的旅游开发价值。

1239 张掖丹霞国家地质公园

级　　别：国家地质公园

位　　置：张掖市临泽县

简　　介：张掖丹霞地质公园位于祁连山北麓临泽、肃南县境内，东距张掖市区30千米，北距临泽县城20千米。分布面积约510平方千米，是中国北方干旱地区发育最典型的丹霞地貌及国内唯一的丹霞地貌与彩色丘陵景观复合区。先后被极具权威和导向性的《中国国家地理》《美国国家地理杂志》和《赫芬顿邮报》评选为"中国最美的七大丹霞""中国最美的六处奇异地貌""世界十大神奇地理奇观"和"全球22处最刻骨铭心的风景"之一，现为国家地质公园和国家AAAA级旅游景区。

1240 山丹县汉明长城

级　　别：国家重点文物保护单位

位　　置：张掖市山丹县

简　　介：汉明长城是由距今已有2000多年的汉长城和距今已有400多年的明长城组成，比较完整的汉长城60千米，烽燧19座；

明长城98千米，烽燧64座。是目前国内保存最完整的一段塞、壕式汉长城和土筑夯打的明长城，汉壕在外，明墙在里，两者相距10~80米，平行延伸，山丹过境段绵延近百千米。像这样不同历史时期修筑而并行的古长城在国内绝无仅有，被专家誉为"露天长城博物馆"，是国家重点文物保护单位。

1241 甘州区平山湖地质公园

位　　置：张掖市甘州区

简　　介：甘州区平山湖地质公园位于城东北20千米处，隶属甘州区平山湖蒙古族乡。景区东西长40千米、南北宽26千米，总面积150平方千米。整个景区由红层地貌群、东大山自然保护区、东山寺温泉、燃灯佛洞窟、国际赛车城、西部影视基地等自然和人文景观构成。奇特的红层地貌、多彩的戈壁奇观、神秘的峡谷温泉、苍茫的高山烽燧、古朴的民族风情、多样的宗教文化，自然风貌和人文景观交相辉映，游牧文化和农耕文化相互融合，集休闲观光、影视拍摄、峡谷探险、国际狩猎、宗教朝拜、民族风情体验于一体，是省级地质公园。

1242 红沟峡谷

位　　置：张掖市临泽县

简　　介：红沟峡谷位于板桥镇红沟村以北5千米处的小口子山中。小口子是进入合黎山的通道之一，因两面环山，中间道口狭窄而取名。明代长城、烽燧及奇特的山石、艳丽的色彩构成了其独特的峡谷景观带。红沟峡谷经考察确认是"有陡崖的陆相红层地貌"，为典型的丹霞地貌。峡谷内岩壁陡峭、气势磅礴、造型独特，神奇的自然奇观与黑河和遗留保存下来的明代烽燧人文景观相映成趣、融为一体，具有很高的科考和旅游观赏价值。

1243 冰沟丹霞地貌旅游区

位　　置：张掖市肃南县

简　　介：冰沟丹霞景区位于肃南裕固族自治县康乐乡境内，距张掖市45千米，海拔在1500~2550米之间，南北宽约5~10千米，东西长约40千米。是我国干旱地区最典型的丹霞地貌。地貌以雄险神奇而著称，素有"赤壁千仞"之称，有极高的观赏和科研价值。该地质公园类型丰富，造型奇特，形态多样，组合良好，单体造型奇特，有泥乳状、窗棂状、柱廊状、叠板状、陡崖状、蘑菇状、蜂窝状等多种形态，山体造型以宫殿式、劣地式、粮囤式为主。主要景观为神驼迎宾、大地之根、古堡魅影等，形象逼真、栩栩如生。

1244 景泰国家地质公园

级　　别：国家地质公园、国家 AAAA 级景区

位　　置：白银市景泰县

简　　介：黄河石林景区 2000 年组织开发，2004 年 1 月被评为国家地质公园，2004 年 4 月成立景区管委会，2005 年升格为副县级事业单位，2007 年 11 月被评为国家 AAAA 级旅游景区。景泰黄河石林景区地处甘肃省白银市景泰县境内，交通便利，地理位置优越，是古丝绸之路及 380 里黄河风情旅游线上的一颗璀璨明珠。景区集地貌地质、自然景观、人文历史和影视拍摄于一体，地质遗迹核心区占地面积 10 平方千米，形成于距今 100~200 万年前，由砾岩和砂岩等碎屑岩层经流水侵蚀、重力崩塌和风力侵蚀等作用，形成高差在 60~200 米之间的峰丛—峰林—石柱地貌组合。景区面积 50 平方千米，由古石林群、黄河曲流、龙湾绿洲、坝滩戈壁等资源巧妙结合在一起，气势磅礴、山水相依、动静结合。不仅是艺术家的灵感之源，也是摄影作品的理想之地，《天下粮仓》《神话》《花木兰》《雪花那个飘》《美丽的大脚》，以及湖南卫视热播剧《爸爸去哪儿》等 40 多部影视剧先后在这里取景拍摄。

1245 白银火焰山国家矿山公园

级　　别：国家矿山公园

位　　置：白银市白银区

简　　介：白银火焰山国家矿山公园位于白银市区东北部，占地面积 10.28 平方千米，分矿山景区、主题公园和矿业遗迹文化旅游长廊三部分。其中，矿山景区包括露天矿区、小铁山、深部铜矿等矿山企业区域。以展现矿区生产遗迹、矿区地质遗迹、矿业开发史记、矿业活动遗迹为目标，重点保护露天矿区一、二号矿坑旧貌。主题公园占地面积 0.078 平方千米，主要有室内博物馆、露天博物馆、白银公司科技馆、游客服务中心及其他娱乐及景观设施。矿业遗迹文化旅游长廊包括折腰山、火焰山和小铁山三个旅游景点，沿途可乘坐蒸汽机火车，感受白银艰苦奋斗的历史。

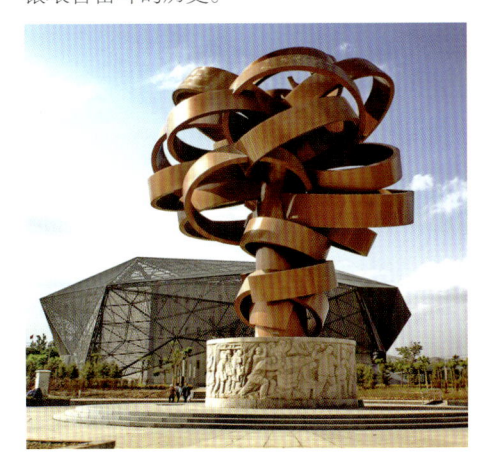

1246 崆峒山

级　　别：国家地质公园

位　　置：平凉市崆峒区

简　　介：崆峒山位于平凉市西郊 11 千米处，面积 84 平方千米，地处六盘山东麓与陇东黄土高原的结合部，地势西高东低，山体地层属三叠系和白垩系，缺失侏罗系地层，在自然地理景观上属丹霞地貌，是我国丹霞地貌区中形成年代古老、历时漫长的区域，

是黄土高原上独有的自然奇观。2004年元月被国土资源部批准为第三批国家地质公园。公园划分为地质遗迹保护规划区、地质旅游开发区和基础建设规划区,地质遗迹保护规划区占地面积26.25平方千米,是丹霞地貌发育最完整、最典型、也是地质景观最为集中的区域;地质旅游开发区占地面积57.35平方千米,安排各类游览观光项目;基础建设规划区占地面积1.01平方千米,用于行政管理、接待服务等基础配套设施建设。崆峒山地质公园目前已查明和开发的地质遗迹景点共58处,其中,丹霞地貌景点47处,地质构造、地层岩性景点5处,外动力地质作用景点6处。

1247 田家沟景区亿年地质标本岩

级　　别:国家水利风景区、国家AAAA级景区

位　　置:平凉市泾川县

简　　介:亿年地质标本岩为田家沟景区的一处自然景观,位于泾川县城以北3千米处,是一个以生态地文景观和人文景观结合的生态风景区。亿年地质标本岩是黄土地层断面结构,早在亿年前,由于地壳运动,山体断裂移位,引发洪水流经此地,天长日久冲刷,露出岩层,形成了形似切割的地质构造景观,已成为今天地质研究方面的珍贵资料和生态教育教材。景区各个景观与自然风光融为一体,先后被命名为"国家水利风景区""国家4A级旅游景区""第一批全国水土保持科技示范园区""全国中小学水土保持教育社会实践基地"等称号,为旅游发展奠定了坚实基础和先决条件。

1248 泾川县田家沟景区千年土箭群

位　　置:平凉市泾川县

简　　介:千年土箭群为田家沟景区的一处自然景观,位于泾河以北,距县城3千米处,为黄土蚀余景观。由于其形姿奇特,突兀林立,宛如箭般蓄势待发,故取名土箭群。长期以来,虽经受了大自然千变万化的无数考验,但它们依旧保存了今天的不败之身,有的宛如男根雄起,有的宛如佛指刚中带柔,有的宛如动物形态,各具姿态,天斧神工,使人不能不折服于自然界的强大伟力。它们身上不仅能使我们领略到自然界的神奇魅力,还能为当地人文历史研究提供重要参考。

1249 灵台黄土剖面地质遗迹

位　　置:平凉市灵台县

简　　介:灵台黄土剖面地质遗迹位于灵台县蒲窝乡任家坡村,地理位置中心点坐标为东经107°33′06″,北纬34°58′08″,面积5.7

平方千米。黄土剖面地质遗迹以黄土剖面和黄土地质地貌景观为特色，它不仅反映250万年以来生物演化信息和气候变化特征，还隐藏着厚实的黄土文化，就像一本历史书记录着过去数百万年中国北方乃至地球气候与环境的丰富信息。灵台黄土剖面地质遗迹是地质历史时期多种地质作用的综合产物，是200多万年以来构造运动和地貌形态演变的真实写照，剖面各时期黄土地层出露齐全，层位稳定，地层连续完整，古土壤层清晰，可比性强，真实地记录了第四纪以来古气候、古环境、古地理、古植被以及重要地质事件等多方面信息，可作为一条标准黄土地层剖面与黄土高原上的黄土地层进行对比。剖面所在谷坡较陡，受降水及地表水的侵蚀，形成了独特奇异的黄土喀斯特地貌，并保存有脊椎动物化石，具有很高的学术价值。

1250 云崖寺丹霞地貌

位　　置：平凉市庄浪县

简　　介：云崖寺丹霞地貌属六盘山构造带与北祁连造山带的接合部，即六盘山拗陷中。跨中祁连陆块山间（断陷）盆地复合碎屑岩带及西秦岭北缘断裂带，分布有下古生界浅变质杂岩、下白垩统紫红色碎屑岩，下白垩统紫红色砂砾岩和泥岩、古近系红色厚层砂砾岩、新近系红色泥岩和第四系黄土等，含有不整合接触面，断裂和节理等地质构造活动痕迹，在地质构造活动和外动力作用下形成黄土丘陵环绕下的一片奇异丹霞地貌景观区，其中凝聚了上千年的人文宝贵遗产。区内白垩统六盘山群紫红色砂砾岩为主，出露面积约18.65平方千米，出露厚度约710米，丹霞地貌陡峻险拔，形态丰富。位于陇东黄土高原西南部，总体北高南低。海拔高程在1900~2857.5米之间，丹霞崖壁高差多在50~210米之间。地貌分为丘陵状丹霞地貌区、山岭状丹霞地貌区和黄土覆盖丘陵状丹霞地貌区三大类，丹霞地貌比列占云崖寺景区总面积的29.56%。

1251 小崆峒风景区

位　　置：庆阳市西峰区

简　　介：小崆峒风景区又称为庆阳农耕民俗文化村，地处马莲河支流——砚瓦川上游，与董志镇属同一地质构造，同属内陆新华夏系沉降带构造盆地，属黄土高原沟壑区，它三面环沟，一面接塬，山势险峻，蜿蜒狭长，呈凤凰卧巢之势，又名凤凰山，是一处集黄土地貌、农耕民俗、宗教文化、休闲娱乐为一体的综合性旅游景区，是庆阳市西峰城区主要的绿色生态休闲度假胜地。

1252 蒲河川黄土地貌

位　　置：庆阳市西峰区

简　　介：蒲河川地处西峰区显胜乡境内，距西峰城区30千米，境内土壤肥沃，光照充足，气候适宜，四季分明，黄土高原地质地貌和气象水文特征十分明显。风是蒲河川黄土地貌形成的主要动力，侵蚀以流水作用为主。黄土塬、梁、峁等地貌类型主要由堆积作用形成，各种沟谷则是强烈侵蚀的结果。

1253 黑老锅冰窟

位　　置：庆阳市西峰区

简　　介：显胜乡龙栖洞—黑老锅冰窟位于显胜乡毛寺村蒲河边，属于龙泉寺的一部分。传说小龙驻守蒲河川后，每逢洪水泛滥，它疏通河道，使百姓免受水患。每逢旱年小龙不辞辛苦前住东海取雨，并用龙爪挖掘泉水以供人畜饮用，使蒲河两岸的百姓安居乐业、风调雨顺、五谷丰登，百姓为了感谢神恩，在显胜乡建有十多座龙王庙，龙泉寺是其中最有名的一个，该寺地势险要，三面为悬崖峭壁，楼台亭阁，错落有致，善男信女络绎不绝，香火不断，传说小龙白天入寺领受香火，晚上回旁边的"龙栖洞"就寝，现在洞中酷似黑老锅的一对石坑，就是龙的灶台，洞前的清水温泉"三伏不干涸""三九不结冰"，是龙的浴室。温泉常年流水，流到外面石壁上形成小瀑布，冬季结冰后的冰柱景观更加壮丽。

1254 铁笼山

位　　置：定西市漳县

简　　介：铁笼山位于漳县武当乡和武山县高楼乡境内，海拔2900多米，是漳县东部最高山峰，漳武公路穿过铁笼山麓。铁笼山景观奇险，奇峰林立，险峻奇特，植被厚实。这里景点众多、群峰并峙，争相现峻，移步换景，始终居高临下，一览众山。站立西边群峰，漳县县城近在咫尺；踏上东边诸峰，半个武山县尽收眼底；游至北边，陇西数乡村落历历在目，故有"三县景"之说。铁笼山曾是三国时期姜维大战邓艾古现场。文化底蕴深厚，历史典故、民间传说、史实考证均不绝于民间或文献史料，周边村落名称马跛里、拽兵凸、八营儿、斗敌山等尽是当时所留。铁笼山属于丹霞地貌，它呈现出半干旱地区丹霞地貌烙印，有宫殿式、窗棂式、峰窝状、阶层式等丹霞地貌形式。

1255 大王洞

位　　置：定西市漳县

简　　介：大王洞也称夷门洞，位于漳县大草滩乡三湾村小北沟社附近。该洞为一水平洞，洞底与洞口高差约10米，洞口朝向东南，高约10米，宽23.5米，略呈三角形，洞深385米，宽0.6~24米，高0.4~12米。该洞长度仅次于武都万象洞，堪称西北最大溶洞之一，洞内分布着较多的钟乳石、石笋、石柱、石幔、石花等洞穴沉积，并有鳄鱼石、石床等各种造形怪异的石头，颇具欣赏和科研价值。

1256 鲈鱼关
位　　置：定西市漳县
简　　介：鲈鱼关俗名石关儿，在城西22.5千米，它东维秦陇，西障番族，为陇南锁阴，有万夫莫开气势，宋太尉张哲大破羌兵于此处，至今民间犹有"百马倒破石门关"之谚。

1257 胭脂峡
位　　置：定西市漳县
简　　介：胭脂峡位于东泉乡，地处秦岭西延部分，山峦重叠，沟壑纵横，胭脂峡包括胭脂沟、大沟、冰沟。胭脂沟河与东泉境内的黑林河、黑虎河汇流而成榜沙河。由于河谷下游冲蚀，沟深而窄，处处悬崖峭壁，沟谷多生乔灌木。岩石碎硝色美如胭脂，再加上因水土之故，当地姑娘个个风姿绰约，天生丽质，如擦脂抹粉，故名胭脂沟。

1258 猪拱洞
位　　置：定西市漳县
简　　介：猪拱洞位于城西南22千米，又名穿山洞，是古代漳县通洮岷要道。穿山而入，约百余步，中流淯溪。出洞豁然开朗，为一大川。土沃民庶，仿佛桃花源。邑人杨国桢有诗颂此。传说唐僧师徒四人西天取经路过此地，但见山大坡陡无法通行，猪八戒放下齿耙，猪嘴猛力一拱，一条穿山峡道突现于前，后人故名曰猪拱洞。

1259 露骨山

位　　置：定西市漳县

简　　介：露骨山位于城西35千米处，海拔3941米，西北部与卓尼、渭源相连，横跨三县。峰势高峻巍峨，为全县之最，民谚有"漳县有座露骨山，比天还高三尺三"之说，四棱子山和桌儿坪为绝佳至美景点。盛夏积雪不消，又名雪山，上有龙潭，世称求雨则应。山颠多白石，日月照耀，光芒闪烁，夜晚阴天也亮得如同白昼一般。宋游师雄诗云："寒光期夏日，素彩烁天河；自笑经过客，相看发易皤。"宋朝安抚使王韶在平定熙河六州时曾穿露骨山南入洮洲，道路狭窄徒步而行。露骨山生长着17万亩云杉和灌木林，草场约666.67平方千米，是重要的林牧业区，山上还有珍贵的雪鸡、麝、金钱豹及贝母、羌活、山萸等动植物，它是一座宝山，旧八景诗道："积雪在崖巚，光华向日新。分明六出瑞，自有色如银。"是夏季赏雪、冬天滑雪的理想胜地。

1260 金袈洞

位　　置：定西市漳县

简　　介：金袈洞位于漳县草滩乡政府西北部，洞口朝南。海拔2339米，洞深360米，南北垂直高差56米，北端地表为山岭盆地，形似漏斗，地表径流由洞向南流出。此处为黄土沟壑地带，地质结构复杂，纵横断裂交错。气候温和，属半湿润气候，年平均气温7.2摄氏度，洞内冬夏温差不大，平均3.3摄氏度。金袈洞为岩溶类地型、岩溶裂缝、溶穴、漏斗、落水洞、学洞、岩洞等形态，洞穴内千姿百态的岩溶景象，是岩溶地貌中最具魅力的因素之一，以化学沉积石景为主，其次为洞壁石景，即基岩。

1261 达摩洞

位　　置：定西市漳县

简　　介：达摩洞位于金钟镇纳仁沟露骨山脚下，洞口高约2米，洞上方镌刻着"达摩"二字，洞内约有两间房屋大，据说达摩祖师一苇渡江后，禅宗很快就西行传到露骨山一带，信徒们在此发现了这个奇特的岩洞，洞中不仅有一香炉，而且有一尊酷似祖师面壁的石人像，随后便有许多虔诚的佛门弟子来此修行面壁，于是便有了石刻、有了达摩河、有了雪山佛门佳话。

1262 韩家沟丹霞地貌

位　　置：定西市漳县

简　　介：韩家沟丹霞地貌位于县城西面，三岔乡、盐井乡交界处，属于泰山公园二期绿化工程中心点，距县城6千米，占地四五千亩。有大小石峰几十座，著名的有尖娄崖、三节崖、新媳妇崖、鲁班崖等。崖崖独立成峰，峰峰相映成趣。崖上苍鹰盘旋，崖孔飞燕筑巢，崖壁绿苔青翠；崖顶灌木丛生，山花灿漫。

1263 石景峡景区

位　　置：定西市临洮县

简　　介：石景峡景区位于临洮县东北40千米，界于峡口、站滩交汇处。石景峡蟠龙寺是散布着的庙观群的总称。蟠龙寺九天圣母殿向下在6米高的石崖下跌宕为一石潭，被人叫作崦滋。潭底可开可闭，开时深不见底，水在其中打旋，闭时潭水清澈见底。山峰上各式各样的奇峰怪石，各个都有相应的形象和传说。

1264 紫云山佛归寺景区

位　　置：定西市临洮县

简　　介：佛归寺景区内地质地貌遗迹包括黄土地貌、丹霞地貌、河流地貌、侵蚀地貌等多种形态。区内黄土分布广，厚度较大，在内外应力作用下，形成黄土梁峁沟壑地貌。丹霞地貌，具有一定的观赏价值和研究价值。园区内发育有现代河床、洮河Ⅱ级低阶地以及Ⅲ~Ⅵ级高阶地等河流地貌类型，每级阶地高差约30米左右。阶地形态和冲积砾卵石层保存完整，代表了古洮河宽广的谷地，最后随着构造运动抬升而形成现存的高阶地，非常典型，是一处不可多得的天然地质博物馆。

1265 武都万象洞

级　　别：国家AAAA级景区、省级重点文物保护单位

位　　置：陇南市武都区

简　　介：万象洞位于陇南市武都区汉王镇白龙江南岸的景山山腰，距武都城仅15千米，国道212线横穿景区。据地质专家们考证，该洞已有2.5~3亿年的历史，是我国西北地区发现的规模最大、艺术价值最高的天然溶洞，可与举世闻名的桂林芦笛岩、肇庆七星岩相媲美。该洞既具北国之雄奇又有南国之灵秀，位列中国四大名洞之一。洞内石笋林立，形态万千，景点星罗棋布，有步移景变之说。已定名的景点有"伟人会晤"等270多处，尚有许多不能准确定名。这些巧夺天工的人间奇景，千姿万态，包罗万象，称得上是一个精巧奇特、玲珑剔透的工艺陈列馆，享有"华夏第一洞"盛誉，号称"地下文化长廊"，又称"地下艺术宫殿"。根据溶洞滴石造型特征和景石荟萃的群体风貌，洞内分为月宫、龙宫、天宫三大洞九个景区。为省级重点文物保护单位，国家AAAA级景区。

1266 月亮峡景区

位　　置：陇南市徽县

简　　介：月亮峡景区地质奇观较为集中，月亮峡全长45千米，宽仅10~30米，沿岸皆500~1500米高的绝壁，怪石嶙峋，曲折回环。峡内植被覆盖率为98.5%，除水面与峭壁外，不见裸地，还有多处溶洞、瀑布，兼具泰山之雄、华山之险、黄山之美、峨眉之秀。月亮峡内风景资源独特，峰岩峡谷、洞穴、暗流，十分独特。

1267 八峰崖

位　　置：陇南市西和县

简　　介：八峰崖位于县城东南16千米处，在石峡镇境内，与仇池山相望。其中一崖相对高度约200米，山腰有天然岩穴，高约15米，深60米，称峰腰崖石龛。八峰崖石窟位于高崖岩壁上，仅有一线栈道可通。洞窟内原有石窟14间，造像200余尊。1960年因火灾，木建筑全部焚毁，现仅存残损造像90余尊和部分壁画，明万历年间石碑一块，清代石碑五块。始建年代无考，据窟内明代碑刻资料记载，明以前窟龛建造已臻完善。全窟14龛，分上下两层，上层10龛，下层4龛。据考证，窟中塑像和壁画大部分为魏晋时所作，属国家级文物。

1268 太平奇石峡

位　　置：陇南市康县阳坝镇

简　　介：太平奇石峡位于阳坝太平二坪村，太平河谷地长约10千米，是大自然鬼斧神工造就的奇石景观，有文字石，木化石，沐浴石等，石石相连，妙趣横生，具有一定的观赏价值，以各种奇石而闻名。

1269 托河溶洞

位　　置：陇南市康县

简　　介：托河溶洞位于康县南部阳坝镇托河焦家坡村，距阳坝镇17千米，这里森林茂密，溪水交错，经专家考证，溶洞形成时间大约在2.4亿年前，犹如一个神奇的地下宫殿，奇特的钟乳石凌空悬垂，天然雕凿的自然景观星罗棋布。白玉洞分上下两层，上层为福天洞，下层为白玉洞，开发的洞深

500余米。洞内景点有敦煌壁画、生命之源、金蛇下凡、石幔照碑、雄鹰展翅、群众汇聚、天地石林、远古冰川、上石云山、瑶池仙境、女娲补天等重多景观数百处，洞内尚有清泉溪流，水声涛涛，气候冬暖夏凉，气象万千。

1270 炳灵丹霞国家地质公园

级　　别：国家地质公园

位　　置：临夏州永靖县杨塔乡

简　　介：炳灵丹霞国家地质公园位于临夏回族自治州永靖县杨塔乡和王台镇行政辖区内，由万佛谷景区、直沟景区和炳灵寺景区三个景区组成，总面积26.64平方千米，平均海拔1783米。黄河在公园南侧穿过炳灵峡流入炳灵湖（刘家峡水库），隔河与积石山保安族东乡族撒拉族自治县相望。地质公园位于我国黄土高原西部边缘地带，黄河上游刘家峡峡谷的两端（炳灵峡），邻近青藏高原东部边缘。在流水切割侵蚀作用下，公园内峡谷深邃，地形起伏大，大小谷沟密集分布。公园内沟谷底部砂、砾、碎石、巨砾覆盖，而山峰顶部及山麓带缓坡区域均为草木植物或灌木覆盖。公园在北、东、西三个方向上，地势相对较高，并以黄土覆盖为主，构成奇特的峰林洼地，有天然巨型峰林"盆景"之感；而公园南部邻接黄河，公园总体呈现为簸箕型。炳灵石林是一座气势磅礴的天然雕塑博物馆，这里千峰林立，万壑争奇，峰峰成形，岩岩成景。

1271 和政古生物化石国家地质公园

级　　别：国家地质公园

位　　置：临夏州和政县

简　　介：和政古生物化石国家地质公园位于临夏盆地，盆地以南山区出露石炭纪（距今3.5亿年）、二叠纪（距今2.8亿年）、三叠纪（距今2.3亿年）地层，以北出露第三纪和第四纪地层。在地质公园发育良好的晚新生代地层中蕴藏着极为丰富的古脊椎动物化石，有四大动物群，占据六项世界之最，是以古动物化石及其产地为主，以地质剖面、可溶岩地貌、水体景观为辅，与丰富的民间文化、秀美的自然生态为一体的国家级地质公园。2009年8月，国土资源部授予"甘肃和政古生物化石国家地质公园"资格，2012年11月通过国土资源部验收。

1272 刘家峡恐龙国家地质公园

级　　别：国家地质公园

位　　置：临夏市永靖县

简　　介：刘家峡恐龙国家地质公园位于永靖县境内盐锅峡水库库区北岸，距盐锅峡大坝1千米，占地面积为15平方千米，是由世界罕见的白垩纪恐龙足印化石群、恐龙卧迹、尾部拖痕、粪迹以及白垩纪晚期地层剖面、第三级夷平面、古生物化石点、泥裂和波痕等沉积构造、正断层和褶皱构造等构成的自然地质遗迹景观，该遗迹化石群非常独特，具有极高的科研、科普和旅游观赏价值。甘肃省地质局第三地质矿产勘察院兰州古生物研究开发中心于1999年8月首次发现并进行了初步揭露和研究，至2002年底已揭露面积达2800平方米，产10类172组1831个足印，经鉴定这些足印至少包括两类巨型蜥脚类、两类兽脚类、一类似鸟龙类恐龙足印和一类鸟脚类、一类翼龙足印和形态独特的虚骨类，另一类二趾形足印，还有尚未归属的单个足印。该化石群保存完好，清晰度高，足印之大，种类之多，堪称世界之最。该遗迹于2001年12月4日被国土资源部批准为"国家地质公园"，2000年2月28日正式成立了甘肃刘家峡恐龙国家地质公园，2005年10月11日揭碑开园，向世人正式开放。

1273 积石山县冰川遗迹省级地质公园

级　　别：省级地质公园
位　　置：临夏市积石山县
简　　介：石海位于积石山县积石民俗村西南侧，自然景色奇特，河滩内磨圆度较好的大小石头遍布，据专家初步考察，这可能是第四纪冰川移动形成的冲击扇，现已评为国家地质公园，其特殊的地貌有着极高的科普价值。在两万多亩的积石民俗村内连片成堆的石头，犹若万羊云集。如果我们仔细观摩这些巨石，就会发现它的独特之处。其一，每块石头都有1~2个磨光面，平平展展，如采磨一般；其二，大约有10%~30%的石头磨光面都布满了条条小沟槽，这就是冰川擦痕；其三，在群石当中，会发现一条条被半埋的似羊背状的巨石，这些巨石呈长条状，大都朝东北方向，这就是羊背石；其四，在巨大的石头上面都会发现像研磨的光滑的凹面、凹槽，这就是冰川创坑或冰川创面。

1274 文成进藏

位　　置：临夏川永靖县
简　　介：文成进藏丹霞是由石柱、崖壁、方山、石墙、尖峰、低山等构成的丹霞峰丛，有大大小小的三十多座山峰，是构成公园景观的主要基础。中生代白垩纪河口群地层经地层抬升、流水侵蚀、风化、天然蚀刻形成奇特的石柱峰林地貌，石峰底座相连、峰顶分离。其基座厚度大于峰顶的厚度，封顶之间为地面抬升速度与流水下切协调作用沉积岩层形成隘谷，断面赤壁石峰绵延数百米。属于丹霞峰丛地质遗迹类型，有三十来座大小山峰组成，雄奇险峻，雄浑壮观，坐落在峰丛前面的文成公主石峰玉立挺拔，惟妙惟肖，形象再现了唐贞观十五年（公元641年）文成公主下嫁吐蕃王松赞干布时，途经炳灵峡凤林关西渡黄河进藏时的壮观场面。丹霞峰丛地质遗迹类型为公园地质遗迹景观的基础，造型奇特，形象逼真。

1275 丹霞地貌

位　　置：临夏市东乡县
简　　介：东乡县境内黄河沿岸的丹霞地貌，山林为鲜红的岩石，峥嵘挺拔，姿态不凡，形态奇异，大西北的雄伟和江南的婉约在这里巧妙地融合，在东乡最突出的特点是"赤壁丹崖"，形成了名副其实的"红石公园"，现有的景点有黄龙神爪、尖山刀、红塔寺。

1276 则岔石林景区

级　　别：国家级自然保护区
位　　置：甘南州碌曲县
简　　介：则岔石林景区位于碌曲县南部，距县城 52 千米，景区全长 22 千米，面积约 200 平方千米，是我国少有的集森林、草原、石林于一体的综合性自然生态风景区，是甘南州乃至甘肃省著名的旅游胜地。1998 年，被国务院列为国家级自然保护区；2006 年，被评为国家 AA 级旅游景区。

1277 赤壁幽谷

级　　别：省级地质公园
位　　置：甘南州临潭县冶力关
简　　介：赤壁幽谷也称赤壁峡，在冶力关镇西北约 6 千米处，耸立着一片错落有致的丹霞地貌奇观，红色的沙砾岩形成赤壁，赤壁谷幽静、神秘、险峻、深邃，俗称"赤壁幽谷"。赤壁幽谷前临冶木河，尾部在东西迂回中伸向北面的白石山，深达 20 千米。谷内岩石造型奇特，巨石崔巍，洞穴诡秘。十余里沟壑赭红色的悬崖峭壁色泽斑斓，突兀耸立的奇峰石笋形态各异，谷内危石欲坠，千姿百态。谷底翠柳葱茏，牧草青青，百鸟嬉鸣，泉水叮咚，溪流蜿蜒，林木成荫。主要景点有"蛤蟆石""喇嘛洞""妖魔洞""圣旨崖""四屏风""观音伏蟒""双狮守门""石佛念经""龙盘踞""嘎沟泉"等。2005 年底评为省级地质公园。

1278 扎尕那省级地质公园

级　　别：省级地质公园
位　　置：甘南州迭部县
简　　介：扎尕那藏语意为"石箱子里"。

从迭山高处俯瞰，俨然一座天造地设的"石头城"，有城门，有护城河，有人烟……城内外景观浑然天成。城东北石林耸立、云雾缭绕，石林间到处都是天然盆景，清泉潺潺；城西南分布着茂密的原始森林、石林、森林、草地、温泉、瀑布、小溪、河流、佛寺、藏楼、古朴的民俗民情，把扎尕那装扮得分外娇娆。仿佛就是上苍从袖口里撒落在甘南版图上的一卷翠得让人眼亮、美得叫人神往、神秘得令人幻想的"香巴拉人间乐园"。

1279 泄流坡滑坡

位　　置：甘南州舟曲县

简　　介：泄流坡滑坡是世界著名的大滑坡之一，位于舟曲县城东侧的白龙江北岸，地理位置为东经104°25′，北纬33°45′。滑坡全长2600米，平均宽度400米，厚度约48米，总体积约5000万立方米，前后缘相对高差790米，属典型的多发性、断裂带滑坡。近百年来，该滑坡曾发生过7次堵江性的大滑动，每次都造成了一定的灾害。最近的两次滑动分别发生于1963年和1981年。两次滑动都堵塞了白龙江，分别抬高水位达17米和21.7米，形成了蓄水50万立方米和2100万立方米的大水库，淹没了部分县城，损失在百万元以上。通过分析监测资料，滑坡除受地形、地势等内部因素影响外，也受滑坡滑动状态受降水、地震、河水冲刷等因素影响。滑动速度与降水关系密切，呈强线性关系。整个滑坡的活动周期受白龙江河谷断裂带的活动周期的影响和控制。

1280 三眼峪沟

位　　置：甘南州舟曲县

简　　介：三眼峪沟位于舟曲县城关镇北部，白龙江北岸，是县内危害最大的泥石流沟。流域内降雨充沛，年降雨量在435.8毫米，降水比较集中，暴雨多，雨量大，30毫米以上大雨平均一年出现一次，最大降雨量97毫米，阵性、突发性降雨多于一般性降雨。三眼峪沟流域面积25.75平方千米，主沟长7.8千米，相对高差2488米，主沟由大眼峪沟和小眼峪沟组成，二者平面组合形态呈"Y"型。流域山地以中、高山为主，山势陡峻挺拔，坡度多在45°以上，沟谷冲蚀、切割强烈，支沟发育，沿主沟呈树枝状分叉，主沟中、上游及支沟呈"V"字型，平均纵坡降300‰，沟坡在40°以上，下游沟谷呈"U"字型，平均坡降180‰，堆积区呈扇状，向白龙江倾斜，坡度8°~10°。区内岩性主要有灰岩、白云质灰岩、鲕状灰岩、炭质板岩、千枚岩及砂岩，中泥盆统软硬相间，风化强烈。

1281 三角石

位　　置：甘南州卓尼县

简　　介：从燕麦沟口出发，沿林间公路西行7千米左右，就到张巴库沟与三角石沟汇水的河谷桥头。下车上桥向西眺望，只见两河夹峙的鱼尾梁左侧，拔地而起钻出一尊高程百米，底部窄小上部渐大，石顶中开一分为三，形状非常像三面两刃宝剑，人称"三角石"的独立奇峰。站在张巴库沟右侧的山脚看，此石又像昂首挺胸，引吭高歌的报晓雄鸡，故此有人给它取名"金鸡报晓"。穿越石门前行一段，返身自南向北眺望，只见苍松翠柏簇拥的石柱、石笋刺破云天，犹如亭亭玉立的数位村姑伫立山巅，在无人打扰的环境状态中倾诉衷肠，互说少女间特有的密秘情话，据此人们又称它为"姊妹峰"。

1282 九天石门

位　　置：甘南州卓尼县

简　　介：九天石门因有九道石门得名。第九道石门称为"九天门"，位于迭山峰脚，垂直高差约 300 米的石壁拔地而起，傲然耸立，中段断开，形成巨大的 V 型豁口，景观雄伟壮丽。巨大石壁特异之处，还在于其形状因阳光照射的角度不同而变幻多姿。东壁似大象，西壁有时如雄狮、有时像人面……可谓"千变石门"。

1283 康多峡

位　　置：甘南州卓尼县

简　　介：康多峡景区地处卓尼县境北部，涵盖康多、杓哇两乡的全部地域和恰盖乡扎尕草原分水岭以北的约 800 平方千米区域，地形地貌属青藏高原向黄土高原过渡地带，区内地质构造复杂，自然风光奇特，这里有全县最丰美的草场、森林、奇峡、异峰、民俗风情、宝刹名寺等旅游资源。

1284 冶力关"十里睡佛"

位　　置：甘南州临潭县

简　　介：位于冶力关镇东南约 1 千米的山崖上，有东西走向的长约 5 千米的山体自然形成的一座形态逼真的天然巨型卧佛像，被人称作"十里睡佛"，又因其酷似一尊带盔甲而卧的将军，俗称"将军观天"。

1285 亲昵沟

位　　置：甘南州临潭县

简　　介：亲昵沟景点位于冶力关正南方，相距约4千米。沿定新公路干道南行，直抵景点。这是苍山翠峰中的一片丹霞地貌，景区入口赭石造就奇门，门顶刻有血红的三个大字"亲昵沟"。

（八）冰雪景观

1286 兰州安宁大青山滑雪场

级　　别：国家 AA 级景区
位　　置：兰州市
简　　介：安宁大青山滑雪场位于兰州市安宁区孔家崖的费家营大青山黄土山坳里，于 2008 年 1 月 8 日正式投入使用，是西北地区规模最大、配套设施齐全的现代滑雪场——西北高原滑雪场。滑雪场用 4 台喷雪机造出了占地 0.047 平方千米、厚度 50~80 厘米的雪地，共有 6 条雪道，雪道两边分别是 500 米、1000 米的 2 条雪上电梯、一条空中索道。是距兰州市区最近且功能最齐全的文化旅游生态运动公园。2009 年被评为国家 AA 级景区。

1287 兰州市榆中县滑雪场

位　　置：兰州市榆中县
简　　介：榆中县滑雪场是兰州乃至甘肃省唯一一家配套齐全的高山国际滑雪场，雪场占地 0.15 平方千米，由兰州雪龙体育休闲娱乐有限公司投资兴建，一期建成两条中初级雪道，全长 760 米，雪道垂直落差 85 米，最大坡度 30 度，平均坡度 16 度，非常适合中初级滑雪爱好者进行滑雪运动，2012 年雪季，兴隆山滑雪场新增了一条初级道，雪场还设有雪地骑马、马拉爬犁和雪圈等娱乐项目，雪场可同时接待 1800 人进行雪上项目娱乐活动。

1288 敦德冰川

位　　置：酒泉市阿克塞县
简　　介：敦德冰川是西北地区最大的平顶冰川群。敦德冰川顶部海拔 5290 米，顶面平缓，坡度 3°左右，易于徒手攀登，而少危险，科学价值高。

1289 祁连山滑雪场

位　　置：张掖市肃南县

简　　介：祁连山滑雪场建成长度600多米的雪道，并配备多台国际先进的造雪机、压雪机、雪上摩托车等现代滑雪场机械设备和滑雪单板、双板、滑雪服等滑雪器具，可一次性满足500人次的滑雪需要。滑雪场以"立足本地，拓展省内，延伸全国，走向国际"为定位，现已成为西北最大的集旅游休闲滑雪和高山竞技滑雪于一体的雪上运动胜地。

1290 扁都口国际滑雪场

位　　置：张掖市肃南县

简　　介：扁都口国际滑雪场位于扁都口景区台坡南部，利用独特的地理气候条件，新建集滑雪、餐饮、娱乐、观景、度假等多功能于一体的项目。重点建设索道2条，长度2000米；滑雪道3条，长度5000米，面积1.5万平方米；儿童娱乐雪区、越野滑雪区和高山草甸运动区；运动员训练基地、温泉宾馆等项目。

1291 七一冰川旅游景区

位　　置：张掖市肃南县

简　　介：七一冰川位于甘肃省祁连山中段托来山北坡，祁连山是河西走廊南侧的一群平行排列的褶皱断块山脉，长约1000千米，海拔在3000米以上的高峰有26座。祁连山为古代匈奴语，本意为"天山"。祁连山内共有冰川3306条，总面积2063平方千米，为典型的高原冰川。七一冰川是迄今为止所发现的亚洲距离城市最近的冰川，冰川平均厚度为70米，最大厚度120米，位于海拔4690米的高寒区域。冰川末段海拔4300米，最高冰峰海拔5230米。冰川长3.8千米，面积达5平方千米，冰舌前段有起伏的冰丘，但坡度不大，而后壁陡峭，有横裂隙分布。冰川东、中、西部有三个大的雪粒盆，是产生冰川冰的主要部位，也是冰川生成的重要因素，东西雪粒盆海拔较高而宽阔，中雪粒盆海拔较低、较小。冰川中部有3道冰面河切割较深，一直延伸到雪粒盆深处。七一冰川斜挂在坡度小于45°的山坡上，冰川储水量为1.6亿立方米，相当于北京十三陵水库蓄水量的2倍，被誉为"高山水库"，七一冰川融水量70万~80万立方米，其冰川融水补给甘肃北大河流域，是河西走廊绿洲生成的水源基础之一。

1292 文殊山滑雪场

位　　置：张掖市肃南县

简　　介：文殊山滑雪场位于酒泉肃南县祁

丰藏族乡文殊山景区，距酒泉、嘉峪关两市20余千米，交通便利，是甘肃省内配套齐全的第三家高山国际滑雪场。设有高山雪圈集体道"S"回转道、儿童雪车道、儿童戏雪区、雪雕、冰灯区、全省独家单板公园、雪地摩托车道，还有初、中、高级滑雪道、多功能大厅，是目前河西地区规模最大、最专业的滑雪培训基地，滑雪场雪道长度和高差全省第一。

1293 透明梦柯冰川

位　　置：张掖市肃北县

简　　介：位于肃北蒙古族自治县老虎沟内的透明梦柯冰川长达10.1千米，面积21.9平方千米，沟内冰川有44条，是祁连山区最大的山谷冰川，也是中国最典型的大陆型冰川。在世界冰川目录、科研文献中被称作"老虎沟12号冰川"。从旅游角度看，透明梦柯冰川规模宏大，景象丰富，是中国现已开发旅游的"七一"冰川的8倍、新疆乌鲁木齐1号冰川的12倍、云南玉龙雪山冰川的15倍。透明梦柯冰川旅游资源异常丰富，冰晶玉洁，凝华积素，万象琼瑶，是广大游客猎奇观光和艺术文人抒情采风的好去处。透明梦柯冰川还是科研修学的良好场所。

1294 迭山横雪

位　　置：甘南州卓尼县

简　　介：迭山横雪属迭山山脉，主峰扎伊克嘎海拔4920米，山上常年有积雪，被誉为洮洲八景之一。

1295 银桩夕照

位　　置：陇南市徽县

简　　介：银桩夕照是江峡自然风景区最富盛名的景观之一。峡谷左岸尖山之上，遍生白皮松古树，枝干洁白，如银铸就，兀立崖头。晴天丽日之时，两岸山崖倒影在碧波之中，夕阳的余晖尽染河谷，天光晚霞被峭壁反照的银光折射入水，把河水化作一片碎银。水天一体，水为风皱，影为水荡，在飞扬的天光中银桩忽隐忽现，大有激流与长天争色、银树同峭壁共舞之感，被文人雅士颂为"银桩夕照"。

（九）山地景观

1296 石佛沟
级　　别：国家森林公园
位　　置：兰州市七里河区
简　　介：石佛沟国家森林公园位于兰州市七里河区南部的阿干林区内，面积63.73平方千米。全园由石佛沟、天都山、大沟三个主要景区组成。公园内的植被属草原植被带森林类型，为温带阔叶林向草原过渡地带，阔叶林分布在温湿梁峁的阴坡，主要是栎树林、山杨林和白桦林。石佛沟还盛产药材，有猪苓、秦儿、麦冬等二百多种药材。

1297 五泉山公园
位　　置：兰州市城关区
简　　介：五泉山海拔1600多米，占地26万平方米，因有惠、甘露、掬月、摸子、蒙五眼泉水而得名，史有鞭响泉涌传说。蒙、惠东、西二泉，在五泉山两侧，有水从缝中流出，形成瀑布。五泉山中峰高处为古建筑群，庙宇建筑依山就势，廊阁相连，错落有致。五泉山中峰高处为古建筑群。从山门沿中间通道直上，有蝴蝶亭、金刚殿、大雄宝殿、万源阁、文昌宫、地藏寺、千佛阁等古庙宇依山就势排列，层层相叠，以石阶亭廊相连。中峰两翼为东西龙口，五泉沿东龙口——文昌宫——西龙口一线呈弧形排列，悬于山腰。各泉间又以石阶栈桥和亭阁四廊相连。

1298 兰山山地生态公园
位　　置：兰州市城关区
简　　介：兰山山地生态公园位于兰州市中心城区的皋兰山上，海拔2129米，距市区相对高度约600米，植被覆盖率达70%。景区依山布景，楼台亭阁，错落有致，满目苍绿，有山有水。目前有三台阁、普照寺、知春园、牡丹园、水景、生态广场、石牌坊、兰山钟院等主要人文园林景观，其标志性建筑三台阁始建于明初，距今已有600余年历史。普照寺始建于唐代，是兰州早期三大寺院之一，1939年毁于日军轰炸，原址为兰园，2004年重建于兰山。兰山烟雨为兰州新老八景之一，兰山晨钟、夜观魁星、文化长廊、山地园林、跌水瀑布、疏林草地等构成景区特色景观。

1299 白塔山公园

位　　置：兰州市城关区

简　　介：白塔山以"白塔"而得名。白塔寺在山巅，相传为纪念元代去蒙古谒见成吉思汗而病故于兰州的西藏著名喇嘛而建。现存白塔系明景泰年间（1450-1456年），镇守甘肃内监刘永成重建。清康熙54年（1715年），巡抚绰奇补旧增新，扩大寺址，起名慈恩寺。白塔七级八面，高约17米，下筑园基，上着绿顶，各面雕有佛像，檐角系有铁马铃。塔外通涂白浆，如白玉砌成。山高1700米，占地300多万平方米，1958年辟为公园，总建筑面积8000多平方米，分为三台建筑群，依山而筑，飞檐红柱，参差有致，各建筑以亭榭回廊相连，四通八达。

1300 青龙山公园

级　　别：国家AA级景区

位　　置：兰州市永登县

简　　介：青龙山公园位于永登县城东侧，总面积0.32平方千米，因此山形似卧龙，故以"青龙"命名。山上殿宇高低错落，曲径回廊，玲珑别致。主要建筑有蝴蝶亭、牌坊亭、鸳鸯亭、青龙阁、魁星廊、玉皇殿、大牌坊、迎宾门、三台阁、永宁寺、钟鼓楼、卧龙桥、腾云桥等亭台楼阁16处。园内花木葱葱，芳草依依，植物已形成群落，乔灌结合，针阔结合，花草结合，达到了三季有花，四季长青。2003年被评为国家AA级旅游景区。

1301 仁寿山

位　　置：兰州市安宁区

简　　介：仁寿山公园位于兰州市安宁区刘家堡北部的桃园之中，距市中心15千米。公园内绿树成荫，风景秀丽。山上亭台楼阁，掩映于绿树红花之间。

1302 狗牙山

位　　置：兰州市七里河区

简　　介：狗娃山，又名狗牙山，位于兰州市七里河区。其东有沈家岭为犄角，成犄角之势；西侧与西津梁隔沟相望，兰郎公路穿越其间。顺山势南行，经煤涧洼、白家涧崎岖山道可至七道梁主峰。山虽不甚高峻，但视野开阔，易守难攻，实为扼守兰州南大门的天然屏障。

1303 大尖山

位　　置：兰州市七里河区

简　　介：大尖山绝对海拔有2804米，是兰州城市的最高峰。距兰州市区约20多千米，沿龚湖公路一直南行可到达景区，一路上山峰和坡面被人工林和自生林所覆盖。该山虽说距市区不远，但因海拔相对高致使生态环境得到了很好的保护，这里天空湛蓝，空气清新，阳光灿烂，视野开阔，景色秀丽，是游览的好去处。

1304 河口丹霞地貌

位　　置：兰州市西固区

简　　介：河口村北是莲花山，红彤彤的丹霞岩上零星坐落着几间庙宇。据史书记载，1300多年前，文成公主从长安出发，越陇山经天水、陇西到兰州，由河口渡过黄河，历时3年终于抵达拉萨。藏传佛教传说中认为，文成公主正是在河口莲花山被点化成佛的。

1305 元峁台

位　　置：兰州市西固区

简　　介：西固元峁山生态公园，位于西固南山中部前沿地带，距西固城区1.5千米，西邻寺儿沟，北邻西固村毛茨坪果园基地，东与兰炼林场相接，邻西固公园、体育场、游泳馆。

1306 九州台

位　　置：兰州市安宁区

简　　介：九州台是一座典型的黄土崩阶地高山，海拔2067米，峰顶似台，平坦如砥，略呈长形，东接城关，西起安宁，总面积约3.33平方千米，与皋兰山相对峙，形成两山夹长河、共抱兰州城的态势，巍峨峻秀。登高远眺，九曲黄河，繁华市容，一览无余。传说大禹导河积山，路过兰州时曾登临此台，眺望黄河水情，制定治水方案，并在台上将天下分为九州，故以九州台名之。如今的九州台峁林苍翠，山腰草花辉映，山底黄河相伴，已成为兰州市民避暑休闲的一块"宝地"。

1307 猪驮山

位　　置：兰州市永登县

简　　介：猪驮山原名萱帽山，位于苦水川西，占地0.6平方千米，在山峦起伏中一峰突兀高拔，是一块佛家风水宝地。因本土高僧李福用猪驮砖建寺而易名猪驮山。

1308 石屏山

位　　置：兰州市永登县

简　　介：石屏山坐落在大通河东岸，是连城国家级自然保护区所属林区的南部边缘，也是八宝川北端的绿色屏障，距国家级历史文化名镇连城镇2千米。主峰因形似一架石质绿色屏风，故名石屏山。石屏山石尕石达寺风景优美，山势奇特，历史久远，传承厚重。石屏山是自然载体，石尕石达寺是人文传承，是一处值得留恋的旅游胜地。

1309 东洞乡磁窑口风景区

位　　置：酒泉市肃州区

简　　介：东洞乡磁窑口风景区位于祁连山脚下的磁窑口，有颇具盛名的"十里丹峡""宽沟雄鹰""磁窑神泉""天斧沙宫""瀚海鸣蛙""佛指千洞""牧野炊烟""雪压翠松"等自然风景奇特优美的"东洞八景"。美丽的景色令游人心旷神怡，流连忘返，为东洞发展旅游业、挖掘旅游资源，提供了得天独厚的条件。这些都为实施西部大开发和"再造酒泉"战略创造了独到的物质条件和精神食粮。

1310 三危山景区

位　　置：酒泉市敦煌市

简　　介：敦煌三危山旅游景区位于敦煌市东南25千米处，和莫高窟与佛为缘，相互辉映，在丝绸之路上形成了一道以佛教文化为特色的旅游风景线。三危山东西绵延数十里，主峰隔大泉河与鸣沙山相望，其"三峰耸立、如危欲堕，故云三危"。三危山是敦煌历史的一座名山，是敦煌文明历史的发源地。

1311 崔木土山

位　　置：酒泉市敦煌市

简　　介：距离古阳关20多千米处的敦煌西湖自然保护区东南部的崔木土山，是地质时期阿尔金山北麓隆起的褶皱带，母质以红色黄冈岩为主。

1312 麦积山

级　　别：国家AAAAA级景区

位　　置：天水市麦积区

简　　介：麦积山又名麦积崖，地处天水市东南方50千米的麦积区麦积山乡南侧，是西秦岭山脉小陇山系的一座孤峰。麦积山石窟始创于十六国后秦（公元三八四年至四一七年），尔后屡有修葺扩建，至公元六世纪末的隋代基本建成，并完整保留至今。区内松竹丛生，山峦迭翠，周围群峰环抱，麦积一秀崛起，古称"秦地林朱之冠"，是中国秦岭山脉西端小陇山中的一座奇峰，海拔1742米，距天水火车站30千米。麦积山山高142米，形状奇特，孤峰崛起，犹如麦垛，人们便称之为麦积山。山峰的西南面为悬崖峭壁，麦积山石窟就开凿在这峭壁上，有的距山基仅二十米，有的高达八十米。在如此陡峻的悬崖上开凿成百上千的洞窟和佛像，在中国石窟中是罕见的。

1313 仙人崖景区

位　　置：天水市麦积区

级　　别：国家级文物保护单位

简　　介：仙人崖景区位于麦积山东北约13千米处，2003年，景区内的文物经省政府批准为省级文物保护单位，现已被列为国家文物保护单位。

1314 大象山

级　　别：国家重点文物保护单位、国家AAAA级旅游景区

位　　置：天水市甘谷县

简　　介：甘谷大象山景区位于县城西南2.5千米处秦岭西端的文旗山上，为国家重点文物保护单位，全国AAAA级旅游景区。景区从山脚拾级而上至山巅，总长1.5千米，占地面积约0.427平方千米，是甘肃东南部融石窟和古建筑于一体的重要文化遗存之一。大象山石窟现存洞窟23个，以位于山体中部的大佛殿最为著名，该窟是一个长方形的圆拱形大窟，高34米，宽14米，深4.5米，窟内石胎泥塑大佛一尊，佛高23.3米，肩宽

9.5米。大佛像开凿于北魏，泥装于盛唐，历经宋、明、清各代重修。大象山景区的木构古建筑殿宇15处，古建筑群沿山脊一线分布，多系明、清重修，参差交错，玲珑多姿，每组建筑自成一体，又相互辉映，严谨的结构，多样的形式和奇妙的布局为这古老的石窟寺增添了无限的生机和情趣。

1315 石门景区

位　　置：天水市麦积区

简　　介：石门景区位于天水市麦积区东南50千米处，景区以石门山为主，海拔2094米，林木荫郁，层峦叠翠，上出金宵，下临渚水，奇峰罗列，如刀削斧劈，山体雄浑、挺拔、险峻，素有"陇上小黄山"之称。石门山因南北峰对峙，中间有一深不可测的缺口，望之如门，且南北峰之间的聚仙桥下石壁上，有一大方形黑浑圈，状若门楣，因而得名。

1316 龟凤山

位　　置：天水市麦积区

简　　介：龟凤山在麦积区甘泉镇龟凤村，距天水火车站30千米，与秦州区皂郊镇太阳山森林公园毗邻相望。山区四周峰峦叠翠，风光秀丽，气候湿润凉爽，虽仲夏仍无暑意。龟山山顶颇似龟背，有约面积1500平米的平地，建有佛、道寺庙，寺院有明代嘉靖甲寅年肃王朱炽宏亲笔题写的"云光寺泰昌登极"匾额，极为珍贵。凤山蜿蜒环抱龟山，似金凤展翅，东西二山如双翼，极为险峻，无路可攀。西边山峰直立似钟，名钟山。峰下有危崖，遍生翠柏，风动柏涛，哗哗作响，故名柏响崖。崖下有神仙洞，极幽深。东山峰顶浑圆平坦，似鼓，名鼓山。山下是潺潺流水，曲折萦绕，更增添了龟凤山的幽趣。

1317 宝峰山

位　　置：天水市麦积区

简　　介：宝峰山位于秦州区牡丹境内，海拔2230米，其山峻秀挺拔，高耸巍峨，山体犹如覆钟，镶嵌于群山之间，高耸入云，蔚为壮观，宛若群山之首，使人仰止感叹。春天到来，宝峰山芳草遍地，山花烂漫，四野松槐茂密、郁郁葱葱，与其毗邻的三国古战场——木门道、武侯祠、皇姑坟遥相呼应，连成一线，成为天水市西南的一道靓丽的旅游风景线。

1318 齐寿山

位　　置：天水市麦积区

简　　介：齐寿山位于天水市秦城区东南30千米处，海拔1951米，是西汉水之源头，长江、黄河之分水岭。有"齐寿山不大不小，压着三江河垴"之美誉。该山是黄帝轩辕氏的发源山，虽不以高峻而闻名遐迩，却以其深厚的历史文化底蕴而声名远播。

1319 金龙山

位　　置：天水市麦积区

简　　介：金龙山位于麦积区东部东岔镇境内，距天水火车站80千米，属秦岭余脉，海拔1703米，东至瓦石沟、虫蚀沟，西至咀头沟，南至瓦屋梁，北至咀头。是一处雄如泰山、险若华山、秀比峨嵋、幽似青城、奇象黄山的旅游胜地。终年有不谢之花，四季有长青之树。山上主要宗教建筑有圣母洞、灵观殿、大雄宝殿等庙宇数十间，塑像数十尊，原建筑大多被破坏，现多为民间逐年修复。每逢农历3月16日和7月12日节会，邻近群众扶老携幼，纷至沓来，络绎不绝。

1320 卦台山

位　　置：天水市麦积区

简　　介：卦台山，相传为伏羲氏仰观天、俯察地、始画八卦的地方，处于天水市三阳川西北端，现辖于麦积区渭南镇，距天水市约15余千米。卦台山如一巨龙从群峦中探出头来，翠拥庙阁，渭水环流，钟灵毓秀，气象不凡。登临卦台山顶，俯瞰三阳川，不难发现，古老的渭河从东向西弯曲成一个"S"形，把椭圆形的三阳川盆地一分为二，形成了一个天然的太极图。卦台山巅，宽敞平整。建有伏羲庙、午门、牌楼、钟楼、古楼、戏楼、朝房等，现存有一直径64厘米、厚约10厘米的木制雕刻"伏羲六十四卦二十八宿全图"，极为珍贵。

1321 桃花沟

位　　置：天水市麦积区

简　　介：桃花沟位于天水市麦积区小陇山林业实验局东岔林场的桃花沟森林公园境内，景区内交通便利，陇海铁路和310国道横穿其中，西距天水市110千米，距甘肃林业职业技术学院80千米，东临陕西宝鸡市64千米，东南与宝鸡市通天河森林公园接壤，西南与麦积国家森林公园相通。有着独特的地理位置和丰富优质的森林旅游资源，是森林生态旅游的理想场所。

1322 小华山

位　　置：天水市清水县

简　　介：小华山休闲观光旅游区位于清水县红堡镇吴湾村、西城村一带，305省道在这里通过，距清水县城仅有7千米，距天水市42千米。景区所在区域生态环境状况良好，景区核心主体小华山位于小泉峡的出入口，海拔1482米，植被覆盖率52%，其山势险要、美峻，树木郁郁葱葱，范围现状为山林、道观、农田、水塘、果园、道路、村庄和历史遗迹，环境质量基本良好。旅游区的土地主要分属西城村、吴湾村和红堡镇政府，景区内居民点有三个：西城村、吴湾村及红堡村。景区交通便捷，通达性好，与外部的天水以及通往城区都在一条线上，有正常的客车通行，且距离短。

1323 花石崖景区

位　　置：天水市清水县

简　　介：花石崖地处清水县东南部28千米处的陇东乡土寨子村，海拔1823米，与天水石门遥遥相望，距310国道不到5千米路程。因山体多悬崖峭壁，山石花纹五颜六色，故称"花石崖"，又因峰峦叠嶂，翠柏掩映，清泉流水，春花秋实，万紫千红，又名"万紫山"，是佛、道并存的名山胜地。该景区森林植被完好，是一处集自然景观、人文景观为一体的风景游览区，其自然景观堪与天水石门、仙人崖相媲美，是休闲旅游和猎奇攀岩的理想场所。

1324 石洞山景区

位　　置：天水市清水县

简　　介：石洞山位于清水县城以东30千米处的山门镇西南部，海拔1700多米。占地1.33平方千米，森林面积1平方千米，这里峰峦叠嶂，翠柏掩映，群山秀丽，林壑优美，清泉流水，奇珍异兽，因古洞悬石得名"石洞山"。是佛、道教并存的名山胜地，也是闻名遐迩的清水八景之一。

1325 九龙山

位　　置：天水市秦安县

简　　介：九龙山脉呈东西走向，东起陇城，西达县城。明代中丞、邑人胡缵宗所著《秦安志》载："庙山，其山自高峰趋赴县东，悠然而集，翩翩若凤焉。"又曰："东四十里曰九龙山，其山九峰，踟蹰如龙，东自陇，西自秦，磅礴百里，为县之主山。峰峦瑰垒，望之昂然，有九龙湫、九龙庙。"

1326 云雾山

位　　置：天水市秦安县

简　　介：云雾山位于秦安县西20多千米的千户岭上。相传在元朝有一位姓汪的千户官，因案获罪，株连其子，他的儿子为避免这一大难，出逃到今千户岭后，改为王姓，隐居于此，后来也出任千户官，因此人们称此地为王千户岭。千户岭呈鱼脊形，东起县城夕山，西至甘谷县境，整个山梁绵延起伏，全长10多千米。

1327 赤龙山

位　　置：天水市秦安县

简　　介：秦安赤龙山位于秦安县城南1千米处，又称长山、南山，是典型的黄土山梁地形。山东连大陇山，自陇城镇南山偏南盘迴百余里，跨经中山、兴丰诸乡境，折西聚于县城南，又自东南出，绵延百里，纵穿兴国镇、王尹乡、云山乡境，为主峰赤龙山，至西连三阳川，因之长山亦称三阳山。

1328 石鼓山

位　　置：天水市甘谷县

简　　介：位于县城南30千米的古坡乡艾家川，系朱圉山之主峰，为境内最高山峰，海拔2635米。该峰山势陡峭，人迹罕至，茂林幽泉，景色幽静，绝顶有巨石，远望如卧牛，上则层峦攒青，森秀无比，数十里而不绝，悬崖峭壁之上，瀑布飞流，下则群溪潺缓，汇为藉水，当地人称为乌龙江。

1329 华盖峰

位　　置：天水市甘谷县

简　　介：华盖峰，西接朱山，北临渭水，南依秦岭，山下国道上车水马龙，川流不息。自古就是佛家参禅、道家悟道的理想之地。

1330 天门山

位　　置：天水市甘谷县

简　　介：天门山位于甘谷县城南，海拔1500米，是甘谷县名胜风景旅游区之一，自古以来有"天门春晓"的美誉。山巅有始建于秦汉、重建于宋仁宗天圣年间（公元1023—1031年）的东岳庙，有泰山之神东岳天君的塑像，苍柏环抱的古庙是采伐本山原始松木所建。塑像壁画，庄严肃穆；殿宇楼阁，巧匠精工；楹联匾额，出于名家。

1331 秀金山

位　　置：天水市甘谷县

简　　介：秀金山位于金山乡，山之高峻，居渭北第三，冀中第四。该山主峰突兀若马背，余脉逶迤似马脚，形若飞马之欲腾，势似蛟龙之出渭，古柏苍翠，杏林掩堡，楼阁展翼，人文鼎盛，为甘谷东北部最有名的风景名胜区。山顶与山下皆有白衣寺，山顶寺庙位居土堡之中，山脚寺庙依山傍水，就势而建，坐北向南，建筑格局规整，颇具规模。若逢农历三月二十三日娘娘圣诞花会，赶集的人，买卖的人，看戏的人，烧香许愿的人，祈福求子的人，真心问道的人，云集于此，人山人海，热闹非凡。

1332 朱圉山

位　　置：天水市甘谷县

简　　介：朱圉山，为我国亘古之名山，位于天水市甘谷县，主要山峰有石鼓山、碧云山、飞来山、龙台山、乌龙山、灵凤山、见龙山、无畏山、崎峪山、华盖寺山、天门山、旗鼓山、大象山、天马山、显龙山、雪岩山、石门山、凤台山、石臼山、挂剑山、六棱山、兴国山、罢山等。

1333 雪岩山

位　　置：天水市甘谷县

简　　介：雪岩山位于甘谷县城西15千米的南山之上，据清巩建丰著《伏羌县志》记载：雪岩山，地峻险，穿石穴居。这里山势奇险，如悬崖壁挂，似刀削斧劈一般。仰望雪岩山，只见4座石窟古寺整齐地排列在一条线上，镶嵌在悬崖之上，一条小石子路弯曲而上，站在蜿蜒起伏数千米的群山顶上，天空蔚蓝如洗，几朵白云正在尽情地互相拥抱；脚下奇花异木，层林尽染，景色宜人。

1334 香台山

位　　置：天水市甘谷县

简　　介：巍峨高峻的六郎峰雄踞其上，葳蕤葱郁的草木阴翳满山。登临山顶，只觉风生脚下，安远古城片瓦可覆，散渡、清溪双流飘摇一线。安远人们或切磋拳艺，或跳舞健身，或引朋唤友，香台山默默地庇护着这方安宁。初春至夏末，芳草萋萋，山花野卉次第开放，满山松柏滴翠，榆槐相映。秋后漫山红叶黄花，入冬后大雪飞舞灯笼火红，四季分明风景独特。香台山无疑是一座圣山，是镶嵌在黄土地上的一颗绿翡翠，是乡民四季守望的精神家园，是游子心中魂牵梦萦的灵护。

1335 凤凰山

位　　置：天水市麦积区

简　　介：凤凰山位于天水市麦积区西北56千米的新阳镇境内，海拔1895米，相对高度500米，其山北环渭水，南绕籍河，紧依316国道和陇海铁路。凤凰山，形若彩凤，天水之镇山也，古之谓日没之所崦嵫山者是也。屈辞有云："吾令羲和弭节兮，望崦嵫而勿迫。"盖谓此也。其为朱圉脉系，邦山主峰；上遗古观，下辟良田，南眺麒麟，北峙五龙，东瞰天靖，西壤冀城。相传有凤凰栖息而得名，另一解释源于霍松林先生所题《凤凰山碑记》："山之主峰，突起于新阳之南，翩然翱翔若彩凤，因名凤凰山。"

1336 天梯山

位　　置：武威市凉州区

简　　介：天梯山位于武威城南50千米处，地处凉州区张义镇，处在群山环抱之中，海拔2300米，山峰巍峨，陡峭峻拔，山有石阶，拾级而上，道路崎岖，形如悬梯，故称天梯山。天梯山上有一座山形似卧着的乌龟，故称龟头山。天梯山石窟就坐落在天梯山，天梯山石窟也称大佛寺，创建于东晋十六国时期的北凉，距今约有1600年历史，石窟中大佛依山而坐，脚下碧波荡漾，构成了一幅山、水、佛浑然一体的壮观奇景。

1337 苏武山景区

位　　置：武威市民勤县

简　　介：苏武庙始建年代无考，据《镇番县志》记载，原苏武庙建于明成祖永乐七年，由镇抚司李名募资兴建，立"苏武山铭"。苏武庙南北长101.1米，东西宽51.1米，占地面积5166.21平方米，坐北向南，由四大天王殿（山门）、关公殿（前殿）、真武大殿（正殿）、东配殿（苏公祠）组成，平面布局呈"四合寺观"形制。

1338 老爷山

位　　置：武威市凉州区

简　　介：老爷山位于凉州区金塔乡境内，又称"西武当山"，海拔1865米，山上有一处道观，有庙宇若干，皆依山势修建，不失巍峨之貌，香客甚多。

1339 缠山

位　　置：武威市凉州区

简　　介：缠山海拔1819米，因金刚亥母洞遗址而出名，位于凉州区新华乡。金刚亥母洞因洞内供奉金刚亥母像而得名，金刚亥母是藏传佛教密宗本尊之一的胜乐金刚之妃，主管生育之神。金刚亥母洞始建于西夏，毁于大地震，现残留三洞，这里是出土大批西夏瑰宝的地方，是国内唯一保存下来的最原始的金刚亥母洞。

1340 莲花山

位　　置：武威市凉州区

简　　介：莲花山又名西山，位于武威城西南15千米，凉州区松树乡境内，海拔2765.5米，巍巍祁连山北麓，山峰层峦合抱，叠起如莲花，相传这山是昔日天女散花时将一朵莲花撒落于此，经天地造化演变而成，所以称其为莲花山。莲花山上古庙旧址较多，后重新修建，每年农历5月13日香客较多。

1341 窟窿峡

位　　置：张掖市山丹县

简　　介：窟窿峡位于山丹马场一场东南方向，这里绿草如茵、风景如画，因每隔三、五步便有一个"陷阱"，这些"陷阱"看起来就像是绿色地毯上的一个窟窿，故又称窟窿峡。在这些深不见底的"陷阱"中，有汩汩清泉不断向上涌但又不流出，只在地下翻涌奔腾，响彻山间，回荡在耳边。窟窿峡是一条幽深狭窄的峡谷，由南向北逐渐蜿蜒收缩，南北长约20千米，东西宽度大约0.3至0.8千米不等，面积约10 000平方米。窟窿峡南面地势平坦，两侧山峰层峦叠嶂，树木葱郁，飞流湍急，沙沟谷滩与林木草地交相辉映，混为一体。其北面是北方独有的石林景观，巍峨壮观，怪峰奇岩，山石兀立，流水潺潺。

1342 羊台山

位　　置：张掖市临泽县

简　　介：羊台山位于板桥镇北部，是合黎山中造型奇特的山峰，形如漏斗，在群山之中犹为显眼。羊台山也是临泽的北大门，由于其特殊的地理位置，是古代临泽向东远去包头、绥远，向北至漠北龙庭，向西至居延海的必经之路，羊台山积淀了丰富的人文内涵。汉代羊台山曾是汉名将苏武牧羊之地，《西游记》中唐玄奘师徒在羊台山晾晒经文，从此羊台山也叫晾经台。羊台山与合黎山中的古长城、烽燧相守望，诉说着当年金戈铁马的厮杀，今日家园的幸福与安宁。羊台山、古长城、烽燧因其独特的地理环境和丰富的人文内涵备受历代文人雅士的歌咏和推崇。具有很高的探险考古、观光旅游价值。

1343 剪金山旅游风景区

位　　置：白银市白银区

简　　介：剪金山旅游风景区位于白银市区东南25千米的四龙镇，濒临黄河北岸，海拔1748米。距离兰白高速23千米，距离兰州中川机场110千米。景区总面积120平方千米。剪金山（原名百花山）为汉唐古丝绸北道上一座道教名山，有悠久的历史，自古就有"陇右名山"的美称。

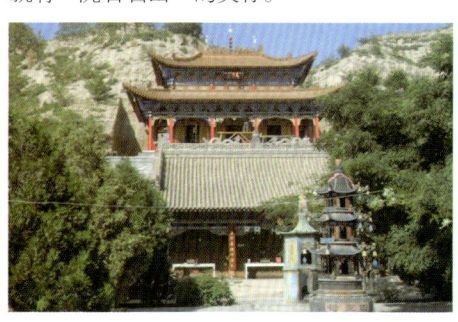

1344 北武当旅游风景区

位　　置：白银市白银区

简　　介：大川渡北武当寺庙建筑群位于距白银市区25千米的水川镇大川渡村西北方向大川渡小学北侧，上下两处寺庙建筑总面积407平方米。北武当寺庙建筑群始建于东晋孝武帝太元十年（385）。原建筑有祖师大殿、雷神庙、文昌宫、龙王宫、古戏台，主峰祖师大殿左翼两座山头分别是三宫殿和娘娘庙；右翼两座山梁分别是财神殿和药王庙；药王殿前有一馒头形小山，上建山神小庙。清同治年间遭兵燹焚毁。1999年，祖师大殿在苏占礼、高炳曙等人的积极努力下，重新恢复建造，其建筑风格略有改变；2005年，文昌宫在原存基石上重新修建。

1345 崆峒山

位　　置：平凉市崆峒区

简　　介：崆峒山位于平凉市城西11千米处，东瞰西安，西接兰州，南邻宝鸡，北抵银川，是古丝绸之路西出关中之要塞。景区规划总面积84.5平方千米，主峰海拔2123米，集奇险灵秀的自然景观和古朴精湛的人文景观于一身，具有极高的观赏、文化和科考价值。自古就有"西镇奇观"和"道源圣地"之美誉。崆峒山属六盘山支脉，是天然的动植物王国，有各类野生动植物约1300余种，森林覆盖率达90%以上。其间峰峦雄峙，危崖耸立，似鬼斧神工；林海浩瀚，烟笼雾锁，如缥缈仙境；高峡平湖，水天一色，有漓江神韵。既富北方山势之雄伟，又兼有南方景色之秀丽。

1346 紫荆山

位　　置：平凉市庄浪县

简　　介：紫荆山位于庄浪县城中心，因仲夏五月满山紫荆花怒放、恰似一山紫云飘浮而得名。有"三山有景云头见，二水无心拂雨来"之称。紫荆山始建于西秦时期。全山游览面积1.5万平方米，集自然景观与人文景观于一体，山势玲珑剔透，雄浑壮观，环境幽雅，令人陶醉。

1347 五龙山

位　　置：平凉市崇信县

简　　介：五龙山位于崇信县锦屏镇铜城工业园区古峡口，距县城10千米，省道304线和宝中铁路从山下经过，交通便利。景区内有以药王文化为主的药王洞、有直插云霄的人间仙山——水泉岭，有独具特色的世外桃源——樱桃沟，有闻名遐迩的"天下第一古槐"——关河古槐王，有氤氲着悲壮气氛的徐茂公墓和当地人为其修建的十三总督城隍庙，还有磨针洞、孙家峡瀑布、马刨泉等景点十多处。

1348 双凤山公园

位　　置：平凉市华亭县

简　　介：双凤山公园位于华亭县城南0.5千米处，它与华亭县城隔汭水而呼应，因鸟瞰状若双凤叠翅，翱翔于城南山巅水滨之上，故名。汉、唐以来，历代均有亭、台、楼、榭之作，曾成规模，北宋天圣七年曾建王母宫，然皆尽毁于兵燹天火之时，湮没于寒烟衰草之中。改革开放后，重修南山，建设公园，1989年完成总体规划，1990年开始，政府筹划、社会捐助，干部职工、各界群众义务劳动，绿化荒山，开拓道路，完成绿化面积0.2平方千米，并修建了两座亭台和双凤阁。

1349 翠峰山翠峰寺

位　　置：庆阳市合水县

简　　介：翠峰山位于合水县肖咀乡，东西长99.5米，南北宽约8米、面积7761平方米。翠峰寺位于山巅，始建于北宋绍圣五年，民国23年复立纪念碑1座。其山圆形，巍然耸立，坐东面西，北、西、南三面诸山环绕罗列。山坡葱绿，沟底溪清，景色宜人。相传合水翠峰山、天水麦积山、平凉崆峒山为姐妹山，三姐妹苦于山阔水深，路途遥远，相见无期，她们相思心切，于是相约只要能高于地平面，就可遥遥相望。

1350 清凉山

位　　置：庆阳市庆城县

简　　介：清凉山位于庆城县三十铺镇雷旗行政村小寨自然村，北至偷牛沟，南至上河湾，西至陈家庄，东至马莲河。山麓有清凉山庙一座，遗存古迹文化品味颇高，内有20世纪八九十年代当地村民捐资修建的古建筑外貌大雄宝殿、万灵宝殿、僧房等建筑，清光绪皇帝御赐"飞越流香"匾悬于万灵宝殿前。庙宇南北长约75米，东西宽约18米，总面积约1400平方米。山门外有石砌拱桥一座，桥西侧岩石下有两孔山泉，风景优美。山腰有两处窑洞结构庙宇，内有清凉山万灵宝殿佛教菩萨、道教神仙等彩塑造像。山底公路东侧台地有新建庙宇及戏台等附属建筑。清凉山是明清时期庆阳府八景之一，号称"灵沿滴翠"。

1351 南横卧佛

位　　置：定西市渭源县

简　　介：南谷卧佛位于渭源县城西南20千米的南横山，东西10多千米的山峰就是一尊隐形卧佛。这卧佛头枕南谷山（蓥鏊山），脚蹬天井峡五嘴崖，仰身而卧，头帽、眉宇、眼睛、鼻梁、嘴唇以及微挺的胸脯、盖着袈裟的身躯都清晰可辨，活灵活现，令人惊叹。当人们坐车沿316国道从会川镇向半阴坡行时，就可清楚地观赏这尊大卧佛。

1352 秀峰山

位　　置：定西市渭源县

简　　介：五竹寺在县城西南15千米处。该地原名秀峰岩，是明朝建文皇帝西逃之遗臣郭节隐居修禅的地方。旧传郭节移五彩竹于禅院，自号"五竹僧"，故山以得名。红岩绿筱，万松大观，石窟寺庙，傍崖而建，松林深处，六月积雪不化，故有"五竹积雪"一景。著名历史学家顾颉刚游五竹寺时题联赞道："五竹交相晖，万松成大观。"

1353 太白山

位　　置：定西市渭源县

简　　介：太白山在渭源县城西南25千米

的会川镇，海拔3300米。因山势险峻酷似华山，有人称它为小华山。传说是太白金星修道的仙山。顶峰穿云摩天，郁郁葱葱。从山顶向下俯瞰，只见云海翻腾，众山环拱，使人大有"会当凌绝顶，一览众山小"的感觉。山上唐代已有庙宇，清道光年间又重建。原建筑毁于20世纪60年代，现在乡民又建有太白殿、三清殿、三霄殿、雪山太子殿、玉皇阁、雷祖殿、山神庙等。每年农历六月初六，山上举行庙会，热闹非凡。

1354 船崖巨舫

位　　置：定西市渭源县

简　　介：船崖巨舫在渭源县城西南77千米的峡城乡，有一船形石崖，昂然矗立于洮河岸边。传说石崖是碧霄娘娘降伏锁林峡水妖时驾乘的神船变的。石崖顶端建有寺庙，名船崖寺。崖下清泉涌流，四周围森林茂密，怪石嶙峋。每年农历六月初六船崖寺举行庙会，花海歌潮，一派欢腾景象。

1355 天井峡

位　　置：定西市渭源县

简　　介：天井峡位于石门夜月南部，峡谷全长10千米，谷中石缝有一清泉喷涌而出，水质清凉沁骨，传说是王母娘娘的瑶池，所以人们称峡谷为天井峡。大自然的神工鬼斧造就了这片奇山秀水。峡谷分前峡、后峡、上峡、下峡四大块，各有不同的山形地貌。峡中有20多个各具特色的景点，主要有仙女屏、歇佛崖、狮象崖、水帘洞、淋仙瀑、马窑湾、天马洞、玉皇城、迷仙巷、天井泉、南天门、腰崖寺、金顶、卧龙潭、洞庭湖等，令人目不暇接。8千米画廊，充满奇、险、壮、绝、清、秀、幽、静、古、野的情趣，使人美不胜收。奇特的山形地貌伴随着神奇的传说，天井深幽，神秘莫测。

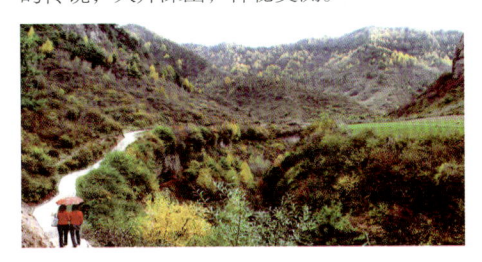

1356 首阳山

位　　置：定西市渭源县

简　　介：首阳山与天井峡、夷齐古冢、石门水库在2000年被评为渭河源国家级森林公园。景区离县城34千米。最高峰海拔2421米，最低2214米。坡度在40~80度之间，总面积约100平方千米。气候属渭源南部土石山冷凉湿润区，年平均气温4~5摄氏度，是一处休闲避暑的胜地。每年农历四月初八，是首阳山的山会。

1357 双燕山自然风景区

位　　置：定西市岷县

简　　介：岷县双燕自然风景区位于县城东南部锁龙乡双燕村境内，该景区集深山幽谷、原始森林、多种植物、峡谷、奇石、溪流及人文自然于一体，非常适合露营旅游和徒步旅游，可称之为"徒步胜地""露营天堂"，是科学考察旅游休闲的理想场所，发展潜力巨大。

1358 高佛寺景区

位　　置：定西市临洮县

简　　介：高佛寺景区位于八里铺镇高庙村五社，建于清朝同治年间，至今已有150年的历史。高佛寺占地0.33平方千米，旅游资源丰富，环境优美。高佛寺是一座集道教与佛教文化于一体的寺院，里面供奉着玉皇大帝、太白金星、八位官神、山神爷、土地爷、送子观音、牛王马祖。高佛寺历史悠久，文化底蕴深厚。经过三次大规模的维修，第三次维修现已初步完成。每逢初一、十五及庙会期间，拜佛上香的信徒络绎不绝。高佛寺不仅有丰富的寺庙文化，周边环境更是优美，院内的松树已有两百年的历史。

1359 玉井峰景区

位　　置：定西市临洮县

简　　介：玉井峰景区位于临洮县城以南10千米、212国道以东4千米的山麓，海拔2330米，区域面积0.73平方千米。相传在玉井峰山的石崖下有多处滴水，聚而成泉，泉水清澈如玉，古人用石砌泉为井，"玉井"因此得名，并因东山、东南山、南山突出的尖顶相连，形似驼峰而得名"玉井峰"。玉井峰自然景观奇特，有天然的石崖悬空。明朝初期建造了玉井峰石寺，石乳悬垂在石寺顶部。寺沟流域有古洮河化石。玉井峰山峦起伏、林木茂密、古柏参天、绿草如茵、野花繁多、百鸟争唱，特别是樱桃花开的季节，满山皆红，秀丽壮观。在巍峨的玉井第一峰——玉井峰上，"旭日东升""晚霞夕照""洮河银带""云海玉盘"四大景观尤为出名。

1360 西岩寺

位　　置：定西市临洮县

简　　介：临洮城西边的洮河西岸，是著名的西岩寺，昔日有"看河楼""临川阁"，气势巍峨，游人登临观景，文人饮酒赋诗，俯视洮河滚滚北流，秀丽的洮阳川尽收眼底。如今西岩寺修复依旧，古风犹存。西岩寺临川阁是元代临洮佛教发展鼎盛时期西岩山庙宇建筑之一，后均毁于清同治之乱及文革。西岩山公园选址在西岩寺临川阁遗址建设，居高临下，巍然屹立，山下洮河如同裙带绕过，对面与岳麓山公园遥相呼应，春日可赏沙堤烟柳，夏日可见洮河放筏，秋日俯瞰波涛涌雪，冬日可看洮水流珠，是观赏"北岭横云""宝鼎停云""南屏积雪"的理想看台。

1361 九龙山景区

位　　置：定西市临洮县

简　　介：九龙山每十二年举行一次普陀大法会，是临洮范围内最大的藏传佛教寺院。九龙山又称二衙山，总面积1.33平方千米。据诸多政教史记载，九龙山原名巴都寺，始建于唐朝末年，历史悠久。整个寺院分上、下寺，上寺建有大雄宝殿，供奉三宝诸佛。

1362 卧龙寺景区

位　　置：定西市临洮县

简　　介：卧龙寺为陇上名刹，地处洮河西岸，距县城西10千米，是太极山支脉，是临洮的大型藏传佛教聚集地之一，景区总面积1.5平方千米。景区有林地0.27平方千米，总建筑面积为3000多平方米，有佛殿12座，佛像50余尊，山上林木青翠，野花飘香，泉水甘冽，空气清新，周围峰峦峻险起伏，气势雄伟壮丽，风景优美。古刹深至山腰，以独特优美的自然、人文景观吸引着广大游客。西岳卧龙，古洮阳八景之一，距今四千多年的马家窑文化、半山文化类型就在卧龙寺周围，它历史悠久、文明辉煌，是洮河西岸的一颗绿色宝石，是旅游胜地之一。

1363 八峰崖

位　　置：陇南市西和县

简　　介：位于西和县石峡镇的八峰崖，距县城16千米。这里有八峰突起，飞崖凌空，故名八峰崖。它南濒西高山，北依天子坪，八峰接云天，崖前秀草长，古洞松掩映，洞水潺潺响，景色十分秀丽。八峰之中，有一相对高度约200多米的山峰，山腰有一高约15米、长约60米的天然洞穴。穴内原有殿宇14间，造像200余身。1960年因火灾，木建筑全部焚毁，现仅存残损造像90余身和部分壁画、明万历年间石碑一块、清代石碑五块。八峰崖石窟共14龛，分上下两层，上层10龛，下层4龛。保存有宋、元、明、清的造像，特别是第10龛高约4米的明代弥勒佛，造像精细，神情生动，表情逼真，保存完好，可与麦积山周代作品媲美。

1364 仇池山

位　　置：陇南市西和县

简　　介：仇池山位于西和县城南 50 千米处，地处大桥乡南部，海拔 1793 米，相对高度 791 米，西汉水由西北绕山脚南下，洛峪河从东南沿山麓西来汇入西汉水，二水汇流山下，形成三面环水、一面衔山的天险胜地。这里是人文始祖伏羲的诞生地，神话传说中刑天葬首的地方，氐人的发祥地，仇池国的故土。海内有 89 部典籍文献有对仇池山的记载。

1365 大香山景区

位　　置：陇南市礼县

简　　介：大香山风景区位于县城南 50 千米处的礼县雷坝乡境内，海拔 2532 米，为礼县高山之一。据《香山传》记载，香山为兴林国妙善修仙成道处，自古名刹荟萃，规模宏大，早在大汉初年就是道教活动的圣地，历代均有增补。1958 年破"四旧"时被拆除破坏，重建于 1983 年，观音殿、无极老母殿、浑元老祖殿、玉皇殿、三清观等凌空筑就，飞檐勾心、梁栋斗角，实乃仙家胜地。现每逢农历四月初八、端午节前后，游人云驰沓至，盛况空前。山上有老虎洞、悄悄泉、点头数、冰凌洞、姐妹石、舍身崖等景点多处。

1366 赤土山公园

位　　置：陇南市礼县

简　　介：赤土山公园位于县城东城区与新城区交界地带，是县城总体规划建设的重要组成部分，公园集生态休闲、文化娱乐、游览观光、运动健身、科普教育等综合功能于一体，是全县重要景观工程和城区居民休闲娱乐场所。公园总体设计以秦文化为主，突出地方特色，昭显人文景观，规划建设"五区八景"。"五区"分别为风情区、秦风遗韵区、泰山庙景区、丛林游览区和入口广场区；"八景"有文化碑廊、雕塑、礼县名人雕塑群、怀古亭、毓秀亭、观景廊、假山和观景平台。

1367 龙王山

位　　置：陇南市康县

简　　介：龙王山又称青龙山，位于康县中部的长坝河南岸，属秦岭山系西段，呈东西走向，长十余千米，海拔 2484 米。是第四季冰川的"神作"。现残留着角峰、刃脊、槽谷、漏斗、石坎等地貌。挺拔，高峻，像一条巨龙横卧于此。是康县境内海拔最高、山体最长的一座山。山上气候四季迥异,景色迷人,林木葱茏,植物种类繁多。生长着130多种中药材,有"药山"之称。

1368 对对山

位　　置:陇南市康县

简　　介:对对山在迷坝乡境内,海拔1700多米,山势雄伟壮观,密林覆盖势如翠屏。重重叠叠的白皮松、铁匠树裹挟着整个山峰,由峰顶向四周延伸,如弥漫的绿烟。主峰三面皆为万丈悬崖,气势险峻,云腾雾锁。

1369 南阳山

位　　置:临夏州和政县

简　　介:南阳山是古"宁河八景"之一,解放前称安远山,因山间时有淡淡的蒸气,似烟似纱,故有"安远晴岚"之景名。据民国《和政县志》记载,"安远坡,县北二十里,驿站所经过",县城"北枕安远"。清举人丁俊有诗道:"适交秋令喜天晴,只为探亲向北征。策马高登安远上,岚光无限映前程。"南阳山是太子山伸出的一条山脉,从太子山延伸而下,入广河县境内,犹如一条长龙横亘在和政县城北面,是县城的北部屏障。群峦起伏,森林茂密,青松苍翠,野草丛生,鸟语花香。其下端有和政著名的宁河八景之一的湫池沟。兰临高速公路穿山而过,省道兰郎公路盘山而过,通向临夏市。南阳渠沿着山梁逶迤延伸至东乡县境内。

1370 半草岭

位　　置:临夏州和政县

简　　介:半草岭位于和政县罗家集乡和买家集镇交汇地带,吊漫路穿山而过。山坡宽阔平坦,通村公路从山腰穿插环绕,峦壑参差交错,半山杨树成林,半山碧草如茵,形成了草坡与灌木林天然分布的奇特景观,是和政三大花儿会场之一。

1371 大山庄峡景区

位　　置:临夏州积石山县

简　　介:大山庄峡位于积石山县刘集乡河崖村,是甘肃省著名的"花儿"会场(盖新坪)之一。南临风景奇特的黄草坪草原,前望茂密的盖新坪林场,北与风情浓郁的保安三庄相连,背靠巍峨雄壮的积石山。平均海拔2300米左右。峡内植被茂盛,水资源丰富,空气清新。景区由石缸峡、中峡、老爷峡三个峡谷组成,峡内群山叠翠,奇峰怪石遍布,大小瀑布跌落山谷，巨石间清泉跳动，悬崖上水幕，珠帘悬挂，自然景观十分丰富，花儿文化底蕴深厚。

1372 大墩峡景区

位　　置：临夏州积石山县

简　　介：大墩峡位于大河家镇，积石雄关峡口处，东临大河家镇，南面是保安族风情浓郁的大墩村，西靠著名的孟达天池，北面与青海省隔河相望；海拔在1800~3300米之间，面积达31.33平方千米。这里自然风光秀美，民族文化浓郁，历史文化悠久；景区由叭口沟、湾架山、注洼沟三部分组成，峡内群山叠翠，灌木丛生，奇花异草充满山谷，谷底清溪潺潺，流泉飞瀑遍布其间。

1373 大峪沟

位　　置：甘南州卓尼县

简　　介：大峪沟中最有气派、最壮美的立体景观，就数以迭山为首的群山崇岭，是天下群山的完美组合、神韵的集中组合、造型的奇特组合。鸟瞰这层层叠叠群山，山体由东向西倾斜，由北向南逐级增高，呈阶梯状。循沟溯水，最低缓的第五阶台地为一座座浑圆缓平的低山丘陵，环抱宽阔的谷间冲积草甸，沿主沟系东西两侧依次排列。第四阶山势逐渐耸起，山体东西对峙，时拢时分，组合于迭山主脉脚下，层层叠叠、巧妙搭配的苍山翠岭，绿浪起伏。峡谷边缘的丹霞地貌，赤壁灰岩，裸岩怪石在阳光彩霞的晖映下栩栩如生。迭山主脉裸露的白岩石，壁立万仞的悬崖，长年不化的冰雪，缠绵缭绕的云雾，连绵数百里，雄壮无比。

1374 莲花山

位　　置：甘南州临潭县

简　　介：莲花山坐落在甘南州临潭县八角乡境内，俗称"西崆峒"，是佛教与道教共有的圣地，顶峰高度3578米。全峰由裸露的石灰岩构成，呈鳞形断层，尖峰乱耸，形似莲瓣，中顶平圆，状如莲蕊，因山峰酷似正在绽放的九瓣莲花而得名。每年农历六月初一至初六的莲花山"花儿会"使莲花山闻名陇上。

1375 麻路景区

位　　置：甘南州卓尼县

简　　介：麻路位于卓尼县城南部 50 多千米处，是扎古录镇政府所在地。洮河与车巴河、立竹沟小河、塔乍沟小河，还有洮河北岸的四五条小河从各个流向汇入洮河，形成了森林密布、草场起伏、水草丰茂、河流交织、山体纵横、牛羊满山的景观。农、林、牧结合的生产结构，形成了经济发展的特殊优势。

1376 大石山

位　　置：甘南州临潭县

简　　介：大石山在今临潭县新城以北十华里处，唐以前称为雾露山，清代名石岭山。《清一统志》巩昌府山川条："石岭山，在洮州厅（今新城）北十五里。旧志：'山势峭拔，草木不生。'按《元和志》：'雾露山在美相县北十里'，即此。"此山海拔 3513 米，多石灰岩矿；其南峰玉笋山"在洮州厅北五里，极高峻，登之可望数百里。"当年秦始皇在此行军。

1377 卧佛

位　　置：甘南州临潭县

简　　介：卧佛位于冶力关镇南约 1 千米的山崖上，有东西走向、长约 5 千米的莲花山支脉山体自然形成的一座形态逼真的天然巨型卧佛像，俗称"千年卧佛"。卧佛由蜿蜒起伏的山崖构成，其造型酷似一尊戴盔披甲而卧的将军，其身躯魁梧，双目凝思远望，神态威严安祥，眉毛、胡须甚至睫毛都清晰可辨，栩栩如生。故又称"将军观天""将军睡千年"。若在晨曦或傍晚观看，更是神态万千，呼之欲醒。据 1994 年《新华社》电讯稿称，她是继乐山大佛之后发现的第二尊巨型佛，也是我国发现的第三尊巨型卧佛中最大、最生动的一尊，也是目前世界上发现的自然形成的卧佛中最壮伟、最完整、最逼真的一尊。同年，《人民日报》海外版也做了专题报导。

1378 措美峰

位　　置：甘南州迭部县

简　　介：措美峰位于卡坝乡尼吉巴村北，海拔 4920 米，是甘南州境内第一高峰，从措美峰中央俯瞰，迭、岷群峰尽收眼底。万山苍翠，雄浑肃穆。茫茫林海雪岩，松涛澎湃，腊象奔驰。峰岭峻拔的山间，遍布着浓密的森林、高山石峰、草原牧场，云雾飘渺，自然清纯，景致异常壮观。

1379 七仙女峰

位　　置：甘南州玛曲县

简　　介：在地处甘肃省玛曲县木西合乡境内（离县城约80千米）的地方，有一座山势奇特的山脉延伸在黄河岸边，自然形成七座大小不一的山峰，叫七仙女峰。著名的藏族学者曾在这里留下了美丽的诗篇和古老的石刻。

（十）湿地景观

1380 秦王川国家湿地公园

级　　别：国家湿地公园
位　　置：兰州市
简　　介：秦王川国家湿地公园是根据甘肃省委、省政府关于兰州新区建设的有关要求和兰州市委、市政府将兰州新区建设成为"产业强城、生态绿城、多湖水城、现代新城"的建设目标，依据《兰州新区林业生态建设总体规划》，利用秦王川南部多年来自然形成的半咸水内陆盐沼湿地建设的项目。根据国家林业局调查规划院编制的初步设计，项目范围包括秦王川南部方家坡村、红玉村和芦井水村的中间洼地部分，最长直线距离东西约1800米、南北约7600米，总面积约3.16平方千米，其中湿地面积1.4平方千米，占公园总面积的44.5%。建设内容主要包括生态保育及恢复区、科普宣教区、管理服务区、景观游览区。项目概算总投资近6亿多元，建设总工期3年。项目建成后，不仅可以保护秦王川地区宝贵的湿地资源和生物多样性，改善兰州新区的生态面貌，促进当地经济社会发展，还可以通过开展湿地保护、生态恢复研究和生境修复试验，改善湿地生态现状，提高湿地生态服务功能，保障秦王川生态的完整性和安全性，为我国内陆盐沼湿地的生态保护恢复及可持续利用提供示范作用。

1381 青城省级湿地公园

级　　别：省级湿地公园
位　　置：兰州市榆中县
简　　介：青城湿地位于榆中北部，黄河南岸的青城东滩，位于东经104°7′26.851″至104°20′8.623″，北纬36°12′38.652″至36°22′44.637″之间，距离兰州市约100千米，距白银市30千米，总湿地公园面积近百公顷。青城土地肥沃，气候温和，光照充足，水资源丰富，适宜种植瓜果蔬菜和水稻，被誉为"陇上江南、鱼米之乡"。青城是古丝绸路上的重镇，也是黄河流经最长的乡镇。

1382 兰州黄河银滩湿地公园

位　　置：兰州市安宁区

简　　介：2005年，兰州市、安宁区两级党委、政府高瞻远瞩，投资4000余万元规划建设兰州银滩湿地公园，总面积0.33平方千米。公园分为4个功能区，即生态保护区、自然景观复原区、科普教育区和休闲游览区，建成"一水、一道、四湖、二十四桥"的园林景观，种植了80余种植物，吸引了许多的水鸟来此安家落户。公园于2007年5月正式对游人开放，湿地公园已成为黄河风情线上的一大亮点，被广大市民称之为"兰州之肾，天然氧吧"。

1383　三江口旅游景区

位　　置：兰州市西固区

简　　介：达川三江口是兰州市自然风光最美丽的地方，它因黄河、湟水河、大通河在此交汇而得名。这里与永靖隔河相望，通过陆路和水路，与上游永靖的AAAA级风景区连为一体。达川境内的黄河位于八盘峡库区，三江口是库区内水位最浅、水面最宽的地方，有2米深、1600米宽。三江口水面平静宽阔，沿岸有大片湿地，芦苇丛生，满目苍绿。

1384　黄河湿地景观

位　　置：兰州市皋兰县

简　　介：如果说峡谷里满目的花岗岩石代表着黄河险峻硬朗的一面的话，那么河岸边那些连绵的湿地便是黄河秀美绮丽的象征。近年来，随着大峡库区蓄水，涨涨落落的河水将一层层的淤泥沉淀在了原来布满卵石的黄河滩上，原本高出平常黄河水面的沙滩都变成了一片片的湿地，滩涂之上不知何时就长出了茂盛的草丛，一片片的蒲叶和芦苇连绵数十亩，蔚为壮观。

1385　花城湖国家湿地公园

级　　别：国家湿地公园

位　　置：酒泉市肃州区

简　　介：酒泉花城湖国家湿地公园位于河西走廊西段酒泉盆地东北部，距酒泉市区25千米，是由祁连山冰川水通过山区冲积扇下渗，在讨赖河下游露头泉水上泛形成的湖泊湿地。湿地特征典型，戈壁、大漠、碧草、绿水相映成趣，自然景观独特，是西北干旱荒漠区弥足珍贵的湿地资源，起着重要的生态屏障作用。花城湖湿地公园所在地酒泉市，是古丝绸之路上重要的历史文化名城，境内有世界闻名的艺术宝库敦煌莫高窟、驰名中外的酒泉卫星发射基地、中国最早的石油基地玉门油田；兰新铁路穿境而过，连霍高速贯通东西，敦煌、嘉峪关、金塔鼎新机场通航全国，交通十分便利。

1386 北海子湿地

级　　别：国家湿地公园

位　　置：酒泉市金塔县

简　　介：金塔北海子湿地位于酒泉市金塔县西北部，距金塔县城35千米。地处金塔绿洲冲积扇缘与北山山脚之间的河谷低地，其水源除山洪水、地下溢出水外，主要由祁连山冰雪融水经讨赖河进入鸳鸯池水库后的季节性泄洪水形成。湿地湖泊东西长12千米，南北宽3千米，蓄水量3000万至5000万立方米。湿地区北接北山山坡，南连金塔绿洲北部扇缘，是金塔绿洲这一内陆干旱区脆弱生态系统的重要组成部分，发挥着水源涵养和维护湿地生物多样性、防止沙漠化和改善区域气候等重要的生态功能，对于维护金塔绿洲生态安全具有重要意义。北海子湿地所在地金塔县，距举世闻名的酒泉卫星发射中心180千米，是进出航天城的必经之地，战略地位十分突出。

1387 嘉峪关草湖国家湿地公园

级　　别：国家湿地公园

位　　置：嘉峪关市

简　　介：嘉峪关草湖国家湿地公园位于嘉峪关市东北部，地处巴丹吉林沙漠和蒙新戈壁前沿，由讨赖河、露头泉水和地下水形成的天然沼泽湿地和人工湿地组成，总面积30平方千米，是嘉峪关市最大的一块天然湿地资源，也是河西走廊最重要的湿地之一，发挥着防风治沙、蓄水灌溉、改善气候等重要生态功能，是嘉峪关市乃至河西走廊区域绿色生态屏障的重要组成部分，是鸟类迁徙的重要停留地、栖息地、繁衍地，具有极大的生物多样性研究和保护价值。

1388 铧尖乡湿地景观

位　　置：酒泉市肃州区

简　　介：铧尖乡湿地面积18.33平方千米，主要是由河流、草木沼泽、湿草甸等天然湿地，以及人工湖、池塘、沟渠等人工湿地为主体构成的复合湿地生态系统，湿地类型多样，原生态特征突出，内有百泉喷涌，自古就有"肃州城东泽国"之称。湿地广布，水草丰盛，对于促进当地旅游文化融合发展、增加文化产业收入起到一定的助推作用。

1389 干海子候鸟自然保护区

位　　置：酒泉市玉门市

简　　介：干海子候鸟自然保护区地处玉门市东北部的花海镇界内，是1982年经甘肃省政府批准建立的省级湿地自然保护区，总面积6.66平方千米，其中水域面积3平方千米。保护区内的26种鸟类，属于《中日候鸟保护协定》保护的有13种，属于国家保护的有8种，每年约有上万只鸟在这里停留、栖息。自20世纪90年代以来，由于超采地下水及无序开荒等原因，致使唯一的输水线——北石河长期断流，干海子于1998年完全干涸。恢复生命底线，拯救干海子，让这片湖泊重现昔日草木茂密、碧水连天、百鸟翔集的风采，已成为人们关注的焦点。

1390 西湖湿地

位　　置：酒泉市敦煌市

简　　介：敦煌西湖自然保护区分布着近30块天然沼泽型湿地，总面积约1135平方千米。在年降雨量不足40毫米而蒸发量却高达2500毫米的沙漠戈壁环卫之中，还有大面积湿地，实属罕见。它早期与罗布泊贯通，但罗布泊早已干涸，即便疏勒河、党河也早已断流，而敦煌西湖湿地仍生机盎然。如今的敦煌西湖湿地大多以季节性沼泽和盐沼的形式存在，春季水泽连天，秋季则苇荡如海。湿地中大片大片的是芦苇，长风吹佛下，苇海泛波，漾绿摇翠，好一派泽国风光。盐沼是敦煌西湖自然保护区现存主要湿地类型，即盐化沼泽，是敦煌西湖恶劣生态环境条件下形成的特有湿地景观。

1391 敦煌南泉湿地自然保护区

位　　置：酒泉市敦煌市

简　　介：敦煌市南泉湿地自然保护区位于敦煌市绿洲农业区外围"西湖"，属党河下游、疏勒河下游冲积湖平原的一部分，海拔1030~1100米。南泉湿地自然保护区就位于敦煌西湖自然保护区的东面。南泉保护区核心区距离市区50千米。

1392 盐池湾湿地

位　　置：酒泉市肃北县

简　　介：盐池湾湿地是甘肃省赔兽动物的主要分布区，有雪豹、白唇鹿、藏野驴、野牦牛等国家一级珍稀保护动物10种，有岩羊、藏原羚、高山兀鹫等国家二级保护动物25种。湿地是候鸟的重要栖息繁衍地。在保护区的平草湖到独山子这一带湿地，分布着8个明镜般的湖泊。这里是鸟的天堂，每年迁徙经过这里的候鸟有4万多只。

1393 永昌县北海子湿地

位　　置：金昌市永昌县

简　　介：北海子湿地位于永昌县城以北1千米，占地面积约0.44平方千米，是北海子湿地风景区五大功能区之一。湿地现有泉眼

206个，泉水汇集而成的金川河由西向东穿过湿地。湿地内原始草甸、湿地和纵横交错的溪流，成为许多野生禽鸟良好的栖息繁衍之所。湿地内绿草如茵，百泉交汇，玉桥曲拱，美不胜收。历史上，这里湖泽如烟，形成永昌八景之一——北湖烟雨。北海子湿地是北海子风景区的重要组成部分，保护开发利用价值较高。

1394 大地湾湿地

位　　置：天水市秦安县

简　　介：大地湾湿地地处五营乡邵店村，紧靠大地湾遗址。湿地面积约0.2平方千米，大面积覆盖着被子植物芦苇（俗称雨子）。大地湾遗址有着8000年的人类文明史和65 000年以来的人类活动史，是中国最重要的新石器时代遗址之一，创造了中国历史上的十个第一，在考古研究、旅游开发等方面的意义重大。

1395 石羊河国家湿地公园

级　　别：国家湿地公园

位　　置：武威市民勤县

简　　介：石羊河国家湿地公园位于民勤县城以南30千米处，南起洪水河桥、北至红崖山水库北缘，南北长31千米，东西间于0.6~3.5千米之间，总面积61.75平方千米。该区域是石羊河进入民勤后，唯一由永久性河流、人工库塘、泛洪平原、灌丛沼泽、草本沼泽形成的复合湿地生态系统，处于民勤盆地的核心区域，保存着民勤境内较为完整的植被群落和多样的野生动物资源，在西北乃至全国干旱荒漠区具有典型性、独特性和稀缺性的特点，地理位置独特，维系着红崖山水库乃至民勤绿洲的安全，生态区位十分重要。

1396 海藏公园

级　　别：国家AA级景区

位　　置：武威市凉州区

简　　介：海藏公园位于城西北2.5千米处，总面积0.40平方千米，北邻海藏寺，南至尹夫人台，海藏河贯穿园内，自南缓缓北流，蜿蜒而下。公园建筑坐落在海藏河西侧，因与古刹海藏寺合为一体而得名。海藏公园始建于1983年12月，现分为南北两湖。南湖占地0.33平方千米，于1995年11月开始开发，目前以大片林木和天然草坪等原始地貌为主。北湖占地0.07平方千米，其中人工湖面积0.028平方千米。现为国家AA级景区。

1397 黄案滩生态系统自然恢复示范区

位　　置：武威市民勤县

简　　介：黄案滩位于夹河乡，地处民勤绿洲东线、腾格里沙漠边缘。2006年实施石羊河流域重点治理以来，为有效遏制地下水的过量开采，民勤县累计关闭机井3018眼，压减配水面积0.029平方千米。黄案滩是全县实施关井压田最大的区域，共关闭机井275眼，压减配水面积25.33平方千米，并在该区域实施围栏封育108.67平方千米。通过严格落实禁止开荒、禁止打井、禁止樵采、禁止放牧"四禁"措施，区内植被得到有效保护。2008年关闭的96眼机井中有7眼自流成泉，围绕井口周围形成小小的水域湿地，水光潋滟、水草萋萋。芦苇、白刺、梭梭、沙枣等66.67平方千米植被群落逐步恢复，植被覆盖度由2006年的28%提高到现在的36%，区内地下水位由2008年的4.2米回升到现在的3.3米。

1398 青土湖防沙治沙示范区

位　　置：武威市民勤县

简　　介：青土湖曾是石羊河的尾闾湖。历史上青土湖水域面积最大时达400平方千米，晚近期湖面面积仍有120平方千米。十九世纪末，由于大西河洪水不断在青土湖汇集，使得青土湖的水面迅速扩大，以至成为晚近期以来民勤境内最大的湖泊。1924年以来，再无较大洪水汇入。解放初期，湖中尚有部分积水。1959年青土湖完全干涸。到七十年代，国家出版的五万分之一地图上已无青土湖一名。2007年10月1日，温总理视察民勤青土湖时指出，石羊河流域综合治理要打好三套"组合拳"。为了全面贯彻温总理讲话精神，阻隔两大沙漠合拢，民勤县在青土湖采取干部群众义务投工投劳和重点生态项目支撑相结合的方式，开展了大规模的生态治理活动。累计营造防风固沙林33.33平方千米，完成围栏封育面积80平方千米，移民搬迁147户、667人。2010年以来，县上有计划地向青土湖下泄了生态用水，使干涸51年之久的青土湖连续三年人工形成了季节性水面。

1399 张掖城北国家城市湿地公园

级　　别：国家城市湿地公园

位　　置：张掖市甘州区

简　　介：润泉湖公园是湿地公园，位于甘肃省张掖市甘州区城区东北角。总占地面积1.22平方千米，其中，湖区面积0.44平方千米，钓鱼岛面积0.02平方千米。公园以"绿色、人文、运动"为主题，突出"亲水环境、植物景观、人性空间、休闲时尚"的设计理念，再现"丝绸明珠、塞上江南"水乡风情，规划建成四季常绿、鸟语花香、苇溪连片、湖水荡漾的生态公园，公园于2009年12月获国家住房和城乡建设部命名，成为省内唯一的国家城市湿地公园。

1400 黑河烟林景区

级　　别：国家水利风景区
位　　置：张掖市临泽县
简　　介：黑河烟林现为国家水利风景区，位于临泽县平川镇集镇附近，距临泽县城25千米，临平公路、张罗公路紧邻景区。黑河烟林景区占地面积1.02平方千米，其中水域面积0.75平方千米，紧靠黑河北岸和平川水库，景区内水资源极为丰富，周围红柳、河柳、沙枣、柏杨等各类树木众多，奇花野草形成了天然的草坪，白天鹅、野麻鸭在芦苇荡中嬉戏，生态环境良好。景区已开通了简易道路，完成了休闲垂钓园、水上游乐园、烟林观赏园、餐饮风情园等景点的规划布局，餐饮风情园开发经营初具规模，是休闲聚会、避暑垂钓的理想之地。

1401 双泉湖湿地

级　　别：国家水利风景区、国家AA级景区
位　　置：张掖市高台县
简　　介：双泉湖沼泽湿地是临泽县重要湿地，位于县城北部5千米处，总面积8平方千米，东至蓼沙公路，西至磨沟，南至环城路及化音村耕地，北至马营村，属国家水利风景区和国家AA级旅游景区。

1402 高台县黑河湿地公园

级　　别：国家城市湿地公园
位　　置：张掖市高台县
简　　介：黑河湿地公园依黑河而建，东起黑河大桥，西至大湖湾，总面积6.67平方千米，分东、西两区，概算总投资3.5亿元。东区总面积2平方千米，主要由"曲水"湖区、水上休闲区、红西路军纪念林区三大景观组成，重点突出文化、休闲及服务功能；西区总面积4.67平方千米，主要建设跑马场、汽车自驾营、烧烤营、度假别墅、商务会所等项目。力争通过不懈努力，将其打造成为集湿地展示、休闲娱乐、旅游观光、产业发展于一体的国家级湿地公园和国内独具特色的县域生态建设样板区、城市形象展示区、特色文化汇集区、湿地产业聚集区及人与自然和谐区。

1403 滨河新区

位　　置：张掖市甘州区
简　　介：滨河新区位于张掖市主城区的西北侧，张掖市国家湿地公园西南侧，西面紧邻黑河，距离张掖市中心4千米，城市外环道路和北环路从中间穿过，对外交通十分便捷。张掖滨河新区及国家湿地公园共有开发建设用地23.78平方千米，其中宜居开发用地7.49平方千米，宜游开发用地9.09平方千米。未来的滨河新区，集行政办公、商务会展、教育科研、生态居住、餐饮娱乐、旅游休闲于一体，将是一个古朴风格与现代气息交融、时尚元素与生态特色鲜明的城市新

区。"西部内陆水都之城、金张掖威尼斯风情小镇"即将呈现在世人面前。总体布局以突出疏解城市中心区人口为目的，考虑本区现状形成的城市格局以及正在进行的建设项目和即将进行的建设项目，按照分期建设和经营城市的模式，根据用地的自然特征、规划功能定位和路网格局，形成"一心两轴四区六组团"。

1404 黑河湿地

位　　置：张掖市临泽县

简　　介：黑河是张掖人民的母亲河，千百年来，养育了勤劳善良的张掖儿女，孕育了辉煌灿烂的丝路文化。对黑河流域湿地实施综合治理和保护，是造福当代、恩泽子孙的千秋大业，国家对此高度重视，从战略高度出发，于2011年4月批准建立"甘肃张掖黑河湿地国家级自然保护区"。黑河湿地保护区位于黑河中游，跨甘州、临泽、高台三县区14个乡镇，总面积411.64平方千米，其中，黑河干流流经临泽境内51千米，全部纳入了黑河湿地自然保护区。有天然湿地和人工湿地2大类，河流湿地、湖泊湿地等4个类型，永久性河流、季节性河流等11个类别。这些湿地发挥着涵养水源、调节气候、净化水质、防风固沙等多种生态功能，既是减轻沙尘暴危害、阻挡巴丹吉林沙漠南侵的天然屏障，也是全县人民繁衍生息和经济社会可持续发展的重要依托。

1405 黄河假日城（湿地公园）

位　　置：白银市白银区

简　　介："黄河假日城"地处白银市白银区水川镇，距省会兰州92千米，中川机场113千米，市区23千米，规划总面积8.07平方千米。"黄河假日城"按照"水陆并进、立体开发、纵向延伸、文旅共舞"的开发理念，以黄土高原为纸，以黄河为墨，以休闲为题，"兰白后花园、黄河假日城"的形象定位，"一轴（黄河文化轴）、二面（一级台地和二级台地的界面）、三带（一线生态休闲带，二线产业发展带，三线度假居住带）、两镇（水川新市镇，假日风情镇）、八组团（湿地组团、会展组团、旅游商业街组团、文化创意组团、养生组团、水上游乐组团、入口接待组团、高端居住组团）"的开发布局，依托黄河湿地一流的生态环境，以康体养生为特色，开发建设水川湿地公园及多功能、高档次国际商务会展中心等功能区，对接养生和金属艺术品巨大的市场需求，发挥全国有色金属生产基地和铜城的资源优势，打造集有色金属工艺品等旅游文化产品的研发、销售、展示等于一体的"西北文化创意产业示范园区"；大力发展旅游、文化、会展三大产业，建设集养生度假、文化创意、商务会展、休闲农业、婚庆旅游于一体的"兰白经济区休闲养生度假地"。

1406 齐靳田园风光暨农家乐示范基地

位　　置：白银市会宁县

简　　介：齐靳田园风光暨农家乐示范基地项目位于县城南30千米的侯家川乡葛滩村齐靳社，区位优势明显，发展基础较好，交通优势突出；从事劳务产业的人群集中，群众观念相对先进开放，思想基础较好。根据当前会宁县发展红色旅游产业、加快新农村建设的总体要求，规划建设的富民项目，能很好地带动当地农民致富。项目地理位置优越，环境幽雅，交通便利，会宁得天独厚的红色旅游区位优势有利于发展旅游及相关服务产业。经过充分的市场调研后，为适应市场需求，投资建设侯家川乡葛滩村齐靳社"农家乐"项目。

1407 靖远县黄河湿地公园

位　　置：白银市靖远县

简　　介：靖远县黄河段形成的湿地、河心岛、滩涂星罗棋布，水草丰美，形成了十分丰富的湿地资源，生物多样性较丰富，有野生种子植物473种，有脊椎动物131种在这里栖息繁殖，同时，这里也为野生候鸟提供了良好的栖息和迁徙繁殖环境。植物资源以温带植物和盐生草本植物为主，主要植物种群以芦苇、香蒲、莎草、灯心草、眼子菜、菖蒲、慈菇等为代表，并有稀少的北温带成分植物伴生。除自然分布的植物之外，还有人们为保护河滨区域而人工栽种的大量刺槐、杨树、柳树、沙枣、臭椿、白腊、紫穗槐、榆等乔灌木树种。近200余种野生动物中有国家Ⅰ级保护动物有5种，国家Ⅱ级保护动物有14种，分布的脊椎动物约有88种。其中鱼类13种，两栖类2种，爬行类4种，鸟类47种，哺乳类22种。列入国家保护动物名录的鸟类有鸢、苍鹰、雀鹰、游隼、燕隼、猎隼、红腹锦鸡、鹏鸮、大石鸡、灰鹤等，均为Ⅱ级保护种类，共10种。

1408 景泰县水沟湿地园

位　　置：白银市景泰县

简　　介：景泰水沟湿地园位于县城东10千米的芦阳镇城北墩村，水沟峡谷中结流成湖，湖面达31万平方米，湿地面积70万平方米。景区内山谷纵横，山峦起伏，长城隐现，水波潋滟，芦苇丛生，鸭游鹤翔，桥曲径直，屋院楼方，宇新亭宽，旁邻汉代媪围古城遗址。可以划船、钓鱼、游泳、蹦极、攀岩、餐饮，是一旅游、度假、休闲、娱乐的胜景佳地。

1409 米家沟生态园

级　　别：国家 AAA 级景区

位　　置：平凉市华亭县

简　　介：国家 AAA 级旅游景区米家沟生态园位于县城东郊 5 千米处，景区面积 1.95 平方千米，交通十分便利。景区平均海拔 1600 米，年平均气温 7~8 摄氏度，森林覆盖率 67.6%，植被丰茂，林壑优美，动植物资源丰富，自然景观独特。春可赏花、夏可纳凉、秋可观叶、冬可看景，是人们旅游观光、休闲度假、怡神养性的理想之地。

1410 文县黄林沟国家湿地公园

级　　别：国家湿地公园

位　　置：陇南市文县

简　　介：文县黄林沟国家湿地公园位于文县县城东北部，与文县天池仅一山之隔，是陇南市第一个国家湿地公园；公园集湖泊、河流、沼泽、森林于一体，给人以"芳草萋萋白鹭飞，彩林莽莽雾迷离"的感觉。

1411 岷县狼渡滩湿地草原

位　　置：定西市岷县

简　　介：岷县狼渡滩湿地保护区位于渭河支流上游，距离岷县县城 80 千米，总面积 22 平方千米。狼渡滩位于陇中黄土高原和甘南草原交汇地带，是高寒阴湿地区生态系统的典型代表，北与漳县相邻，东南与礼县接壤，为南北走向带状分布，区域总面积为 6.67 平方千米。区内为平坦状高原，最高海拔 2820 米，最低海拔 2746 米，气候高寒阴湿，泥炭沼泽得以广泛发育，沼泽植被发育良好，生境极其复杂，生态系统结构完整，生物多样性丰富，特有物种繁多，是岷县生物多样性最丰富的地区。据初步调查，动植物种类丰富，其中国家一级重点保护鸟类 2 种，二级保护鸟类 4 种，兽类 8 种，是岷县乃至定西地区目前保存比较自然、完整的一块湿地。"一碧千里"的闾井狼渡滩早在七八十年代曾是一块巨大的典型沼泽湿地，但如今沼泽地仅剩 1/3 左右，蓄排水功能大大降低，湿地系统逐渐被蚕食，生物物种数量不断减少。

1412 黄河三峡湿地自然保护区

级　　别：省级湿地自然保护区

位　　置：临夏州永靖县

简　　介：黄河三峡湿地自然保护区是因修建刘家峡、盐锅峡、八盘峡三个大中型水电站而形成的人工湿地，主要位于甘肃省临夏回族自治州永靖县境内，从南向北纵贯全县，呈带状分布。甘肃黄河三峡自然保护区是根据 1995 年 1 月 31 日甘林资字 [1995]11 号《关于建立甘肃黄河三峡湿地自然保护区的批复》建立的省级湿地自然保护区。保护区位于临夏回族自治州永靖县，东至关山乡境内松树岘，西至杨塔乡境内炳灵寺石窟，南至刘家峡库区南岸。保护区呈带状分布，由南向北纵贯县境，将永靖县分成东、西两部分，保护区总面积195平方千米，其中湿地面积152.7平方千米，林地面积42.29平方千米。由林业部门主管，主要保护对象是迁徙水禽及其栖息停歇地，维护湿地生态系统的完整性和生物多样性。这里是由西伯利亚通往中亚和澳大利亚地区两条全球候鸟迁徙路线上一个重要的栖息停歇地，这里已成为我国西北干旱半干旱地区和黄河中上游地区一道重要的生态屏障，具有极高的社会、生态、经济价值。

1413 阿万仓贡赛尔喀木道景区

级　　别：国家 AA 级景区
位　　置：甘南州玛曲县
简　　介：阿万仓湿地生态游牧文化区的贡赛尔喀木道湿地景区，藏语意为贡曲、赛尔曲、道吉曲三条河流与黄河汇流之地，景区为 AA 级景区。距县城 54 千米，面积约 200 平方千米，这里地势西北高、东南低，一般海拔在 3400 米至 3700 米之间，是中国最大、最美湿地草场。

1414 岭草湿地公园

位　　置：甘南州舟曲县
简　　介：岭草湿地公园位于峰迭新区白龙江北岸的岭草坝，该公园占地面 0.11 平方千米。园内主要有景观建筑、游客服务中心、医务室、公厕、停车场、人工湖、铺装亭子、植物配置、民俗文化演艺舞台、步行桥等内容。岭草湿地公园是以低碳、环保、生态、养生为主，集旅游、休闲、观光、民族文化传承于一体的民俗文化主体公园，是民俗文化与现代文化的融合。

1415 乔科大沼泽地

位　　置：甘南州玛曲县
简　　介：乔科大沼泽地，藏语称乔尔干，位于玛曲县东南曼日玛乡境内，面积 1000 多平方千米，沼泽地平坦广阔，坡丘平缓，水草丰美，是得天独厚的天然草场，因出产河曲马（原名乔科马）而闻名天下。乔干是河曲马的中心产地，也是丹顶鹤、黑颈鹤、白天鹅、黄羊、藏羚羊等珍稀野生动物的栖息乐园。

(十一) 其他

1416 达川香草世界
位　　置：兰州市西固区
简　　介：达川三江口景区将着力打造花卉观赏基地。积极筹措资金，打造以薰衣草为主的"香草世界"花卉观赏基地和各类观赏性瓜果为主的新奇特农业观赏园，将三江口建设成为西北地区最大的花草观赏基地。

1417 红山寺红色旅游景区
位　　置：白银市平川区
简　　介：红山寺红军打拉池会师旧址位于白银市平川区东南部的共和镇境内，是白银市平川区的重要文化遗产。1936年9月中国工农红军第一、四方面军在此会师，彭德怀元帅在此驻军长达48天，筹备了会宁会师，对中国革命胜利做出了重要贡献。屈吴山、红山寺都是革命先辈战斗过的地方，非常适合发展红色旅游，红山寺现为平川区爱国主义教育基地，具有丰富的旅游资源，区位优势明显，开发建设十分必要。

1418 古树国槐（一级）
位　　置：兰州市城关区
简　　介：树高8米，胸围534厘米，树生长在春园内，树的生长环境良好；树被雷击过，树根上长出新枝，长势好。

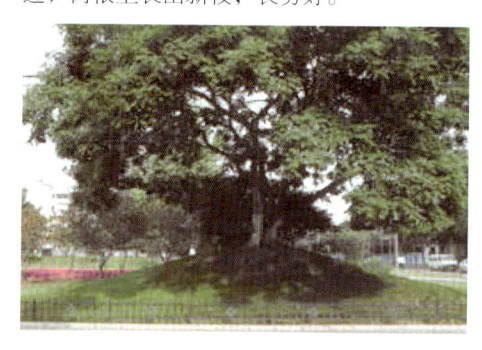

1419 古树国槐（一级）
位　　置：兰州市城关区
简　　介：调查号086号国槐（一级），生长在南滨河路绿色公园内（中间），树龄是712年，树高20米，胸围445厘米，冠幅东西20米，南北21米，海拔1500米，GPS信息 E103°50.478′，N36°03.731′，权属国有，树势旺盛，树在3米处分枝，分为4枝，树的根部裸露于外部，裸露于外部的地围为11米，采取了好的保护措施有16平方米的铁围栏，树的生长环境好。

1420 古树国槐（二级）

位　　置：兰州市城关区

简　　介：生长在西关什字清真大寺院内，树龄是306年，树高19米，胸围318厘米，冠幅东西17米，南北15米，海拔1507米，GPS信息 E 103°51.051′，N36°03.595′，权属国有，树势旺盛，树在1.8米处分为2枝，树四周均有建筑物；树露于地表的部分与树根处距离为1.8米，有深1.8米、面积为36平方米的树池。

1421 将军沟

位　　置：兰州市七里河区

简　　介：烂泥沟以云顶山法显寺恢复重建为依托，完成"释、道、儒"三教"祈福区"建设；大沟以"阿哥寨"项目建设为龙头，打造以休闲娱乐为主的"农家乐"特色旅游品牌，以此带动地区旅游产业的发展；将军沟完成以森林生态观赏区和高档次别墅区为主的游乐设施建设。

1422 灵岩禅寺

位　　置：兰州市七里河区

简　　介：寺据史料记载，西晋永嘉年间，吐谷浑内乱，慕容贵称鲜卑大单于，率部西迁阴山，经陇山西进，扩大领地，统领四川氐羌、甘南、青海东部藏区。后因与吐谷浑不和而东迁兰州，依水草为牧，择阿干而居。石佛沟石佛洞乃彼修行之处，遂于其地建成寺院，因洞中有石刻佛像故取名"石佛寺"，后由蒙、藏喇嘛主持，毁于战乱。清嘉庆年间，由一俗姓李之僧人曾化缘重修，更名为"石佛禅院"，其中前、后二殿毁于民国，中殿毁于"文革"，仅岩洞尚存。《重修皋兰县志》中记载："石佛寺乃藏传佛教密宗道场，主供金刚萨锤双身像。"2008年拉萨色拉寺著名高僧——钦则仁波切为重修道场、弘扬正法慷然重修石佛沟灵岩禅寺。历经两年多时间的紧张施工，投资6000万元，相继建成经堂、释迦佛殿、弥勒佛殿、观音殿、宗喀巴大师殿、护法殿、度母殿、财神殿、文殊殿、读书殿、藏经楼、辩经殿、药师殿、本尊殿等，大、小佛殿十三处，并建成经纶幽廊、如来八塔、石佛金龛、鎏金伞盖、双层经轮等民族宗教建筑群。

1423 黄河母亲

位　　置：兰州市七里河区

简　　介：石质雕塑，位于兰州市黄河南岸的滨河路中段、小西湖公园北侧，长6米，宽2.2米，高2.6米，总重40余吨，是目前全国诸多表现中华民族的母亲河——黄河的雕塑艺术品中最具艺术价值的。作品在全国首届城市雕塑方案评比中获优秀奖。"黄河母亲"现已经成为兰州的标志性雕塑，也代表着兰州形象。

1424 石佛洞、石佛寺、石佛沟

位　　置：兰州市七里河区

简　　介：清初，当地居民毁林垦田，发现石崖上有一石洞，纵深数丈，幽深昏暗，洞中刻有石佛图像，故名"石佛洞"。其洞石佛画像建造年代失考。据《皋兰县志》卷五，古迹载："东晋时，鲜卑人吐谷浑在此地放牧军马。"疑石佛沟为慕容客贵所建。又据传说，在清嘉庆年间有一僧人采药山中，忽闻击磬之声，便寻觅到石佛洞中，僧人认为这是超脱人间的洞天福地，便在此挂禅修行。后经僧人数年苦心化缘集资，修建了"石佛寺"（现已改为灵岩禅寺），石佛沟之名即由此而得。《皋兰县志》有"石佛寺在县南石佛沟"的文字记载。《皋兰县续志》也载"入谷十余里，古木塞路，松柏参天，无虑数千株，药草多异种，林际多异鸟，有鹦鹉等。崖左右有泉、泻湖石罅，琅然如琴筑"。诗人秦维峻诗曰："灵山有谷最清幽，树里寻来细水流。不见光明真世界，满山花雨下僧楼。""缓上危岩佛小楼，小栏云护万松盘。倦来坐对番森话，林下香风扫石增。"所有这些都说明了当时石佛沟环境的清幽、风景的秀美。

1425 法宁寺

位　　置：兰州市七里河区

简　　介：始建于唐朝贞观年间，是文成公主进藏途径兰州时修建的四座寺院之一。

1426 小西湖公园

位　　置：兰州市七里河区

简　　介：小西湖公园自1984年正式兴建，总占地面积0.15平方千米。现已建成湖面0.046平方千米、绿地0.057平方千米、道路广场及组景建筑0.05平方千米，于1987年10月1日向市民开放。在景观资源相对匮乏的兰州，小西湖公园一直是市民和游人纳凉垂钓、休闲观光、赋诗作画的好去处。近三十年来，七里河区对小西湖公园不断修葺完善，尤其是2010年2月，投资800万元的小西湖透绿文化长廊竣工，为兰州街头增添了一处文化内涵丰富的人文景观。

1427 青冈岔遗址

位　　置：兰州市七里河区

简　　介：长宽约200米，面积约4万平方米，1963年省博物馆进行试掘，为马家窑文化和齐家文化的混合型遗址。

1428 阿干镇法显寺

位　　置：兰州市七里河区

简　　介：该景区将主要修建云顶山亭、台、楼、阁等24个，民俗村2个，宾馆1栋，索道1处，观光林0.67平方千米，完成寂静园、千佛阁工程、先祖堂和云顶大佛等工程。

1429 西固旱柳

位　　置：兰州市西固区

简　　介：西固区小平村代家河湾社祖师殿院内一级古树（调查号131号），树高17米，胸围588厘米，此树被当地人供奉为神，树上挂有很多荷包，据说生病的人在树上挂荷包，求树治病，树在2007年7月11日挂牌，挂牌时当地有锣鼓队庆贺；西固区辰光小区13号楼北侧是三级（调查号213号），树高15米，胸围290厘米。

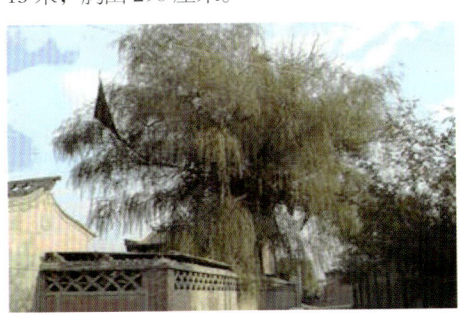

1430 关山古榆树

位　　置：兰州市西固区

简　　介：关山榆树树龄200年左右，生长旺盛，保护良好。

1431 关山森林公园传教士避暑英式楼

位　　置：兰州市西固区

简　　介：60多年前，供职于兰州福音医院的英国士绅为一睹"佛光"奇观，在山上盖起一座英式小楼住了下来，现主人不知所向，唯小楼和他用过的二十多套餐具保留了下来。

1432 西固国槐

位　　置：兰州市西固区

简　　介：西固区金沟乡小学院内（1017年，126号）、新城新联小学（362年，133号）、西固城第一小学（245年，165号）各1棵。

1433 文化广场

位　　置：兰州市西固区

简　　介："石化之光"广场位于兰州石化林场场部对面，面积8900平方米，广场东侧修建石化文化展览室，室内陈列兰州石化厂区微观模型，展示石化的建设成果；西侧设波浪形的浮雕墙，反映石油从产生、开采、提炼一直到使用的过程，以及新中国石油化工工业的发展历史。

1434 翰墨轩

位　　置：兰州市西固区

简　　介：翰墨轩位于催化剂厂护林点，占地面积约3500平方米。两进院落，由书画院、展览馆、藏书阁三座主要建筑组成，由廊架相连接，建筑为明清风格。庭院内植松柏，院内设置水缸种植莲花，后院放置书法碑刻，周边植物以常绿树为主，形成清幽、静谧的氛围。此地现用于开展南山书画大会、古琴抚琴表演、礼乐表演等文化活动，也成为石化职工书法交流平台。

1435 生态度假村

位　　置：兰州市西固区

简　　介：鸿安生态度假村位于石头坪北侧，为两层别墅院落，可提供餐饮和住宿。

1436 万寿寺

位　　置：兰州市西固区

简　　介：位于杏胡台前沿，紧邻公园西南边界，寺庙始建于唐代，已有1300多年的历史。万寿寺坐西向东，前后占地约0.013平方千米，背靠三架山，三个山头好似三尊大佛。

1437 关山青冈

位　　置：兰州市西固区

简　　介：关山青冈树龄已达600年以上，现生长旺盛、保护良好。

1438 铁道学府双古枣树

位　　置：兰州市安宁区

简　　介：兰州铁道学院（现兰州交通大学）校园内，存有2棵树龄400年的古枣树，树高均为6米，胸围分别为2.2米和2米，冠幅分别为48平方米和32平方米，整个树形古色古香。

1439 金城古枣树

位　　置：兰州市安宁区

简　　介：兰州安宁桃林村有一棵古枣树，树龄约600年，树高12米，胸围295厘米，冠幅270平方米。

1440 兰州植物园

位　　置：兰州市安宁区

简　　介：兰州植物园地处兰州市安宁区枣林路施家湾1号，占地0.35平方千米，北邻大青山，南接兰州交通大学科技园，东与国防学校接壤。交通十分便利，兰州植物园的前身是兰州市施家湾苗圃，于2008年11月11日正式更名为兰州植物园，自1993年筹建以来，已建成了0.031平方千米的人工湖、油松林休闲区、特色餐厅、文化活动室及会议厅。

1441 古树国槐2棵（一级）

位　　置：兰州市榆中县

简　　介：调查号263号国槐（一级），生长在榆中县来紫堡乡黄家庄村，树龄是263年，树高22米，胸围397厘米，冠幅东西21米、南北21米，海拔1560米，GPS信息E 104°03.199′，N 36°02.078′，权属集体，树势旺盛，树在3.5米处分为5枝，树西侧0.1米处有2米高的供奉的香炉，树南侧堆有石头，有面积为7.07平方米、高为1.5米的铁围栏，铁围栏上缠有红色、粉色的布条，此树是明洪武十五年间栽种。调查号264国槐（一级），生长在榆中县三角城乡下彭家营村，树龄是617年，树高24米，胸围359厘米，冠幅东西20米、南北21米，海拔11 760米，GPS信息E 104°12.000′，N 35°54.733′，权属集体，树势旺盛，此树的树形漂亮，它被当地人供奉为神树，部分树根裸露于外部，树东侧2.5米处有一个木头小房子，用来祭拜供奉，树根北侧0.1米处有一个1.5米高的烧香供奉的香炉；有面积为346平方米的树池，树池边上沿着树池长有一圈侧柏，树南侧树池外是铁路，树的生长环境良好。

1442 古树云杉（4棵）

位　　置：兰州市榆中县

简　　介：调查号247、248、249、250号4棵云杉，树龄都在500年以上，一级古树，生长在榆中县兴隆山东山成吉思汗文物陈列馆西南侧，海拔2300~2360米，权属国有，树势旺盛，树的生长环境良好。247号树龄是513年，树高39米，胸围210厘米。248号树龄是508年，树高43米，胸围370厘米，GPS信息E 104°04.020′，N35°47.968′。249号在西南侧10米处，树龄是508年，树高24米，胸围253厘米，GPS信息E104°04.015′，N35°47.967′，树向西侧倾斜，有面积为2.83平方米、高为0.5米的铁围栏，树周围水泥地硬化。250号生长在兴隆山东山"成吉思汗文物陈列馆"北侧18米处，树龄是508年，树高40米，胸围263厘米，平均冠幅7米，GPS信息E104°04.017′，N35°47.981′树形很标准，有铁围栏。

1443 皋兰县小峡水电站

位　　置：兰州市皋兰县

简　　介：黄河小峡水电站位于兰州市皋兰县境内黄河干流上，上距兰州市35千米。下游临近什川镇。为黄河龙—青段规划的第19个梯级电站，为黄河小三峡"小峡、大峡、乌金峡"最上一级电站。小峡水电站坝址位于小峡峡谷出口处，控制流域面积22.51万平方千米，多年平均流量为1057立方米/秒，多年平均悬移质输沙6500万吨。总装机23万千瓦，总库容4800万立方米，年发电量9.56亿千瓦时。

1444 中国农民第一桥

位　　置：兰州市皋兰县

简　　介：建桥工程于1969年11月13日动工，1971年5月20日竣工。桥长435米，其中主桥165米，引桥270米，桥面净宽7米。桥两端耸立着15米高的钢筋混凝土龙门，每根重2吨的14根粗壮钢索凌空悬挂于桥的龙门与桥栏之上。桥面由木板铺成，载重8.5吨。桥两侧有人行道。最大汛期时水距桥面3米。

1445 大明寺

位　　置：兰州市皋兰县

简　　介：位于什川吊桥西广场以北山顶，为兰州一法师于1987年建造。该庙院坐西向东，占地0.0026平方千米。正西坐落大殿，砖木结构，五开间，殿前及左右为2米宽檐廊，立柱14根。该殿建于1米余高的台上，两旁9级台阶，整座殿气势恢宏。殿内供佛像10余尊，正面两排，前排坐释迦牟尼佛、药师佛、阿弥陀佛、文殊菩萨、普贤菩萨；后排立阿弥陀佛、大势至菩萨、观世音菩萨；左侧为弥勒佛坐像，右侧为地藏王菩萨坐像，前立护菩萨。

1446 石洞寺森林公园景区——名藩塔

位　　置：兰州市皋兰县

简　　介：名藩塔位于石洞寺森林公园景区东山之上，分为基座和塔身两部分，一共有五层。整座塔采用独具地方特色的建筑样式和绘画风格，雕梁画栋，飞檐峭壁。塔的内墙用壁画的形式，集中反映皋兰历史进程中的文化名人，以历史为背景，以人物为重点，浓缩名人的业绩和皋兰人对历史的贡献。登塔眺望，皋兰的美景一览无余，是绝佳的观景平台。

1447 石洞寺森林公园景区——文化长廊

位　　置：兰州市皋兰县

简　　介：石洞寺森林公园景区内，拥有众多的自然和人文景观，文化长廊是其中重要的人文景观。位于石洞寺东山上的文化长廊，长167米，共有33间，通过对现有长廊彩绘进行改造，赋予文化内容，建成了皋兰历史文化长廊。

1448 什川华夏奇园

位　　置：兰州市皋兰县

简　　介：华夏奇园创办于2008年4月，总占地0.03平方千米，位于皋兰县什川镇万亩梨园之中；园内经营红色收藏展览、红色主题餐厅、红色怀旧歌舞表演、红色文化交流、风情篝火晚会、多功能会议厅、傣家竹楼住宿等。根据使用功能、特点及地形现状，园区集南北造园经典和当地自然景观于一体，别有奇观，与"什川八景"相映成趣，让游客尽享"百年梨园"之物华；园区主要功能区划分为观赏区、休闲区、住宿区及娱乐区；其中最具代表性的和富有特色的当属奇石馆，馆内汇集南北雅石，大的雄奇俊秀、惊心动魄；中的形态千秋、江天万里；小的精美绝伦、玄妙无穷。

1449 兰州绿色文化博览园景区

位　　置：兰州市皋兰县

简　　介：兰州绿色文化博览园景区位于皋兰县忠和镇王家坪，在兰州市北大门，距兰州市区23千米，园区规划总面积20平方千米，按照"以人为本、以绿为基、以史为脉、以文为魂、以山成形、以水造景"的建设宗旨，主要建设展览馆一座，建筑面积7042平方米，区内运用声、光、电、多媒体、图像、实物标本等多种形式和手段，全方位、多角度展示兰州人民不畏艰险、持之以恒改善生态环境的漫长、艰难历程和取得的显著成效；建设中心生态景观园区1.52平方千米，同时，适当建设一些休闲、娱乐设施。

1450 北龙口休闲度假景区

位　　置：兰州市皋兰县

简　　介：北龙口休闲度假景区位于皋兰县忠和镇兰州市北大门，距兰州市区20千米，是兰州市南北两山绿化带的重要组成部分。近年来，先后建成了兰州军区大砂沟绿化基地、南北两山绿化育苗基地、兰州绿色文化博览园、百兴山庄和省市党政军植树纪念林、中日友好纪念林和朱总理观景台等旅游景点。已具备了游客餐饮、休闲、观光、度假功能，为兰州市民、皋兰市民提供了游玩的好去处。

1451 显应洞天

位　　置：兰州市永登县

简　　介：显应洞天是指水磨沟的老爷洞。距连城5千米处的水磨沟石壁有一石洞，洞高5米，洞深4米。旧时洞口修一楼阁，飞檐翘角，悬于半空。楼下设梯，洞内泥塑关公像，头戴纶巾，身着金甲，手持大刀，端坐在莲台上。对面东岸右壁上有马蹄印迹，自然天成。

1452 东山楼阁

位　　置：兰州市永登县

简　　介：东山楼阁在红城南门外东一里的清明山，山上庙宇古朴典雅，玄妙奇巧。每至清明，方圆百里的群众、商贾云集于此，有诗云："半山钟声鸣烟柳，信步夕阳入庙游。老柏苍苍冷古殿，清风阵阵响空楼。云飞栏外天影静，数翠窗底鸟语稠。待到清明桃李笑，此处歌舞总不休。"

1453 中流古刹

位　　置：兰州市永登县

简　　介：中流古刹建筑在玉山小学东北角玉山寺，寺内木质楼阁，坐落于伸向庄浪河中的链板石上，远远望去如同峭壁上一只凌空欲飞的雄鹰。庄浪河汹涌澎拜，而楼阁似在波涛之上，故称"中流古刹"。有诗赞曰："红城烟景何处幽，庄浪水拍古刹流。绿树参天荫盖寺，洪涛接岸势吞楼。乌岭遥耸青天外，丽水远来白云头。紫塞山村眼难尽，疑是身置洞庭湖。"

1454 虹桥挂月

位　　置：兰州市永登县

简　　介：民国初期，红城"木头圣人"杨登巍设计建造的凤山握桥，横跨凤山砂沟，分外壮观。诗云："一桥飞架凤凰山，疑是彩虹落九天。洪水远从山涧泻，握桥高枕惊涛眠。北含危峰九霄殿，南吞沃野万顷田。不识红城真面目，谁知山村藏奇观。"

1455 庄严色相

位　　置：兰州市永登县

简　　介：此景说的是妙因寺的庄严佛像。次寺佛像有泥塑像、唐卡画像、壁画像、铜铸鎏金像、铜像、玉雕像，均为珍贵的文物。

1456 雷坛遗像

位　　置：兰州市永登县

简　　介：此景说的是道教龙门派的雷坛神像。雷坛建于明代嘉靖三十四年，殿内有雕像、壁画，1958年遭破坏。塑像尚存6尊，画像有庞、刘、苟、毕四大元帅尚存，画风极精。清人杜其昌有《雷坛神像》诗："三十六雷斗室全，震惊百里地与天。遗留色相真无类，泽被神恩德不偏。岂把迅风吹善池，莫将雹雨降心田。阿香一出千门晓，赫赫威灵灭罪愆。"

1457 鲁土司园内古菩提树

位　　置：兰州市永登县

简　　介：在永登县连城镇鲁土司衙门绿照厅南侧台阶下50米，留存有1棵古菩提树（暴马丁香，一级），其调查号288号，权属国有，树势一般，树龄是608年，树高13米，胸围382厘米，冠幅东西8米，南北5米，树生长在土地中，有面积为12平方米的树池，树在1.5米处分枝，分为2枝；树干中间空，部分树根裸露于外部，树上有黄布条，这棵树是兰州市最大的暴马丁香；树上有挂牌。

1458 红城卫矛

位　　置：兰州市永登县

简　　介：永登县红城乡乡政府原为古庙遗址，在建设中保留了一颗古色古香的古卫矛，树高4米，基围1.8米，1.2米处分成2枝，枝围分别为0.9米和1.1米，然后扭曲向东南方向斜出，已有明显的干枝，活枝也有严重虫害，树干中空，但衰败中仍见生机，尚有古朴典雅之感。参照树龄400~500年间。

1459 鲁土司园内的古核桃树

位　　置：兰州市永登县

简　　介：永登县连城镇连城村鲁土司衙门内生长有古核桃树，调查号为300号、301号、302号，树龄都是505年，海拔为1910米，国有。

1460 海德寺和菩提树

位　　置：永登县城关镇

简　　介：据海德寺主持介绍，该寺建于明成祖年代（1418年），先有菩提树后有海德寺。调查号289号菩提树，生长在永登县城关镇海德寺大雄宝殿前，树龄是499年，树高9米，胸围95厘米，冠幅东西9米，GPS信息 E 103°15.464′，N 36°44.397′，权属国有，树势一般，长生长在寺庙中，树从地面分枝。

1461 真观神钟

位　　置：兰州市永登县

简　　介：此景说的是玄真观的大铁钟。此钟铸于明代弘治年间，通高2.6米，口径1.4米，悬于钟楼上，其声嘹亮，十里可闻。原玄真观位于连城林场厂部处，清同治年间回民反清时焚毁，大钟于1958年被砸碎炼了钢铁。清人杜其昌有《真观神钟》诗："玄真威灵镇其中，神钟赫赫悬半空。夜夜叩鸣声嘹亮，朝朝撞浪响玲珑。天边色相状幽观，何处清音彻静宫。不是蒲牢来报晓，焉能梦梦振英雄。"

1462 古柳含烟

位　　置：兰州市永登县

简　　介：古柳含烟红城界甘新大道两旁的古柳，远远望去婀娜多姿，雾漫轻纱。歌曰："古柳雄风千载新，老枝纵横晓烟中。丝舞清风连天碧，叶障赤日接地荫。絮飘飞雪穿紫燕，雾漫轻纱啭黄莺。左公植柳心何苦，边城长夏尽绿荫。"

1463 红市花灯

位　　置：兰州市永登县

简　　介：红市花灯红城街市，每至元宵夜摆放花灯，各式花灯形式奇巧，灿烂夺目，呈现出红城百姓丰衣足食、喜气祥和的景象。诗云："宝炬煌煌不夜城，上元夜游灯醉人。凌霄火字光夺月，出地春雷音穿云。天上群星满城落，人间和气遍街涌。更筹歌舞乐此夕，乐事喜同万众心。"

1464 肃州区生态农业观光园

位　　置：酒泉市肃州区

简　　介：肃州区生态农业观光园，位于肃州区泉湖乡水磨沟村，占地面积0.32平方千米。该项目自建设以来，始终坚持以市民和游客需求为导向，积极传播绿色生态理念，陆续投入资金进行基础设施改造建设。通过规划和整合绿地、林木、湖泊、花卉资源，最大限度提升园区功能和品位。园区内树种多样，品种以垂柳、松柏、云杉等常青树木为主，种植数量达33万株，是全区最具规模的苗木培育基地之一。并建成人工湖、民族接待厅、游客接待中心、观光苗圃等设施，是一个集休闲、度假、餐饮、游艺、花卉展示、教育于一体的综合性景区，已成为广大市民农业观光、旅游度假、休闲娱乐的城郊休憩目的地。该观光园已于2011年被国家农业部和旅游局评为"全国休闲农业与乡村旅游示范点"。

1465 红西路军永昌战役纪念馆

位　　置：金昌市永昌县

简　　介：红西路军永昌战役纪念馆又名革命烈士陵园，位于永昌县城北1千米的校场山上，坐北向南，三级阶梯，依山而上，气势壮丽，树木郁郁苍苍，风景幽雅秀丽，是人们瞻仰革命烈士圣地和游览胜地。1988年10月正式落成。占地面积6375平方米，建筑面积1184平方米。陵园由纪念碑、纪念堂、纪念亭、烈士墓、陈列室及管理房等建筑群构成。陵园门额书"革命烈士陵园"，背面书"浩气长存"，步入大门，第一台阶的东西两翼场地上建有出廊式陈列室和管理房，陈列着中国工农红军西路军征战永昌的事迹及其征集发掘到的部分遗物、图片及史料。

1466 御山圣容寺景区

位　　置：金昌市永昌县

简　　介：圣容寺位于永昌县城北10千米处的御山峡西段，城关镇金川西村一社。据史料记载，圣容寺始建于北周武帝保定元年（公元561年），建成后命名"瑞像寺"；隋大业五年（公元609年），炀帝西巡张掖时，"躬往礼，敬厚施，御笔改额'感通寺'"；中唐、吐蕃统治河西时，改名圣容寺后延续至今。

1467 云庄寺景区

位　　置：金昌市永昌县

简　　介：云庄寺位于永昌县城东南29千米处南坝乡南7千米的祁连山中。云庄寺包括云庄寺石窟、石佛崖石窟人文景观和祁连雪峰、森林、草原等自然景观。面积约100平方千米，景点丰富、集中。这里山势高峻秀美，峰回路转，曲径通幽；山松蔽日，翠色尽染；山腰以下，清泉细流，水尤清洌；山颠之上，流云神逸，瑞气氤氲。历史上曾吸引了无数文人墨客和游人来这里观光旅游，特别是每年农历六月六日"朝山节"，更是香火鼎盛，游人如织。著名的永昌八景之一"云庄铺翠"风景点就在此处。

1468 钟鼓楼

位　　置：金昌市永昌县

简　　介：钟鼓楼，它始建于明代万历十五年间（公元1587年）。由当时的永昌卫指挥使张杰倡议督建，与西安钟鼓楼相似。一楼台基上制铁钟一口，厅内支大鼓一面，整个建筑结构严谨，典雅古朴，宏伟壮观。整个楼高24.5米，东西宽22米，南北长23米，分为台基和楼梯两部分（台基高7.2米）。钟鼓楼原为元、明、清三代的报时中心，"晨钟暮鼓"旨在教化民众，振兴文教，所以它又名"声教楼"。2006年被国务院公布为第六批国家级文物保护单位。

1469 天水市秦州森林体验教育中心

位　　置：天水市秦州区

简　　介：中德财政合作甘肃生态造林项目2004年开始实施，秦州区是"中德财政合作造林项目"的五个参与县区之一。2010年春季项目造林主体任务全面完成，经与市项目办及德方项目管理机构"复兴银行"协商，通过反复论证，决定在秦州区豹子沟珍稀植物园建立一处森林体验教育中心，其目的是通过展厅展示、森林户外体验活动，与森林亲密接触，普及与森林有关的知识，在中小学生和其他人群中进行森林可持续发展教育，示范带动天水地区乃至辐射全国。

1470 汉水流域山川万亩地膜覆盖春季观赏基地

位　　置：天水市秦州区

简　　介：2014年，秦州区完成玉米覆膜种植100平方千米，建成平南—齐寿、汪川—大门、天水—华歧、牡丹—秦岭、藉口—关子万亩以上集中连片示范区5个，建成天水杨湾、汪川闫家沟、大门田于、牡丹邓家门等千亩示范点9个，建成齐寿董家川、藉口南小寨、关子后沟等百亩示范点18个，在天水镇杨湾村、汪川镇斜坡村、秦岭乡大庄村建立试验示范区3个。发放地膜920吨，除草剂15吨，举办培训班30期，现场培训会38期，发放技术资料4.25万份，培训农民4.2万人次。

1471 西秦岭山区万亩油菜花观赏基地

位　　置：天水市秦州区

简　　介：2014年秦州区种植油菜66.67平方千米，以先进适用的农业新品种、新技术、新模式组装集成技术为主推技术，从而实现油料作物的大面积均衡增产。主推品种为天油7号、天油8号，主推技术是选用优良品种、精量播种、一膜两年用免耕栽培、配方施肥、病虫害综合防治防控为核心的集成技术。形成了以技术新模式、新品种试验和示范为中心、向周边辐射的集中连片示范区。

1472 秀金山现代农业科学发展示范园

位　　置：天水市秦州区

简　　介：秀金山现代农业科学发展示范园区成立于2009年3月2日，注册资金10万元，是集果树、蔬菜种植和销售，新技术、新品种、技术培训和交流为一体的农民专业合作社。截至2013年底，合作社流转面积

1.5平方千米，其中在玉泉镇暖和湾、西团庄、闫新等村和太京镇张吴山村整体流转土地面积0.4平方千米，用于建设标准化大樱桃种植基地，内有配套道路、灌溉、电力等基础设施，现建成反季节日光温室大樱桃10座。

1473 诸葛军垒

位　　置：天水市秦州区

简　　介：诸葛军垒位于天水市秦州区岷山路南侧。相传三国时蜀相诸葛亮领军北伐，恐蜀军至陇右不服水土，命军士各带川土一包备用。军至天水，饮水后觉秦地水土与川蜀水土尤异，遂将所带之土堆积于天水城东教场南，成一土丘，此土丘至今犹存，遂为秦州之胜，为古秦州八景之一。

1474 木门道

位　　置：天水市秦州区

简　　介：木门道地名的来历，在当地有两种说法。一说为这里古时森林茂密，木材资源丰富，时有飞禽猛兽出没，当地人将其砍伐的木材贩运进城必经此路，也就是通过峡门运送木头的路，故名木门道。另一说为东汉建宁二年，羌众溃，东奔，复聚射虎谷，分兵守诸谷上下门。颖规一举灭之，不欲复令散走，乃遣千人于西县，结为木栅，广二十步，长四十里，遮之……，见于《后汉书·段颖传》。

1475 南郭寺风景区

位　　置：天水市秦州区

简　　介：南郭寺位于天水市城南2千米的山坳，建寺已有一千多年的历史，这里风景优美，古树参天，有汉柏唐槐的传说。南郭寺庙殿隋唐时已初具规模，宋代称"妙胜院"，清乾隆十五年效赐为"护国禅林院"，清光绪年间将原东禅林院改为杜少陵祠。南郭寺西牌坊门前有两株千年古槐，树围达9.7米，树高25米。南郭寺是以三座牌坊式的大门各为中轴线，组成东、中、西三个大院。具有极高的历史和考古价值。

1476 炳灵寺景区

位　　置：天水市秦州区

简　　介：炳灵寺地处秦州西南部5千米的武曲河谷，傍天江公路，依山而建，为藏传密宗黄教寺院。早在元代，此处就建有寺庙，名为"冰凌寺"。据传此地原有一深洞，深及丈许，有水，四时不竭，每到冬季，泉水自洞口涌出形成巨大冰柱，且洞内不时传出轰鸣声，地方上以为神异，遂募资建寺，以"冰凌"为名。历来香火极盛，僧人众多。至清末，一场火灾将寺庙烧毁。1993年，五台山圆照寺清海大师的弟子释信念主持重建，并更名为"炳灵寺"，意为"十万佛"。整个建筑依山取势，以山门、钟鼓楼、天王殿、大雄宝殿为中轴，地藏殿、伽蓝殿、观音殿、文殊殿分列两侧，藏经楼、万尊文殊宝塔依地势独立建成。藏经楼位于大雄宝殿之侧，庄严肃穆，内藏经书100余部，数千册之多，有佛门逸山、传印、贡唐仓、茗山等高僧大师墨宝。有影塑菩萨10 808尊，各类大佛16尊，缅甸大玉佛15尊，小玉佛18尊，故又称为"万佛塔"。

1477 佛空桥

位　　置：天水市秦州区

简　　介：佛公桥又称佛空桥，是秦州区西二十里铺一个"红瓦白墙，绿树迎门，曲水映户，香花点院，平畦秀麦"的大村庄，传说这就是《西游记》中的高老庄。随着历史的变迁，庄内人家多已换姓，但村内女子至今还以玉容樱唇、乌发桃腮而闻名。其地南山脚下有一寺院，名曰"佛空寺"，最早寺院是一座楼台建筑，寺院曲径通幽，大殿生辉。山崖顶巅青松环绕，霞烟渺渺，有元帝殿。元帝殿神像的座后有一深洞，人站在洞口，只觉冷风呼响，寒气袭人。

1478 玉泉观景区

位　　置：天水市秦州区

简　　介：玉泉观又称北寺，又名崇明寺，在甘肃天水市靖北山麓，建于元大德三年（1299）年，现存建筑为明清时重筑，观紧依城垣，顺山势升高，随山沟、崖壁、台地而建。中轴线自上而下，有山门、遇仙桥、通仙桥、青龙殿、白虎殿、人间天上坊、玉泉阁、第一山牌坊、三清殿，山顶有小庙，传为明魏忠贤生祠。侧边有雷祖庙、二官殿、诸葛祠、托公祠、三清阁、选胜亭、静观亭、苍圣殿、玉泉井。井上有六角亭。神仙洞传为陆、梁、马三真人羽化处。三清殿梁上墨书题记"明嘉靖叁拾陆年岁次丁酉季冬重建"，第一山牌坊墨书题记"嘉靖叁拾柒年建"。亭台高下，碑碣遍山；林木蓊郁，曲径深幽。春来杂花丛生，碧草蒙茸，游人至此，流连忘返。玉泉观内有秦州八景之一的"玉泉仙洞"，相传为陆、梁、马三真人坐化埋葬之地。洞西南有一碑亭，内藏元代书法家赵孟頫草书四帖，上书五言绝句四首，笔法苍劲圆浑，质朴豪放，观者无不为之赞叹。每年旧历正月初九，是玉泉观庙会，当地人称为"朝观"，时值春早人闲，热闹非凡，组成一幅喜气洋洋的风情民图。玉泉观现存建筑大多为明清时重建。2006年5月25日，玉泉观作为元至清时期古建筑，被国务院批准列入第六批全国重点文物保护单位，2010年元月被国家旅游局评为AAAA级旅游景区。

1479 南宅子

位　　置：天水市秦州区

简　　介：南宅子为明代"父子乡贤"胡来缙和胡忻的宅第，位于天水市区中心街道民主路，现为国家级重点文物保护单位。胡来缙由举人选为县令，在职期间，廉洁奉公，不畏权势，赏罚分明，官声甚好。胡忻为胡来缙之子，进士出身，初任山西临汾知县，以后升为工部给事，官至太常寺少卿署正卿。他曾多次直言上奏，被人们赞誉为"北海瑞"。南宅子即为胡忻的居所。南宅子建于明嘉靖至隆庆年间（公元1522—1567年），在北宅子的斜对面，坐南朝北，为四合院形式的三进院落。大门为三间硬山式建筑，上书"副宪第"三个刚劲有力的大字。南、北宅子是天水市目前保存最为完整的明代民居。

1480 龙头寺

位　　置：天水市秦州区

简　　介：龙头寺坐落于天水市秦州区天水镇龙头寺村，在天水、礼县交界处，因地势像龙头，故名。据说二十世纪六、七十年代，村民曾挖出过一块龙头寺始建碑，后又被掩埋，现无从寻找。现存的古建筑群保存完好，清代所建，为县级文物保护单位。

1481 李广墓景区

位　　置：天水市秦州区

简　　介：李广墓位于天水市城南石马坪。李广墓建于何时，史无记载。这座李广墓是衣冠冢墓，墓地有高达6米的碑塔一座，塔前有祭亭三间，均为20世纪30年代初建造。墓地中央是一高约10米，周长25米左右的半球形坟堆，四周砌以青砖，青草盖顶，庄严肃穆。墓前竖立清乾隆已未年间重建"汉将军李广墓"和蒋中正题"汉将军李广之墓"两块石碑。墓地祭亭门前有两匹汉代石雕骏马，造型粗犷，风格古朴，但现已磨损残缺，略具形式，石马坪也因此而得名。

1482 伏羲庙景区

位　　置：天水市秦州区

简　　介：天水伏羲庙是目前我国规模最宏大、保存最完整的纪念上古三皇之一伏羲氏的明代建筑群。1963年人民政府公布为甘肃省重点文物保护单位。伏羲庙址位于天水市秦城区西关伏羲路。卦台山的古建筑被破坏无遗；而天水城里的伏羲庙主要建筑、塑像和其他文物，却由于天水市文化部门及时地采取了一系列的保护措施，基本保存完好。国内不少专家、学者认为：重视保护这一建筑群，对于研究我国远古历史、探讨明代建筑艺术、考察天水地方民俗风情等，有着相当重要的实物资料价值。

1483 北宅子

位　　置：天水市秦州区

简　　介：天水市秦州区民主东路中段，坐落着一处明代建筑群落，当地人称"北宅子"。宅院是明万历时任太常寺少卿署正卿胡忻的府第，建于明万历四十三年（公元1615年），现为全国重点文物保护单位。北宅子原规模宏大，是由7个三合、四合院构成的一处完美的明代建筑群落。宅院平面呈矩形，分东西两处院落。大门设在宅院之东南角，是一座三开间歇山顶三架檐楼式建筑，门额正书"太常第"。东西跨街各设一座歇山顶三开间三架檐楼。岁月沧桑，北宅子现仅存有东北院过厅、中院主厅楼和后院主厅房。已历四百年风雨的主厅楼，现仍然闪烁着熠熠光彩。

1484 天水关

位　　置：天水市秦州区

简　　介：天水关是三国古战场之一，位于天水市西南45千米处。描写诸葛亮受刘备托孤重任，决心出兵伐魏，先攻取了安定、安南两城，擒住魏国附马夏侯楙，又假冒夏侯之名向天水求救，另外又命赵云乘虚攻取天水。守将马遵信以为真，部下姜维却识破此计，反而打败了赵云。诸葛亮爱姜维之才，探知姜事母甚孝，故意先攻姜母所居之冀城，以骗姜维往救，并暗遣魏延假扮姜维攻打天水。马遵中计，果然疑心姜维，等姜回兵，闭门不纳。姜维进退无路，只得归降了诸葛亮。

1485 玉阳观

位　　置：天水市秦州区

简　　介：1982年及1992年分别被天水县政府、秦城区政府批准为"文物保护单位"和"文物古迹"单位。重修后的玉阳观，占地面积十亩。主殿宇为真武殿，其次有三霄、磨针、三宫、玉阳、文昌、关帝、龙王等殿。石阶上坐落着单檐歇山顶的山门三间，飞檐挑角，巍峨壮观。我省书法家赵正题写的"玉阳观"匾额悬挂正中。两侧建有六角攒尖顶钟鼓二楼。外围建筑有单房、戏楼等。构成一组布局严谨、层次分明、宏伟壮丽的建筑群。祖师殿后面有一棵水柏，是从四抱粗树桩上长的子女树，也有一抱粗了。这棵文物树据专家鉴定，有二千五百年了。

1486 天水国家农业科技园区

位　　置：天水市麦积区

面　　积：3.33平方千米

简　　介：天水国家农业科技园区始建于2002年7月，园区先后被确定为"中国西部航天（太空）育种基地""全国农业旅游示范点""甘肃省航天育种工程技术研究中心"。2007年，被省政府升格为省级农业科技示范园区，2010年被科技部批准为国家农业科技园区，同年，被中国农学会评为"全国十大名园"。

1487 秦安县刘坪何湾万亩桃园

位　　置：天水市秦安县

简　　介：秦安县刘坪乡何湾万亩蜜桃生产基地生产的"秦安蜜桃"荣获国家绿色食品认证、"中华名果"、国家地理标志保护产品。围绕万亩桃园，刘坪乡发展特色休闲农业和生态旅游业，该基地已成为集"自然—生产—休闲—娱乐—观光旅游"于一体的生态观光农业景观。秦安县刘坪乡何湾万亩蜜桃林被认定为"中国美丽田园"。

1488 木梯寺景区

位　　置：天水市武山县

简　　介：木梯寺石窟位于甘肃省武山县西南约30千米的马力镇杨坪村北柏林山上，石窟开凿于杨坪村北柏林山上的桐树湾和松树湾石崖上。木梯寺石窟始创于北魏，以后历经各代续建、重建和维修。

1489 水帘洞景区

位　　置：天水市武山县

简　　介：武山县水帘洞石窟群距县城东北约25千米，规划总面积15平方千米。2001年被公布为第五批全国重点文物保护单位，2005年评为国家AAA级旅游区，2007年水帘洞拉梢寺被列入丝绸之路联合申遗备选点，2013年评为国家AAAA级旅游景区。石窟群始建于十六国后秦，经北魏、北周、隋、唐、五代至宋、元、明、清各代增建和重修，形成七寺五台，现存有水帘洞、拉梢寺、千佛洞、显圣池四个单元。水帘洞石窟群以浮雕、窟龛、悬塑、壁画为主，融北魏、北周、隋、唐、五代、宋、元、明、清各代佛教文化于一体，在我国佛教石窟艺术上具有重要的地位。有世界第一大露天摩崖浮雕大佛。

1490 滩歌镇明清一条街

位　　置：天水市武山县

简　　介：滩歌镇明清古街是研究西北地区明清时期民间建筑风格的宝贵实物佐证。2009年初上报了"关于保护修缮滩歌镇明清一条街的报告"，申请县政府将"明清一条街"列入灾后重建重点项目进行修缮保护，以期搞好"明清一条街"的发展规划和保护修缮工作。2010年将明清一条街推荐为第七批省级重点文物保护单位，由县政府公布了保护范围和建设控制地带。

1491 罗什寺

位　　置：武威市凉州区

简　　介：鸠摩罗什寺位于武威市北大街，始建于后凉太安元年，是为纪念著名佛经翻译家鸠摩罗什而建立的佛寺。据现在碑文记载，在唐代时鸠摩罗什寺曾是西北地区最大的寺院，是当时西部佛教的活动中心。明清之后，古刹式微。直到一九九八年，在党和政府的大力支持下，凉州高僧理智法师发广大心，重兴祖业，鸠摩罗什寺又恢复为佛教活动场所。寺内现有古塔一座，高三十三米，分十二层，空心砖砌，呈八角形，为鸠摩罗什"舌"舍利塔。现在，修建中的鸠摩罗什寺占地0.068平方千米，主体建筑有大雄宝殿、大经堂、禅堂、念佛堂、理智法师纪念堂、客堂、僧房、云水堂等；待修建的工程有大山门、藏经楼、观音殿、地藏殿、罗什纪念堂、西部佛教博物馆、佛教图书馆、佛教慈善中心等。

1492 古浪战役纪念馆

位　　置：武威市古浪县

简　　介：古浪战役纪念馆位于古浪县城西南角，占地面积80 000多平方米。2002年7月被武威市国防教育委员会命名为"武威市国防教育基地"，同年11月被武威市委命名为"武威市爱国主义教育基地"，2006年9月被省委党史研究室命名为"甘肃省中共党史教育基地"，2011年4月被国家发改委、中宣部等14部委列入"全国红色旅游经典景区一期名录（修订版）"，2011年12月被省委宣传部命名为"省级爱国主义教育基地"，同年被评为国家AA级旅游景区。

1493 烧房装古松

位　　置：武威市古浪县

简　　介：烧房装古松位于古浪县古浪镇联泉村烧房装组东北130米王氏祖坟，只有1株，周边无类似树木，树围2米，高约26米，据调查，该古松栽植于清乾隆年间，是烧房装组农民王开业等祖先所植。

1494 山西会馆

位　　置：张掖市甘州区

简　　介：山西会馆位于甘肃张掖市小南街，是清雍正八年（1730年）山西客民赵世贵、赵继禹、张朝枢等建。张掖是古丝绸路上商贸云集的重镇，从山西、陕西等地来的客商，在张掖开办了几十家大商号，他们为了巩固和扩大自已经营的势力范围，于是结帮会、设会馆，将始建于雍正二年的关帝庙改建为山西会馆，修建费用都由客商募捐。会馆将宫廷建筑与民间建筑融为一体，形成起伏开阔、疏密相间、错落有致的院落群体。沿一条主轴线依次排列着如山门、戏台、看台、牌楼、钟鼓楼、大殿、后楼等。造型奇特，威严凝重。殿宇楼阁，庭院花木，使整个建筑绚丽多彩。精美的木雕、石雕、彩绘、泥塑，遍布全馆，交相辉映，具有重要研究价值。所有建筑除陪殿已拆除外，其余保存完好。解放前，曾设私立三晋小学。解放后，得到妥善保护和多次维修，并颁布为县级文物保护单位。现为张掖市文化馆驻地。

1495 木塔寺

位　　置：张掖市甘州区

简　　介：木塔寺位于张掖市中心广场。初建于北周，后经隋、唐、明、清历代重修，现存木塔重建于1926年，是张掖市五行塔之一。塔高九级，每级八角上有木刻龙头，口含宝珠，下挂风铃。其建筑技巧集木工、铁工、画师技法于一体。塔主体为木质结构，外檐系楼阁式建造，塔身内壁为空心砖砌，每层都有门窗、楼板、回廊和塔心，窗上雕有花饰，门楣嵌砖雕横额。全塔没有一钉一铆，全靠差斗拱、大梁立柱连结，纵横交错，相互拉结。

1496 钟鼓楼

位　　置：张掖市甘州区

简　　介：钟鼓楼又称镇远楼，俗名鼓楼，又名靖远楼，位于张掖市中心，东西南北四条大街交汇于此，是河西走廊现存最大的鼓楼。是仿西安钟楼建造，平面方形，建在一座砖砌的坛上，面阔3间，进深3间，底宽16米。台平面呈方形，台底宽32米，高9米，基座至楼顶30多米，楼为三层木构塔形，重檐四面坡，攒尖顶。飞檐翘角，雕梁画栋，典雅庄重，完全是中国民族传统建筑。楼下有十字洞，通向东西南北，可以通过行人和小型车辆。洞门上方嵌刻着匾额，东"旭升"，西"贾城"，南"迎熏"，北"镇远"。楼上四面悬有匾额：东"金城春雨"，西"玉关晓月"，南"祁连晴雪"，北"居延古牧"。清顺治四年（1647年），米喇印、丁国栋反抗清廷，曾因诱杀巡抚都御史张文衡，分巡西宁道林维造，镇守总兵刘良臣，烧毁此楼。顺治七年（1650年）重修。竣工后，亦悬额四面："九重在望""万国咸宾""声教四达""湖山一览"。

1497 土塔

位　　置：张掖市甘州区

简　　介：土塔，金、木、水、火、土五行塔之一。建立在大佛寺内，是覆钵式的塔，亦称喇嘛塔。覆钵还保存了坟冢的形式。这种类型的塔，张掖修建了很多，如东门外的奇峰镇定塔，北门外白塔寺的水塔，南门外崇庆寺的火塔，安阳高寺的吉祥塔等等，都是为高僧、和尚、喇嘛们死后的遗体火葬而建的塔，所以人们称和尚坟。这种塔的特殊艺术风格，是把密檐式空心塔身，全部填成实体，成为实心塔，人们不能登临塔顶。

1498 西来寺

位　　置：张掖市甘州区

简　　介：西来寺又名普觉慈云，坐落在张掖城内西南隅，今西来寺巷。建于明朝，至今已有五百多年的历史。它的前身为慈云精舍，是普觉静修国师阿扎木苏所创。国师念甘郡无番藏经，奏请当朝康熙皇帝准颁红字藏经108部。康熙五十一年，慈云精舍改为寺院。建山门、中殿，还建楼五楹，以作藏经之所。殿宇巍峨，规模宏大，建筑绣角画拱，藻井丹楹。云楼掩映，雄伟壮丽，一年四季香客云集，盛极壮观。后因遭毁，西来寺曾一度颓废。康熙六十年（1721年），康熙十四子、抚远大将军允禵与平郡王纳尔素临幸西来寺，看到庙宇破旧，墙皮剥落，遂赐金令喇嘛刘劳藏继承师志，重修寺庙，并赐名"西来寺"。后有地方绅士和商民纷纷捐资扩建，至雍正十年三月，共修殿楼十楹，有大殿、配殿、天王殿、观音殿、藏经楼等。西来寺的藻井、壁画、供台、塑像、木刻宗喀巴等像及金刚座不是木刻其结构与敦煌元洞相近。殿内有壁画21页（唐朝3页，明朝10页，清朝8页），大多剥落不堪，经堂正顶天花板中如藻井与明时北京的智花寺同类，殿内也有明塑，两廊壁画（画佛教故事）是清代画中上品。

1499 山丹县南湖生态植物园

位　　置：张掖市山丹县

简　　介：山丹县南湖生态植物示范园（南

湖公园）位于山丹县城南，由喇嘛缸泉改扩建而成。始建于1982年，九十年代初，由于气候变化，地下水位下降，草地沙化，树木死亡，地表水断流。2000年，为增加城市绿化面积，改善县城环境，县委、县政府做出了重新建设南湖公园的决定，组织动员社会各界力量和志士仁人捐款捐物，筹集资金1800多万元，对南湖公园进行全面建设。现已形成占地面积0.2平方千米，绿地覆盖率85%，观赏景点近20处，游乐项目10多项，融休闲避暑、旅游观光、文化展示、红色教育于一体的新型综合型生态植物示范园。先后被授予"市级文明单位""全市旅游行业十大文明单位""市级园林化单位""市级绿色文明单位""市级先进职工之家""市级爱国主义教育基地""省级优秀体育公园""省级绿化模范单位""国家AAA级旅游景区"等荣誉称号。

1500 山丹县博物馆

位　　置：张掖市山丹县

简　　介：山丹艾黎捐赠文物陈列馆位于山丹县城文化街3号，是为了纪念伟大的国际主义战士、新西兰著名社会活动家、中国人民的老朋友路易·艾黎在华50多年的突出贡献、保护和展示他捐赠的珍贵文物，甘肃省人民政府于1982年修建了艾黎捐赠文物陈列馆。馆内珍藏和展示路易·艾黎的生平图片、实物及事迹，以及他捐赠的近4000件珍贵文物。建馆30多年来，馆藏文物已达到5300多件，其中国家一级文物27件，三级以上文物1400多件，一般文物3900多件。2008年，陈列馆作为全国第二批红色旅游景点景区免费开放，成了山丹县对外宣传、促进文化交流的重要窗口。开馆至今已接待中外参观者100多万人次，来自世界60多个国家的政府官员、民间友好团体和联合国有关组织官员也来参观访问。1995年，该馆被甘肃省委省政府定为省级爱国主义教育基地；2006年被文化部确定为文化基础设施管理先进集体；2010年被确定为中共甘肃省党史教育基地；现为国家AA级旅游景点，是中新友谊的纽带和对外开放的窗口。

1501 红军槐

位　　置：张掖市高台县

简　　介："红军槐"见证了红军长征中，在甘肃的一段可歌可泣的革命历史和伟大的长征精神。为了纪念中国工农红军长征胜利70周年，甘肃省高台县委、县政府将县政府大院内一棵曾经目睹了红西路军悲壮征程和革命斗志的古槐命名为"红军槐"，并立碑刻记，以缅怀革命先烈、弘扬长征精神。

1502 中国工农红军西路军纪念馆

位　　置：张掖市高台县

简　　介：中国工农红军西路军纪念馆前身为高台烈士陵园，始建于 1954 年。园内掩埋着红西路军转战河西、血战高台而壮烈牺牲的红五军军长董振堂、政治部主任杨克明等 3000 多名红西路军革命先烈的忠骨。中国工农红军西路军纪念馆是全国重点烈士纪念建筑物保护单位，先后被命名为全国爱国主义教育基地、全国百家爱国主义教育示范基地、全国百个红色旅游经典景区、全国青少年教育基地、全国国防教育示范基地。2006 年被列为全国 100 个重点支持打造的"红色旅游经典景区"之一，是目前全国反映中国工农红军西路军历史最全面、最具权威性的纪念馆，已成为爱国主义教育、革命传统教育、未成年人思想道德教育、党史教育、党风廉政教育和荣辱观教育的重要阵地。2013 年被评为国家 AAAA 级旅游景区。

1503 菩提树

位　　置：平凉市崇信县

简　　介：菩提树，本名娑椤树，高 16 米，胸径 3 米，覆盖面积 50 平方米，分有 7 根主杆，虬曲苍劲，犹如几条蛟龙在翻转嬉戏，龟裂的白色树皮酷似片片鳞甲。菩提树，五月开花，经月方谢，秋结果，果实为圆锥形，其色殷赤，脱涩可食，并能入药。尤为奇特的是，该树每根树枝的叶柄脱落部位形似猴面，眼、鼻、耳俱全，活灵活现。据专家考证，此树乃渭河以北仅有的一棵，树龄达 1500 余年，恰为佛教传入我国的时间。

1504 三角枫

位　　置：庆阳市西峰区

简　　介：西峰区董志镇八年村有一棵三角枫，树高 15 米，胸围 2.4 米，冠幅 50 平方米，树龄约有 560 年。

1505 皂荚

位　　置：庆阳市西峰区

简　　介：西峰区市区庆阳三中院内有一棵皂荚树，树高 18 米，胸围 3.9 米，冠幅 283 平方米，树龄约有 800 年。

1506 三角枫

位　　置：庆阳市西峰区

简　　介：三角枫（三角槭）为槭树科槭

树属，落叶乔木，在西峰区董志镇八年村西庄组张仲德庄前生长着1株三角枫，栽植于明代景帝年间，为国家一级古树，相传约有560年。该树树势良好，枝繁叶茂，春季叶色黄绿，入秋叶片逐渐变红。犹如熊熊燃烧的火苗。树高15米，胸围2.4米，冠幅50平方米。

1507 国槐

位　　置：庆阳市西峰区

简　　介：西峰区董志镇八年村老庄组岳克刚庄前生长的1株国槐栽植于清代，为国家二级古树。该树在一米处呈多个分叉，树高14米，胸围5.5米，冠幅490平方米。传说树龄320年。

1508 国槐

位　　置：庆阳市西峰区

简　　介：正宁县永和镇下南村有一棵国槐树，树高14.5米，胸围4.09米，冠幅143平方米，树龄约有500年。

1509 侧柏

位　　置：庆阳市正宁县

简　　介：正宁县永和镇罗川村有一棵侧柏树，树高14.75米，胸围3.79米，冠幅113平方米，树龄约有1700年。

1510 国槐

位　　置：庆阳市正宁县

简　　介：宁县湘乐镇庞川村有一棵国槐树，树高19.5米，胸围2.6米，冠幅215平方米，树龄约有500年。

1511 国槐

位　　置：庆阳市正宁县

简　　介：宁县湘乐镇任劳村有一棵国槐树，树高19米，胸围5.66米，冠幅537平方米，树龄约有600年。

1512 国槐
位　　置：庆阳市正宁县
简　　介：正宁县湫头乡西沟村有一棵国槐树，树高 24 米，胸围 4.69 米，冠幅 725 平方米，树龄约有 500 年。

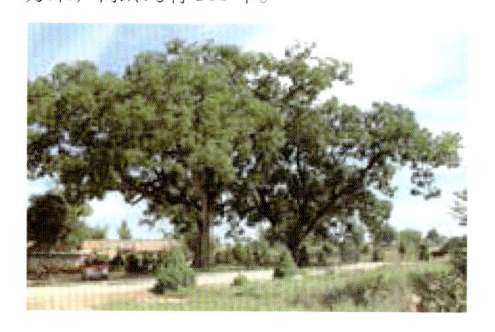

1513 国槐（一级）
位　　置：庆阳市正宁县
简　　介：位于湫头乡西沟村园子组的 2 棵国槐树龄已达 600 多年，树高 25 米，胸围 3.1 米，平均冠幅 40 米。该树已设置围栏并挂牌保护。

1514 柳树
位　　置：庆阳市正宁县
简　　介：正宁县山河镇解川村有一棵柳树，树高 19 米，胸围 5.48 米，冠幅 302 平方米，树龄约有 500 年。

1515 国槐
位　　置：庆阳市正宁县
简　　介：正宁县永和镇樊村有一棵国槐树，树高 13.7 米，胸围 3.91 米，冠幅 184 平方米，树龄约有 500 年。

1516 国槐
位　　置：庆阳市正宁县
简　　介：正宁县永和镇安兴村有一棵国槐树，树高 14 米，胸围 4.89 米，冠幅 330 平方米，树龄约有 700 年。

1517 国槐
位　　置：庆阳市正宁县
简　　介：正宁县湫头乡西沟村有一棵国槐树，树高 21.5 米，胸围 4.22 米，冠幅 330 平方米，树龄约有 500 年。

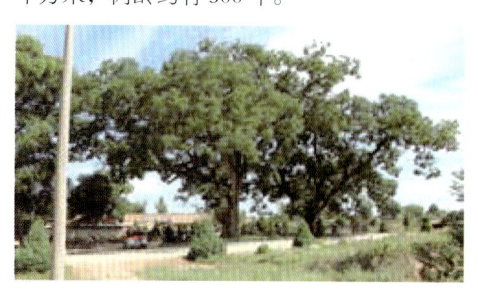

1518 国槐

位　　置：庆阳市正宁县

简　　介：正宁县中湾林场有一棵樱桃树，树高 12.8 米，胸围 2.2 米，冠幅 78 平方米，树龄约有 2000 年。

1519 杜梨

位　　置：庆阳市正宁县

简　　介：正宁县五顷塬乡孟家河村有一棵杜梨树，树高 11.5 米，胸围 2.4 米，冠幅 135 平方米，树龄约有 700 年。

1520 侧柏

位　　置：庆阳市正宁县

简　　介：正宁县永和镇罗川村有一棵侧柏树，树高 12.5 米，胸围 1.64 米，冠幅 44 平方米，树龄约有 600 年。

1521 紫斑牡丹群落

位　　置：庆阳市合水

简　　介：紫斑牡丹群落通过实地定位和地形图进行勾绘，测算该群落分布区域面积达 2 平方千米，集中分布面积达 1.07 平方千米，群落内紫斑牡丹天然更新良好，2 年以上的种群密度达到 20 多株（亩），最大植株达 26 年生，集中分布区内有 2 年以上的紫斑牡丹 3 万株以上。

1522 千年酸枣树

位　　置：庆阳市合水县

简　　介：千年酸枣树高 11 米，粗达 2.60 米，两个成年人还合搂不过来。根据树龄推测，酸枣树当为唐宋时所植，已逾千年，至今它依然枝繁叶茂，每年到了春末夏初，满树都是枣花，微风过处，花香远飘数里。秋季收获时节，酸枣挂满枝头，摘一颗放在口中，酸甜爽口，让人回味无穷。

1523 酸枣树

位　　置：庆阳市合水县

简　　介：合水县固城乡董家寺村有一棵酸枣树，树高 16.5 米，胸围 2.95 米，冠幅 64 平方米，树龄约有 1300 年。

1524 国槐

位　　置：庆阳市合水县

简　　介：合水县蒿咀铺乡张举塬村有一棵国槐树，树高 22.85 米，胸围 5.4 米，冠幅

222平方米，树龄约有800年。

1525 国槐
位　　置：庆阳市合水县
简　　介：合水县蒿咀铺乡张举塬村有一棵国槐树，树高25米，胸围6.55米，冠幅346平方米，树龄约有1000年。

1526 楸树
位　　置：庆阳市合水县
简　　介：合水县板桥乡刘家庄村有一棵楸树，树高19.5米，胸围4.6米，冠幅254平方米，树龄约有600年。

1527 酸枣树
位　　置：庆阳市宁县
简　　介：宁县九岘乡枣林村有一棵酸枣树，树高11.1米，胸围1.34米，冠幅20平方米，树龄约有500年。

1528 侧柏
位　　置：庆阳市宁县
简　　介：宁县湘乐镇宇村有一棵侧柏，树高14米，胸围2.16米，冠幅66平方米，树龄约有500年。

1529 侧柏
位　　置：庆阳市宁县
简　　介：宁县湘乐镇宇村有一棵侧柏，树高15.5米，胸围5.07米，冠幅165平方米，树龄约有2000年。

1530 侧柏
位　　置：庆阳市宁县
简　　介：宁县湘乐镇宇村有一棵侧柏，树高 15.5 米，胸围 4.19 米，冠幅 58 平方米，树龄约有 2000 年。

1531 国槐
位　　置：庆阳市宁县
简　　介：宁县春荣乡白公村有一棵国槐树，树高 16 米，胸围 4.5 米，冠幅 201 平方米，树龄约有 500 年。

1532 国槐
位　　置：庆阳市宁县
简　　介：宁县南义乡吴家村有一棵国槐树，树高 33 米，胸围 6.5 米，冠幅 196 平方米，树龄约有 600 年。

1533 核桃树
位　　置：庆阳市宁县
简　　介：宁县湘乐镇方寨村有一棵核桃树，树高 18.5 米，地围 5.9 米，冠幅 437 平方米，树龄约有 500 年。

1534 国槐
位　　置：庆阳市宁县
简　　介：宁县湘乐镇小坳村有一棵国槐，树高 23 米，胸围 8.23 米，冠幅 430 平方米，树龄约有 1300 年。

1535 小叶杨
位　　置：庆阳市宁县
简　　介：宁县湘乐镇庞川村有一棵小叶杨树，树高 27 米，胸围 5 米，冠幅 365 平方米，树龄约有 500 年。

1536 国槐

位　　置：庆阳市宁县

简　　介：宁县湘乐镇庞川村有一棵国槐树，树高 16.5 米，胸围 2.4 米，冠幅 103 平方米，树龄约有 500 年。

1537 皂荚树

位　　置：庆阳市宁县

简　　介：宁县新庄镇新华村有一棵皂荚树，树高 16.6 米，地径 5.8 米，冠幅 234 平方米，树龄约有 1400 年。

1538 皂荚树

位　　置：庆阳市宁县

简　　介：宁县焦村乡森王村有一棵皂荚树，树高 21 米，胸围 4.7 米，冠幅 235 平方米，树龄约有 2000 年。

1539 楸树

位　　置：庆阳市宁县

简　　介：宁县湘乐镇小坳村有一棵楸树，树高 22 米，胸围 7.34 米，冠幅 232 平方米，树龄约有 1300 年。

1540 岐黄中医药文化博物馆

位　　置：庆阳市庆城县

简　　介：岐黄中医药文化博物馆，融中医药人文历史、特色理疗、养生保健、发展沿革于一体，占地 0.05 平方千米，建筑面积 1.27 万平方米，规划投资 9500 万元，于 2012 年 6 月开工建设，11 月完成工程主体，2013 年 9 月完成装修布展。博物馆以五千年中医药发展史为主线，立足庆阳本土，囊括全国杏林。外型采用仿古建筑，呈"品"字型布局，中间为展览区，两侧为养生体验区。全馆共分 4 层，设 4 个展厅，11 个展示单元。

1541 中国农业博物馆庆阳分馆

位　　置：庆阳市庆城县

简　　介：庆城是华夏农耕文明的发祥地之一，早在 4000 多年前，周先祖曾在这里拓土开疆、教民稼穑、农耕穴居、繁衍生息，开启了农耕文明的先河，成为国家制度、礼俗制度、宗教文化形成的先声，对黄河流域、乃至全国产生了深远的影响。为了传承农耕文化精髓，依托国家 AAAA 级旅游景区——周祖陵，修建了中国农业博物馆庆阳分馆，占地 5050 平方米，建筑面积 2012 平方米，2011 年 5 月开工建设，9 月完成工程建设和装修布展，累计完成投资 860 万元。

1542 庆城嘉会门

位　　置：庆阳市庆城县

简　　介：庆城古城的南城门，亦称嘉会门。庆城，又名不窋城，为周先祖不窋率民所筑，距今已有 4000 年的历史，经历代修缮加固。发挥了极其重要的军事防御作用。庆城，与所有古城风格不同，因庆城地处三川当口，两河交汇处，城距高阜，绝大多数城墙不加板筑，随自然地形削土形成，其形酷似展翅凤凰，又称凤城。庆城古城原有五门、东安远门、南嘉会门、东南永春门、西平定门、北德胜门，后遭地震，仅存东门残部和南门，唯有南门保存较好，上世纪七十年代初，长庆油田进驻庆城大会战时，由于南门是进城的唯一大道，为支持油田，将南城门楼及沿街数十座牌坊全部拆掉。近年来，庆城县高度重视古城的保护工作，2005 年，实施了嘉会门恢复重建工程，以提升庆城城市文化内涵，整个景点由城墙、城门洞、城楼等仿古建筑组成。

1543 陇东中学旧址

位　　置：庆阳市庆城县

简　　介：陇东中学旧址位于庆城县庆城中学院内，为明代古建筑群，现存礼堂一处（又称文庙大殿），为省级文物保护单位。陇东中学是新民主革命时期中国共产党在陇东创办的第一所、也是唯一的一所培养革命干部的中等学府。1940 年 3 月，陕甘宁边区陇东分区成立，陕甘宁边区政府决定在陇东分区首府庆阳城创办陇东中学，毛泽东主席非常关心筹建之事，亲笔题写了"陇东中学"校名和"为新民主主义而斗争"的勉词。

1544 《黄帝内经》千家碑林

位　　置：庆阳市庆城县

简　　介：为进一步弘扬岐黄文化，提升旅游品味，实现城区与景区有效对接，庆城县集思广益，依托国家 AAAA 级旅游景区、全国中医药文化宣传教育基地、国家级森林公园三张名片，在周祖陵山底，迎风大桥之东实施了《黄帝内经》千家碑林工程。该项目由西安古建园林规划设计，占地 0.12 平方千米，完成投资 4500 万元，建有岐伯雕塑、中医文化景墙、鹿鹤亭、济世阁、三才轩、四象轩、瑶春廊、乐雅廊、神爽廊、古今廊等景观。

1545 李梦阳故里碑亭

位　　置：庆阳市庆城县

简　　介：李梦阳故里碑亭，位于国道 309 线与省道 202 线在甘肃省庆阳市的庆城南 2 千米交汇处。碑亭建于 2002 年，原国家文化部部长贺敬之曾亲临，题名"李梦阳故里"。景点四周花草斗妍，车辆川流不息，碑亭气宇轩昂，位置独特，吸引了众多的文人墨客前来膜拜游览。

1546 文冠果

位　　置：庆阳市镇原县

简　　介：镇原县屯字镇曹路村有一棵文冠果，树高 10.3 米，胸围 2.02 米，冠幅 31.4 平方米，树龄约有 600 年。

1547 侧柏

位　　置：庆阳市镇原县

简　　介：镇原县城关镇潜夫山有一棵侧柏树，树高 14.5 米，胸围 2.9 米，冠幅 60 平方米，树龄约有 1800 年。

1548 侧柏

位　　置：庆阳市镇原县

简　　介：镇原县庙渠乡牛原村有一棵侧柏树，树高 11.5 米，胸围 1.75 米，冠幅 62 平方米，树龄约有 500 年。

1549 丝棉木

位　　置：庆阳市镇原县

简　　介：镇原县城关镇丰台村有一棵丝绵木，树高 6.5 米，胸围 2.1 米，冠幅 93.7 平方米，树龄约有 500 年。

1550 国槐
位　　置：庆阳市镇原县
简　　介：镇原县临泾乡祁焦村有一棵国槐树，树高 11.5 米，胸围 4.8 米，冠幅 64.1 平方米，树龄约有 500 年。

1551 侧柏
位　　置：庆阳市镇原县
简　　介：镇原县平泉镇湫池乡有一棵侧柏树，树高 18 米，胸围 2.74 米，冠幅 145 平方米，树龄约有 530 年。

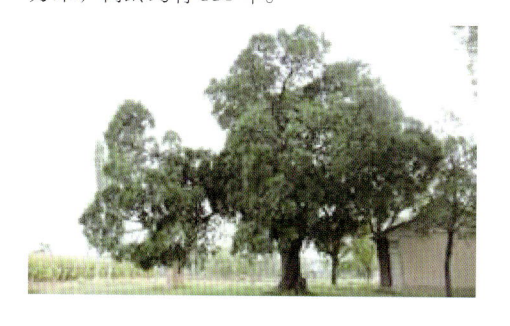

1552 侧柏
位　　置：庆阳市镇原县
简　　介：镇原县城关镇东关村有一棵侧柏树，树高 14 米，胸围 1.85 米，冠幅 127.6 平方米，树龄约有 500 年。

1553 酸枣树
位　　置：庆阳市镇原县
简　　介：镇原县临泾乡毛头村有一棵酸枣树，树高 5.2 米，胸围 1.8 米，冠幅 50 平方米，树龄约有 700 年。

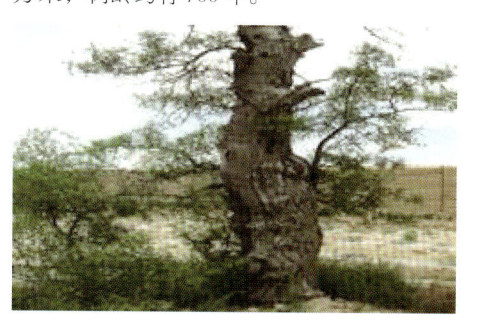

1554 侧柏
位　　置：庆阳市镇原县
简　　介：镇原县城关镇潜夫山有一棵侧柏树，树高 20 米，胸围 4.01 米，冠幅 160 平方米，树龄约有 1800 年。

1555 侧柏
位　　置：庆阳市镇原县

简　　介：镇原县殷家城乡寺山村有一棵侧柏树，树高 15 米，胸围 1.93 米，冠幅 164 平方米，树龄约有 550 年。

1556　国槐
位　　置：庆阳市镇原县
简　　介：镇原县临泾乡十里墩村有一棵国槐树，树高 21.5 米，胸围 5.33 米，冠幅 439 平方米，树龄约有 500 年。

1557　侧柏
位　　置：庆阳市环县
简　　介：环县天池乡大方山林场有一棵侧柏树，树高 14 米，胸围 1.8 米，冠幅 97 平方米，树龄约有 500 年。

1558　灵武台公园
位　　置：庆阳市环县
简　　介：灵武台公园位于县城北关，是依托唐肃宗继位的灵武古台、宋代砖塔、灵州城墙等古文化遗址规划修建的县城综合性公园，是县上确定的城市建设"十一五"重点项目之一。

1559　大宋文化产业园
位　　置：庆阳市环县
简　　介：大宋民俗文化产业园是集文物保护、非物质文化遗产保护与传承、特色产业开发与文化旅游为一体的综合性文化产业项目。产业园规划面积 0.43 平方千米，规划实施全国重点文物保护单位环县塔、兴隆山古建筑群，省级重点文物保护单位明城墙、宋城墙、武灵庙等保护维修，道情皮影博物馆、历史博物馆、皮影传承研究中心、影剧院、书画艺术展览馆等建筑，配套音乐喷泉广场、综合休闲广场及儿童游乐广场等服务设施等建设项目。

1560　山城堡战役纪念馆
位　　置：庆阳市环县
简　　介：山城堡战役是 1936 年 10 月中国工农红军三大主力会师后，于 11 月由毛泽东、周恩来、朱德亲自部署，彭德怀前线指挥，一、二、四三个方面军联合作战，建国后担任党和国家领导人及授予元帅、大将、上将军衔的 40 多位红军将领共同参与，在宁夏海原、豫旺和环县山城堡一带与国民党军蒋介石嫡系胡宗南部决战取得全面胜利的一次著名战役。2009以来投资3000多万元，建成了中央军委原副主席张万年上将题写碑名、高28米的"山城堡战役纪念碑"，中央军委原副主席迟浩田上将题写的"山城堡战役纪念园"入口牌楼，兰州军区原司令员李乾元上将题写"山城堡大捷"的红军舞台，建筑面积2000平方米的陈列馆，8000平方米的旗帜广场，完善了基础设施建设山城堡战役遗址，现为全国红色旅游经典景区、省级文物保护单位、甘肃省爱国主义教育基地、甘肃省党史教育基地。

1561 西山公园

位　　置：庆阳市环县

简　　介：文昌阁景区位于环县县城环江西岸，是一处集文化游、宗教游、生态游于一体的旅游景区。规划总面积0.80平方千米，主要景点有环江翼龙雕塑、步云桥、桥西广场、文昌阁、钟楼、鼓楼、状元桥、砚池、任养亭、润物亭等，总投资4000万元。文昌阁是景区内标志性景观，它矗立在县城西山之巅，通高36.9米，是全国最高、西北最大的文昌阁。其风格为仿明清建筑，明三暗五层，四方十六柱，青瓦红墙，斗拱上翘，檐牙高啄，雕梁画栋。登高远眺，环江川流不息，县城楼房林立，道路四通八达，秦长城、汉萧关、唐古台、宋砖塔、明老城尽收眼底。阁内供奉玉皇上帝，红、黑二天蓬和四大天王、文昌帝君、孔子、魁星、天师等道教神祇。文昌阁建成后，每天有百余人徒步登高，观光旅游，休闲娱乐，祈求科名，年接待游客20万人次。

1562 八珠革命纪念馆

位　　置：庆阳市环县

简　　介：八珠革命纪念馆位于八珠乡八珠原村。2007年，李凤存曾孙李鸿章投资5万多元，维修革命旧址3孔，建成了陈列馆，展出革命文物百余件（张）。2013自筹资金150多万元，建成了中央军委原副主席迟浩田题写馆名的"八珠革命纪念馆"；2014年计划投资110万元实施革命旧址维修、纪念馆陈设布展和环境整治工程。

1563 怪柳

位　　置：庆阳市环县

简　　介：环县虎洞乡沙井子村有一棵柽柳树，树高5米，胸围3米，冠幅35平方米，树龄约有500年。

1564 侧柏

位　　置：庆阳市环县

简　　介：环县天池乡碾盘岭村有一棵侧柏树，树高 14 米，胸围 2.4 米，冠幅 126 平方米，树龄约有 500 年。

1565 西山公园

位　　置：庆阳市环县

简　　介：西山公园是环县县城西山城镇干部职工全民义务植树的基地。结合城西山地域文化开发项目的实施，对其实施绿化工程建设，既是环县县委、县政府为改善县城生态环境、提升城市品位的一项重要举措，也是为推动全县绿色生态和谐家园建设、加快林业跨越式发展的典范和样板工程。规划总绿化面积 2.67 平方千米，总体布局是"一个中心两个侧翼"，即以西山为中心，以玉皇山为北翼，李家山为南翼，按照"由近及远，稳步推进"的原则，采用招投标方式，由河南潢川园林绿化公司精心规划设计，动员县城 110 多个机关单位职工义务植树和西峰庆洲园林绿化公司等 3 个专业造林工队共同承包实施，工程建设坚持治山与治理水土流失相结合，挖大坑，栽大苗，高标准、严要求，力求实现一次绿化、一次成林见效的目的。

1566 西岩山公园

位　　置：定西市安定区

简　　介：西岩山巍峨壮观，隽秀挺拔。西岩寺，为定西城区历史悠久的古建筑。攀登 360 级石阶而上，一代大师赵朴初先生题名"西岩寺"三个大字矗立在山门上，苍劲有力。西岩寺现存古建筑系宫殿形式，仿唐宋结构，前檐挑角，格肩雕刻，造型精巧，雕梁画栋，堂皇古朴，壮丽巍峨，均出自能工巧匠之手。释迦牟尼佛、如来佛、阿弥陀佛、弥勒佛塑像气宇轩昂，观世音、文殊、普贤菩萨栩栩如生，四大天王、十八罗汉惟妙惟肖，凝聚民间工匠高超技艺。院内青松挺拔，绿柏滴翠，青烟缭绕，钟磬之声连绵不断，远传八方，信徒如织。西岩风景美如画，是盛夏避暑好去处。

1567 中共中央西北盐井会议纪念馆

位　　置：定西市漳县

简　　介：中共中央西北局盐井会议纪念馆成立于 2012 年 12 月，该馆前身是成立于 2005 年 4 月的红军长征盐井会议纪念馆，

2005 年 8 月被定西市国防教育委员会授予"定西市国防教育基地"的称号，2006 年 6 月被定西市委授予"定西市爱国主义教育基地"的称号；2011 年 12 月，又被省委宣传部授予"甘肃省爱国主义教育基地"的称号；2014 年 6 月，被县委组织部定为"漳县党性教育基地"。

1568 石崖寺花儿会

位　　置：定西市漳县

简　　介：漳县地处黄土高原和青藏高原缓冲地带，这里是农耕民族和游牧民族的交汇处，因此漳县花儿兼有河湟花儿和洮岷花儿的特征，像金钟、大草滩等地传唱的花儿就是较为典型的洮岷花儿，其他乡镇则两种花儿兼而有之，甚至还有陕北信天游和晋西北小曲的痕迹。

1569 盐昌寺

位　　置：定西市漳县

简　　介：盐昌寺又名盐神庙，原建于盐山之麓、宝井之后的台地上，多次修建，多次毁坏。清雍正四年（1726 年）和光绪二十五年前后两次扩建后，规模宏大，庙宇辉煌，达到鼎盛时期。历史上盐昌寺雄冠十三州县，福佑八方生灵。神为盐山（神）爷，既是方神，又是财神，每年春秋必祭，"二祭皆戊日，祀仪猪羊各一。"盐昌寺 1962 年再次被毁，1993 年按原规模重建，先有正殿一处，供盐神（实为三宫），南殿供佛教观音、普贤、文殊三大菩萨，北殿为道教的玄武大帝。每年农历十月十五日是盐神爷生日，盐井镇逢会，唱戏三天，至今如是。漳盐、盐昌寺、盐井镇，三位一体，虚实结合，互为表里，形成一道物华天宝、地灵人杰的靓丽风景线。

1570 汪氏元墓群

位　　置：定西市漳县

简　　介：元墓群所呈现的汪氏家族的显赫鼎盛历史罕见，是元明政治军事、经济文化、社会习俗、建筑技术以及少数民族与汉族大融合的实证。这些文物及墓室本身，为研究元代的政治、军事、文化、社会生活习俗以及建筑技术、房屋殿宇结构等提供了极有价值的实物资料和文字资料。据有关专家介绍，该处墓葬群不仅成为目前我国发现的最大元代墓葬群，而且因葬仪丰厚而具有其他元墓不可望及的历史、科学和文化艺术价值。

1571 二郎山省级森林公园南川苗圃景区

位　　置：定西市岷县

简　　介：岷县南川苗圃位于寺沟乡纸房村，建于1940年，总经营面积0.33平方千米，其中育苗地0.043平方千米，林地0.284平方千米，房屋、道路、水渠占地0.006平方千米。

1572 貂蝉故里生态文化旅游影视风情园

位　　置：定西市临洮县

简　　介：貂蝉故里生态文化旅游影视风情园自2000年在砂石裸露的洮河滩涂地上开始建设，已完成仿古建筑翠云阁3200平方米，水榭、长廊、拱桥、八角亭、厢房、姊妹六角亭等建筑2200平方米，旅游接待中心1800平方米，餐厅553平方米。近年来，园区已修建景区道路、游客中心、停车场、给排水工程、环保设施、星级厕所、影视城设施、明清宫廷建筑保护中心、水上游乐中心等项目，逐渐成为在全国有影响力的独具特色的明清古建筑群落、影视中心。

1573 王家大庄休闲旅游养生养老基地

位　　置：定西市临洮县

简　　介：八里铺镇王家大庄村是"甘肃省乡村旅游示范村"之一，位于临洮县城以北2千米，距省城兰州70千米，国道212、兰临高速贯穿全境，交通方便，区位优势明显。该村依托毗邻县城及新农村建设的良好机遇，以发展城郊型经济为切入点，着力打造陇中休闲名城，充分发挥交通便利、水资源丰富的区位特色，重点发展以"吃农家饭、品农家菜、体验农家生活"为主题的农家乐休闲度假生态旅游第三产业。

1574 核桃园山庄

位　　置：定西市临洮县

简　　介：核桃园山庄位于临洮县八里铺镇孙家大庄村，距离县城5千米，距离兰临高速公路临洮段出口3千米，2005年在以核桃树为主的0.0067平方千米果园的基础上，投资建成，是集休闲度假、棋牌娱乐、农家餐饮、观光旅游于一体的农家山庄。核桃园山庄内拥有30年树龄的核桃树20余棵，梨树等50余棵，园内林荫蔽日，空气清新，对兰州等地出外小住，寻求安逸、静谧、幽静环境的人群非常有吸引力。

1575 洮之苑文化休闲街区

位　　置：定西市临洮县

简　　介：洮之苑文化休闲街区一期工程位于临洮县城文峰新区金泽住宅小区东侧，明珠新河（电厂渠）两岸，北临文峰西路，南接金泽路，全长670米，总投资2.48亿元。明珠新河东岸步行街宽9米，西岸步行街宽12~24米，共建成商铺约5万平方米。洮之苑文化休闲街区二期工程将重点打造休闲广场、演艺广场、湿地绿化、亲水体验、水上娱乐、特色餐饮等品牌，将通过独立的专业化创意设计，突出街区休闲娱乐、保健养生、餐饮消费、特色商贸、文化旅游产品的开发与销售、民间艺术展览等主导性产业，实现文化体验、休闲娱乐、时尚购物、特色美食、风情旅游、康体健身等功能。

1576 水泉山庄

位　　置：定西市临洮县

简　　介：水泉山庄位于临洮县城北40千米，距兰州市40千米、兰临高速公路安家咀出口7千米，紧靠洮河而建，占地百余亩，园区内现以软梨树为主，核桃、梨树成片，30年树龄以上的树木占40%以上，参天蔽日，时令花卉接连不断，一派田园风光，园内曲道幽径，山清水碧，镶砌凉亭，回廊错落有致，游客可自由摘尝各类果蔬。园区设计新颖，布局独特，园区内集亭台水榭、游乐餐饮、垂钓划船、度假休闲、商务会议于一体，配套设施齐全。该园是临洮最早以开发度假休闲为主的旅游点之一，特别是距兰州市仅40多千米的车程，便捷的交通区位优势、良好的休闲环境、丰富的服务功能，其经过近几年的发展，已成为兰州及周边人群休闲度假的理想乐园。

1577 神龟园

位　　置：定西市临洮县

简　　介：神龟园位于南屏镇塔王家社，距镇政府5千米，上游有海甸峡库区，水中多产洮河鱼，水中滩地野鸭成群，行走岸边，一派鱼翔浅底、鸟飞岸边的景象；神龟奇石更是一绝，自1992年发现以来，经新华社编辑发表于《人民日报》后，接连被各大报刊转载，影响较大，据考证已有二亿七千万年的历史，有着深厚的历史文化底蕴。神龟园是龟文化的集中展现。

1578 三易花卉园

位　　置：定西市临洮县

简　　介：三易花卉园AA级旅游景区位于临洮县新添镇刘家沟门村，距县城20千米，交通方便，通信便利。景区花草、林木繁茂，旅游资源以兰花生产、兰花花艺展示、湖面和生物景观为主。主要景点有兰花生产智能联栋温室、兰花花艺展示销售厅、蝶湖及周边生态观赏。景区面积0.27平方千米，是西北最大的兰花生产基地。园区兰花、花卉、绿化观赏苗木360余种，其中兰花250多万株。蝴蝶兰"环球佳人""圣诞玫瑰"获全国第六届花卉博览会三等奖；"宝岛玫瑰"获甘肃省第二届林果花卉展交会金奖。

1579 水濂洞

位　　置：陇南市武都区

简　　介：水濂洞景区远远望去，树木参差，隐约可见楼阁悬空，立柱井然，嵌于半崖峭壁之上，奇特惊险，俨然神仙的居所，让人在惊奇中平添一份神秘。水濂洞景区的开发，为城乡人民提供了一个郊游的好去处，丰富了人民的精神生活，并将随着景区的进一步开发，以它凄美的传说和优美的环境，吸引更多的游客。

1580 朝阳洞

位　　置：陇南市武都区

简　　介：朝阳洞坐落在陇南市武都区陈家坝村西朝阳山的山坡上，朝阳洞坐西向东，每当朝阳初升，就有阳光射入洞内，故名。现为县级文物保护单位。朝阳洞原名仙佛洞，其所在之地仙人崖，是一座林木荫翳、奇石遍布、云雾绕绕、宛若仙境的山峰。为唐代凿建的石窟。洞口海拔1173米，距武都城区约30千米。洞内相对湿度53.3%，温度24℃。朝阳洞前有一片风景林，林中有1200年以上树龄的古青杨树二株，树巅栖息珍禽仙鹤一百二十余只，为朝阳洞景区增添一道亮丽的风景线，吸引了大量的游客。朝阳洞为古阶州的八景之一。1994年，朝阳洞被列为武都的旅游景点之一。2001年，万象洞被列为省级旅游景点，朝阳洞成为万象洞的配套景点。近年来，接待了大量的省内外游客和荷兰、瑞士、加拿大、美国等国的游客，大大提高了武都的知名度，生态、经济、社会效益十分显著。

1581 杜公祠风景区

位　　置：陇南市成县

简　　介：杜少陵祠又称杜公祠，是一处纪念唐代伟大诗人杜甫流寓同谷（即今成县）的祠堂式建筑，是国内现存的三十七处杜甫草堂中历史最悠久的一处。位于距县城3.5千米的飞龙峡口西侧山麓，现为省级文物保护单位。

1582 西狭颂风景区

位　　置：陇南市成县

简　　介：西狭颂风景区位于甘肃成县县城以西13千米处的抛沙镇丰泉村鱼窍峡峡谷，该景区因历经1800余年仍完好无损地保存有我国"汉三颂"之首的《西狭颂》摩崖石刻群而闻名于世。现为全国重点文物保护单位，国家AAAA级景区，甘肃省十大名胜风景区，陇南市十大名牌风景区。

1583 银杏树

位　　置：陇南市两当县

简　　介：银杏树生长于两当县显龙乡梁垭村路口旁，是雌雄双株。树龄800年，树高22米，胸围265厘米，冠幅平均100米（东西60米、南北55米），该树生长良好，枝繁叶茂，当地居民称其为"夫妻树"。

1584 侧柏

位　　置：陇南市两当县

简　　介：古柏树生长于当县城关小学院内。树龄800年，树高18.4米，胸围312厘米，冠幅平均64.2米（东西20米、南北44米）。古树编号为004号。该树为稀有古树，生长茂盛、长势良好，为我县为数不多的古树群之一，具有一定的研究价值，同时也是城区景观之一。

1585 国槐

位　　置：陇南市两当县

简　　介：国槐树生长于两当县太阳工作站太阳村街道广场中。树龄600年，树高14.6米，胸围383厘米，冠幅平均85米（东西56米、南北45米）。古树编号048号。该树生长茂盛，苍翠挺拔，是我县红色旅游线路中的景点之一，具有一定的历史研究价值。

1586 侧柏

位　　置：陇南市两当县

简　　介：该树生长于两当县城关镇香泉村香泉寺院内。树龄500年，树高17.4米，胸围244厘米，冠幅平均68米（东西10米、南北8.2米）。古树编号007号。该树树木生长茂盛，形态完美，是重点保护古树，也是城区景观之一。

1587 银杏

位　　置：陇南市两当县

简　　介：银杏树生长于两当县显龙乡梁垭村路旁。树龄1000年，树高23.7米，胸围356厘米，冠幅平均82米（东西60米、南北65米）。古树编号032号。该银杏树生长健壮，树干端直，树叶茂盛，是现存种子植物中最古老的种类，被称为"活化石"。该银杏树为雌雄双株生长，当地人称之为"夫妻树"。

1588 侧柏

位　　置：陇南市两当县

简　　介：古柏树生长于两当县城关小学院内。树龄800年，树高16.4米，胸围244厘米，冠幅平均38米（东西20米、南北18米）。古树编号002号。该古树生长茂盛、长势良好，是稀有古树，具有一定的研究价值，同时也是城区景观之一。

1589 紫薇树

位　　置：陇南市两当县

简　　介：该树生长在两当县城关镇香泉村香泉寺内，树龄1100年，树高10.5米，胸围140厘米，冠幅平均39.6米（东西21米、南北18.6米）。古树编号为010号。树木生长旺盛，形态完美，属于稀有树种。树种鉴定记载：苍古奇特，属甘肃最大、最为稀有树之一，被甘肃列为重点保护对象。

1590 侧柏

位　　置：陇南市两当县

简　　介：该树生长于两当县香泉村香泉寺院内，树龄500年，树高21.5米，胸围278厘米，冠幅平均82米（东西10米、南北6.8米）。古树编号为006号。古柏树生长旺盛、形态完美，是重点保护古树，属城区景观之一。

1591 银杏

位　　置：陇南市两当县

简　　介：银杏树生长于两当县云屏乡街道村云屏寺旁。树龄1100年，树高18.5米，胸围580厘米，冠幅平均82米（东西40米、南北42米）。古树编号074号。该树树体完好无损，在所属地里生态位置上生长良好，有一定的考古价值。在当地是一株具有代表性的古树。

1592 银杏

位　　置：陇南市两当县

简　　介：银杏树生长于两当县云屏乡街道村寺院南路。树龄700年，树高21米，胸围314厘米，冠幅平均60米（东西28米、南北32米）。古树编号075号。该树为姊妹树，高生挺拔，具有一定的保护价值。

1593 国槐

位　　置：陇南市两当县

简　　介：国槐树生长于两当县鱼池乡上滩村刘家大门口旁。树龄1100年，树高19.6米，胸围490厘米，冠幅平均为35米（东西20米、南北15米）。古树编号017号。该树生长茂盛，形体健美，根系如龙锯盘、根深叶茂，属秦古槐、名木，同时也是景观宜人的象征古树。

1594 侧柏

位　　置：陇南市两当县

简　　介：侧柏树生长于两当县城关小学院内。树龄800年，树高14.5米，胸围256厘米，冠幅平均65米（东西20米、南北4.5米）。古树编号001号。该树生长茂盛，属国家级古树。

1595 侧柏

位　　置：陇南市两当县

简　　介：古柏树生长于两当县城关小学院内。树龄800年，树高19.5米，胸围350厘米，冠幅平均22.4米（东西20米、南北2.2米）。古树编号003号，该古树生长茂盛、长势良好，是稀有古树，也是我县为数不多的古树群之一，具有一定的研究价值。

1596 侧柏

位　　置：陇南市两当县

简　　介：古柏树生长于两当县城关镇香泉村香泉寺院内，是重点保护古树群。树龄500年，树高21米，胸围248厘米，冠幅平均36.4米（东西18米、南北18.4米）。该古树生长茂盛，形态完美，是城区景观之一。

1597　国槐

位　　置：陇南市两当县

简　　介：国槐树生长于两当县鱼池乡双场村大路口旁。树龄600年，树高23.2米，胸围358厘米，冠幅平均44米（东西23米、南北21米）。古树编号016。该树生长挺拔，古老苍健，是当地村庄的象征，地方上的一大景观，有一定的文化保护价值。

1598　圆柏

位　　置：陇南市两当县

简　　介：圆柏树生长于两当县显龙乡野林村公路旁。树龄500年，树高13.5米，胸围282厘米，冠幅平均36米（东西26米、南北10米）。古树编号为020号。该树树形为蘑菇状，苍劲古老，生态奇特，树体玲珑宜人，有一种独挡一面的雄气。

1599　黄连木

位　　置：陇南市两当县

简　　介：黄连木生长于两当县鱼池乡蒲湾村大路旁。树龄650年，树高22.20米，胸围416厘米，冠幅平均140米（东西80米、南北60米）。古树编号015号，该树树木美观庞大，是当地居民休息纳凉的地方。

1600　康县茶马古道文化旅游区

位　　置：陇南市康县

简　　介：康县境内的茶马古道线路属于川陕甘道。其走向为汉中、水磨湾、茶店、煎茶岭、峡口驿、接官亭、略阳、徐家坪（甫阁颂发现地）、窑坪、大南驿、七防关（大三岔）、云台、巩集、长坝、望关，自望关向西经阶州、甘南、临夏，到达青海；自望关向东北沿平洛河经团庄、药铺沟翻越巩家山，沿昌河坝到达西河、成县等地。康县境内茶马古道沿线已发现的文物遗存有窑坪桥、白马关城址、望关茶马古道遗址、龙凤桥、三功桥、巩家山廊桥、羊宫岩栈道。

1601 东郊公园

位　　置：临夏州临夏市

简　　介：东郊公园位于临夏市东城区，是在原黄家榨苗圃的基础上改建而成，始建于1987年，建成于1990年。公园总占地面积0.22平方千米。有各类苗木、风景树等共50多个品种200多万株，绿化覆盖率达80%以上，公园交通便利，是东城区最大的中心绿地。园内建有人工湖、花架长廊、水杉长廊、牡丹园、胡廷珍烈士纪念碑、纪念馆、书画长廊等多处园林景点。还有水上划船等游乐项目。

1602 万寿山公园

位　　置：临夏州临夏市

简　　介：万寿山公园始建于1996年，当时作为林木建设项目，政府投资修建了公园大门和四座亭子，并水泥硬化了园内的道路，公园建成后交北山水保造林站管理，园内有各种树木20多万株。万寿山公园面积0.33平方千米，内有各种树木20多万株，为保护林木植被，被市政府划入封山育林区。万寿山公园是城市公园，它是集旅游、娱乐、休闲、度假于一体的综合旅游公园。

1603 枹罕山庄

位　　置：临夏州临夏市

简　　介：市枹罕山庄位于临夏市枹罕镇青寺乡，距临夏市区仅8千米。交通便利，依山傍水，风景优美。枹罕山庄最早是在青寺果园的基础上发展而成的。1983年枹罕镇青寺村民包秉忠积极响应国家土地承包的大好政策，以超前的眼光、非同凡响的魄力，经过近三十年的不懈奋斗，毅然决然地将别人眼光中的不毛之地——白土荒山，以愚公移山的精神将其变成临夏市唯一的AAA级景区，为临夏市及周边广大群众提供了一个娱乐休闲的旅游度假目的地。

1604 龙首山风景区

位　　置：临夏市临夏县

简　　介：龙首山风景区位于临夏县双城之南，大夏河之北，东段突起，形如龙头，故名龙首山。龙首山风景区是以公园环绕寺庙，寺庙年代久远，信教群众延及甘、青、川三省。每年农历正月、七月在寺庙举办重大法会，使朝阳寺成为弘法制生的善缘之地和休闲旅游的绝佳去处。

甘肃省文化资源名录 第二十五卷 建筑、自然景观文化

自然景观文化

1605 滴珠山公园

位　　置：临夏州和政县

简　　介：滴珠山公园又称小寺山，位于和政县城，山顶有一眼清泉从10余米高崖泻下，潺潺有声，如滴珠落玉，故得名，又有"瀑布滴珠"之景名。

1606 和政古动物化石博物馆

位　　置：临夏州和政县

简　　介：和政古动物化石博物馆位于和政县城迎宾路，是国家AAAA级旅游景区、国家二级博物馆、中科院古脊椎动物与古人类研究所科研基地，投资约2亿元，占地0.077平方千米，经过近三十年的不懈奋斗，建筑面积22500平方米，分一、二、三期馆，共展出四大动物群不同时期代表性的12 000多件精品古动物化石，并穿插绘制达1000平方米各种不同动物生活场景大型背景画。在展厅内部展示化石标本，制作巨型山体、机械动物、动物雕塑，应用空间成像等现代化的声、光、电展示方式，真实地再现了不同历史时期古动物生活的原始生态环境。

1607 清虚观

位　　置：临夏州和政县

简　　介：和政县清虚观位于县城北面的龙泉后山坡，是县城的至高点。观内松柏参天，殿堂雄伟，钟声洪亮，诵经之声不绝于耳。每逢宗教盛日，观内灯火齐明，钟声悠扬，信徒云集，烟火旺盛，是汉族群众宗教活动的主要场所，也是旅游景点之一。

1608 亚哈藏族民俗旅游文化生态园

位　　置：甘南州舟曲县

简　　介：亚哈藏族民俗文化生态园位于舟曲县武坪乡亚哈村，最高海拔4356米，相对高差最大值2500米，地势陡峻，沟谷狭窄。距212国道仅35千米，距舟曲县城75千米。生态园总面积为3平方千米，人口0.06万，为纯藏族村落。生态园内有亚哈寺院、希日深山等人文景观，节庆活动有秋千节、娘乃节、转山节、瞻佛节和插箭节。还有格萨尔王遗址三处、茶马古道、国民党甘肃军阀鲁大昌为阻止共产党军队北上抗日而修筑的碉堡等。生态园区位于拱坝河上游，为拱坝河重要水源涵养区，该区域森林茂密，植被覆盖完好，地形地貌峻险，自然风景秀美，完整地保存了大陆性温带、寒温带生态系统的各种植物群落。

1609 郎木寺

位　　置：甘南州碌曲县

简　　介：郎木寺是寺院，也是地名，位于甘、青、川三省交界，海拔3480米，占地面积0.55平方千米，距碌曲县城85千米、省会兰州410千米，是兰州到九寨沟的必经之地。郎木寺古称"南番中心"，素有"东方小瑞士""甘南香巴拉"之美誉，又因有神奇"德合仓郎木自显天然石洞"及德合仓郎木赛赤寺院而蜚声中外。2005年3月，被甘肃省政府批准为省级风景名胜区，2005年10月被中央电视台命名为"中国魅力名镇"，2006年被评为国家AA级旅游景区，被甘肃省批准为历史文化名镇，2012年被国家环境资源部评为"国家级生态乡镇"。

1610 玛曲首曲第一桥

位　　置：甘南州玛曲县

简　　介：黄河发源于青海巴颜喀拉山脚下的门堂县，流经青海流入玛曲又折回青海，在玛曲境内的流程是433千米，形成了久负盛名的"天下黄河第一弯"。由于这里的降雨量充沛，黄河40%的水源在这里得到补充，形成了黄河首曲最大的一块草原湿地，有着黄河的"蓄水池"和"中华水塔"的美称，是世界上最完整的原始生态沼泽湿地。玛曲最有名的黄河首曲第一桥，位于县城4千米处，是黄河上游段在玛曲境内建的第一座桥，它是1979年所建，这座桥的长280米，宽7.5米。黄河第一桥有两大美妙绝伦的景观：一是"拱桥拓日"，二是"长河落日"。

1611 玛曲县河曲马场

位　　置：甘南州玛曲县

简　　介：玛曲被称为亚洲第一牧场，是远古"披毛犀牛"的故乡，河曲马的中心产地，欧拉羊、阿万仓牦牛和"河曲藏獒"的故乡，早在3000多年前，藏族先民就驯养并培育出了这些地方优良畜种。玛曲自汉代始就以"羌中畜牧甲天下"而著称，特别是河曲马体格高大，适应性强，以挽乘驮兼用，并以能爬高山、善走水草地而闻名天下，"河曲马场"距县城20千米。河曲马场于1958年建场后，成为我国军马的主要培育基地。

后 记

在甘肃进行全面性的文化资源普查属于首次，将普查成果汇编成大型的文化资源名录在国内也属于前列。《甘肃省文化资源名录》是按照《甘肃省文化提升行动协调推进领导小组工作方案》和《甘肃省文化资源普查和分类分级评估工作实施方案》要求推出的重要成果。经过甘肃省文化资源普查和分类分级评估工作领导小组办公室组织40多名专家学者，在甘肃省文化资源普查平台数据库基础上，历时两年精心编排，终于完成书稿，这是参与全省文化资源普查的所有工作人员集体智慧的结晶。

原甘肃省委常委、省委宣传部部长连辑，甘肃省委常委、省委组织部部长梁言顺，甘肃省委常委、省委宣传部部长陈青，先后领导和部署了本名录的编辑出版工作。原省委宣传部副部长、省社科院院长范鹏研究员协调推进了本名录的编写。甘肃省社科院院长王福生研究员组织实施了本名录的策划设计、内容编排、审定并最终定稿。甘肃省社科院副院长马廷旭研究员负责了审稿、统稿和出版发行事宜。刘玉顺同志全程负责了书稿编排工作。

在《甘肃省文化资源名录》面世之际，感谢甘肃省文化提升行动协调推进领导小组各位领导的大力支持与关心，感谢参与普查工作的各市（州）县（区）、有关省直厅局的鼎力相助，感谢参与普查的专家学者和基层工作人员的辛勤付出，感谢中国书籍出版社为本名录的出版所做的努力，感谢所有关心关注本名录的人们。《甘肃省文化资源名录》是从盘清全省文化资源家底的角度入手，收录范围极其宽泛，有部分内容还存在缺项，有的资源没有资源简介，有的资源缺图片等等，给该书的出版留下了遗憾。同时，由于我们的水平有限，可能还有错讹疏漏之处，恳请读者随时批评指正，以便在将来进一步完善和修订。

甘肃省社会科学院

2017年7月

甘肃省文化资源名录
总书目

第 一 卷　可移动文物 Ⅰ（金银器、铜器）
第 二 卷　可移动文物 Ⅱ（铜器）
第 三 卷　可移动文物 Ⅲ（铜器、铁器）
第 四 卷　可移动文物 Ⅳ（陶泥器）
第 五 卷　可移动文物 Ⅴ（陶泥器）
第 六 卷　可移动文物 Ⅵ（陶泥器）
第 七 卷　可移动文物 Ⅶ（陶泥器）
第 八 卷　可移动文物 Ⅷ（陶泥器）
第 九 卷　可移动文物 Ⅸ（砖瓦、瓷器）
第 十 卷　可移动文物 Ⅹ（瓷器）
第十一卷　可移动文物 Ⅺ（宝、玉石器、石器、石刻）
第十二卷　可移动文物 Ⅻ（纺织品、皮革、漆木竹器、珐琅器、玻璃器、骨角牙器、文具乐器法器、绘画）
第十三卷　可移动文物 ⅩⅢ（书法、拓片、玺印、货币、雕塑、造像）
第十四卷　可移动文物 ⅩⅣ（文献图书、徽章、证件、票据、邮品、度量衡器、交通运输工具、武器装备、航天装备、古脊椎动物化石、人类化石、其他）
第十五卷　不可移动文物 Ⅰ（古墓葬、古遗址）
第十六卷　不可移动文物 Ⅱ（古建筑、石窟寺及石刻、其他）
第十七卷　红色文化（故居、旧址、纪念地、纪念设施、烈士墓、其他）
第十八卷　历史事件与人物 Ⅰ（历史事件、历史人物）
第十九卷　历史事件与人物 Ⅱ（历史人物）
第二十卷　历史文献 Ⅰ（古籍）
第二十一卷　历史文献 Ⅱ（古籍、志书、档案、其他）
第二十二卷　非物质文化遗产 Ⅰ（民间文学、民间音乐、民间舞蹈、民间戏剧、曲艺）
第二十三卷　非物质文化遗产 Ⅱ（民间杂技、游艺传统体育与竞技、民间美术、民间技艺）
第二十四卷　非物质文化遗产 Ⅲ（民间技艺、民间医药、民间信仰、岁时节令、生产商贸习俗、消费习俗、民间知识、人生礼俗）

甘肃省文化资源名录
总书目

第二十五卷	建筑、自然景观文化（建筑文化、自然景观文化）
第二十六卷	文学艺术Ⅰ（文学、艺术）
第二十七卷	文学艺术Ⅱ（艺术）
第二十八卷	饮食文化（饮食文化）
第二十九卷	节庆、赛事、文化之乡（节庆、赛事、文化之乡）
第 三 十 卷	地名文化Ⅰ（特色自然地理地名，市州、市县区、乡镇街道）
第三十一卷	地名文化Ⅱ（村、社区）
第三十二卷	地名文化Ⅲ（村、社区）
第三十三卷	地名文化Ⅳ（村、社区）
第三十四卷	地名文化Ⅴ（村、社区）
第三十五卷	地名文化Ⅵ（村、社区）
第三十六卷	文化产业、传媒Ⅰ（文化产业）
第三十七卷	文化产业、传媒Ⅱ（文化产业）
第三十八卷	文化产业、传媒Ⅲ（文化产业、传媒）
第三十九卷	社科研究Ⅰ（机构和团体、学术活动、社科刊物、社科网站、著作、研究报告）
第 四 十 卷	社科研究Ⅱ（论文）
第四十一卷	社科研究Ⅲ（论文、获奖成果）
第四十二卷	文化类高等教育、文化艺术机构团体Ⅰ（文化类高等教育、文化艺术机构、文艺团体）
第四十三卷	文化类高等教育、文化艺术机构团体Ⅱ（文艺场馆、群众文化艺术馆）
第四十四卷	文化人才Ⅰ（社科人才）
第四十五卷	文化人才Ⅱ（社科人才）
第四十六卷	文化人才Ⅲ（图书情报人才、档案人才、文博人才、新闻人才、出版人才、文艺人才）
第四十七卷	文化人才Ⅳ（文艺人才、体育人才、网络文化人才、动漫人才、民间文化人才）
第四十八卷	民族语言文字、宗教文化Ⅰ（民族语言文字、教职人员、宗教经卷）
第四十九卷	民族语言文字、宗教文化Ⅱ（宗教活动场所）
第 五 十 卷	民族语言文字、宗教文化Ⅲ（宗教活动场所）